Ortrud Stumpfe
Absturz in den Selbstverrat

Ortrud Stumpfe

Absturz in den Selbstverrat
Rhythmik der germanischen Mythologie
und der deutsch-europäischen
Geschichte

J. Ch. Mellinger Verlag, Stuttgart

© 1993 J. Ch. Mellinger Verlag GmbH, Stuttgart
Gesamtherstellung: Wiener Verlag, Himberg bei Wien
Printed in Austria
ISBN 3-88069-303-X

Inhaltsverzeichnis

Einleitung

Die Völkergruppen, die durch ihre Verwurzelung in einer gemeinsamen Sprachbasis, dem Sanskrit, verbunden sind, die sogenannten indogermanischen Völkergruppen, haben die europäische Kultur geformt. Sie ist das Zentrum einer in die Kraft der Abstraktion heraufführenden Denktechnik, Denkübung. Darin liegt zugleich die Möglichkeit einer Entfaltung der reinen geistigen Willenskraft. Es umschließt die Fähigkeit eines in Einzelschritten genauen Wahrnehmens und des dem angemessenen Verhaltens als Basis und Bedingung aller unserer Technik. Dieses Europa baute auf den Erlebnissen, Forschungen und Formungen der Frühkulturen von Zweistromland und Alt-Ägypten auf und nahm dann das marshafte Einwirken der Semiten (Assyrer und Juden) und das übergreifende Christentum ins Gespräch auf.

Diese im Sanskrit wurzelnden Gruppen sind: die nordindischen Völker, die Iraner, die Hethiter (die die Impulse Sumers weiterführten), die Griechen, die Römer, die Slawen, die Germanen und die Kelten. Hier setzt die spezielle Frage an: Germanen und Kelten formten in äußerer und innerer Struktur das nachrömische Europa. Davon wird hier gesprochen. Es geht um die nach vieler Chaotik nötige Selbstfindung. Daß heute auch Japaner und Chinesen nach ihrer „Identität" fragen, hängt mit den Wirkungen zusammen, die von der europäischen Kultur ausgingen und ausgehen. So ist die Frage nach der Struktur der nachrömischen Europäer, je mehr man sich über sich selbst klärt, auch ein Hilfreiches im allgemeinen der Völkergruppen.

Man kann fragen: Was geht uns die germanische Mythologie an, die „Bildlehre" von der Erdenschaffung und den Göttern, die den Menschen belebten und beseelten und die Menschengemeinschaft leiteten und formten? Diese Bildlehre steht neben der griechischen am Anfang der europäischen Geschichte. Sie gehört denselben Menschengruppen an, die Europa prägten und noch heute wirken. Darum geht diese Bildlehre uns an, wenn wir nach der Erkenntnis unseres spezifischen Wesens, unserer Psychologie (der „Logik unserer Psyche"), also der Art unseres möglichen Wirkens im Menschheitsganzen fragen: wenn wir uns auf uns selbst auf neuer Ebene besinnen wollen. Das ist die Frage nach unserer „Identität".

Die gesamtgermanische Bildersprache geht nicht nur die Deutschen an, obwohl man erkennen kann, daß sich in ihrem Geschichtsablauf die spezifische Rhythmik der Bildabläufe am deutlichsten ausprägt. In den europäischen Völkergruppen, die nach dem Ausklingen der griechischen und römischen Epochen, dieses Erbe mitnehmend, die moderne Zivilisation und Denkweise entwickelten, wirkten von Anfang an germanische und keltische Elemente ineinander. Und das ist Europa. Die Verbindung beider Anlagen sind jeweils anders, in Frankreich anders als in England, wieder anders in Deutschland mit der slawischen Tingierung, in Skandinavien fast nur germanisch bestimmt, in der Schweiz anders, in Norditalien und Spanien wieder anders getönt. Der gemeinsame Hintergrund ist aber überall in dieser Bildsprache zu finden. Und da später das Überborden der europäischen Gruppen nach den USA stattfand, ist auch dort die Rückfrage wichtig, neben der speziellen weiteren Frage nach den Seelenbedingungen der dort vorgefundenen Menschengruppen.

Wenn man in diese Bildsprache genau hineinsieht und hineinhört, nicht nur vordergründig in der späten Überlieferungsform hängenbleibt, erkennt man die spezielle Zufügung und den Schritt in der Bewußtseinsgeschichte der Menschheit, der hier gegeben ist. Es ist das exakte und konkrete Erfassen und Erleben im „Ich", der Funktion der Wandlung, der Metamorphose im Lebensprozeß. Es ist eine Erfahrung der *Zeit,* während die griechische Bildersprache vor allem im *Raum* geschieht, dort das Seiende ausplastiziert, nachfühlt und auch die Reifungen und Prüfungen des Personseins nicht zur Sprengung des Hier und Jetzt weitertreibt. Das aber tut die germanische Mythologie. Sie läuft in der Zeit, durch Entfaltung, Kampf, Untergang, Aufgang, und das alles nun ins volle Ichbewußtsein hebend, es erlebend üben. Natürlich ist das Prinzip der Wandlung aller Lebenszustände auch allen anderen Menschengruppen bekannt. Es kommt aber auf den Stellenwert an, den es in der jeweiligen Bildlehre hat. Auch die Griechen wiesen darauf hin, daß Zeus wußte, er werde in der Erdführung einst vom Menschen abgelöst. In der Bildfolge Prometheus/ Herakles/ Chiron ist das umrissen. Aber es ist nicht im Vordergrund. Für das indische Weltbild ist der Gott Shiva der Leiter der Verwandlungen. Er „tanzt" Schöpfung und Zerstörung, Schöpfung durch Jahrhunderttausende und Jahrmillionen hin, tanzt, meditiert Jahrhunderte, tanzt. Das ist ein tropisches Grunderlebnis der Wandlung. Auch die Bildsprache der Indio-Völker Amerikas kennt ein mehrfaches Werden und Vernichten der Welt. Sie sind so von der Angst dieses Wissens durchzittert, daß sie nur mit Opferung und Zerstörung von Mensch und Tempel dem im kurzen 7x7-Jahresrhythmus glauben zuvorkommen zu können. Das alles ist in der germanischen Mythologie anders. Man kennt die Notwendigkeit des „ragnarök" als „Schicksalswende der Götter" und ihrer Werke und kennt den Aufstieg nach schwerem Kampf einer neuen, aus neuer Fragestellung belebten Erde. Man lebt das alles ganz und gar als Inhalt täglichen persönlichen Seins mit aus, Schritt für Schritt. Immer steht man unter dem Anruf des leitenden Geistwesens, „des grübelnden Asen", des

Odin oder Wuotan, der Wissen fordert, nach Wissen forscht und alle Schmerzen vorlebt, die mit Erkenntnis verbunden sein müssen. Odin übt in seinen Menschengruppen die Sprache ein, das Sprechen als rhythmisch-formende Kraft der Aussage des im eigenen Ich Erlebten und Erkannten. Wille zur Wandlung ins volle Bewußtsein gehoben ist Grundlage des europäischen Seins.

Man kann im Nachvollzug der typischen germanischen Ausdrucksweise, in der „Alliteration", die in der Verszeile mehrmals dieselben Laute als Anfangsruf tönen läßt, spüren, was geschah. In der Frühzeit ist der Mensch mit seinem Sprechen, also mit Wort und Satzablauf ganz intensiv verbunden. Er atmet als er selbst darin mit. „Odin" als Bezeichnung des Leitgeistes weist auf das Element des Atmens, des „odems" deutlich hin. Es „empfand der Sprechende das Leben und Weben des Wortes etwa wie eine Geste, eine Gebärde seines Luftmenschen, seines elementaren Menschen in sich" (Rudolf Steiner, 28.3. 1915, Dornach, in „Wege der geistigen Erkenntnis und der Erneuerung künstlerischer Weltanschauung", Bibl.161).

Es ist eine gesammelte Intensität in dieser Art der Sprachführung, man muß das selbst in der Praxis der ins Hochdeutsche übertragenen Edda-Verse nachfühlen. Daß, um aus ihm die Erde des Menschen zu schaffen, die drei „Brüder", Geistwesen, „Wuotan-Wili-We", in das Urwesen der Urwasser, in *Ymir*, ihre drei Impulse einströmen, ist schon im Nachsprechen ein Erlebnis von Kräften. Man kann da, wo die germanischen Sprachen in ihrem vollen Lautklang belassen wurden, also ganz eigentlich in der deutschen Sprache, noch die starke Willenshaftigkeit und Präzision des Grundansatzes erkennen. Im Willenshaften steckt aber immer auch die Frage nach dem Erkennen, dem hohen Bewußtsein, also nach der Wandlung, der Verwandlung, dem Urelement des Seins.

Das alles wird im Aufschlüsseln der Bildsprache deutlicher werden. Man muß dazu, um unbefangen und offen zu sein, den Begriff „Götter" von den zeitbedingten und entwicklungsbedingten Abwertungen befreien. Die Kirche verengte den Blick, indem sie alle Statuen von Göttern der Zeit vor Christus, jedes „eidolon" = Bild verfemte. Luther prägte für den griechischen Terminus eidolon den abwertenden Namen „Götze" = Göttlein. Darin klang die semitische Ablehnung aller bildlichen Darstellungen der Gottheit nach. Das hatte seinen großen Sinn darin, daß der Mensch sich auf ein Innengespräch mit der Gottheit schlechthin sammeln sollte. Der sogenannte Monotheismus des Judentums ist ein spezieller psychologischer Aspekt und eine Epoche des Menschheitswerdens. Auch die jüdische Lehre kennt aber die mitwirkenden Geistwesen, von den Engeln, Erzengeln bis zu den Seraphim. Man muß sich gestatten, darin das zu erkennen, was die anderen Völker als leitende Götter benannten. Wenn man die Wesensdifferenzierung als Aufgabenteilung und kosmische Ge-

9

sprächsgruppe planender und verdichtender Wesen akzeptiert oder für möglich hält (statt an die Zufallsformen strudelnder Wasserstoff- und Ammoniakgase zu glauben), kann man die Bildlehren der Menschen früher Zeiten, die unsere Kultur begründeten, besser verstehen. Man kann sie dem Selbstverständnis ganz neu aufschlüsseln. Aus solcher Wahrnehmung konnte Rudolf Steiner von Odin als dem „großen Erzengel" sprechen und von Thor als „dem stärksten Engel" (so in „Die Mission einzelner Volksseelen", Kristiania 1910).

Die germanischen Bildlehren sind uns in später Zeit in Skandinavien überliefert. In Zentraleuropa wurden die Texte unter dem Gründer eines Gesamt-Europa, Karl dem Großen, zwar gesammelt, aber seine Nachfolger, speziell Ludwig „der Fromme", vernichteten die Sammlungen wieder. Während sich nun im Zentrum Europas die Erbschaften aus Rom und Griechenland schon fruchtbar auswirkten, blieb in Skandinavien noch die Grundanlage der Seele nachklingend wach. Die Textsammlungen von Snorri Sturleson (1179–1241) in Island waren zwar schon im Umbruch zum neuen Ansatz des Christentums dort. Sie gaben Trümmer aus der verspäteten Zerfallslage, von der Unruhe des nun weltfahrenden Wikingertums getönt. Man kann die Texte aber „hinterfragen". Wenn man die Mythologien der anderen Völkergruppen unseres Kulturbereichs kennt und dazu die Führungstechniken der Lehr- und Einweihungszentren, dann leuchtet aus der Bildersprache plötzlich eine ganz andere Dimension heraus. Sie weist ein paar Jahrtausende zurück und macht die Basis der Menschen des nachrömischen Europas erkennbar, heute Hilfe gebend zur Selbstfindung in einer Epoche deutlicher Verwandlungskrise.

Dazu muß man sich immer das Spezifische des Gesamtgefüges „Mitteleuropa" bewußthalten, auch wenn hier vor allem der deutsche Geschichtsablauf beleuchtet wird. Es ist gut, sich ganz neu zu vergegenwärtigen, was Rudolf Steiner vor 1914 formuliert. Er sprach aus konkreter Kenntnis, als Österreicher den Rundblick gewöhnt. Er kannte das Gefüge, Gerangel, Sichmessen, wie es heute inmitten Europas wieder zu neuen Formen tastet, Formen der Individualitäten in wirtschaftlich-praktischer Zusammenarbeit in Nachbarschaftsgruppen. Er sagte: „In dieser mitteleuropäischen Kulturepoche schließen sich, seit vielen Jahrhunderten, die verschiedensten nationalen Elemente zusammen, und dieses Zusammenschließen... macht es unmöglich, in demselben Sinne bei dieser mitteleuropäischen Kultur von einer ‚nationalen' Kultur zu sprechen, wie gesprochen werden muß von einer nationalen Kultur bei den südlichen und westlichen Völkern Europas... Es ist in Mitteleuropa durchaus alles darauf angelegt, den Menschen aus dem Nationalen herauszuholen, den Menschen an sich geltend zu machen... Wenn wir nach einem Worte suchen, das wir setzen, das wir setzen müssen an die Stelle des Wortes Nationalität für die mitteleuropäische Kultur, so finden wir das Wort: Streben nach

Individualität. Und in diesem Streben nach Individualität können wir umfassen nicht etwa bloß die Deutschen, sondern wir müssen zu Mitteleuropa rechnen noch eine ganze Anzahl von anderen Völkern. Dieses Streben nach Individualität haben sie alle in allerhöchstem Maße. Wir finden dieses Streben bei den Tschechen, Ruthenen, bei den Slowaken, bei den Magyaren, trotz allem, was sie äußerlich Verschiedenes haben; und wir finden es endlich in dem anderen Pole des Deutschtums, bei den Polen. Bei ihnen ist alles von der Individualität bis ins Extreme getrieben ausgestaltet..." (Aus dem Vortragszyklus „Der Dornacher Bau als Wahrzeichen geschichtlichen Werdens und künstlerischer Umwandlungsimpulse", GA287.)

Man kann hier den Schlüssel zum guten Selbstverständnis erkennen. Jeder, der die Individualität zur Absolutheit übersteigert, ist ein Reizfaktor des Chaos. Wer aber die notwendige Individualisierung in sich ruhend erfaßt und entfaltet, hilft allen anderen weiter. Man muß Rudolf Steiners These durchdenken und durchfühlen. Auch Frankreich und England sind Individualität. Sie sind aber zentral zugespitzt in die Ebene der Machtpolitik eingetreten, sind Nationen im politischen Spiel geworden. Das deutsche Königtum und Kaisertum bündelte aus praktischen Gründen, „bundesstaatlich", freie Individuen, Typgruppen. Das nachrömische Kaisertum des frühen Mittelalters übergriff alle Sonderheiten in einem (christlich geprägten) Weltprozeß. Darin, damals und danach, bleibt die Aufgabe von Nachbarschaftsgesprächen freier Individualitäten.

Man kann sehen: In dem Europa, das vom Ural bis zum Atlantik reicht, lebt Mitteleuropa als ein labiler Zustand, der im Lebensprozeß bleibt, wenn er sich selbst so erkennt und im Gespräch wirken soll. Eine ausstrahlungsfähige Fülle von Anregungen und Aspekten ist gegeben, Aspekte der Denkkraft und Willensfähigkeit.

Es geht also um eine strukturelle Geschichtsdarstellung. Nicht eine nationalistisch punktuelle Enge ist gemeint und nicht eine Summierung von Fakten des formalen Hin und Her. Das Gewebe wird nach seiner Struktur befragt, die aber ist dem Erdganzen einverwoben. So findet man sich und zugleich das Ganze, in dem der eigene Ton seine Funktion hat. Man findet das Werden, das jeweilige Sein, und das Wirken im Ganzen, wenn man aufmerksam fragt. Die strukturelle Sicht kann den Zusammenklang der verschiedenen Fragestellungen rings um die Erde erlebbar machen. Sie ist nicht billig zu haben. Im germanisch-keltischen Europa ist es besonders schwierig. Man muß das Bild aus den Trümmerbruchstücken der Überlieferung erarbeiten, die der Vernichtung durch Ludwig den Frommen entgingen, aus dem Kaleidoskop der Suchtätigkeit der Fachgelehrten seit 150Jahren, aus dem Anschauen der vielschichtigen Fakten und in Bildsprache gehüllten Richtlinien. Dies alles zeigt sich in der dynamischen Rhythmik der Auf- und Untergänge als Typik des germanisch-keltischen Europa.

Es steht dann aber deutlich da als Erarbeitung von Erfahrung, Begriff und Aufgabe der verantwortenden Persönlichkeit, dem wissenden Ich-selbst in der Bewußtseinsgeschichte des Menschseins. Das in der Abfolge der abendländischen Kulturen angelegte Personsein mit seiner Gefahr und seinem Licht wird konturiert als Werdeprozeß.

Der Zeitmoment

Als die Germanen prägend in die europäische Geschichte eintraten, die Lehrzeit ihrer Mythologie, ihrer Göttergespräche und Bildlehrstücke geleistet hatten, nun eine Leere und eine Frage fühlend, Wanderwege begannen; damals war das Reich Roms in seinem letzten Ausklang. Es hatte sein Wort im großen Gang der Bewußtseinsgeschichte des Menschen gesagt. Rom hatte das Privatrecht geformt, das frei machte aus Sippen-, Stammes- und Kultbindung. Dieser so in sich abgerundete „römische Bürger" war damit aber auch zugleich Weltbürger geworden. Unabhängig von allen Volksbindungen war er Privatmann im römischen Rechtsgefüge, soweit das Reich Roms reichte. Diese unverlierbare Formulierung des humanen Privatrechts und eines möglichen Weltbürgertums blieb Maß und Geltung. Aber nun setzte die Differenzierung nach den je verschiedenen Menschentypen dieser Welt ein. Es begannen die Kämpfe, Chaos auch, und ein Gedankenringen allerorts. Die Verwalter des Reiches Rom hingen noch an den alten Göttern, ihren Leitgeistern, die das Ihre getan hatten. Rom nahm zwar alle anderen Leitgeister = Götter duldsam auf; aber alles war doch deutlich nur Nachklang, Ausklang. Neue Denkansätze drängten. Das Christentum brachte sie, ein „Weltbürgertum" des geistigen Einzelnen im Gespräch mit dem sich opfernden, sich seiner Schöpfung verbindenden Gott. Es gab Revolten, die „thebaische Legion", aus Bürgern der ägyptischen Thebais gebildet, um für Kaiser Maximian (286–305) die Christen zu verfolgen, weigerte sich. Sie wurde getötet. Jetzt aber waren es Märtyrer (=Zeugen) für ein Neues. Es geschah im keltischen Wallis der Schweiz, in St.Maurice. Noch heute heißt es, die Gebeine der Legionäre seien in der Kirche von Sion, hoch hinaus schauend im Rhone-Tal, gebettet. So waren die übergreifenden Persönlichkeitsbegriffe der Christen und die umgrenzten Persönlichkeiten der wandernden Stammesgruppen in Europa die

Kräfte der Auflösung des alten Rom, das seine Funktion im Bewußtseinswerden getan hatte.

In diese Situation traten die Germanenstämme ein. Ihnen begegnete damals zugleich die alte Macht Rom und die neue Macht im Wort der christlichen Lehrer aus Irland und Schottland mit ihrer hochgeschulten Spiritualität, und danach ein Aspekt des Christentums, der von der italisch-römischen Kirchenformierung ausging und viel Machttendenz usurpiert hatte. Alles dies mußte verarbeitet werden. Ihm brachten die Germanen eigenes Seinserleben entgegen: ihre Götterlehre vom Weltwerden und sensibilisiertem persönlichem Ich-Verantworten.

Es ist gut, hier den Blick auf das Erdganze zu weiten. Die ostasiatischen Kulturen, das alte China, Japan und die verwandten Gruppen haben kein Wort für das „Ich“. Das müssen sie umkreisend andeuten. Ihre gruppenhafte Bindung an die Götter oder deren irdischen Stellvertreter, den Kaiser, trug sie. Die freie verantwortende Persönlichkeit, die erkennt und mitträgt „was gut und böse ist“ (die Paradiesgeschichte im Alten Testament drückte es so aus), diese Erarbeitung der zu sich „Ich“ sagenden Person ist Leistung, Aufgabe und Problem der Kulturenabfolge des Abendlandes. Das baut auf von Sumer und Ägypten an über Griechenland ins zentrale Europa. Noch im griechischen, lateinischen und slawischen Sprachraum ist es möglich, eine Ich-Aussage in den Endungen der Verben anzudeuten, doch haben alle diese Sprachgruppen ein Wort für Ich, können es wollend einsetzen. Im Aktionsbereich der deutschen, französischen und englischen Sprachen gibt es teilweise noch Endungsklänge, aber sie gelten nichts mehr. Das Wort für Ich muß klar umrissen ausgesprochen werden. Im Abendland, in Europa speziell, liegt die Aufgabe der Individualisierung. Sie war unausweichlich, um zur Verantwortung in Freiheit zu führen. Dorthin muß sie nun, das ist die Zukunftsfrage, weitergeführt werden, und dafür muß Europa im Gespräch der Menschen der Erde erhalten bleiben, sich wollend erhalten in seinem eigenen Ton. Dieses „Tönen“ begann mit der Frage nach der Schöpfung der Erde und dem Ich-Anruf des leitenden Odin „im Weltbaum“.

Anfang aus Kraft und Gestaltidee

Die Schöpfung geschieht im Urbildplan „Mensch". Der Mensch ist Urbild und Ziel aller der das mitdenkende Bewußtsein aufrufenden Kulturen von Ägypten an und im eurasischen Bereich. In der germanischen Mythologie = „Bildlehre" ist es knapp und unmittelbar verdichtet gesagt. Allem bewußtseinstragendem Sein liegt die Urgestalt riesig und kraftvoll zugrunde: *Ymir.* Das Wort entspricht dem Begriff Zwitter. Es ist der Mensch schlechthin, der männliche und weibliche Kraft vereint. Man erkannte diese Gestalt im „Urraum der Kräfte", d.h. im „Ginnungagap", dem Kräftereich unsichtbaren Seins. Dort wird sie zu eigener Kraftgestalt aus den zwölf *„Eliwagar",* den „Sturmströmen" des Kraftreichs. Viel später, um 1100 n.Chr., durchdachte Snorri (s. Prosa-Edda, Gylfis Betörung) den Werdeprozeß noch einmal und formulierte, wie aus der aktiven Spannung zwischen der

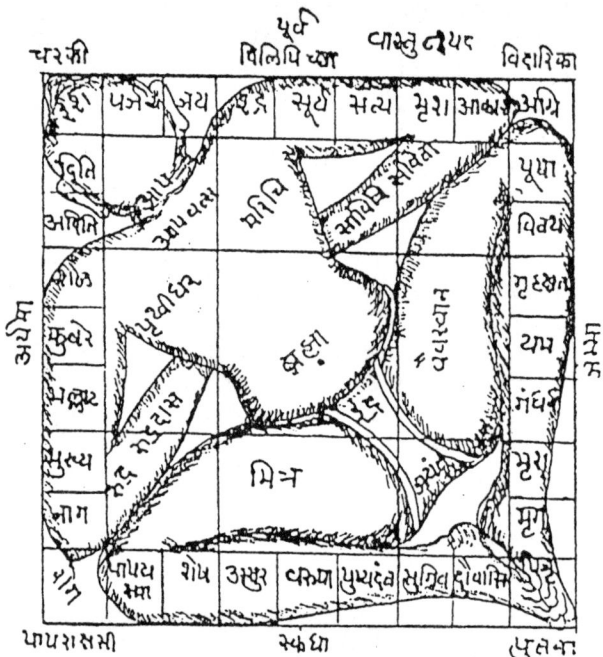

Abb. 1 Das Vastu-Purusha-Mandala aus einem alten indischen Architektur-Lehrbuch. Das Ur-Menschbild als Zentralbezug des Sonnensystems, als Weltselbst-Symbol: Es wird in alle kultischen Gebäude einstrukturiert, in Gemeinschaft der zusammenwirkenden Götter in das Quadrat (= Kubus = Erde) gespiegelt.

Kraft der Wärme und der der Kälte Lebensgestaltverdichtung geschah. Aus Ymirs Urgestalt – noch bewußtloses Sein – schufen die
Götter die Erde als den Leib des Menschseins: Gestein, Fruchterde,
Wasser, Luftwehen und Pflanzen. Und aus dem Pflanzensein, den
Bäumen Ulme und Esche, erweckten sie endlich mit ihrem eigenen
Geistsein den Menschen als selbständige Wesenheit. Das vollzog sich
in langen Zeiträumen, wie es auch alle anderen Schöpfungs-Bildge-
schichten unseres Kulturraums beschreiben. Hier ist es aber straff
zusammengezogen auf das Erleben des Urbilds: im Kräftebereich
(Ginnungagap) geschieht Sichtbarwerden des Urbild Mensch (Ymir).

Im „indogermanischen", d. h. dem durch die Urwurzelung im
Sanskrit zusammentönenden Bereich, haben die alten Inder der
Veden-Zeit das entsprechende Bild auf ihre viel differenzierende
Weise im *„purusha"* als dem Urmenschen erfühlt (s. Abb. 1). Es ist
bis an die Gegenwart heran Denkmaß und Formgesetz aller Tempelbauten. In das Grundrißquadrat der unverrückbaren Ordnungsform
der vier Himmelsrichtungen wird die hockende Gestalt des purusha
eingezeichnet, und in seine Glieder und Organe sind die zusammenwirkenden Götter mit ihren Sonderkräften eingetragen, haben dort
demgemäß im Tempelbezirk ihre Orte der Bewußtmachung durch den
Menschen. Linien und Schnittpunkte, die man als ausgedehnte Kräfte
empfand, durften nicht das Zentralgeviert des Brahma, des übergreifenden Gottes, berühren. Alles zusammen strahlte den purusha in
seiner Erdgestalt aus. Zugleich aber ist purusha das göttliche Selbst:
„Daumengroß wohnt er als inneres Selbst immer im Herzen der
Menschen" (Upanishaden). Da man überall und immer Planeten-
und Tierkreiszeichensphären als Krafträume von Geistwesen empfand, gab es seit dem alten Sumer stets eine Vorstellung und
Beachtung der Beziehungen zwischen den Gestirnen unseres Sonnensystems und den Gerüstformen und Organen des Menschen.
Später zeigte man in Europa in vielen Handschriften und Bildern
den Christus als Schöpfungslogos, als Dirigent des Ganzen, als den
sogenannten „Kosmosmenschen" im Raum ausgebreitet, und aus und
mit ihm die Gestalt des Erdenmenschen (s. Abb. 2 u. 3). Es läßt sich
erkennen, daß von Ymirs Bild zu der Schau und Organlehre des
Kosmosmenschen Christus als Leitendem im Sonnensystem keine
Fremdheit waltet.

Abb. 2 Der Mensch als Inbegriff des Kosmos, der vom umgreifenden Logos gestaltet wird, über dem das Haupt des Urseins, des „Vatergott" steht (Miniatur aus der Schrift der hl. Hildegard von Bingen 1098–1179. Staatsbibl. Lucca).

Abb. 3 Christus, der Herr der Elemente. Holzschnitt aus dem 14. Jahrhundert.

Wie stark das Ymir-Erdwelt-Bild in den Seelen lebte, klingt noch im 13. Jahrhundert n. Chr. nach, etwa in den „Fridthjofstrophen" (Thule Bd. 1), wenn Fridthjof den alten König begrüßt: „...edelster Fürst unter Ymirs Schädel (oder Dach)...", unter dem Himmel, dem Luftraum aus des Urbilds Schädel gebildet. Der individualisierte Erdenmensch fühlte sich im Kosmos seines Sonnensystems zu Hause, aber nicht statisch, sondern in die Dynamik der Bewegung des Werdens einbezogen (s. Texte Nr. 1).

Man kann die Bilder, soweit sie uns durch die späte Sammlung trümmerhaft überliefert sind, genauer befragen. Da findet man in parallelen, aber psychologisch anders angesetzten Sprachen, im alten Iran, die zwölf Amshaspands und außerdem die 28 Izards. Rudolf Steiner hat darauf hingewiesen, daß hier das Gestaltwirken der Götter erfaßt sei. In den zwölf Sturmströmen, den eliwagar, bewirkten die Wesen, die im Iran Amshaspands hießen, die Bahnen und Substanzen der zwölf Hauptesnerven des Menschen. Die 28 bis 30 Nervenpaare des Rückenmarks (gemäß den Tagen des Mondmonats) entsprachen dem Wirken der Izards. Steiner erwähnte, daß diese Urzeittätigkeit, in den Bildsprachen registriert, unter der Regie des in Ägypten Osiris genannten Wesens geschah. Wenn man die Namen, die die zwölf Ströme in der Edda haben, befragt, so weisen sie

17

vor allem auf Affekte, Triebe, Wahrnehmungen hin, also das, was wir durch die Nerven erleben. Für die Erlebnisse und ihre Verarbeitung im Menschen wußten die Ägypter den Osiris nun als Leiter des Totengerichts der 42 Grundfragen. Nachdem die Schaffung des Erdenmenschen getan war, wurde die Handlungsweise des Menschen Aufgabe und Frage. So führte Ymirsein zur Übung des wachen Menschseins. Das war für die Germanenstämme Odins Lehrauftrag.

Man muß, um unbefangen unsere Ausgangsposition neu befragen und zum Selbstverständnis fruchtbar machen zu können, den Begriff Gott und Götter von Verengungen befreien. Der Monotheismus („es gibt nur einen Gott, der alles schuf, schafft und leitet") wurde nur von Mohammed (=„der Gepriesene", 580–632 n.Chr.) in der Lehre des Islam (=„Ergebung" in Gottes Willen) in fanatisch extremer Form exemplifiziert. Im Judentum hatte sich seit wohl 2000 v.Chr. die Tendenz entwickelt, das Gespräch zwischen Mensch und der umfassenden Seinsmacht ganz ins eigene Innere zu nehmen. Das ergab die Betonung des einen Partners mit der Bezeichnung als „Jahweh" (d.h. „Ich bin der Ich-Bin") als Anruf im Ich, und nur umgeben von Helfern in der Schöpfung: von den Seraphim über Elohim (=Exousiai = „aus dem Ur-Sein" Formgestaltenden) zu den Erzengeln und Engeln der Hierarchienlehre, die Dionysius Areopagita dann um 500 n.Chr. aufschrieb.

Diese Helfer wurden akzeptiert, aber nur als Boten, als Gehilfen, nicht als Geistperson eigener Wirkensbezirke. Das kraftvolle vielfarbige Funktionsgefüge, das alle anderen Kulturen und auch die eigenen in früheren Zeiten mit den personal geprägten Göttern erlebten, wurde im Judentum ganz verschattet. In der christlichen Kirche wurde es später im Zwiespalt von Mißverständnis und Achtung verunklart. Im frühen Christentum wirkte die Erfahrung, daß die Vereinfachung der Eingott-These im Prinzip hier nicht galt. Denn der Begriff des „Logos", der im Anfang des Johannesevangeliums als Bezeichnung des Schöpfers alles Entstandenen genannt wird, bezeichnet immer ein Zusammenwirken differenzierter Kräfte und Bereiche. Dieser Logos, der als zusammenfassender Führer der wirkenden Geistwesen benannte Christós, wurde zugleich als „Sohn" Gottes bezeichnet. In der Kurzform war derselbe Terminus verwendet, mit dem alle Menschengruppen die Arbeitsränge der Götter im Weltwerdeweg verbunden sahen, als „Söhne", das heißt als personale Ausstrahlungen oder wesenhaftes Erwecken weiter Wirkender. Erst etwa nach 700 n.Chr. hat die Kirche, genauer haben die Menschen, die die geistige Bürokratie der Organisation als Machtposition ausbauten, die lebendige Dynamik immer mehr verengt. Die Fülle der „Hierarchien" wurde endlich, in der nach 1960 revidierten Liturgie der katholischen Kirche, auf die allgemeine These der „Engel" reduziert. Die souverän offene Dynamik, die der Christós (=der zum Opfer

Gesalbte) in der egoismusfreien Verwandlung des Ich eröffnete als mögliches Gespräch mit dem Geistgefüge der Welt, wurde erstickt. Man muß das wieder befreien, in den Anfang zurückfragen. Das ermöglicht auch eine Begegnung mit dem Osten, der sich im „Brahman" stets die durchwaltende Geistigkeit in und über personal wirkenden Göttern bewußt hielt.

Es ist seit etwa 200Jahren in zunehmendem Maß und für die Mehrzahl der Menschen schwierig oder unmöglich geworden, sich den Umgang mit unsichtbaren personalen Geistwesen vorzustellen. Wir sind ganz in den Umgang mit den Wirkungen und Kräften der Materie vertieft oder verstrickt. Erst im 20.Jahrhundert beginnen wir zu merken, daß wir den Sinn in dieser Struktur nicht erkennen und daß wir durch Fehlmanipulationen die Lebensbasis zerstören. Die Sinnfrage tritt ganz neu heran. Die ungeheuren Denkübungen und Denkkraftentfaltungen, mit denen durch fünf Jahrtausende der Begriff Gott und der Begriff Brahman ausgearbeitet wurde, ist ein Sprungbrett für neue elementare Begegnungen. Die meisten Menschen, sofern sie überhaupt fragen, sehen heute Materie (im weitesten Sinn) als das Ursein, aus dem sich Bewußtsein anhand der sich ausformenden Intelligenzstrukturen heraufhangelt und sich vielleicht zu unsterblichem allgemeinen oder individualisiertem Seelesein formen kann. Wer aber die Intelligenzstrukturen der Lebegestalten für viel zu differenziert erkennt, um „von selbst" entstanden zu sein, erkennt in sich selbst die Antwort. Der wollende und entwerfende Geist ist eher als Materie jeglicher Art. Zwischen Brahman-Begriff als Urgeistsein und der personalen Auffaltung der Götter ist nicht Gegensatz, sondern Einklang.

Wie man sich auch immer die Weltlogik vorstellt, man muß sich doch die Möglichkeit mit personalen Wesen unsichtbar, aber wesenhaft fühlbar umzugehen, nicht nur offenhalten, sondern sie ganz durchfühlen. Ohne diese widerstandsbefreite Übung findet man sich selbst nicht. Unsere Historie ist unser Sein. Wir müssen uns damit identifizieren. These und Aussage des Göttergesprächs war die selbstverständliche Lebensatmosphäre aller unserer Basis-Jahrtausende, die unser Wissen schrittweise aufbauten. Wer genau in diese Differenzierungen eindringt, kann sie auch nicht als „Projektion psychischer Faktoren" fassen. Die Gespräche sind zu stark. Natürlich sind sie schon gar nicht nur „Trost". Sie beziehen, ja rufen den Menschen hinein in einen Kampf zwischen Gut und Böse, Wissen und Nichtwissen, der Weltprozeß ist. Dies jedenfalls war Urwissen der Menschen. Wir erkennen uns selbst, wenn wir das Gespräch nachvollziehen.

Wissend im Kosmos leben

Ehe man sich unseren Weg von der Ymir-Epoche zur Odin-Epoche und zur Widar-Epoche der Christus-Begegnung vergegenwärtigt, muß man deutlich sehen, wie sehr das alles für die Menschen der frühen Zeiten *im Kosmos* geschah, und zwar ganz exakt im gut beobachteten Sternenraum. Man wußte, daß nicht tote Bälle herumfahren, sondern daß ein Netz von differenzierten Wirkungen die Erde durchzieht, von geistigen Wesen, den Göttern bedacht und geleitet und uns ins Gespräch gegeben. Wir erkennen das heute nach einigen Jahrhunderten der Selbsttäuschung sehr deutlich wieder: daß Menschentum und Kosmossein in eine Ordnung, dynamische, rhythmisch pulsierende, aber den Lebens- und Bewußtseinsprozeß bedingende Ordnung gefügt sind.

Die Bildlehre berichtete (in der Edda überliefert), daß nach Ymirs Ausgestaltung in das Erd- und Menschensein ungeheure Flutströme losbrachen. Sie leiteten eine nächste Epoche ein, in die hinein sich die aus Ymir verdichteten ersten noch riesenhaften Kraftgestalten des Menschseins retteten. Da sah und hörte man die Stufen der Wirbelbildung und Gestalten aus Ymirsein: nannte sie Aurgelmir = Flutlärmer, Thrudgelmir = Kraftlärmer, und Bergelmir = Felsenlärmer, schon Gesteingestalt vorfindend. Dieser *Bergelmir* rettete sich aus der Flut der Epochenwendezeit, indem er „sich auf den Mühlkasten schwingt", Bodenbeziehung findet und so seine Kräfte weitergeben kann. Aber was ist *„der Mühlkasten"*? Es ist das alte und vielen Kulturen vertraute Bild jener gewaltigen Sternenmühle, die sich um den Polarstern dreht und das ganze Sonnensystem mitreißt oder in seiner Bewegung am deutlichsten zeigt. Der Polarstern ist nicht immer derselbe Stern in diesem Mühlengebiet. Er wechselt in den Jahrtausenden, so wie sich das innere Gefüge des Systems wandelt und dadurch immer andere Einwirkungen kosmischer und stellarer Strahlung auf die Erde gelangen.

Die Megalithkultur war das geistige Pflanzbett der germanischen Menschengruppen. Wir kennen heute diese riesigen Steinsetzungen in Europa, auch in asiatischen Gebieten. Aber nirgends sind sie so durchgebildet wie in Europa. Diese Steinsetzungen – am genauesten ist die von Stonehenge durchgeprüft – gaben astronomische Orientierungen für das tägliche, das physische und das seelische Leben der jeweiligen Menschengruppen. Man beobachtete präzis die Gestirnsrhythmen und die dazugehörigen Jahreswirkungen.

Dafür brauchte man oft weit hergeholte Steine verschiedener Struktur und Substanz, die je verschiedene Atmosphärenwahrnehmung ermöglichten, wenn sich der Druide ihren Licht- und Schatten-intensitäten öffnete. So ließen sich die Ackerbaugezeiten der Gegend erkennen und die seelischen Spannungslagen der Menschen, deren Gemeinschaften die Druiden leiteten. Die Sensibilität der vorintellek-tuellen Menschen früherer Zeiten war ganz anders, spürfähig und erkenntnisfähig zugleich. Wir müssen das heute auf bewußte Art und neuer Stufe wieder erarbeiten. So verband man die Wahrnehmung der kosmisch-astronomischen Rhythmen und der Erdatmosphäre mit der intensiven Bezogenheit auf die menschliche, die soziale Umwelt und die therapeutischen Beziehungen zwischen Mensch und Natur. Rudolf Steiner wies darauf hin, daß das therapeutische Wirken der Druiden in der Bildsprache mit der Meisterung, dem gezielten Einsatz der elementaren Kräfte der „Riesen" als Feuer-, Nebel-, Reif- oder Sturmriesen angedeutet ist. Man übte die Bedingungen eines selbstlos intuitiven Erkennens. Die Netze der Ortungsfelder der Lebensge-meinschaften durchzogen die gesamte Landschaft und ihre Spuren, ihre Planungen (in Straßenführungen und Hügelbezeichnungen) lassen sich von dem, der darauf achtet, heute noch überall in Europa finden.

In den Gestirnsphären sah man die Heimatorte der den Menschen zum Bewußtsein anleitenden Götter, der *Asen.* Ihnen ging die Gruppe der Wesen der Urschöpfungsleitung voran, die *Wanen,* mit denen man sich im klärenden, aktivistischen Gespräch austauschte. Die Asen hatten ihre Ausstrahlorte, ihre „Burgen" im Sternkreis. Die Brücke der Milchstraße verband alles. Die Bildsprache erzählt – schlicht verdeutlichend–, daß der Helfer zum Ichsein des Menschen, Odins Sohn Thor, noch Sterne setzen kann. Aus der Fußspur des Odin-Helfers Örwandil schafft er einen Stern, wohl den Rigel im Orion (s. Bibl. Dechend Santillana), und aus den Augen des Bergelmir-Enkels, des Riesen Thjassi, der aus dem Menschenbereich herausgedrängt werden muß, schafft er das Zwillingsgestirn. Der Große Wagen am Himmel war der Wagen des Odin (oder Wuotan). Entsprechend sah man im alten China von dort den himmlischen Kaiser in die Erd-ordnung hinein wirken. Der Kleine Wagen (oder Bär) galt als der Wirkort der Freya, als „Frauenwagen". Für die lebenordnende Herrin (=Freya) galt die Milchstraße als ihr Halsband. Sie war nun „die Halsbandgöttin". Aus dem Gürtel des Orion sah man die Kräfte der Alltagsmeisterung durch das Weben aller Gewänder, die Kunst des Webens aus „Friggs Rocken", ausstrahlen. Im kalt brennenden Stern Sirius sah man die Kraft von „Lokis Brand", seiner Ordnung umwer-fenden Lohe.

Wenn man seit hundert Jahren versucht, die Götter als Personifi-zierungen von Impulsen, Strukturelementen, Trieben und Vorstellun-gen der menschlichen Psyche anzusehen, so kann man mit dieser Einengung nicht an die Realität des alten Menschseins herankommen. Man schneidet einen illusionären Menschen aus dem Sternenraum der kosmischen Kräfte heraus, in den er sich einst konkret ins Gespräch einbezogen wußte. Das galt bis ins 18.Jahrhundert hinein. Durch das ganze Mittelalter hin galten die Kosmosbeziehungen. Die keltischen Druiden („die Erkennenden"), die einst in und nach der Megalithzeit Lehrmeister für Europa waren, wußten sich sternbezogen. Cäsar lobte ihre hochgeschulte Astronomie und Naturforschung, ehe er die Träger auszurotten begann. Noch in den letzten Lehrgesängen der Barden (der Schüler der Druiden, die Lehrgesänge weitergebend), die um 1200 n.Chr. aufgeschrieben sind, weiß sich der jeweils leitende Barde, *Taliësin* = Strahlenstirn (Weisheit und Weltbewußtsein ausstrahlend), als heimisch im Gestirnkreis, wandernd durch die Geschichtszeiten und die Kräftesphären des Sonnensystems, die Tier- und Pflanzenwesen in sich nachvollziehend und den Schülern die großen und kleinen Fragen stellend: „weißt du, wer du bist, wenn du schläfst – ein Körper, eine Seele, oder Behältnis der Wahrnehmungen?" Taliesin nennt sich „der ruhige Meister", der die anderen Barden lehrt, nachdem er seine Berichte in der Sonnendämmerung zwischen den megalithischen Steinen inspiriert erhielt. Er nennt die Region der Sommersterne seine Heimat und war Gast „in der Stadt der *Keridwen*", der Kassiopeia-Sterne.

Hier treffen sich keltische und germanische Grunderlebnisse. *Keridwen* war den Kelten der Name des Geistwesens, das im Bereich der Milchstraße die Durchgänge der Lebens- und Todeswege der Erdenmenschen (von allen Kulturen dort so gesehen) dirigierte. In diesem „Kessel" der mächtigen Wasser sollte ein Menschenknabe umrühren, Gwydion: Er rührte so kräftig, daß drei Tropfen auf ihn spritzten; da wurde er weise und hellsichtig, und man nannte ihn den Lehrer der Druiden. Dieser Kessel der Wasser des Lebens und des Todes blieb durch die Jahrtausende ein Symbolum, das die Helden der Märchen suchen und finden mußten und das die Enkelin des Sonnenherrn, des Helios für die Griechen, *Medeia* dem „Iason" (=Heiler) zubrachte und brauchen lehrte. In der germanischen Bildsprache entspricht dem in anderer Zielung der Kessel *Odrörir* (=Erreger des Geistes), in den alle Götter, Asen und Wanen, Wirkende aus den Sternsphären also, ihre Kraft speien und dessen mit Honig vermischte Substanz nun den Leitenden, Odin, und die aussagenden Sängerskalden lehrt, informiert, beschwingt. Das sternbezogene Bewußtsein der Barden wirkt noch im Epos vom Parzival durch das ganze Mittelalter hin. Parzival ist zuletzt gereift zum Meister des Planetensystems, das ihm Kundry, aus dem Toten-Seelenreich der Morrigan (=morgane) stammend, mit Namen nennt (s. 15.Gesang).

Eine Kurzformel des Kosmosbewußtseins um den Polarfeldwirbel (den Mühlenpflock) gab man in der Abbildung des keltischen Gottes *Sucellus* (=der sicher Treffende) in Gallien, der etwa dem irischkeltischen Dagda (dem Herrn des vollkommenen Wissens) entspricht. Die Bildformel des Sucellus zeigt ihn mit dem Hammer der Kraft in der einen und der Vase des Überflusses in der anderen Hand. Im Gürtel steckt, nach oben weisend, der Weltennagel (=der Mühlenpflock), kreisend auf den Weltenbaum gesetzt, der in zwei abwärts geschwungenen starken Zweigen angedeutet ist. Sucellus ist auch der Seelengeleiter, der nach dem Tod im Kosmos zurechtfinden hilft. Die Stilisierung des Weltenbaums ist dieselbe, wie später im Relief an den Externsteinen im Teutoburger Wald, dem alten Kult- und Lehrzentrum von Mittel-, Nord- und Westeuropa. Dort wurde von den karolingischen Künstlern die Weltesche (hier genannt „Irminsul = gewaltige Säule") leicht umgebogen als Schemel gezeigt, um den leitenden Logos, der sich seiner Schöpfung verbunden hatte, vom Kreuz nehmen zu können, seinen Leib der Erde zu verbinden.

Abb. 5 u. 6: Kruzifix von der Nikolai-Kirche in Elbing,
Türsturz von Aller-Heiligen, Erfurt.
Man erkennt das Zeichen des Sucellus wieder in dem Schemel, auf dem Josef von Arimathia den Leib des Christus vom Kreuz nimmt im Relief der Externsteine. Es ist die „Irminsul", das heißt „die gewaltige Säule", der Weltbaum. In vielen Kreuzigungsdarstellungen ist es das Kreuz des Christus.

Um den spezifischen Ansatz dieser europäischen Menschengruppen zu erkennen, muß man sich dieses weite Geöffnetsein zur Naturwelt und dem Gestirnskosmos vergegenwärtigen. Es war gefühlshaft naiver als die exakte Sternbeobachtung und Götterbefragung der Sumerer und Babylonier. Es war näher und hiesiger als für den Ägypter, der mit den die Elemente dirigierenden Göttern sprach, aber erst nach dem großen moralischen Frageprozeß des Totengerichts nun im Sternenreich durch alle Gewalten hin als wache Seele wandern konnte (s. Totenbuch). Was die germanischen Menschen-

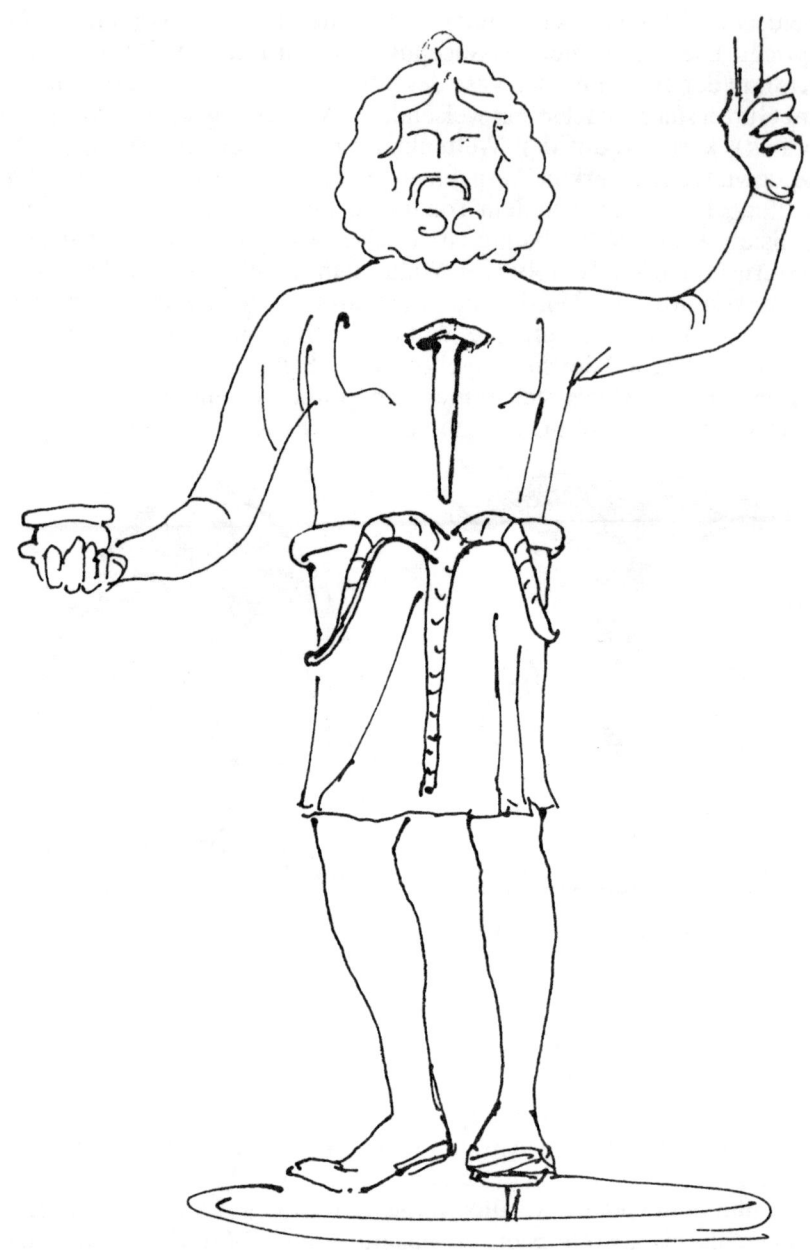

Abb. 4: Keltischer Leitgott Sucellus mit der Weltsäule und dem die Kreisung haltenden Nagel des Pol-Sterns, in der einen Hand das Gefäß mit dem Lebenswasser, in der anderen den Hamme der Kraft.
Bronce, 1. Jahrh. v. Chr., römisch beeinflußt, Original Kunsthistorisches Museum Genf (Nachzeichnung Jeanette Andreae).

gruppen weckte, war das Erlebnis des „wendenden Punktes" (wie es später Rilke in den Sonetten an Orpheus nannte): die Mühle, der Wirbel, die Sturmströme. Der Ort, auf dem man die Götter beratend, gestaltschaffend und mit den entscheidenden Würfeln „spielend" im Bildwort erlebte, war „das *Idafeld*", das „ *Wirbelfeld* ". Gestaltepochen kommen, werden durchgelebt, vergehen. Beratend werden neue Epochen eingeleitet. Der Mensch ist nun mittendrin. Er ist aufgerufen zu vollstem Bewußtsein: da ist Odin, da sind die Schüler und Lehrer, Svipdagr = der Tagförderer, Wölund = Wieland der Schmied, Siegfried = Sigurd der Einzelmensch.

Als die Epoche der Asen-Wirkungen im Menschen durchgelebt ist, kommt das Wort des *Ragnarök* = Schicksal der Götter. Es wird zur Wendezeit aller Offenbarungen, „Wolfszeit". Sie wird durchgekämpft von allen Leitgeistern, allen Asen, und an Odins Seite von allen Menschen, die sich zur Persönlichkeit, zur Ichheit entwickelt haben. Das sind „die Einherier", die Einzelkämpfer, die sich aus der Gruppe, der Sippenbindung lösen konnten. Das wird in einer Zahlordnung benannt: Aus den 540 Toren der Odinsburg, aus Walhall, treten je 800 Einherier. Das sind 432000 Einherier. Sie stehen für die Tage eines Sechstels der Präzession. Wir kennen die Wertung dieser Zahl aus Indien, aus Babylon, und wissen, daß schon die Sumerer um 2000 v.Chr. die genaue Zeit des Durchgangs des Frühlings-Sonnenaufgangs-punkts durch den Tierkreis kannten. Es sind die 25920 Jahre des von Platon benannten „Weltenjahres". Wir wissen nicht, woher die Schreiber der Edda diese Zahlenordnung hatten. Da aber alle alten Priester-Forscher-Zentren der Frühzeit im Austausch waren, kann die Über-lieferung alt sein. Sie drückt im Bild den Willen aus, sich in den kosmischen Rhythmus einzufügen. Nach einem Sechstel des Welt-jahres geschieht Ragnarök, und ein neues Sechstel beginnt. Es beginnt unter der Leitung des Odin-Sohns Widar und immer „auf dem Ida-Feld", dem großen Wirbelfeld des Kosmos.

Das ist der Hintergrund des Mühlebildes, das immer wieder auf-taucht, andeutend, aber doch prägend. Da ist Bergelmir, der sich „auf den Mühlekasten" rettet und seine Kräfte weitergibt in die neue Epochen-Differenzierung in die Odins-Zeit. Da ist die Mühle des „*Mühlenlieds*" (Thule Bd.1), die „*Grotti*", d.h. die Achse im Mühl-stein. Im finnischen Schöpfungslied, dem Kalevala, heißt diese Mühle Sampo. Das entspricht dem Sanskritwort skambha, der „Weltsäule" der kreisenden Weltalter. Die Grotti des Mühlenlieds wird bedient von den Riesentöchtern aus der Sippe des Ölwaldi, der als Vater des Tjassi von den Göttern als ordnungsstützende Kraft eingefügt wurde. Immer sind die Riesenkräfte, die Titanenkräfte, wirkende Grundkräfte und bereit, zum Chaos oder, wenn Menschen und Götter es meistern, durch Krise und Chaos zum neuen Kosmos zu helfen.

Die griechischen Astronomen (so Cleomedes um 150 n.Chr.)

benannten die Sterne um den Pol als Mühlsteinsterne. Die arabischen Astronomen nannten den Stern beta ursis minor (im Kleinen Bären) den Kochab = Mühlpflock. In Indien entsprachen dem die Bilder vom Feuerstock, der das kosmische Feuer im Drehen entzündet (s. Santillana/Dechend). Aber im Mühlenlied der Edda geht es um die Bewegungskrisen selbst. Die Mühle wurde von Odin in seinem Namen als *Hengikjöptr* dem skandinavischen König Frodi anvertraut. (Hengikjöptr meint den „mit den hängenden Kinn", den Odin also, der durch das Zerrungserlebnis des Sich-in-den-Welt-Baum-Hängens geht.)

Frodi war aus Fjölnirs Geschlecht und damit ein Sohn, ein Impulsierter aus Freyr, aus der den Lebensablauf tragenden leitenden Kraft, aus der auch die Sippe der Ynglinge, der Sigurd-Linie, stammte. Diesem so Inspirierten konnte Odin die Verhaltensfrage stellen, Odin, als derjenige, der sich in den Weltbaum ganz hineinhängte, sich ausgebreitet mit dieser Weltgesetzlichkeit identifizierte. Er konnte die rechte Beobachtung der „Mühle", des Wirbelfeldes des Kosmos, den Schülern zur Aufgabe geben, zur Prüfung, Erfahrung, Erleidung. Im altbabylonischen Bild (im Erra-Epos um 2000 v.Chr. aufgezeichnet) wurde vom Leitgeist Marduk berichtet. Er bat „die 7 Weisen"(d.h. die Dirigenten der 7 Sterne des Großen Wagens), ihre Stellung im „mes-Baum" zu ändern. Ein Polsternwechsel war angesprochen, den der Weltbaum „der aus den Tiefen bis in die Himmel reicht", vollzieht. Die „mes" sind alle Seins- und Handlungsweisen des Menschen. Es sind 50, also die $7 \times 7 = 49$ überhöhende Rhythmik. Dieser mes-Baum „ist das Fleisch der Götter", ihre Leiblichkeit, ihr Wirkfeld.

Der jeweilige Leitgeist ruft die Menschen in die Verantwortung. Das geschah in Babylonien noch im Abstand. Odin tat es aber in mancherlei Aspekten unmittelbar anrufend, so indem er die Grotti, die Pol-Mühle, dem Fürsten, Frodi genannt, zur rechten oder unrechten Wahrnehmung und Nutzung gibt.

Frodi verwaltete sie eine Weile gut. Es war die Zeit des „Frodi-Friedens" im weiten Land. Dann drängte er die Riesenkräfte, Gold zum Lebensgenuß zu mahlen, nicht zum Gottesfrieden. Sie besprachen sich, nicht länger gehetzte Mägde zu sein. Der Meeresherr kam übers Land, die Mühle mahlte nun Sand und Gestein. Der alte Polarstern tauchte ins Meer. Für die Menschen war die Zeit der Besinnung auf die Verantwortung ihrer erworbenen Persönlichkeitskräfte gekommen. Es war die Zeit, um die großen Gesetze der Verwandlungen der Epochen zu bedenken. Es hieß dazu, nun sei *Amlethus* der Besitzer der Mühle, eher der Bedenker der mißbrauchten Mühlenphase. Die brandenden Wasserwirbel hoch im Norden nannte man Amlethus' Mühle. Das Wort bedeutet so etwas wie Narr, Tor. Aus seiner Funktion bildete man die Geschichte des Prinzen Amlethus-Hamlet, die Saxo Grammatikus um 1300 aufschrieb und Shakespeare später zum Drama der in Erkenntnis,

Skepsis, Trauer und Gutsein schwankenden Seele formte. Amlethus-Hamlet, Sohn des Horvandillus = Örvandill, war um 1100 eine historische Person. In ihm treffen Zeitaufgabe und Symbolbild zusammen. Das ist Spätzeit, Krise und Folgezeit des Ragnarök. Die Kräfte, dies zu bestehen, hatte Odin den Menschen gegeben. Es war eine Schicksalsaufgabe, daß er als Hengikjöptr die Verwaltung der kosmischen Rhythmik den Kindern des Freyr gab: könnt ihr schon Leben verwalten?

Götterlehre: Veranlagung der Persönlichkeit auf dem Ida-Feld

Die Epochen, in denen man das Geführtsein durch die Götter als unmittelbares Einsprechen in Geist und Seele durch fühlbar wahrgenommene Geistwesen empfand, sind zeitlich begrenzt. Danach muß der so angeleitete und gefestigte Mensch durch Verwirrung und Entscheidung gehen. Nur in strenger konzentrierter Übung in den Einweihungsorten sah und hörte er wieder Gewißheiten. Herodot (ca. 490–420 v.Chr.), der griechische Weltreisende, erfuhr von den ägyptischen Priester-Forschern genaue Zahlen, wie viele Oberpriester und Pharaonen gewirkt hätten, seit die Götter sich aus der Wahrnehmungsnähe zurückgezogen hatten. Wir können die Odin-Epoche nicht so umgrenzen. Sicher ist das Ragnarök-Erleben erstmals faßbar, als man die seelische Dramatik aus Sigurd/Brynhild/Gunnar erstmals wach erlebte, formulierte und weitererzählte. Wann das war, wissen wir nicht. Vorher aber waren die Menschen vorbereitet worden. Sie waren Zuschauer, Zuhörer und erschreckt aufwachende Teilnehmer an den Taten und Lehren der Asen. Sie wußten das alles zugleich im Kosmos und in der je eigenen Menschenseele, aufrufend zum wachen Bewußtsein.

Das ist zentral für diese Menschengruppen. *Odin* war der „Wanderer", der Wissen Heraufholende aus allen Weltentiefen, Wissen Weitersagende. Dazu lehrte er die Sprache, den Umgang mit dem Wort als Instrument jeder wachen Besinnung und durchgreifenden Empfindung. In dem zentralen und am längsten erhalten gebliebenen Tempel, in Uppsala (Schweden), standen die Bilder von Odin, Freyr und Thor. Es waren keine ausgestalteten griechischen Plastiken, sondern im ungefähren belassene Anrufe ans Horchen und Schauen. *Odin* lehrte das Bewußtwerden. *Freyr* wies auf die von den Wanen vorbereitete Basis der Lebensgestalt hin. Er war mit seinem Schwesteraspekt Freya als Gast und Kraftträger von den älteren Wanen bei den Asen dem alles durchflutenden Wasserelement verbunden, aber nun im Asen-Sinn zum Bewußtwerden des Lebens anleitend. Er impulsierte die immer jungen Lebenskräfte des „Yngling"-Seins als Leitlinie der aktiven germanischen Vorangänger im Schicksal, die Sigurd-Linie. Der dritte in Upsala, *Thor,* ein jüngerer Helfer („Sohn" des Odin hieß das), sicherte die Basis des Bewußtwerdeprozesses in der Ichheit, im pulsenden Blutkreislauf. Er lehrte durch sich selbst das Unterwegssein im Meistern aller nur wuchernden Lebenskräfte („Riesen"), die er bekämpft und es den Menschen zeigt, während sein „Hammer", der „immer zurückkehrende" Rhythmusträger des Herzschlags, das Maß der Ichheit sichert.

„*Thors Hammer*": wenn Thor vorbeizog, und das fühlte man, wenn Thor vorbeizog fühlte man den Hammerschlag in sich selbst, als das Herz, das pulsierte, Mut pulsierend und so zubereitend für Odin. Was in den Bildern erzählt wird von dem steten Unterwegssein des Thor (s. Texte Nr. 2: „Thors Fahrt zu den Grenzen") zu Abgrenzungen, Aussonderungen, Gesprächen und Kräftemessen mit den Riesen, den Naturkräften, die alles durchwalten, es entsprach dem Hineinpulsen, dem Hineinsprechen des Geistwesens Thor in die Triebhaftigkeit und Seelenwelt des Menschen. Hütet das Maß, die eigene Pulsation, – noch ist die Sippengruppe euch Stütze (im Bild: „Sif" ist die Partnerin des Thor), aber gefragt ist der eigene Herzpuls. Auf die Einzelkämpfer wartet Odin, der stärker ist als ich. Thor ist Bote zwischen Mensch und Göttern, ist „angelos" (=„Bote", die Griechen nannten so den Hermes). Man erkennt Odin als den Stärkeren (=den Archangelos, Engel der Urkräfte, Erzengel).

Odin

Wer ist Odin? Sein Name, klangmäßig zu „Odem" oder „Atem" gehörig, deutet auf den Meisterer des Atems im Menschen, Atem zum Wort meisternd. Noch in Snorris Königsbuch des 13.Jahrhunderts heißt es von dem nun zur Legendenfigur umnebelten Odin, er spreche immer „in Versen" also in rhythmisch durchdachten und durchfühlten

Aussagen. Man muß, es wurde schon angedeutet, die Kraft der speziell germanischen Form der Alliteration, des „Stabreims" nacherleben: eine fortziehende und fortdrängende Strömung durch die Gleichheit der Anfangskonsonanten, also der Prägungen, Welle an Welle wogt weiter. Es wirkt auf das jeweils Auszusagende stark konzentrierend im Sprecher oder Hörer, in dem es den Atemrhythmus nicht ruhen läßt. Hier erfaßt man die klangliche Nähe Odin/Odem/Atem und die etymologische Aussage Odr = wütend, wie im angelsächsischen Woden und dem althochdeutschen Wutan oder Wuotan/Wotan. Die geforderte höchste Aktivität des Einsatzes des ganzen Wesens, angerufen durch Wuotan/Odr, bedingt die volle Aktivierung und Meisterung des Atems durch das eigene Ich.

Snorri versuchte zwar, Odin des Götterseins zu entkleiden, aber dieser „Fürst", der immer siegreich ist, immer strahlend schöne und heilende Kraftgestalt, ist nicht irdisch zu machen. Er kommt, so heißt es, mit seinen zwölf „drottnir" (etwa = Herr, schwedisch ist drottning = Königin), den Beisitzern und Helferpriestern in der Gliederung aller alten Mysterien-Einweihungsorte. Er bringt seine Ordnung den germanischen Gruppen und kehrt in die Götterwelt zurück. Aber hinter dieser spätzeitlichen Vertuschung steht das Bild der Edda, von Odin als dem Leiter der Erdschöpfungsvorgänge zum Menschsein hin. Das wird zugleich als realer Werdeprozeß und als Gedankenspiegelung berichtet. Da ist *Ymir,* aus dem die Werdeprinzipien frei werden: Riesenkräfte als *Buri,* „der (aus sich selbst) Zeugende", *Bör,* „der Geborene", und *Bestla,* „die Verknüpfende". Aus diesem Zusammenwirken tritt Odin in einer Dreigestalt mit Wili und We heraus, um das Urmensch-Kraftfeld des Ymir zu gestalten. Da wirkt in *Wili* die Willenskraft, in *We* die Weihekraft des Weltbewußtseins, in *Odin* (=Wuotan) die im Atem verbindende Seelenhaftigkeit des Menschseins. Sie gestalten zusammen den Ymir, der auch den Namen *Örgelmir* oder Aurgelmir hat, der gärende Lehm, im Sinn von Urmöglichkeit. Die Dreikraft aus Odin-Wili-We gestaltet aus Ymir die Erde und den Himmel als Luftraum. In diesem kosmischen Moment war es, daß von den aus Ymir ausgelösten Riesen-Wesen *Bergelmir* sich „auf den Mühlkasten" des Polwirbels in die Ordnungsepoche rettete und die Riesenkräfte weitergab, mit denen die Asen zu arbeiten hatten. Mit der Riesentochter *Jörd* (=Erde) brachte Odin den Thor ins Wirken. Mit der gleichgeborenen Frigg brachte er Balder zum Wirken, den die Lichtverbindung im Menschen haltenden, immer guten und weisen, aber dann geopferten, den „blutenden Gott". Denn es waren nun die Menschenwesen wach auf die feste Erde gestellt worden.

Denn: „Drei Asen aus dieser Schar kamen stark und gnädig zum Strand" (s. Voluspa, Der Seherin Gesicht, Thule Bd.2). Am Rand der alle Lebensgestalten durchwirkenden Wasser geschieht Beseelung des Pflanzeseins der aufrechten, von Lebensbildekraft durchwirkten

Baumgestalt durch eine Dreiheit der Asen. „Ohne Schicksal", ohne Seele waren die langher vorbereiteten Gestalten des vegetativen Seins. Nun „gab Odin Seele, Sinn gab Hönir, Leben gab Lodur und lichte Farbe". Der Name *Lodur* entspricht dem lodernden Feuer der Willensimpulse, die aus dem Stoffwechselgebiet im Leib genährt werden. Das Wort Lodur wird auch mit Loki verbunden (klanglich, aber nicht etymologisch, also nicht sinnhaft). Davon wird noch berichtet. In der Schöpfungsdreiheit ist es der notwendige Chaos-Aspekt des Lebens, das von Lodur nun hell licht entzündet wird. Gibt Odin in den Menschen hinein die Seelenkraft, so gehört dazu immer auch die sinnstrenge Geistkraft des *Hönir*. Von ihm heißt es, er sei „der Schlangenkönig", also Meisterer der in allen Gestalten immanenten Intelligenz. Hönir ist es, „der auf Mimir lauscht", auf die geflüsterte Weltweisheit am Fuße des Weltbaums. Er ist so „der Gesprächspartner", der „Bankpartner" des Odin. Wie sehr man diesen Prozeß aus Fragen/Horchen/Antworten, eben den irdischen Bewußtwerdeprozeß, als den Menschen eigen fühlte, liest sich aus der Bildersprache ab. Denn: als Wanen und Asen ihre Epochenaufgaben auseinandergliederten, gaben die Wanen Freyr und Freya als Lebensträger an die Asen, aber die Asen gaben Hönir und Mimir, den still Horchenden und den Berichtgebenden. Damit konnten die Wanen nichts anfangen. Die Hönir-Aufgabe war ihrem Willen zur bloßen Lebensschaffung entgegen. Sie schickten das Haupt des Mimir dem Odin, der nun selbst aus ihm erfragte, was im Verborgenen wirkt. Hönir aber galt den Menschen als „der Schnelläufer", der Gedankenschnelle also, der beste Jäger, d.h. der wachsam genau Zielende. So muß Odins Partner zur Menschenerweckung sein.

Der Beginn des Menschen-Erdlebens zieht noch wie ein pflanzenhafter Traum heran. Dieses pflanzenhaft Duftende, hart Brodelnde, unterschwellig vielfach Verstrebte ist das Zeichen, das Typische für die germanische und keltische Mythologie und Kunst. Es ist ihr Kennzeichen, „kenning" nannten die Skalden ihr Mittel, sich im Vielschichtigen zurechtzufinden. In dieser leisen Melancholie zieht still der Nachen mit *Bragi* und *Iduna* über die Wasser am Anfang des Erwachens. Mit Odins noch schlafendem Sohn Bragi passiert er die Schwelle „des Todeszwergs Nain". Die Gnomen entsprechen der Erdgesteinssphäre, der das Leben bannenden und tragenden Gesteinsgewalt der Mineralisierung zum sichtbaren Physischen. Über der Schwelle erwacht der Gott, Bragi, greift in die Saiten der Harfe und singt das Lied des Lebens. Die Natur erwacht und lauscht. In Gras und Blumen gebettet lauscht die immer junge Lebensmeisterin *Iduna,*, das Kind des guten Zwergenvaters Iwaldi, der den Wurzelkräften aus dem Gesteinsdunkel herauf sprossen hilft. Mit Bragi zieht Iduna nach *Asgard* (=dem Garten der Asen). Ein Wasserfall ist ihr Schloß, gläsern hell, licht, und immer durchrauscht vom Tönen der wirkenden Weltweisheit. Stimmen tönen dort voller Vergangenheit und Zukunft. Täglich kommen die Asen und lauschen dem Bragi und essen die Äpfel der Iduna. Als Loki, mit Odin und Hönir wandernd, dem drohenden Sturmriesen *Thjassi* leichthin Iduna verspricht als Löse-geld, und als sie ihm gegeben wird, fällt Gräue und Ungewißheit über die Götter. Der gewaltige Meister des pulsenden, die Ichkraft herein-holenden Blutes, Thor, mit dem „immer zurückkehrenden eisernen Hammer", dem Blut-Eisen gemäß, er zwingt den listigen Loki, Iduna zurückzuholen. Loki überlistet die riesische Wuchskraft in einer jener im germanisch-keltischen Bereich so zahlreichen Gestalt-Verwand-lungsabläufe (hier in Falke, Nuß, Adler), die wie ein Wettkampf um die Meisterschaft der Lebensbeherrschung sind. Iduna kehrt zurück in den Kreis der guten Götter, die das Menschsein leiten.

In die Frage nach der Dauer und dem Lebensbestand der Asen-Epoche greift immer Loki ein, Repräsentant aller Zwiespaltstimulans der „Riesen", Spieler der wogenden Kräfte. Thjassi verfolgt Loki in Adlergestalt: das sagt, er usurpiert Odins geistige Macht. Die Asen vernichten ihn mit dem Feuer aus den Höhen, aber Odin läßt doch des Riesen Augen als Sternkräfte aus dem Kosmos zur Erde schauen (wohl war das Gestirn der Zwillinge gemeint), und als die Tochter des Thjassi Sühnung fordernd zu den Asen kommt, wird sie dort auf-genommen als Partnerin des Njörd, der das Wasser mit der Schiffahrt meistert und als Skiläufer dem Kälte-Element seine Funktion sichert. In diesem Bildgefüge ist der Hintergrund des Odins-Wirkens in aller Härte skizziert. Es ist nicht Macht über Odin, sondern Umgang mit den Kräften und Grenze der Epochenzeit angedeutet.

Odin hat, so heißt es, 42 Namen. Es sind Kultnamen, die seine Wirkkraft ausdifferenzieren. Davon wurden 12 Namen besonders genannt. Die Zahl 42 ist seit alters her vielerorts Aussagezahl. Ob man darin die Verbindung der Kräfte von 6 und 7 (42 = 6x7) fühlte, da man in den Zahlen ja Kräfte sah, dynameis nannten es die Griechen, oder ob eine astronomische Basis dahintersteckt, muß noch offen bleiben. Die Ägypter kannten 42 Totenrichter mit ihren Fragen an die Seelen, die Juden 42 Stationen, also Erkenntnisschritte der Wande-rung von Ägypten nach der eigenen neuen Heimat, nach Kanaan. Die Herkunftsreihe der Ahnen des Jesus war auf die 42 gestellt. Die Einweihungsprüfungen der Essäer waren 42 (so berichtet es Rudolf Steiner). So kann man die 42 Namen des Odin auch als die Stufenreihe der von ihm erworbenen und weiterzulehrenden Kräfte erkennen. Im südgermanischen Bereich wird Odin meist als Wotan oder Woden benannt, als „Wuotan" oder *Wotanaz*, d.h. „Herr über die Wut" (s. Deroulez). Die Wut, das meint die Affekte, die Aufwallungen, die unbefragten Antriebe. Das ist im Namenslaut „Wuotan" sehr direkt zu spüren. Man muß nachfühlen, welche Wallungen in Menschen wirk-ten, die im Kampf zwischen den damals überall noch hin und her

31

flutenden Stammesgruppen sich sammelnd zur Attacke in die großen gewölbten Schilde donnernd rufen „Ziu zwing Zwist", in weiter Landschaft aus geballtem Wollen. Aber dies „die Wut meistern lehren" des Wotanaz Wotans-Namens, und das den Atem, den Odem bändigen und rhythmisieren zur geformten Sprache, zum Wort, das ist beides nur Aspekt derselben Mitte-Erfahrung, der ichhaften Wortmeisterung. Odin ist also der strenge Meisterer der Seelenimpulse. Er hat diese Meisterschaft erworben als „Wanderer" und als im „Weltbaum" Ausgebreiteter, der dort Hineingehängte aus eigenem Willen. Er hat so auch die Aufgabe des Gottes Tyr, der Mut und Kraft lehrt, überhöht und wird der *Hroptatyr* genannt. Hroptar ist eine Bezeichnung der Asen. Als Hroptatyr ist Odin der oberste Kraftträger, der Anleiter der Asen, Mut (wie Tyr) des Götterwirkens repräsentierend. Solche Funktionsvergleiche und -übertragungen waren in der Übung des Umgangs mit der Sprache häufig. Es übte die Geschmeidigkeit des Vorstellens und Zusammendenkens.

Odins Beiname als *Adlerhaupt* nennt die Kraft des kosmisch ausgespannten Gedankens. Als *„Allvater"* ist er als Schöpfer gesehen, als *„Heerführer"* der Seelen, als Seelenleiter hier und dort. Zwei der Namen sind die der *Schlangen* im Wurzelwerk des Weltbaums: *Ofnir* „der Webende" und *Wafnir* „der Schläfernde", die Kräfte der Schlange (die die Nerven im Wirbelsäulenrohr erstmals heraufbündelt zur Wahrnehmung) sind als Bewußtsein-Webende und als Bewußtsein-Einschläfernde geübt, wenn man die Schlange im gleitenden Lebensprozeß fühlt. Der zwischen Bewußtsein und Lebensprozeß hin und her gleitende Schlangenweg war in Ägypten, bei den Juden, in Griechenland, im Hinduismus Symbolum für die Lehrstätten. Die beiden Schlangen sind im Heroldsstab des Hermes im spiraligen Begegnen für den therapeutischen Rhythmus Zeichen geworden. Die germanischen Lehrer sahen sie im Wurzelwerk des Lebensbaumes des Sonnensystems, der Welt-Esche Yggdrasil hausen und zehrend wirken. Odin ist derjenige, der sie meistert. Er handhabt sie. Er ist ja zugleich das *„Adlerhaupt"*. So etwa sahen die Inder den „Adler Garuda", die Tragkraft des Leitgeistes Indra, als den Meisterer der Schlangen des Erdseins.

Alle diese Ränge und Namensaussagen wurden nicht genannt, um Odins Sein abzumalen, sondern indem sie als seine Kräfte genannt, ausgesprochen werden, sind sie zugleich ausströmende Atmosphäre des Anrufs, sind Wille, um die Lehrlinge, die zuhörenden Menschenwesen zur gleichen Kraft heraufzurufen. Odin ist derjenige, der die Ränge ist und lehrt zugleich, der Vorangehende und Zielweisende. So sind seine Namen in uns hineingesprochen. Ist er der *Grimnir* (Grimr = der Maskierte), so ruft er an, in seinen vielen Verhüllungen das Ganze schrittweise aufzuspüren, zu entschlüsseln. In diesem Fragegespräch ist er auch der *Gagnradr*, der „Entgegenrater", der Streitpartner, der die Klärung vorantreibt. Und er ist zugleich der *Gangradr,* der „Wegkundige", und der *Thundr* = der Mächtige in anschwellender Kraft, an der nun der Mensch teilhaben soll. Denn er ist auch *Hnikarr,* der „Aufhetzer", der antreibt, um die Kräfte auszuweiten. Er ist der *Wafudr,* der Windgewehte Wehende, der im kreisenden Weltenbaum des Luftraumes zu Hause ist. In der Ganzheit seiner Aspekte ist er der „*Sadr*" oder Sannr, der Wahre.

Insofern ist er auch der *Fimbulthule,* der mächtige Seher-Dichter, zugleich der *Thrasarr,* „der Zornige", Wütende, zürnend gegen die, die das Wahre nicht aufnehmen wollen. Denn der „*Thule*" war der Vortragende aller Erfahrungstexte des religiösen, sozialen, rechtlichen Lebens. Es hieß, der Stuhl des Thule stehe am Urdbrunnen, also unter dem Weltbaum. Später übertrug man den Begriff Thule auf die äußerste Insel, Island, auf die sich die letzten Vortragenden zurückzogen. Der Fimbulthule aber war nicht der sich Isolierende, sondern der Wanderer, also auch der vom Wandern um Wissen und Lehren Müdewerdende, der *Gangleri,* der um der Menschen willen litt.

Odins Wirken wird mehrmals in einer Dreiheit gezeigt, so bei der Weckung des Menschen aus dem bloßen Vitalsein. Er ist dabei der Leitende, der höher Bewußte, das Ziel Wissende. Ihm hilft Hönir, der die Kraft des Vorstellens im Menschen entfaltet, und Lodur, der die Lebenskräfte der jeweiligen besonderen Typik formt und leitet. Dieses Dreiheitsprinzip, das der Dreiheit Geist/Seele/Leib oder Denken/Fühlen/Wollen entspricht, wird von Odin gemeistert. Da er auch „Berater und Gebieter der Götter" ist, kann man ihn bei dieser Schöpfung wirken sehen als ein vorangehendes Wesen mit denen, die er anleitet und ins Wirken einführt, also als den Erzengel mit den zwei Engeln. Ihm ist das Dreiheitswissen immanent. Es gab für ihn auch eine Bezeichnung als Dreiheit aus: harr = der Hohe, jafnharr = der ebenso Hohe, und thridi = der Dritte. An solche differenzierte Seinserkenntnis führt er die Menschen heran, bindet sie daran als der „haptagud", der Feßler, etwa „der die Gemüter durch seine göttliche Macht fesselt". Als Herr der Fessel kann er aber auch die Fessel des Nichterkennens lösen, sie löschen, wenn man seinen Anruf hört. Es klingt da an, daß auch im altindischen und iranischen Bereich Schöpfung und Antwort des Menschen im Kultus in solcher Dreiheit geschieht. In der Rig-Veda wird dazu referiert: Der Thrita aptya, „der Dritte in der Gottesfreundschaft", ist der Dritte der Opferpriester, dessen „Ruf" die Verbindung zum Gott herstellt. Solche (hier nur anzudeutende) Hinweise sind nicht abwegig, denn sie fügen unsere eigene Erinnerungs-Besinnung in die Besinnung auf das Menschwerden im Ganzen ein.

Im Odin-Bereich führt alles, führen alle Namen in die Namen der Dynamik hinein. So muß man wissen: Odin ist *„der Reitende",* Meister des Pferdes, der in aller Natur eingeformten Intelligenzstruktur und ihrer steten Verwandlungsbewegung. Die Germanengruppen, ebenso wie die Inder, fühlten das Pferd als Symbolum einer wachen Kraft intelligenter Beweglichkeit. So ging das Symbol auch in die Märchen ein. Die Weltesche, der Weltbaum „Yggdrasil" ist „das Pferd des Yggr". Diese unausweichliche Dynamik ist die Voraussetzung, daß Odin zentral „der Yggr" ist, der Schreckliche. Im norddeutschen Raum erkennt man das Wort noch im „ick", statt „ich" zu sagen. Einst erkannte man im Yggr zugleich „den Schreckenden", und den „Ich". Das ist derjenige, der, indem er sich stöhnend in den Lebensbaum, die Weltesche „Yggdrasil", diesem Ichträger-Baum hineinfügt, sagt, er tue dies sich dem Odin weihend, „ich selbst mir selbst". Das wird in „Odins Runengedicht" (Thule Bd.2) so berichtet:

„Ich weiß, daß ich hing/ im windigen Baum/ neun Nächte lang/ mit dem Ger verwundet,/ geweiht dem Odin,/ ich selbst mir selbst,/ an jenem Baum,/ da jedem fremd,/ aus welcher Wurzel er wächst.// Sie spendeten mir/ nicht Speise noch Trank./ Nieder neigt ich mich,/ nahm auf die Stäbe,/ nahm sie stöhnend auf,/ dann stürzte ich herab.// Neun Hauptlieder/ lernt ich vom hehren Bruder/ der Bestla, dem Bölthornssohn.// Von Odrörir,/ dem edelsten Met,/ tat ich einen Trunk.// Zu wachsen begann ich/ und wohl zu gedeihen,/ weise ward ich da./ Wort mich von Wort/ zu Wort führte,/ Werk mich von Werk/ zu Werk führte..."

Der „Bruder der Bestla" ist eine alte, alles durchwirkende Kraft, *Mimir* = Gedächtniskraft. Das indogermanische Grundwort ist im lateinischen „memoria" enthalten. Wie Odin ist er Kind des „Bölthorn" = „Unglücksdorn". Der Stachel des Werdens mit allen seinen Irrungen und Reifungszwängen ist hier benannt als eine Stufenbezeichnung des Bewußtseins. Im Bild wurde gesagt, ein Auge des Odin sei „in Mimirs Quell verborgen". Der die ihm zugeordneten Menschengruppen in das Hier-und-jetzt-Handeln einführende Leiter, der Erzengel Odin, muß also das weitgespannte Urweltwissen hereinholen. Das Gedächtnis des Werdens (und Zielens) der Welt muß erfragt werden, Quell des Mimir, memoria. Im Sanskritwort schon gegeben: Mit dem mobil vorgesetzten „s" ist die Lautfügung da, smar-ati = er erinnert sich; im altiranischen avestisch marati, und da heißt „mimara" eingedenk sein. Die indogermanisch oder indoeuropäisch genannten, im Sanskrit wurzelnden Sprachen haben verwandte Wahrnehmungen für Lautgefüge und Aussage. So klangen „(s)mar" und mimir zusammen im Erleben des gewordenen Seins. In der späteren Stufe der deutschen Sprache ist das Grundwort nicht mehr da, sondern der Vorgang des Umgehens mit dem Faktum „mar" ist gezeigt. Was tue ich, wenn ich den Komplex des Gedachten, Getanen, Geschehenen nun er-innere, ins innere Bewußtsein hebe, und alles je Gedachte zum Ge-dächtnis mache? Da bin ich nicht mehr dumpf im Erleben, sondern alles in der Welt Erlebte wacht in mir, in jedem einzelnen auf, wird

Basis, Maß, Bedingung des Personseins.

Die Kraft des Mimir also wird von Odin ins Wachbewußtsein und wache Tun geführt, indem er Wort und Sprache anleitet und so zum Werk bereit macht, das sinnhaft ist. In der Zeichenschrift des Runenalphabets wurde das, bereit zum Weitergeben, ausgeformt. Man muß dazu wissen, daß ein Weg, ein Prozeß gemeint ist.

Denn „Yggdrasil", der Name der Weltesche, in die sich Odin einfügt, schmerzhaft horchend, sagt aus „Pferd des Ygg", aber das Pferd ist kein Denkmal, es ist ein Bewegungswesen, auf dem Odin reitet. Ist es aber zugleich Weltbaum, tragende Weltsäule, so ist hier damit die Polar-Achse gemeint, um die das Sonnensystem kreist, das Odin erhorcht auf dem Ichträger, „Pferd" im Bild genannt: Die Erfahrungen von neun Welten = Seinsstufen, holte er herein. Man wußte damals – wie wir heute wieder neu–, daß Zahlen Kräfte sind, daß ganz bestimmte Prozesse von ganz bestimmten Zahlen bedingt sind.

Die Neunzahl befragt, kann das lebendige Dreimaldrei meinen, aber auch den Durchgang der Mondknoten durch den oberen oder den unteren Bogen der Ekliptik, der in neun Jahren geschieht. Die Bahnen von Sonne und Mond überschneiden sich an zwei im Tierkreis sich gegenüberliegenden Stellen (den „Mondknoten"), die sich verschieben. Ein ganzer Umlauf durch den Tierkreis braucht 18,6 Jahre (Nutation oder Saros-Periode entsprechen dem), die Hälfte, die südlichen oder nördlichen Wege, gibt etwa die Neunheits-Zahl. Die Geschwindigkeitsschwankung des Mondes ergibt zwischen Nähe zur Erde (Perigäum) und Erdferne (Apogäum) einen Tierkreisweg von neun Jahren (8,85). Bei der genauen Beobachtungsweise der Frühkulturen ist das wahrgenommen worden. Aber die Zahl der überall gültigen „neun Welten" kann auch den drei Impulszonen von Leib/ Seele/Geist, Wollen/Fühlen/Denken entsprechen. Da man den Menschen als Urbild und Zielung des Erdprozesses im Sonnensystem ansah, kann man Yggdrasil auch in jedem Menschen selbst wahrnehmen. Der Pol-Achse gemäß ist er kreisende Wirbelsäule, um die das Feld der Lebensbildekräfte Gestalt wirkt.

Das im kreisenden Weltachsenbaum mit Odins „Pferd" als Ichträger Erfahrene verdichtete Odin und seine Schüler in die Bildformen der *Runen*. Aus ihnen erkannte sich das Menschenbild in seinen verschiedenen Aktivitäten im Weltensein. Die Stäbe, Aststücke, der Runen „raunten" von Seiendem und Vergangenem für den, der sie meditierte. Es waren 24 (2x12) Kraftzeichen aller Bereiche, der Asen, der Riesen, der Alben, der Menschen. Runen, „den raterentsprossenen, wie sie wirkten Weihgötter" (Odins Runengedicht, Thule Bd.2, Nr.26) nachzusinnen und ihre Formkräfte aufzunehmen konnte Odin unterscheidend weiterlehren (s. Texte Nr.3).

Aus den anfänglich 24 Zeichen, von denen die ersten sechs nach den

Anfangslauten heute als das „ältere FUTHARK" bezeichnet werden, gliederte man später 16Zeichen gemäß der aufgeteilten Windrose heraus als das jüngere FUTHARK. Darin sah man die Rune des Tyr, des Mut-Herrn, als Rune der Jahresmitte. Ein allmählicher Übergang in der Verbindung mit den aus Südeuropa kommenden Alphabeten erfolgte. Auch diese alten Alphabete waren zuerst Kraftzeichen für ganze Seinsbereiche, im Hebräischen wie im Griechischen noch zu erkennen. So waren es die Runen. Das Wort „runo" hieß „Befragung". Befragung der Götter um Sinnverständnis der Erddinge. Die in Buchenäste geritzten Zeichen („Buch-Staben") gaben Formtendenzen, starke Richtungskräfte an, die man innerlich mitvollzog. Damit kennzeichneten sie je einen Lebensbereich: Mut, Glück, Gesundheit, Ordnung. Man sprach im Ritzen der Form den Götternamen mit. Das althochdeutsche „runen" für „Geheimnis raunen" wirkte verstärkend im Tun. Es ist klar, daß hier ein neuer Schritt getan wird von dem vorintellektuellen Sein der Megalithepoche. Man erlebte die erste Übungsstufe der Begriffebildung, der Abstandnahme vom Drinnensein im Vorgang. Man gliederte die Spannungsfelder des Seins in Bezirke auf. Dieses abstandgebende, ordnende Denken erstmals ins fühlende Ichbewußtsein zu geben, war Odins Anleitung, von ihm aus dem Weltsein selbst erarbeitet, schmerzhaft „im kreisenden Baum".

Das war nicht einfach zu Handhabendes. Es war ein Beginn, sich im vielfältig Verstrebten der Lebensvorgänge zurechtzufinden in den Epochen, in denen das intuitive Drinnensein nicht mehr und noch lange nicht wieder erreichbar war. Gefahr des Irrtums droht immer.

„Niemand ritze Runen/ rät er genau sie nicht./ Das geschieht so manchem,/ daß dunkler Stab ihn irreführt."

Im „Runenlied" der Edda stehen Erläuterungen, aber sie müssen ins Leben variabel übertragen werden. Da ist das Nebeneinander der sogenannten „Not-Rune". Es heißt dazu: „Ein achtes mein Eigen ist, allen im Volk / gar nützlich in Not zu vernehmen. / Wo Haß zwischen Mann und Mann sich erhebt / vermag ich gar schnell ihn zu schlichten." Da ist ein weites Lebensgebiet angesprochen. Die Runenform der kreuzweisen Überschneidung zweier Linien ist Zeichen für Begegnung mit ihrer Spannungsmöglichkeit. Oder es gibt die „Is-Rune" oder „Ich-Rune". Dazu heißt es: „Einen neunten kenn ich, wenn Not mir dräut, / im Meere zu schirmen mein Schiff; / den Wind beschwör ich auf wogender Flut und singe in Schlummer die See." Man kann die personale Aufrichtekraft erkennen, hier ins Bild der Schiffahrt jener Umgebung gefaßt. Die Schwierigkeit zu der begrifflichen Objektivität der erkennenden Distanz zu gelangen ist groß für Menschengruppen, die noch ganz in der Impulsivität des Triebes leben, doch zur übergreifenden Ich-Kraft aufgerufen sind, wie es der Leitgeist Odin tat. Ein solches Ich, freigesetzt, ist in der Gefahr des Machttriebes, der bloßen Kraft. Die brutale Ehrlichkeit der „Sagas" der Spätzeit, in triebhaftem

Machtstreben in Schuld und Schuldannehmen, zeigt ein Leben im Zustand des Ragnarök. Der Versuch, die Konzentration auf die Rune in Magie anzuwenden, wie sie in den offenen Seelenstrukturen jener Zeit möglich war, wurde oft getan. Doch was Odin aus dem kreisenden Weltbaum ablas, zielte auf eine Mächtigkeit aus Ganzheitserfahrung. Rückschauend über die Jahrhunderte kann man ein sublimiertes psychologisch gegliedertes Parallelbild erkennen in dem spätjüdischem Symbol des „Sefirot-Baums" (Baum, der das Erdsystem durch den Menschen haltenden „Zahlen"), das die Schüler in sich einüben mußten, seine Spannungen der neun Äste als mögliche Verhaltensformen ausgefühlt und vom Wurzelfeld (=malkut) heraufgeführt zur Zehn, zum zusammenschauenden Geist. Die Neunheit, die Odin in den neun Nächten durchlebt, entspricht der Sicht von neun kosmischen Kräftesphären, die man als „Welten" bei sehr vielen Völkern kannte. In der frühchristlichen Zusammenfassung babylonischer, griechischer und jüdischer Erfahrung wurde es als die „Hierarchien-Lehre" (=heilige Uranfänge) des Dionysius Areopagita weitergegeben, die die an der Schöpfung wirkenden Geistwesen in 3x3=9 Rängen zeigt, den Menschen als „zehnte Hierarchie" fordernd. In die neun Sphären horcht Odin hinein. Er gehört ihnen selbst an, aber das Ganze muß er doch erfragen. Auch der Wächter der Asensphäre, *Heimdall,* kann nur wachen, weil er selbst aus den neun Welten kommt, „von neun Müttern geboren" ist. Sein Wächterweg, der zwischen Götterorten und Erde verbindet, ist die Bifröst, „die bebende Rast oder der bebende Weg", der Regenbogen. So hält er die Neunheit der Welten im Blick. Es wird erzählt, daß er die Grund-Dreiheit auf der Erde spiegelt, indem er, als Rigr, als Fürst, die drei Ansätze ordnet: der Mensch als Erdbebauer, als Kämpfer für die Ordnung, als überschauender Leiter. Das alles ist in den „neun Nächten" des Odin im Lebensbaum mit erfaßt.

Der Yggdrasil-Baum hat, so heißt es, neun Äste. Er ist damit durch den sichtbaren Kosmos aus Elementenkräften und Atmosphären ausgebreitet und durch den geistig wirksamen Bereich der Wesen = Götter. Unter seinem Wurzelwerk sprudelt der Brunnen der Schicksalsabläufe, des „urd". Es wird geordnet von den drei Nornen: Urd, Werdandi, Skuld. Die Nornen, hieß es, stammen aus den Riesenbereichen, die dem Menschenwerden zugezielt sind. Ihr „Vater" heißt Mögthrasir, „der nach Söhnen Strebende", also den Menschen zugewendet. Ihr Werderaum ist weltraumhaltig: „Drei starke Ströme stürzen über ihren Hof." Aus diesen drei Kräften wirken die Nornen. Da ist Urd, die Weiserin des Schicksalgesetzes, des Karma, das Menschen sich durch ihre Leben hin bedingten. Werdandi leitet die Gegenwart, das immer Werdende. Skuld zeigt die Zukunft, die durch die Schuld bestimmt ist. In allen solchen Neuner-Schritten ist das 3x3 immanent, jeden Schritt durchübend mit Denken/Fühlen/Wollen.

Der „Odin im Weltbaum" ist ein Bild, das auch erinnert an indisches Bild-Erleben. *Shiva,* schaffend und zerstörend zugleich wirksam, wird immer als der durch Jahrtausende hin „Meditierende" gesehen, abgebildet als skeletthaft abgezehrter Asket. Shiva hilft dann dem Leitgeist Indra, daß dieser, wiederum nach 60000 Jahren Meditation, die den Lebensprozeß immer wieder bedrohend umschlingende „Abwürgende", die Vrtra, nach 32000 Jahren Geisteskämpfen besiegen kann, einen neuen Erdrhythmus öffnen kann. So meisterte Odin Lokis gefährliche Ausgeburt, die „Midgardschlange", die den mittleren, den Menschengarten ersticken kann, für eine Weltzeit zur Grenzsetzung. Aber die in der östlichen Sanskrit-Verwandtschaft lang ausgebreiteten Bilder und Gefühle sind im germanischen Bild und also Erleben auf das unmittelbar uns Angehende gerafft. Auch Odins neun Nächte sind ein Meditieren des Seins, aber zugleich dramatische Selbsthingabe, stöhnend geleistete Erkenntnis des nun und jetzt zu Vollbringenden. Das ist Sein des „Yggr". In solcher Ich-Werdung ist Strahlung und Schrecken zugleich wahrzunehmen für die Menschengruppen, die Bewußtwerden der Ichheit so erlebten, wie die um Odin es taten. Auch die Griechen kannten den Anruf des „Erkenne dich selbst". Der Drachentöter Apollon gab ihnen das Motto, das über seinem Tempel in Delphi stand. Es stand da aber zugleich mit anderen sachlichen Anleitungen zum Verhalten: „Nichts im Unmaß!", „Ergreife den rechten Moment (=kairo's)". Die Griechen waren auf einer anderen Seinsstufe, auf dem Denkweg des hellen, südlichen Lichtes. Für die germanischen Gruppen traf die Lehre Odins elementar in die Wesensmitte. Sie waren nicht durch ein Netzwerk von Schulen – wie seit 3000 v. Chr. in Sumer, Ägypten, dann Griechenland – in ein rational aufgegliedertes Wissen eingeübt. Die Ichheit in sich selbst, „ich selber mir selbst", zu ergreifen, war Anruf und Schrecken zugleich. Der Umgang mit der Erde, mit der Macht über die Erde wurde dadurch unmittelbar bestimmt, zur Aufgabe, Thema und Gefahr der Zukunft Europas.

Man kann sagen, daß in diesem Bild des Odin-Baumes das alttestamentliche Bild des Paradiesbaumes des Lebens neben dem der Erkenntnis und der versuchenden Schlange, die die Gut-Böse-Erkenntnis dem Menschen geben will, auf eine höhere Stufe gebracht ist. Hier wird die Urfrage des Menschseins – Machtversuchung, Egoismus, Haß und Schuld, Leid und Liebe – sofort von den Göttern selbst mitgetragen. Das Paradiesbild mit der „Vertreibung" und der „Erbsünde" kann diese Menschen nicht befriedigen. Erst die neue Stufe, die des sich selbst dem Menschsein seiner Schöpfung verbindenden Gottes, des Christus, kann hier, nach Odinslehre und Ragnarök, Antwort geben.

Die schreckliche Aufgabe des Ichwerdens, in Freiheit zu kommen zwischen Schuld und Liebe, wird in der Asen-Epoche im Bewußtsein der germanischen Gruppen ausgebreitet. Menschwelt wurde geformt, nach der Beratung der Götter „auf dem Ida-Feld", dem Wirbelfeld des drehenden Himmelspols. Dann kommt, so heißt es, aus der vorhergehenden, nur das Leben vorbereitenden Sphäre der Wanen, eine Botin, die von dem Ende der alten goldenen Zeit, der Gründungszeit berichtet. Es kommt die *Gulveig,* die „Stärke des Goldes", die das Ende der schuldfreien Epoche anzeigt. Sie bringt Zwiespalt in die Asen, Versuchung, Hereinleuchten eines doch vergangenen Goldseins. Die in der Erdverdichtung Metall/Gold gewordene Sonneneinstrahlung ist gemeint. Noch lange empfand und hütete man hier wie in allen Kulturen goldene Tempelgefäße und Königsschmuck als heilig, kraftvoll. Noch der „Goldgrund" der frühmittelalterlichen Bilder, Raum des geistigen Kraftseins, erinnert das. Im sich verselbständigenden Alltag wird es Verlockung, Machtversuchung. Gulveig, „dreimal verbrannt und dreimal wieder erstanden", in ihrer dunklen Mächtigkeit zeigt es, löst es aus. Zwist entsteht, und der jäh pulsierende Thor erschlägt die Gulveig. Die Wanen fordern Sühne. „Der erste Krieg kam in die Welt" (Völuspa, Vers 13). Er führt noch zum Vergleich. Im Austausch werden Wanenkräfte den Asen gegeben durch Njörd und seine „Kinder": Freyr und Freya, die Lebensrhythmen hütenden und Lebensfülle spendenden Wirker aus der Vorzeit.

Die Krisenelemente

Es gibt in allem nötigen Kampf gegen „die Riesen", die elementar entfesselbaren Naturkräfte im eigenen Bereich, die Nötigung zur List. Es ist der Einsatz gliedernden Denkens. *List* ist ein Faktum in den Mythologien aller Völker. Man muß den Begriff nicht neuzeitlich, sondern bewußtseinsgeschichtlich erkennen. Wachheit überwindet Dumpfheit. List übt Odin aus gegen Riesen und Zwerge, nicht gegen Menschen. Er überwindet die nur naturhaften Riesen- oder intensiv zusammenziehenden Formkräfte der Zwerge, weil die mittlere Ebene, der Denkraum des Menschen abgesichert werden muß. So muß auch Odysseus mit List die vitale Wuchernskraft, den Risen Polyphem, löschen, um den eigenen, den menschlichen Stufenweg zu ermöglichen. List wirkt im Odinskreis im Vertragschließen und Überlisten seiner Bedingungen. Auf solche Weise kann Loki dem Odin das

„Schnelle Pferd", den achtfüßigen Sleipnir, schaffen, die rasche wache Orientierung im Sein, die Odin nun vom Menschen als Antwort erwartet. Der Anleiter und Helfer in der List, Loki ist so „Blutsbruder" des Odin geworden. Er ist der „Sohn" riesenhafter Triebkräfte des „Farbauti", des „gefährlich Schlagenden", und Partner der „Angurboda", der „Kummer und Angst Bringenden". So pendelt dieser Ablauf aus rechtem Rat und listgetriebener Notwendigkeit, die im Personwerden des Menschen steckt.

„Zum Richtstuhl gingen / die Rater alle, / heilige Götter / und hielten Rat." So geschieht es täglich. Sie kommen auf weiten Wegen ihrer Funktionen auf dem Ratsplatz zusammen, der zwischen Himmel und Erde zu orten ist. Loki gehört nicht an diesen Ort, aber er wirkt durch Gespräch und verwirrendes Tun. Durch List erzeugt er das „achtfüßige Pferd" des Odin, die höchst intelligente Kraft des schnellen Erkennens aktiviert er. Loki ist „der Partner" der Angurboda, der Kraft, die Angst und Beengung einflößt, und ist so der „Vater" der drei Grenzensetzer: der Hel (=Hölle, Totenwelt), der Midgardschlange, die die Erdwelt („Garten der Mitte") umschnürt, und des Fenriswolfs, der fressenden Gier. Es sind die drei Hauptgegner, die den Untergang, das Ragnarök bewirken, nachdem sie aus ihrer zeitweisen Fesselung befreit wurden (sich befreiten, als die Zeit reif war). Das ist die Sphäre des Loki. Er ist „der *Loptr*", der Luftgewaltige. Er bläst die Kraft der unterirdischen Feuergewalten, der Vulkane an. Er holt ihren Herrn, *Surtr,* den „Schwarzen", zum Ragnarök heran. Es wird „Surtrs Brand". Das Wort Loki hat auch zu tun mit „luka" = schließen, denn er ist es, der den Abschluß der Odins-Epoche auslöst durch das Feuer, das immer wieder fixiertes Sein zerstört, um neue Stufen zu ermöglichen.

Es geht um elementare Strukturerkenntnisse des Menschseins in unserer Erdenzeit, im Norden wie im Süden, nur jeweils anders gefaßt. In der Genesisdarstellung des Alten Testaments wird im reinen Urzustand des Menschenentwurfs der „Lichtträger = Luzifer" ins „Paradies" gestürzt, um den Menschen zur autonomen Erkenntnis des Guten und Bösen zu leiten (dogmatisch ausgedrückt „zu verführen").

Der luftiglohende des Nordens, Loki, in seiner Dreiwesenheit durchzieht die ganze Erdenwelt. Die gestaltschaffenden Götter pflegen seine Geschöpfe und bändigen sie, „bis die Zeit gekommen ist" zur Entscheidung des Menschen in der Welt, in jener Dynamik, zu der er angeleitet wurde, damit Sigurd und die Walküre sich einst in Freiheit einigen können. Odin also ergreift die gewaltige Schlange und macht sie zur Umschlingerin, zur Abgrenzung des „Midgard", des mittleren Bereichs der Menschen. Odin setzt die Hel als Ordnerin der neun unteren Sphären der Seelenwelt ein; mit Hilfe von Tyrs Wut und der Zwergenintelligenz läßt er den Fenris-Wolf „für eine Zeit" binden, für die tausend Jahre der Stufe der Odins-Lehre. Dann trifft Lokis

Zerstörungskraft den Lehrmeister in seinem „Sohn", Balder. Er trifft damit das Geistwesen, das im Menschen damals die Wahrnehmungsfähigkeit für die geistigen Strukturen und Zielungen unserer Welt wach und lichthell durch sein bloßes Sein stärkte und beschwingte. Das Wort „baldr" meint in indogermanischen Sprachen hell, lichtweiß. Man sprach vom Lichtglanz, den *Balder* ausstrahlte. Man sagte, er sei der sprachgewandteste der Asen, und seine Ratschläge und Beschlüsse seien immer gut, aber sie hätten keinen Bestand. Heißt das, sie zielten über die noch ungeordnete Tageswelt hinaus, oder aber sie stehen in dem unentwegten Wandlungsprozeß des Lebens, in dem alle intellektuell erfaßten Urteile richtig, aber relativ sind? Oder heißt es, die Zeit sei noch nicht reif, denn die Lehre der Odins-Gruppe muß erst erfaßt und angewandt werden? In alledem steckt ein Verzicht, ein Opfererleben verborgen.

Jede neue Bewußtseinsstufe muß ein Opfer an bloßer Vitalität fordern, jedenfalls eine schmerzhafte Erfahrung der dunklen Gefahren und Wandlungsbedingungen des Seins. Die Griechen teilten dieses Faktum bildhaft und historisch zugleich in zwei Ansätze auf: um die neue Wachheitsstufe zu erreichen – also die Überwindung der alten Troja-Welt zu leisten, mußten sie den geliebten Achilleus opfern, schöne Vitalität aus Elementenkraft und Moralität (im Bild: aus Wassergöttin Thetis und weisem Inselherrn und Seelenprüfer Peleus). Ebenso nötig zur neuen Stufe war der Weg und die Erfahrung, „der Bogen" des Herakles, der in der Lehre von Eleusis die Erfahrung der Todeswelt, des Seelenreichs, durchmachte. Die Germanen faßten das im Weg des Balder zusammen. Der schöne Leuchtende wurde geopfert, indem Loki den Bruderaspekt des nicht wachen, „blinden" Hödr zum Todesschuß nutzte. So ging Balder durch die Lehre der Unterwelt hindurch. Er saß dort, auch wach, „auf dem Hochsitz" der Hel, „am Osttor", fähig wieder heraufzusteigen. Und er steigt herauf, wenn die nächste Stufe, die neue Welt erkämpft sein wird.

Als Odin einmal das immanente Wissen im Bau der Naturgestalten befragte, den vielwissenden „Riesen" Wafthrudnir suchte, dessen Name sagte, daß er im Verwickeln der Fragen stark sei, wird in diesem Gesprächspiel alles Gewordensein und allerlei Künftiges genannt. Zuletzt aber fragt Odin, noch immer ohne sich genannt zu haben, dies: „Was sagte Odin dem Sohn ins Ohr, / eh man ihn auf den Holzstoß hob?" Da erkannte der naturgebundene Riese den Odin. Er konnte nicht antworten, sagte nur dies: „Du bleibst der Wesen Weisester." Was sagte Odin aber dem Balder ins Ohr, als man den zur Unterweltserfahrung Bestimmten auf den Holzstoß hob, der auf dem Schiff lodernd ins Meer geschickt wurde? Bringe die Lichtkraft auf der neuen Stufe so zum Leuchten, daß deine Beschlüsse nicht mehr schnell vergehen? Dafür wurde er „der blutende Gott".

Auch die Sumerer im Süden, die Finnen in ihrem Kalewala, die

Griechen und die Osseten im Kaukasus berichteten von solcher Grunderfahrung eines durch die Unterwelt gehenden Gottes oder Helden. Ohne die absolute Wahrnehmung von Verzicht, Schmerz und den Absturz in die Schwere ist gute Kraft und Lichtstrahlung nicht möglich. Es war Loki, der Balder den Menschen raubte. Danach wurde Loki von den zürnenden Asen gefesselt. Doch das konnte nur eine Zeitlang dauern, eine Zeit, in der die Götter die letzten reifsten Lehren ihren Schülern geben konnten, den Priestern und den Skalden, die es weitersangen, und den Lernenden und Mitdenkenden. Es waren die Lehren, die Odin im Kreis der zwölf Asen den zwölf drottnir zum Weitersagen gab. Er gab sie als durch sich selbst erprobt.

Loki war kein Ase, aber er repräsentierte doch das Kräftereich, in dem sie wirkten, um die Menschenwesen als Bewußtseinsträger zu gutem Wirken heranzurufen. Lokis Name hat nichts mit dem Wort Lohe zu tun, dem Herdfeuer. Man kannte die Elementarkraft des alltäglichen Feuers und nannte es den „Riesen Logi". Die frühen Sprachen unterschieden noch sehr genau erlebend die Laute. Loki ist der, der eine Epoche „schließt" (dem Wort luca gemäß), weil eine Bewußtseinsstufe neu zu leisten ist. Dazu entfesselt er in kalter Härte im „Ragnarök" die schwankenden Gluten des Erdinnern, des „Surtr". Er ist ja „Sohn des Farbauti", des „wild schlagenden" Riesen und Partner der Angurboda, der Angst und Beengung erzeugenden Gewalt. Angst (engl. anger = Ärger) ist Beengung, Bedrohung der menschlichen Freiheitskraft, des freien Atems (=Odem). Mit dieser kalten Gewalt handhabt er die Intelligenz der Natur, ist der listige Helfer der Asen, nicht ihr Überlister.

Wie tötet Loki den Balder, besser, wie löscht er sein Wirken aus der Odins-Epoche? Loki tötet, indem er überalterte Kräfte nutzt, er nimmt, was ihm geboten wurde an Ungenügen gegenüber der Forderung nach Wachheit, nach Klarsicht. So steht Balders „Bruder" Hödur als Repräsentant eines allgemeinen Ungenügens. *Hödr* d.h. der Kämpfer, der Streit, ist der blindlings ausgewirkte Zwiespalt der Seele zwischen Trägheit und Wachheit.

Um den vorausgesagten Balder-Tod zu verhüten, so sagte das Mythos-Bild, baten die Asen alle Erdenwesen, den Balder nie zu verletzen. Alle versprachen es. Nicht gefragt und bedacht wurde das nicht auf rechte Art erdgebundene Wesen, die Pflanze *Mistel*. Sie gehört in eine lang vergangene Erdenstufe, als nicht feste Gestalten, sondern wäßrig-pflanzliches Treiben war. Die Mistel kann also nicht eigene aus der Erde Nahrung nehmende Wurzeln bilden, sondern schmarotzt. Sie wächst auf Bäumen, aus deren Saft sie ihre Zweige bildet, in undifferenziert fortgesetzter Zweiteilung gegliedert. Aus der Mistel formte Loki den Pfeil, gibt ihn dem „blinden" Hödr zum anscheinend spielerischen Schuß, da ja kein Wesen Balder verletzen wollte. Hödr trifft, Balder stürzt. Er ist nun „der blutende Gott".

In der Megalithepoche, dekadent nachklingend bis in die Römer-
zeit, nutzten die Druiden, die Priester-Gelehrten der Kelten und
Lehrer auch der Germanen, die Mistel. Es war ihnen ein Heilmittel,
das abstrahierend rationale Neigungen nicht überwiegen ließ, sondern
das intuitive Naturwahrnehmen hütete. Die Druiden schnitten zur
Zeit der Wintersonnenwende, rituell in ihren weißen Gewändern und
lang fallenden Haaren mit einer goldenen Sichel Misteln aus den
hohen, mächtigen Eichenbäumen. Noch der Römer Plinius berichtete, die Druiden hießen so nach dem Baum, der Eiche = dryas, aus deren
Kraft die stärksten Misteln wachsen. Aber jeder Rest dieser rück-
gewandten Kraft mußte in der Odins-Epoche überwunden werden.
Eine neue Stufe wacher ichbewußter Außenweltwahrnehmung und
Ding-Unterscheidung war reif. Opfer und Einweihung in Verzicht und
Wandlungschmerz war nötig. Das litt und lehrte Balder. Dann aber
kann, so ahnte man im Mythosbild, auf der neuen Erdenstufe in der
Widar-Zeit der leuchtende Balder neben dem nun zur Besinnung
fähigen Hödr auf dem Ida-Feld sitzen. Rückgewandte Sucht zum
nicht mehr in sich richtigen intuitiven „Drinnensein", das dumpf
trancehaft wurde, jede Täuschung über die Notwendigkeit des
Menschseins als Wachheitswesen, sie mußten in die Wandlungskrise
stürzen, das Ragnarök durchkämpfen. Loki ist es, der die Krise auslöst,
sie wollend, aber auch sich selbst damit der neuen Gewalt aussetzend.

Was konkret hinter dem Drama um Balders Tod stand, kann man
nur erwägen. Kämpfte die alte Führungsschicht der druidischen
Gruppendirigenten gegen die neue Schicht der Odins-Schüler, die
ein auch vordergründiges Wachbewußtsein einübten? Wurde dabei
von der alten Gruppe die nun negative Therapie der Mistel eingesetzt?
Stand in der Gruppe leitender Geistwesen, der Götter, die in die noch
hochsensiblen Menschen hinein sprechen konnten, neben Odin, dem
starken Erzengel, noch ein Engelwesen, der leuchtende Balder, das
diesen Kampf in den Seelen der Menschen befeuerte und zugleich
durchlitt? Handelt es sich um ins Bild übersetzte psychologische
Vorgänge im Prozeß der Gewinnung neuer Bewußtseinsstufen?
Sicher ist, daß ein sehr starkes konkretes Grunderlebnis dahinter-
stand, das sich langhin in Texten und Abbildungen Ausdruck gab.

Bild und Erlebnis des „geopferten Gottes" ist in verschiedenen
Graden in allen Menschengruppen da, die rund um das Mittelmeer die
Kultur des scharf distanzierenden Denkens als Wissenschaftspraxis
aufbauten. Wir kennen es aus dem alten Sumer, aus Ägypten und
Griechenland, endlich aus Palästina. Aber die Funktion ist hier
umfassender als im Balder-Bild. Osiris wird „zerteilt". Er ermöglicht
die zerstückelnde Erscheinungsform und das analytische Denken so,
um es als Seelenprüfer in der Geistwelt zu befragen. Er ist „wenen-
nofer", „das ewig gute Wesen". Dionysos wird von „den Titanen", den
bloßen Kraftmöglichkeiten der Welt auch „zerrissen", also in die

Vielfalt der Formen gedrängt. Nun geht seine Kraft durch den Leitgeist Zeus in die Menschenseele, Semele, und wird in deren Selbstopferung zum hellen Ichbewußtseins-Willen, dem „dritten Dionysos", der in der Einweihungszentrale Eleusis erübt wurde. Der geopferte Christus verbindet sich seiner Schöpfung nach den drei Tagen, in denen er das Geistige im Physischen zum Leuchten und zum Wirken bringen kann. Diese Bilder und zugrundeliegenden Fakten sind umfassender als das Bild und Sein des Balder. Aber in der Erfahrung des „blutenden Gottes" war die weitere Erfahrung angelegt. Man kann annehmen, daß sie eingeübt wurde in den engeren Schülern und dann als Bildgeschichte ins Breite gegeben. Solche Methoden der schockhaften, aber lange lehrmäßig vorbereiteten „Einweihungen" in Hintergründe des Wissens waren einst überall Praxis in diesen Kulturgruppen. In Mitteleuropa werden sie vor allem im Bereich der Externsteine im Teutoburger Wald geübt worden sein. Es war das behütete Zentralheiligtum. „Über ihm lag Asgard", sagte Rudolf Steiner. In diesem Bereich fanden die Gespräche zwischen Menschen und Göttern am stärksten statt. Dort ist aus dem Gestein jene „Larnax" gehauen, die Liegestatt zur dreitägigen Dämmererfahrung. Die leitenden zwölf Priester hüteten diese nicht im Oberbewußtsein vollzogene, dann aber stark darin eintretende geistige Welterfahrung. Da, so kann man annehmen, erlebte der Lehrling das, was in der Bildgeschichte Balders Unterweltsfahrt, vorher seine Tötung, nachher sein Wiederaufleuchten ist. Es kann sein, daß so auch die Bedingung der Zukunft erlebt wurde; denn die Bildgeschichte wurde dann auch im Umkreis, in Westfalen geortet: der Odins-Schüler Sigurd, sein Drachensieg mit dem selbstgefügten Odinsschwert, Aufstieg und Lehre der Brynhild, Verrat, und die Zukunftsfrage nach dem Ragnarök. Zu allem war Balders Weg-Erfahrung die Bedingung.

Odin und sein Kreis

Odin: er ist Allvater, ist Beseeler des Menschen aus der Dreiheit mit Hönir und Lodur, mit Wili und We, ist Heerführer der Seelen der Einzelkämpfer nach dem Tod, der Reitende auf dem achtbeinigen Pferd, der Wanderer, der alles befragt, der Meister der Schlange in ihrer doppelten Wirksamkeit wie der rote und der blaue Blutstrom im Menschen und wie die Erkenntnis und Unterscheidung von Gut und Böse es fordert. Odin als Adlerhaupt, als der Gehängte, der sich in den neunfach verästelten Baum des kosmischen Lebensprozesses, der Weltachse der Polarspannung wissenwollend hineinfügt. Odin als der Yggr, der schreckliche Lehrer, als „der furchtbare Ase", der das Ich zum Sprechen bringt. So leitet er Thor, den angelos = Boten, den großen Engel, dessen Wohnsitz „Thrudheim = Haus der Kraft" ist, als seinen „Sohn" an, Sohn aus Geistwillen und Erdkraft (=jörd), der die ichtragende Blutpulsation belebt. Und Odin als der Lehrer des Wortes und der Runenschrift muß sowohl aus Mimirs Quell am Fuß des Weltbaums trinken, als auch aus der Wesenseinheit der handelnden Götter, dem „odrörir".

Indem er Mimirs Weltgedächtnis, es aufnehmend, anhört, gibt er sich ganz der Gegenwartsaufgabe hin. Er opfert einen Teil rückwärtsgewandter Kraft, das „dritte Auge" (nicht eines der zwei Erdenaugen ist gemeint). Mit dem Werdegedächtnis des Mimir nimmt er nun die differenzierten Nuancen des Zusammenwirkens der impulsierenden geistigen Kraftwesen seiner Epoche in sein Bewußtsein auf. Er wird so zum voranweisenden Lehrer der „*Skalden*", derer, die das Gelernte weitergeben in wach durchgegliederter Melodik, in einem höchst wachen Zusammenspiel von Stabreim, Binnenreim, silbenzählendem Versmaß und der Verwendung von „kenningar", einer Fülle die Einzelfakten umschreibender, umtastender, befragender Vergegenwärtigungen.

Das Bild vom „*odrörir*", dem „Geist-Erreger", läßt sich so erkennen: Die Wanen und die Asen versöhnen, verbinden sich auf der neuen, der den Asen übertragenen Stufe. Zum Zeichen speien sie alle in ein Gefäß, geben ein Kraftkonzentrat, aus dem eine Art Kraftgestalt gebildet wird, die nun weisheitsaussagend durch die Welt geht. Sie wird „kwasir" genannt, ein indogermanisches Wort, russisch kwas, deutsch Käse, als ein verdichteter Nahrungsextrakt der Pflanzen, hier der Lebenskraft der Götter. Diese Kraftgestalt Kwasir wird „von den Zwergen" ins Erdbereich ganz hineingezwungen, Fjalar und Galar (als „Verberger und Sänger") teilen das Kraftgebilde der aktionsleitenden Wesen in drei Gefäße (deren Name „Versöhnung und Sühne" meinen), als wollten sie es dem dreiheitlichen Wesen des Menschen gemäß gliedern. Aber sie können es so nicht selber nutzen, sie verspielen es, es kommt in die Hände der Riesen, der vital und triebhaft waltenden Naturkräfte. Der Riese Suttung verbirgt das Weisheitskonzentrat, das er unmittelbar auch nicht zu nutzen weiß, in einem Gefels im Schutz seiner Tochter. Durch List und polaren Krafteinsatz gewinnt Odin den Zugang zur Höhle: er dringt ein als Schlange, wird Odin, trinkt in drei Tagen und Nächten den Met und fliegt als Adler zurück nach Asgard, dem „Garten der Asen". Das Bild sagt übersetzt und für den Schüler der Drottnir erhellt etwas aus: es geht um den Lernprozeß des Unterscheidens und Harmonisierens des Zusammenwirkens vieler Wesen zum Erdmenschsein. Kräfte der

Schlange und der Adlerübung wirken dabei zusammen, um das Menschsein zu ermöglichen. Es ist eine Grunderkenntnis der indoiranischen, indogermanischen Menschengruppen darin. Im Indien der frühen Vedenzeit wird vom Raub des Soma berichtet, das der Leitgeist Indra zurückholen muß. Dieses Extrakt allerstärkster Pflanzenkraft, dessen Genuß die Verbindung des Menschen mit den Göttern im Kultus sichert, gewinnt Indra als Reiter des Adlers Garuda und als Meister der Schlangen der Erde wieder zurück. Im alten Iran nannte man dieses „haoma" selbst einen Gott, einen Helfer. So ist auch Odrörir der „Geist-Erreger", Helfer zur Erkenntnis des Seins.

So war Odin Lehrer der Kräfte der Schlange, des Adlers, des Pferdes, des Wanderers, der Wortaussage, also des Ichseins oder Ichwerdens. Das alles in der leidbereiten Verantwortung im Weltganzen. Er war so der Gehängte, der „Ger-Gott", der im Weltbaum hängend eingefügt, vom Ger (der Schärfe des Wortes) geritzt wurde, verwundet, so Kräfte gewinnend, um den Menschen auf seinem Weg helfen zu können und ihn zur Nachfolge aufzurufen. Es taucht hinter diesem halb verhüllten Übungsbild des sich in sein Werk opfernden Erzengels das größere Bild auf, das dann den Christus am Kreuz auf der „Schädelstätte" Golgatha zeigt. Von dem Holz dieses Kreuzes sagten die frühen Christen, die noch kosmische Zusammenhänge in Dynamik schauten, es sei Holz, genommen vom Lebensbaum oder von beiden Bäumen, Leben und Erkenntnis nun verschmelzend.

Die *zentrale Konstellation,* die Odins Epoche kennzeichnet, ist das Herzstück des 12-Asen-Kreises, der kosmischen Burgen von Asgard. Odin, so sagte die Bildlehre, setzte aus sich mit Frigg, der „Gattin und Geliebten", als dem weiblichen Element *Balder, Hödur und Bragi* als Partner in die Wirksamkeit, die das Ragnarök überdauert. Nur diese drei sind seine eigenste Aussage. Das sagt, daß er die Opferung Balders durch den „blinden", von Loki verführten Hödur, als Ausgangswissen nennt, als Werde-Notwendigkeit, und den Anleiter zum Wort der Skalden, den Sänger Bragi, als seine Aufgabe ausführend. Diese im Erdenleben eherne Notwendigkeit und ins Freie weisende dialektische Dynamik ist hier als Programm ausgesagt. Lichtes Erkennen, retardierende, verhärtete Wirrung als Zweifel oder Täuschung, die weiterführende erkämpfte Aussage des durch alles hindurchgehenden erkennenden Menschen, der in neues Handeln wächst.

Die um dieses dialektische Zentrum herum gefügten wirkenden Götter der Zwölfheit der Asen sind helfende und ordnende Wesen. *Thor,* der die Ichheit im Leiblichen (im Blutpuls) sichern kann, ruft Odin mit Hilfe der Erdkraft, Jörd, heran. Aus der Lebensvorbereitungssphäre der Wanen helfen Njörd und Freyr (=„Herr"). Njörd, im Wasserwesen als vitalem Gestaltelement waltend, hat „mit seiner Schwester" also in gemeinsamer Kraftkonzentration des Ansatzes, die „Kinder" *Freyr* und *Freya,* die starken und liebevollen Lebenshüter ins Wirken gebracht. Aus Freyrs Wirklinie sah man die Menschen der „Ynglinge" inspiriert, auch Sigurd als Sohn einer Geschwisterverdichtung, der nun das ganze menschliche Problem der Ichwerdung durchlernen muß. Aus Balder und seiner Partnerin Nanna, der „Blütenknospe" des Werdens, wurde *Forseti* zu den zwölf Göttern gerufen, der Walter des Rechts, der als unsichtbarer Dreizehnter allen Gerichten der zwölf Richter vorsaß (der Vorsitzer, Forseti). Es gehören auch Tyr und Heimdall zu dem Kreis. *Tyr* ist der mutvolle Lehrer der Kampfkräfte. Er allein wagt es, seine Hand in den Rachen des Fenriswolfes opfernd zu strecken, damit man ihn fesseln kann für die Odins-Epoche (so wie die Griechen wußten, daß die Titanen nur für eine gewisse Werdezeit gefesselt waren).

Heimdall, als Schützer aus dem Bewußtsein der neun kosmischen Weltensphären ins Wirken tretend und als der, der zum Ragnarök das Horn bläst, das sonst im Yggdrasil-Baum verborgen ist. Es fügen sich zum Ordnungswirken *Ull,* der anleitet, die Dunkelheit und Kälte der großen Winter dieser Nordgebiete zu meistern, und *Wali,* der in raschem, absolutem Ansprung den Tod Baldurs rächt, indem er Loki für die noch nötige Werdezeit fesselt. *Widar,* den zwölften, rief Odin mit der Riesin Grid ins Wirken. Das ist das Gesetz der durchgehenden Riesenkräfte des Lebens, aus dem man in Odinswachheit den Leiter der nächsten Epoche heranholen kann: den „schweigenden Asen", der in seinem Baumgehäuse und seiner Landschaft aus Weite und Wildheit in Asgard wirkt und schaut, was waltet.

Seine „Burg" wird nicht als ausplastiziert, statisch geschildert, sondern im fortgehenden Lebensprozeß der Wandlungen: „Gesträuch wächst und starkes Gras auf Widars Waldgebiet" (Grimnirlied, Thule 2.Bd., Nr.11, Vers 15).

Zu diesem kosmischen, irdisch wirkenden Wesenskreis ist *„der Dreizehnte",* der *nicht* dazugehört, aber ihn um- und durchwirkt, nun *Loki.* Der Dreizehnte ist immer zur organischen Zwölfheit, der Rhythmik des Sonnensystems, das Element, das den Durchbruch in eine neue Stufe veranlaßt, verwirrend oder anrufend wie König Artus in der Tafelrunde. Loki ist der „diabolus", der „Durcheinanderwerfer". Er kann die selbstischen (nicht: ichhaften) Kräfte in seinen drei Geschöpfen dirigieren, die Midgardschlange, Hel mit dem Höllenhund Garm, und den Wolf Fenris (oder Fenrir). Mit seiner spielend überleuchtenden Intelligenz kann er auch Geschenke geben, die das Wissen des Beschenkten anzeigen. Er setzt dazu die Zwerge als Materiemeister ein.

Es heißt, er schenkt der Sif („Sippe") künstliches goldenes Haar, nachdem er ihr das eigene spottend abschnitt; denn er wußte, daß die Sippengemeinschaft, die Thors Partnerin noch zu hüten hatten, nur noch Ausklang war in einer Zeit, in der die Ichheit der Einzelkämpfer

47

von Odin und Thor eingeübt wurde. So schenkte er zugleich dem Thor das Symbolum seiner Ichführung, den stets zurückkehrenden Hammer. Es ist deutlich, daß dieser materiell gezeichnete Hammer, den Loki schenkt, ein Bild ist für das Wissen Lokis über die Aufgabe des Thor. So auch schenkt er dem Odin zwei Dinge, wieder eines auf die alte Basis, das andere auf die neue Aufgabe weisend: den Ring Draupnir, der jeden neunten Tag acht neue Ringe auswirft, die kosmische Rhythmik des Jahreslaufs im Kurzbild also, und den unfehlbaren Speer, der das Ziel anpeilt und erfaßt, wie das gezielte Wort. Und Loki schenkt dem Freyr den goldborstigen Eber, den leuchtenden Wildeber, der erdnah durch die Wälder pirscht und seine Kraft immer wieder aus der Erde sucht und ausstrahlt, und das Schiff der bewußten Rhythmik, das man zusammenfalten kann wie das Schlafbewußtsein und auseinanderfalten wie das Tagesbewußtsein, in dem es dann alle Götter umfassen und tragen kann.

So weiß Loki die Wesenstypik der Götteraufgaben, und er weiß die Verführbarkeiten der Menschen: Selbstsucht im Triebhaften (dem Astralleib = dem Empfindungs- und Wollensfeld) die die Seele als Midgardschlange umwürgt; Lüge und Täuschung, die im Lebensfeld, dem Bildekräfteleib, fressend wirken wie der Fenriswolf; und, im physischen Leib Krankheit und Tod aus beidem erzeugend, die Hel und den Hund Garm.

Wenn man Geschenke und Geschöpfe und Wirken des Loki aus den Bildlehren übersetzt und anschaut, so ist es eine klare Psycho-Logik und Sicht der Werdegesetzlichkeit. Nun erst kann man mit voller Bereitschaft und dem die überleuchtende Lichtkraft wollendem Willen die wirkenden Götter ansehen und befragen. Wie wirkten die Götter damals in den Menschen? Man erlebte sie in sich hinein einsprechend, gegenwärtig, wenn auch nicht äußerlich sichtbar. So erlebten sie die leitenden Priesterforscher, in vielen Prüfungen der Standhaftigkeit und Sensibilisierung geübt, und ihre Schüler. So erlebten sie ähnlich auch die umlebenden Menschen. Sie erlebten den Schmerz des Balder-Verlöschens, die Furcht des nahen Ragnarök und die Ahnung des Widar, auf der neuen Erde unter dem kreisenden Wirbelfeld, dem Ida-Feld.

Man nahm die Götter wahr in der Natur des Kosmos und des Elementegeschehens. Sie wirkten in den Vorgängen der äußeren, aber uns durchpulsenden Umgebung. Unter besonders hergestellten Bedingungen zwischen Gestein und Licht, ermöglichten sich die Druiden und die Odinspriester die Wahrnehmung der Ordnungsverhältnisse in den Spannungen von Um- und Inwelt, die Nahrung, Gesundheit und Moral umfaßten. Das war vor allem die Art der nördlichen Menschengruppen des mittleren Klimas.

Anders nahmen die Sumerer und Babylonier die Götter wahr, die die uns allen gemeinsame Erde schaffen und leiteten, zum Menschen hin leiteten. Die Sumerer, unter dem klaren größeren Himmelsraum und mit der intensiv erarbeiteten und erlebten exakten Astronomie, nahmen die Götter vor allem zugleich mit den Gestirnen wahr, mit den Auf- und Untergängen der Planeten und Fixsterngruppen. Dort fühlten und schauten sie Geistwesen wirken. Wohnsitz und Wirkbereiche der arbeitsteiligen Götter wurden genau benannt, und die dazugehörige Zahl-Kraft des Ordnungsgefüges, anteilig im Ganzen der Zahl-Einheit, der 60 (=1), in der der Aufbau der Zahlenreihe sich kondensiert findet. Man fühlte sich im Abglanz noch verbunden, aber auf die Erde geworfen, klagend und doch die eigene Aufgabe der Ordnungserhaltung ergreifend. Gilgamesch, der Urstadtgründer und große schützende Held, sagte es: „Aus dem Haus des Zimmermanns bin ich geworfen", aber der Fährmann von dort gibt ihm die Maße der Menschenstadt (s. Gilgamesch-Epos). Das Sternbild des Nangar = „Zimmermann", also dessen, der das „Haus" der Menschen, die Erde baut, wird von uns „Krebs" genannt und wird gezeigt als Wirbel zweier ineinandergreifender, aber nicht sich berührender Schwünge: neue Zeit entsteht, Neues wird gebaut. Das war „der Sitz des Anu", des leitenden, Gestaltprozeß einleitenden Geistwesens. Von dort strahlten die erbauenden Kräfte aus. Dort war Gilgamesch, war der Mensch einst „behütet wie der geliebte Sohn des Hauses". Er war herabgestürzt und mußte selbst die Erde voranführen, sie durchwirken. Die Beauftragte des Anu, Inanna als „Herrin" der Aspekte des Lebens, gab dem Gilgamesch die Aufgabe, den „Lebensbaum" so umzuarbeiten, daß die Götter dort mit dem Menschen sprechen konnten, Lager und Sitz der Inanna. Nun flog aus der Krone des Baumes der Adler des Denkens fort (man muß ihn einholen), in den Wurzeln mußten die Schlangen gemeistert werden, aus dem Laubwerk flog die Lilith und nistete sich ins Unterbewußte des Menschen verwirrend ein, bis man die Geistwinde (lilit = Wind = Geist) des Zusammenhangs im Sein wach erkannt hatte. Die Sumerer – Gilgamesch fühlten sich noch „2/3 Gott, 1/3 Mensch" – sie gingen noch ein und aus im Göttergespräch.

Auch die Ägypter fühlten sich noch ganz im aufbauenden Wirken der erd- und menschenschaffenden Götter einverwoben, und zugleich ganz in der Frage nach der Moralität, mit der die Gemeinschaft der Menschen zu sichern war und die man im Totengericht zu verantworten hatte. Diese Götter sind nicht scharf ausplastiziert, sind eher zu erfühlen als Träger von Werdevorgängen, mit Sensibilität zu erhorchen aus den Namenslauten: Atum, Ptah, Chnum, Amun („der Verborgene", aus dem wäßrigen zum Lebensprozeß Führende). Die Griechen, die Älteren befragend, fühlten die Götter im Naturprozeß, von dort anrufend zum „Erkenne dich selbst". Aus ihrer hochentwickelten Mathematik gaben die Menschen die Spiegelung ihrer Welterkenntnis zurück in die streng durchdachten geometrischen und arithmetischen Gesetzlichkeiten der Tempelbauten. Wir kennen die

Begleittexte der Mathematiker-Architekten von Tempeln und Schatz-
häusern für Weihgaben und Verwaltung an den großen Zentralkult-
orten, mit denen sie den Göttern, um ihnen Eintrittsorte zu ermöglichen, die im Kosmos erkannten Strukturgesetze bewußt darboten.
Man formte freie Erkenntnis als Antwort auf Götterlehre.

Man kann den anderen Ansatz der Menschengruppen in West-,
Mittel- und Nordeuropa erkennen. Sie nahmen die Götter in der
Natur, in den Sternen, aber vor allem im eigenen Ich wahr. Da ist
dann Odin als Leitender, als „Hroptr", als der „Rufer", der anfeuert im
Einzelweg. Er ist „der Baleyor", der Flammenäugige, der das antwortende Feuer im Ich-Werden fordert. Der Anruf an das Ich durch den
„Yggr" und durch den Helfer im pulsierenden Blutgang, Thor, wurde
von allen Menschen dieser Gruppen als Aufgabe gefühlt und, das ist
das Besondere, als Wandlungskrise, Gefahr und Schrecken des Yggr.
Durch Hunderte von Felsritzungen nahe aller Höfe geschah im
täglichen Blick die Vergegenwärtigung. Der geschwungene Hammer
des Thor rief im Blutpuls die Antwort der Ichkraft hervor. Auf
Armringen trug man oft das Symbolum der Metamorphose an sich,
wie der gute Held Fridthjof und der Drachenüberwinder Beowulf,
nämlich die zwölf Asenburgen und das Schiff mit dem Leichenbrand
des Baldur, als der Auslösung des Ragnarök, der großen Verwandlung.

Ragnarök

Man muß die große rhythmische Bewegung des Auf und Ab, der
sinkenden und dann steigenden neuen Seinsstufe, „neue Erde"
genannt, fühlen. Der Beginn der Asenepoche der Menschen wurde
gezeigt als „auf dem Ida-Feld" durchgeplant mit den goldenen
Würfeln: auf dem „Wirbelfeld", im Polwirbel, dem Mühlenwirbel-
feld. Der Beginn der neuen Epoche der Menschen unter Anleitung
von Odins „Sohn"-Kraft, dem schweigenden Asen Widar und der
neuen Erscheinungsform von Balder, Hödur, und Bragi wird ebenso
gezeigt „auf dem Ida-Feld", dem Polarwirbel-Feld. Es ist aber eine
Drehung geschehen. Man zeigt sie in Kurzform im Bild der *Svastika,*
des Hakenkreuzes, dem Abbild der gesetzlichen Drehung, die der
Große Wagen im Weltraum im Jahreslauf vollzieht. Das Bild der
Svastika stand auf den Kultschalen von Susa im Zweistromland um
4000 v.Chr., und die germanischen Stämme, Himmelsbeobachter auch

sie, zeigten es auf Reliefs und Druidensteinen. Für die hellsichtige sensible Psyche der frühen Jahrtausende ergab sich noch die innere Parallele des Zeichens. Nicht rechteckig, sondern in Rundungen geschwungen, wie es auf den Druidensteinen zu finden ist, entspricht es dem Erlebnis der geistigen Wahrnehmungszentren, die die Inder seit je Chakra (Rad) oder Lotosblume (mit ihren Blätterwirbeln) nennen. Das vierspeichige Chakra entspricht dem Basiserleben, dem „Wurzelträgerlotos" der gemeisterten Triebkräfte. Dieses „Rades" Kraft meistern wirkt so ordnend, wie es im Kosmos in dem Svastika-Weg des Großen Wagens abzulesen ist. Das Svastika-Bild hielt das Bewußtsein der Wandlung wach, wie es die Lehre vom Ragnarök, dem „Schicksal der Götter", in intensiver Konsequenz forderte. Die Wanderung des Pol-Sterns, des Sitzes „auf dem Ida-Feld", bringt mit sich eine jeweils andere Beziehung der Erdenmenschen zu den sie jeweils überstrahlenden Gestirnsgebieten, anderes Erleben im Umkreis und Innensein, im antwortenden sich stärkenden Ich. Die Fragestellung erreicht eine andere Formstufe. Das geschieht nicht kampflos, denn jede Wirbelkrise bedingt Ichwandlung.

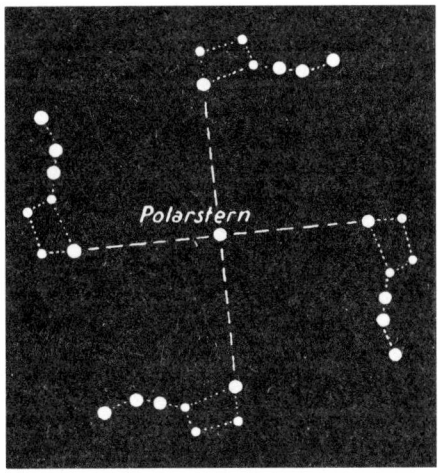

Abb. 7: Der Große Wagen als Richtungs- und Zeitweiser; seine Stellung am europäischen Mitternachtshimmel: oben Anfang März, links Anfang Juni, unten Anfang September, rechts Anfang Dezember jeweils um den 5. des Monats.

Der Kampf des Ragnarök wird ausgebreitet geführt, zuerst mit den freien Seelen, den Einzelkämpfern um Odin, mit den 432000, die Zahlkraft aufzeigend von 1/6 der Tage der Präzession, dem Weltenjahr. Ist das ganze Sechseck einst ausgeschritten, durchgekämpft, ist eine

Abb. 8: Kultschalen aus Samarra, 5. Jahrtausend. Im Weltwind des Weges des Großen Wagens, der Svastika, weht der Mensch mit, umgeben von dem Wendebild des Skorpions.

neue Seinsstufe möglich. Auf dem Sechseck maßen die Sumerer-Astronomen die Sternenbewegungen. Mit der Zahl 432 in vielfacher Erhöhung wurde in Sumer und vor allem in Indien der Weltjahrswechsel gemessen, das „kalpa", das aus sichtbarer und unsichtbargeistiger Seinsfolge gesehen wurde. Nach dem Entwurf des Grundprinzips der 432000 geschieht nun die Tilgung der alten Erscheinungswelt. Loki, der sich aus seiner Fesselung befreite, und Heimdall löschen sich gegenseitig aus dem Wirken aus. Der Grenzenschützer Heimdall, der die neun Weltensphären in sich repräsentierte, und der Grenzverwirrer heben sich auf. Freyr, der Lebensträger aus der Wanen-Epoche kann die Feuergewalten des Lebensprozesses nicht meistern. Ihm fehlt das Schwert, das er „weggab" um Lebensrhythmen mit Gerd, der Partnerin aus gutem Riesensein, friedlich zu regeln. Nun überwältigt ihn der Herr der Feuerriesen, Surtr, und wirft das Feuer über die Erscheinungswelten, von Loki herangeführt. Thor kämpft mit der Midgardschlange, und beide löschen sich aus. Ihre alte Aufgabe ist getan. Der Lehrer des Mutes, Tyr, und der Höllenhund Garm löschen sich gegenseitig aus. Odin kämpft mit dem Fenriswolf, aber der „tötet" ihn, löscht seine Funktion aus. Alle Instinkte und Gewalten sind entfesselt. Loki ist der Entfeßler, der Loptr, der im Luftstrom die zerstörende Lohe entfacht. Er ist nicht der Leiter der guten Feuerkraft im Erdsein, wie es die Inder in Agni kannten, der auch zerstörend, aber immer auch Lebensprozeß hütend war. Loki läßt die Triebe, die nicht im Ich gemeistert sind, ausbrechen, Wahrheit von Chaosmöglichkeit offen zeigend, sie im Sinne des Odin ins Erkennen gebend, wenn auch wider Willen. Die Texte von Völuspa, „Der Seherin Gesicht", breiten den ganzen Schrecken aus. „... Es reißt die Fessel/ es rennt der Wolf, ... Brüder kämpfen/ und bringen sich den Tod,/ Brudersöhne brechen die Sippe/ ,... Ehbruch furchtbar,/ Schwertzeit, Beilzeit/ ,Schilde bersten/ ,Windzeit, Wolfszeit,/ bis die Welt vergeht./ Nicht einer will/ den anderen schonen..."

Loki steuert das Schiff mit den Feuer- und Todeskräften. Er ist nicht nur der listige Rater, sondern der, den Odin als Repräsentanten des immer bereiten Chaos heranholen mußte. „Yggdrasils Stamm steht erzitternd" (Völuspa, Vers19). Der Weltbaum ist im kosmischen Fortgang des Polarfeldes zitternd im Wandern. Odin bedachte lang schon die Gefahr des Bewußtseins in solchen Krisen. Seine beiden Botenvögel, die Raben Hugin und Munin, „Denker" und „Erinnerer", könnten auslöschen: „Für Hugin fürcht ich/ daß er heim nicht kehre,/ doch sorg ich um Munin noch mehr" (Grimnirlied, Vers16, Thule 2.Bd., Nr.11). Das Denken könne betäubt werden, schlimmer ist, wenn die Erinnerung nicht gewahrt wird, wenn man sie verlöschen läßt. Erinnerung ist das Ich. Die Persönlichkeit selbst beruht auf ihr, um sinnhaften Fortgang zu ermöglichen. Und doch muß Ragnarök sein, das Chaos muß erkannt werden, Beilzeit, Windzeit, Wolfszeit.

Das muß sein. Das ist die schreckliche Grundstruktur der Welt. Die Götter der Asen-Epoche wußten es, sie haben List und Vertragstäuschung in ihr eigenes Schicksal hineingenommen. Auch die anderen Menschengruppen, in Indien, im Zweistromland wußten das. Ihre Sicht und Aussage war anders, aber im Kern täuschungslos über das Geheimnis der Gut-Böse-Spannung im Sein. Jedes Neujahr wiederholten die Stadtfürsten Sumers vor dem Gott und dem Oberpriester („Höchster der Schauenden") das Versprechen, die Kosmosordnung mit zu erhalten gegen das immer bereite Chaos, wie das im kultisch rezitierten Schöpfungslied vorweg gezeichnet war. Die frühchristlichen Hymnen wußten noch, daß der Christus, als der Leitende der gestaltschaffenden Götter, als ihr „logos", sich zur Erde begab und mit ihr verband, weil es Weltkräfte sind, die in Gut und Böse sich spannen. Aber ganz unmittelbar im Ich erschüttert beobachtend erlebten die germanischen Gruppen diese Werdekämpfe: Feuerlohe über dem Gestalteten, jeder gegen jeden hassend, Wolfszeit ist. Aber sie sahen wie ein Schweben der Waagschalen die neue Erde aufsteigen. Auf neuer Stufe des Odin-Seins, in dem schweigend schauenden, horchenden Widar, ist neue Ordnung möglich. Wieder ist das Ida-Feld in der Schwebe einer Gestaltepoche. Es gelingt. Widar, so sagte man im Bild, kann den rasenden Fenris zertreten oder auseinanderreißen „mit dem Schuh, der aus den guten Taten der Menschen" besteht, also den individuellen freien Entscheidungen. Wenn das von Odin und Thor geübte Ich stark genug geworden ist zur Erkenntnis und zum Wollen des Guten, wenn es überalterte Lebensformen, der Gruppenseelen-Sippenbindung und die zur schwarzen Magie strebende Machtsucht des nun isolierten Ich, abstreift und meistert, dann kann eine neue Lebensstufe, die *Widarwelt,* gelingen. Das meint kein ewiges Paradies, sondern eine Metamorphose des Menschenweltseins, denn auf der neuen Erde sind mit Widar wieder die drei da, die Odins zentrale Aussage geben: Balder, der leuchtende Gute, Hödur, der in Gefahr zum Nichterkennen, zur Blindheit ist, sie jetzt aber erkannt hat, und Bragi, der Aussagende. Neben der dialektischen Dreiheit steht bereit auch Wali, der die Angriffe auf Balder rächen und insofern eindämmen kann, so wie er einst Loki meisterte und ihn in Fesselung geben konnte.

Man kann die neue Erdzeit nach dem Ragnarök in ihrer kosmisch-astronomischen Bezogenheit ahnen, wenn man den Beinamen des „weißen Asen", der das Himmelslicht reflektiert, des Heimdall, als „Widder" befragt. Die wandernde Pol-Achse, die Weltesche Yggdrasil also, zeigt den Übergang des Frühlingsaufgangspunktes der Sonne in ein anderes Tierkreiszeichen an. In Heimdalls Zeit galt noch die Überstrahlung durch den Widder. Heimdall ist der Hüter, der Warner in solchen Übergängen, „er hört das Gras wachsen", er hütet die schwankende Brücke Bifröst = den Regenbogen, er hütet den zeitbestimmenden Zusammenklang der neun Welten, deren „Kind" er ist. Man erzählte von einem Kampf zwischen ihm und Loki um das „Halsband der Freya", um den Milchstraßenbereich der kosmischen Kräfte. Loki hilft am Durchformen der Odins-Epoche mit, es hieß, er holte die Naturintelligenz der Riesen heran, um Asgards Burgen zu bauen und das achtbeinige Pferd des Odin zu schaffen. Aber das alles will er auch zerstören, durchsetzt es mit seinen drei Bedrohungen: der würgenden Midgardschlange nicht gemeisterter Triebe, den die Lebenskräfte vernichtenden Fenriswolf, die den tragenden Leib löschende Hel. Ist die Zeit reif, hat Odin alles gesagt und gelehrt und ist bereit zum lang vorhergewußten Kräftemessen, dann reißt Loki den Untergang heran. Der Hüter der Widder-Epoche, Heimdall, läßt die wandernde Polar-Achse erdröhnen, durch die darin vorher verborgene Tonkraft des Gjallar-Horns, des „laut tönenden", das zugleich das Trinkhorn des Weisheitmets des Mimir ist. Der Hüter und der Zerstörer der Epoche löschen sich nun gegenseitig aus, gehen in eine unsehbare Metamorphose über.

Die neue Erde der veränderten Durchstrahlung und des langher geübten Willens wacher Menschen setzt ein: Lif und Lifthrasier, Leben und Lebenbegehren sind da. Auf dem Ida-Feld wird neues Zusammenspiel geformt. Alte Götter bleiben im Hintergrund, auch die Wanen, Anleiter der Grundkräfte der Erdgestaltung, sind dort zu wissen. Auf dem Idafeld, heißt es, „Widar und Wali sollen im Weihtum hausen". Auch die Hüter der Funktion des Thor, seine Söhne Modi, der Zornige, Willenshafte, und Magni, der Starke, sind da. So gilt: Widar und Wali walten im Weihtum, hüten sie Sphäre des Fühlens; Modi und Magni meistern Mjöllnir (Thors „Hammer") als die Sphäre des Wollens; Balder, Hönir und Bragi leuchten, beraten, berichten aus der Sphäre des Denkens. Es ist nun im Zusammenklang *Widars Epoche:* das starke geläuterte Fühlen leitet Wollen und Denken an.

Die drei Erfahrungen der Lehre

Für diese neue Stufe waren die Menschen langher durch Odin vorbereitet: im Ich angerufen und erweckt, geformt. Die Bild lehre zeigte *drei Aspekte* des Verhaltens in drei Gestalten. Ihr Weg und Handeln war nun das Thema der Widar-Epoche. Das sind: Svipdagr, Sohn des Aurwandil und der Groa und Partner der Freya; Wölundur (Wieland der Schmied), der Walküren-Schüler; Sigurd,

55

der Odinsschüler und Walkürenpartner, Verrat und Sühne aufzeigend.

Svipdagr, das heißt „der Tagförderer", der Helligkeit des Bewußtseins weckt. Mit diesem Impuls ist er „Sohn" des Aurwandil (Örvandil,
Earendel) und der Seherin Groa. Aurwandil wurde, soweit uns überliefert ist, als Herr des Sommerlichts verehrt. Seine Fußspur im
Himmelsraum (sein „Zeh") wurde durch Thor als Stern gezeigt,
vielleicht als Stern „Rigel" im groß ausschreitenden Bild des Orion.
Seine Wesenheit sah man wirkend in einem strahlenden Stern, der
aufsteigendes Morgenlicht, Tagdämmerung anzeigte. Eine altengli-
sche Hymne verehrte ihn so: „Hail, Earendel, brightest of angels thou,
sent unto men upon this middle-earth", als den wahren Glanz, der
Sonne, der über die anderen Sterne leuchtet und Zeit und Gezeiten aus
sich heraus erleuchtet. Ob das gemeint war als Vorleuchter des
Christus und als Morgenstern, bleibt ungesagt in dieser Hymne des
„Cynewulfs Christ" (s.Santillana/Dechend). Immer ist es ein Wille,
sich mit dem Licht zu verbinden, der sich hier ausdrückt. So ist der
Schüler, Lehrling, „Sohn" des Aurwandil eben der „Tagförderer",
Svipdagr. Und man sah noch einen anderen Lehrling als „Sohn" ihm,
dem Aurwandil = Horvandillus als Hamlets Vater, verbunden, von
dem spät Saxo Grammaticus im 13.Jahrhundert berichtete: Amlethus
oder dann *Hamlet*, der Wirbel der Pol-Wanderung hütet, trauert,
meditiert, um im Für und Wider doch das Gute und Rechte durch-
zukämpfen, bis ins Selbstopfer.

Diese Wertung des Aurvandil-Orvandil-Horvandillus-Orendel als
dem „Vater", also der geistigen Haltung und als Impuls des Svipdagr
klang nach durch das Mittelalter hin. Das Epos vom *Orendel,* aufgeschrieben um 1190 als sogenanntes Spielmannsepos, das heißt von
den durchs Land wandernden und die kultischen und täglichen
Berichte weitersingenden Spielmännern geformt, übersetzte das Bild
des leuchtenden Morgensterns in die Zeitthesen hinein. Der Kaufmann Orendel zieht von Trier aus, um sich die Prinzessin Brida von
Jerusalem zur Frau zu holen; ein Schiffbruch gibt ihn in die Lehre eines
Fischers (das Bild ist von Perseus bis Parzival gebraucht). Er fängt dort
einen Walfisch, der jenen „hl.Rock" birgt, der als Reliquie in Trier
noch heute gezeigt wird. Dieser Rock wurde einst achtlos ins Meer
geworfen, weil er die Blutflecken des Christus unlöschbar zeigt.
Orendel kann den Rock tragen (also sich identifizieren mit dem
Opferweg des Gottes), kommt mit Engelshilfe nach Jerusalem und
kämpft dort zusammen mit der streitbaren Frau Brida gegen die
Feinde des Christusgrabs. Sie kehren heim nach Trier und bergen
den Rock in eine Steintruhe. Sie selbst gehen alle drei – Orendel,
Brida, der Fischer, das heißt der ganze dreigefächerte Mensch aus
Wollen, Fühlen, Denken – in ein Kloster, also in selbstfreie Besinnung
auf das Wesentliche. Sie sterben dort und gehen, so heißt es, nach

zweimal sieben Monaten schon ein in die Gotteswelt. Es ist die Welt, aus der einst der leuchtende Stern der englischen Hymne Trost gab. Sinnfragen und Selbsteinsatz, das ist der Impuls für die Aurvandil-Typen, deren Sohn ein Svipdagr ist.

Als Svipdagr sich auf seinen Weg macht, ruft er die eigene Mutter, die *Groa,* aus dem Seelenreich herauf. Auf diesen Weg hatte ihn die „Stiefmutter", also die Prüferin und so zur Initiation drängende Kraft, innerer und äußerer Schicksalsanruf, geschickt. Sie schickte ihn zur „Brautwerbung" zur Menglöd, der Halsbandgöttin Freya, „zu der kein Weg führt". „Brautwerbung" zielt auf Vollendung des Ich aus Seele und Geist. Der Weg ins Weglose ist Anruf an das Ich. In der Besinnung auf die eigenen Kräfte hört er von Groa neun Sprüche. Als Rat, um den er bittet, sagt sie ihm vor allem dieses:

„Das sing ich dir zum ersten,/ was man allkräftig nennt, –/ es sang Rinda dem Ran –/ daß von der Schulter du schleuderst/ was schlimm dich dünkt;/ *führe selber dich selbst.* " Rinda ist weise Ur-Riesin, mit deren Kraft Odin den Rächer Balders und Fesseler Lokis ins Wirken brachte, den Wali. Ran ist Partnerkraft des Elementarherrn des Wassers, Ägir. Es sind also elementare Willenskräfte von der Groa gemeint. Mit diesem Willen wird Leben in Bewußtsein, in Taglicht-kräfte umgewandelt (Groas Zaubergesang, Thule Bd.2, Nr.28). Svip-dagr ist auf eine Prüfungsfahrt geschickt von „dem bösen Weib, das meinen Vater umfing", der Stiefmutter. Groa antwortet und schildert: „Weit sind die Wege/ weit ist die Fahrt./ Weit gehn Wünsche wohl,/ wenn das wird,/ daß sich dein Wille erfüllt/ und es geht nach Schicksals Schluß. "

Sein Weg und Wille läßt ihn den Ort des Schlosses der Menglöd, der „Halsbandgöttin", „der Schmuckfrohen", also der Freya als Dirigen-tin in den Lebenswirkungen der Milchstraße, suchen. Als Trägerin der Basiskräfte der Lebensprozesse, als Wanen-Göttin gibt sie die Vor-aussetzung, um Wachbewußtsein zu bilden, wenn man das will. Svipdagr kommt an ihr „Schloß". Er kann die Waberlohe durchschrei-ten, die „vafrlogil". Das Wort ist aus Wind und Flamme gefügt, das „wafeln" meint das Wallen und Wogen und Lodern der Flammen. Dieser Ring der lodernden Triebkräfte wird gezeigt auch um Brynhilts Burg und um Gerds Burg, in die der werbende Freyr dringt. Der Wächter für Freyas Schloß heißt *Fjölswinn,* der Vielwissende, das ist ein Beiname Odins. Es geht also um eine Einweihung in neue Kräfte, die im Sinn des Odin nötig ist. Der Prüfer und der Lehrling sprechen hart miteinander, abwehrend, abweisend, beharrend. Endlich kann der Name der Besitzerin und aller ihrer Umweltdinge erfragt werden: das Gatter, das Tor, der Baum, seine Frucht, der Hahn, die Hunde, und von ihnen nun wird gesagt: sie wachen hier, „bis die Götter vergehen". Es ist also Lehre der Asen-Epoche gemeint.

Das Gatter, das Tor, die Mauer sind von Odin-Fjölswinn aus

Riesensubstanz geschaffen, das Gatter umschlingt jeden als Fessel, der hier als „Fremder", also nicht in Freyas Weisheit Eingeweihter und Waberlohebezwinger kommt. Die Mauer soll stehen bis zum Weltende. Der Baum ist Mimirs Gedächtnisbaum, „dessen Wurzelung niemand kennt". Er ist Aussage aus dem Ursein. Svipdagr muß geistige Grundordnungen erkennen (s. Texte Nr. 4).

Freya ist die Herrin des *Brisingamen,* des „Schmucks", der den Himmel durchzieht wie ein breites Band, die Milchstraße, in deren Sternen die Sonne unseres Systems wandert. Man benennt heute in der Milchstraße einen Kern und sich überschneidende Spiralgruppen: es strahlen Impulse, Lebensimpulse von dort.

Die Kelten nannten die Lehr- und Seelenmeisterin *Keridwen* als Herrin der Milchstraße. Die Griechen nannten sie den Weg der Seelen nach dem Tod. Die Germanen sagten, daß alle Toten, die nicht als zukunftstragende Einzelkämpfer zu Odin kamen, von Freya aufgenommen wurden. Das Brisingamen (=„Glänzendes, Feuriges") sollte einst von Loki geraubt und den Riesen gegeben werden: aber Heimdall entriß es, hütete es, gegen Loki kämpfend. *Heimdall* war der „Hüter des Heiligtums der Asen", ihrer Ausstrahlräume. Es ist ein kosmisch-irdisches Gespräch, das nun Svipdagr bestehen muß, um Mensch als Tagförderer, Lichtbringer zu sein. Er muß sich in die kosmischen Initiativen selbst hineinverwandeln, sie erkennen.

Der „Vater" Njörd, der die Elemente Wasser und Wind und Feuer regulieren kann und am Wasser (in Noatun = Schiffsplatz) wohnte, brachte aus der vorirdischen Wanen-Stufe sich und seine Kinder, *Freya* und *Freyr,* hinüber in die bewußtseintragende Asen-Stufe. Freyr wirkt als Impulsator der Lebenskräfte männlicher Aktivitäten, die im Ich handelnd verarbeiten, was die Welt sie lehrt. Er ist Lehrer der „Ynglinge". *Freya* ist Leiterin des Aufbaus der Lebensprozesse, „Hüterin der Fruchtbarkeit der Erde". Aber das fordert nun Erkenntnis.

Diese Aspekte werden in den Menschengruppen der abendländischen Kulturen überall befragt, aber je anders gegliedert und betont. Es stehen da in Sumer nach 3000 v. Chr., in der frühen Reife vielschichtiger Intellektualität, die Verhandlungen und Aufgabenstellungen zwischen Inanna und Gilgamesch. Die „Tochter" des die Schöpfung einleitenden Gottes Anu, des Himmesherrn, ist harte Kämpferin. Sie leitet die Geschlechterfolgen, die im Norden Freyas Bruderaspekt, Freyr, im männlichen Aktivitätssinn verwaltet. Inanna aber leitet auch das Gespräch mit dem Stadtgründer, dem Menschen Gilgamesch (=dem Weltfrohen). Anders ist die Gliederung für die Griechen, sie sahen die „dem Haupt des Zeus entsprungene" also den Erkenntniswillen anrufende Athene und neben ihr die in klirrender Rüstung waltende Aphrodite als Leitende der Geschlechterfolgen und sahen Persephone, der pflanzentragenden Erde waltend. Anders erlebten die Ägypter das Thema des Erd-Mensch-Gesprächs: zwischen Osiris, der Tod und Leben verwaltet, und Isis, die die Menschen mit allem umzugehen lehrt, und beider Sohn als beider Schüler, der Mensch Horus, Kämpfer gegen das immer bereite Chaos. Die Theologen und Machtpraktiker der Kirche des Mittelalters versuchten, etwas von dem Gespräch mit den differenziert wirkenden Geistern im Nachglanz festzuhalten. Es gelang ihnen nicht, aus der großräumigen Hierarchienlehre herauszuleuchten, wer Lehrerin der Menschenseelen und wer Leiter der je verschiedenen Naturprozesse ist. So nannten sie den Menschen Maria „Himmelskönigin", wie es Freya und Inanna waren. Wie der Erntedankstrauß der Freya, zeigt der Strauß am 15. August (Mariä Himmelfahrt) die neun Kräuter (der Neunzahl der Sphären) um die Achse der harmonisierenden Heilpflanze Königskerze gebunden, die der Freya geweiht war. Und die 15 Medaillons um die Marienplastiken entsprechen der Zahl, die innerhalb des Sexagesimalsystems der Inanna zugeteilt war. Es ist die Zahl des rhythmisch kreisenden Planeten Venus (15x15=225 = ein siderischer Umlauf der Venus). Aber Maria ist nicht Göttin, sie ist Mensch, zu stärkeren Möglichkeiten entwickelt. Aus dem blassen Nachglanz muß man zum Uransatz zurückfragen.

Freya erwartete den fragenden Menschen, der das von ihr geleitete Naturwirken im kosmischen Gesetz – Odin zeigte es – wach *erforschte,* als Partner, um ihn zu inspirieren für zukunftsfähige Entwicklungen. Die nüchterne, weiträumige, knapp gezielte Strenge von Weg und Gespräch, bei dem die Lebensvorgänge in Weltbeziehungen sichtbar werden, bleibt als das eigene dieses nördlichen Typs. Es ist ein unmittelbar aus dem Ich drängender Wille von Svipdagr zu Freyas Bereich.

Das Frage-und Antwort-Gefecht um alle Dinge herum wird hier umgekehrt geführt, wie es auch im ägyptischen Totenbuch berichtet wird, in dem die kosmischen Dingwesen fragen und die Seele blitzschnell den Namen nennen, erkennen muß. Wachheit ist gefordert. Svipdagr aber tritt als wacher Mensch in eine geistige Sphäre ein. Hier darf er fragen. Odin Fjölswinn antwortet. Aber Odin gibt auch das Rätsel auf, wie der Mensch wirklich die Lebenskräfte in Bewußtsein umsetzen kann und so Freyas Partner wird. Denn es wird dann das Tor geöffnet, und Freya sagt: Ich habe auf dich gewartet, auf den Tagförderer, der um die Helle des Erkennens ringt, den weiten Weg wagt. Er kann die „Waberlohe" um Freyas Halle durchschreiten, denn er hat die blinden Triebkräfte überwunden, diese Feuer brennen nicht mehr. Im Erkennen des Gesetzes, das Odin als Rätsel ausspricht, wird Svipdagr stark, Weltkräfte der Götter leuchten in seinem Ich differenziert auf. Man erkennt, in diesen Fragekampf verdichtet, die parallelen, aber aufgeteilten Erlebnisse anderer Menschengruppen. Athene ist für die Griechen die Anleiterin zur Abstandnahme von der Natur, die durch Artemis gehütet wird, und zur differenzierten Erkenntnis hier und jetzt. Sie ist „dem Haupt des Zeus entsprungen", also der Wille der Götter, den Menschen ins Bewußtsein zu führen. Sie leitet den Kampf des Perseus, den Bewußtseinskampf um Erkenntnis und Abgrenzung von der Sklerotisierung, der „Versteinerung" des bloßen Naturweges (im Bild der Gorgo Medusa). Für die Germanengruppen ist das gerafft zu einem Denkprozeß in Svipdagrs Ringen um Freya und ihre Lehre.

Der Handlungsring des Rätsels der Eintrittsbedingung läuft so: Auf dem Dach wacht der Hahn, vor dem Tor wachen die zwei Hunde, der eine tags der andere nachts. Einschläfern kann man sie nur mit der Waffe, die in des Hahns Flügel verborgen ist. Der Hahn ist nur zu töten mit einer Waffe, die Loki (als der Loptr, der Luftverwandte) am Totenreichstor bildet und im Kasten mit den neun Schlössern des Weltwissens verbarg unter der Wache einer Riesin. Man erhält die Waffe nur, wenn man der Riesin die Sichel bringt, die unter den geschwungenen Flügeln des Hahns geborgen ist. Hat man diese verborgene Waffe aus dem Gehäuse der neun Schlösser der Riesin abgewonnen, als „Leihgabe", das heißt als eine allgemein handzuhabende Kraft, dann kann man in Freyas Sphäre eintreten. Man ist Svipdagr, ein Tagförderer, ein Sohn des Aurwandil, des „leuchtenden Verkünders des Lichts".

Svipdagrs Stiefmutter, die ihn auf Prüfung schickt, ist die Sif, das heißt die Sippe, die Ordnerin aus altem Gruppenseelenprinzip. Der neue Weg des einzelnen, des Ich, muß nach Odins Leitung gebahnt werden durch helle Wachheit. Der Zugang zu Freyas Kraftsphäre ist nur in einem durchaus überlogischem Sowohl-Als-auch zu erhalten. Die Hunde sind nur durch die Sichel zu töten, die unter des Hahns Schwingen ist. Man erhält sie nur, wenn man die Hunde schon bewältigt hat. Aber die Waffe gegen die Hunde ist eben die Erkenntnis der neun Welten. Sie hält Loki, der Luftdurcheiler, versiegelt. Wer die Siegel mit dem Geist aufbricht, ist Herr über die Hunde. Er kann der wachenden Riesin die Sichel, die Flügelkraft des den Morgen verkündenden Hahns zeigen. Der Hahn sitzt auf dem Mimirs-Baum, dem Gedächtnisbaum, dem vielverästelten Nervengezweig des Menschen, und es wird von seinen „Wirbeln" gesprochen (nicht schon Schwingen genannt, sondern die Baurhythmik der Nervenführung andeutend). Diese Kräfte müssen zu Tagverkündern gemacht werden. Die Kraft dazu ist abgebildet im Erringen der von Loki verborgenen Waffe, dem *Häwatein* (oder Läwatein), dem „mächtigen Schwert". Im Bilde gesagt: der „Zweig" des Weltbaums, der „Schaden bringt" allem Falschen. Gewinn oder Schmieden des Schwerts ist Bild für die Raffung und Meisterung der Triebkräfte. Man kann so die Waberlohe durchdringen, die lodernden Triebkräfte, die Loki zum Epochenbrand entfacht, wenn man *ihm* folgt, die aber leuchtende

Erkenntniskräfte und Handlungsmacht werden, wenn man es will.

Das in sich verwobene Bild des Prüfungsweges hin zur Kraft der Taghelle erinnert an die Struktur der in sich verwobenen Kräfteströmungen der Ornamentik der Germanen und Kelten. Das Szenarium des Fjölfswinn-Lieds läßt die erdgetragene Kraft spüren, sich doch im geistigen Raum schwebend zu bewegen, vor Freyas Burg Folkwang, der großräumigen Burg im Gestirnsbereich der Asenburgen. Dort wird der Wille zum Erkennenslicht als Ichwertkraft wirksam aus Svipdagr, der auch „Thursenführer" heißt, das heißt, der aus Ymirs Urkraft handelnd, bloße Triebnatur zum freien Denken, zum Licht des Menschendenkens weiterführen will. Das ist sein Ziel. Sein Inspirator, Aurwandil, wurde auch Bogenschütze genannt, der Zielende. *Denken* ist auch Zielen. Seine Wirkung ist Licht.

Abb. 9: Altnordisches Bronzepferd. Gefunden 1891 in einem Moore in Dänemark.

Mit der Bildlehrgeschichte von *Wölundur* (in der deutschen Fassung = Wieland) ist das *Wollen* im besonderen angerufen, der Wille zur sinnhaft gezielten Tat, der Wille als Aktion des Menschen zum Ergreifen und Umwandeln der Erdsubstanzen, ihr Aufschließen bis in die Hintergründe ihres Seins. In allen Kulturen war „der Schmied" als Symbol dieser unausweichlich gefühlten, aber gefährlichen Aufgabe des Menschen eine in kultischem Abstand geehrte Gestalt. Gefahr droht, aber man muß sie meistern. Die straffe Fassung des Edda-Liedes zeigt den Kern der Forderung, die aus der Odin-Epoche gegeben wurde. Die weiter ausgeführte Fassung der deutschen Wie-

61

land-Sage zeigt die innere Weiterarbeit in der Widar-Epoche. Das Wölundur-Lied (=Volumdarkvida, Thule Bd.1, Nr.1) gibt sofort die Bedingung des Wollens an: die Verbindung des Menschen mit der Schwanenjungfrau, der Walküre, dem wahren Selbst. Der Schwan, der freie, breitflüglige, hoch und weithin fliegende Wildschwan war immer

Abb. 10: Vorderseite des Altars von S. Piedro zu Toscanella. 1. Hälfte des 8. Jahrhunderts, langobardisch.

das Bild für die geistige Seele des Menschen, das galt in den Veden wie in den Märchen und bei den Griechen. Das Lied beginnt: „Mädchen von Süden durch den Myrkwid flogen,/ die Schwanenjungfrauen, Schlacht zu wecken./ Zu säumen am Seestrand saßen sie nieder,/ des Südens Kinder, spannen köstliches Linnen." Der Myrkwid ist „der dunkle Wald". Er breitet sich bis ins heiße Südgebiet der Vitalkräfte. Daß die Schicksalsmädchen Linnen spinnen, Schicksalsgewebe, ist ihnen zugehörig, ist der andere Aspekt zu dem, daß sie die Seelen der kämpfenden Menschen aufnehmen ins Walhall der Götter. Nun sind die Mädchen zum Erdgespräch zur Rast. Sie verbinden sich mit den drei Brüdern: Egil, Slagfider, Wölund. Menschsein vollzieht sich in der Dreiheit, und wenn man einen Ansatz herausleuchten will, so muß man doch die anderen beiden wissen, nennen.

Die Verbindung mit den geistigen Wesenskräften dauerte, so wird gesagt, sieben Jahre, der organische Rhythmus von Werdestufen und Formerneuerung. Im achten Jahr beginnt die Lösung, im neunten Jahr entfernen sich die Walküren in den Geistbereich, lassen die Brüder im Zustand des Suchens nach einem Wiederfinden auf höherer, selbsterarbeiteter Stufe. Es beginnen die Jahre der Prüfungswanderschaft, wie sie in den Märchen von den Prinzen oder Prinzessinnen, von dem oder der Jüngsten gefordert werden. Die Wertigkeit der Zahl Sieben, als dynamis, als Werdekraft gesehen, war für Pythagoras und die Griechen in Delphi benannt als der Moment des „kairós", der Entscheidung für die neue, die nächste Stufe. Es ist die Stufe vor der Harmonie der Oktave, mit der Sieben setzt schon der nächste Anstieg an. Es kommt darauf an, diesen Moment, den kairós, zu ergreifen. So beginnen die drei Brüder ihre Suche.

Die drei Brüder heißen Egil, Slagfider, Wölund. Egil ist „der Bogenschütze", er ist also wie Aurwandil, „der scharf Zielende", und manche Traditionen brachten Egil und Örvandil in eines zusammen. Man kann das Gemeinte erkennen; denn im Wölundlied wird von Egil gesagt, daß er auf der Suche nach der Schwanjungfrau „ostwärts", in Richtung des Sonnenaufgangs ging. Was er erlebt und wirkt, bleibt hier offen. Da er das Element des Denkens im Menschen andeutet, ist hier die Aufgabe des Svipdagr angedeutet, zum Befragen und Bewohnen der Asenburgen. Der Bruder Slagfider übt das Fühlen, es in der Kunst, der Musik, der Wortaussage der Dichtung zum Vermittler zwischen Denken und Wollen machend, zum Harmonisierer also. Dem entspricht, daß in der deutschen Fassung der Wielandsage dieser Bruder Helferich genannt wird und als Arzt, als Heiler, als Ordner der Extreme im rhythmischen Harmonisieren wirkt. So kannten auch die Griechen den Arztgott Asklepios als „Sohn" des Apollon. Slagfider zieht, die Schwanjungfrau suchend, „südwärts", die Wärmekräfte heranholend. Es ist anzunehmen, daß im Edda-Lied diese Richtungen nicht zufällig genannt sind. Man hatte in jenen Jahrhunderten bis ins Mittelalter hinein noch differenziertere Wahrnehmungsfähigkeiten für die Umwelt.

„Doch einsam saß Wölund im Wolfstal." Er blieb im Zentrum der erlebten Begegnung, fragte nach innen, in den Kraftpunkt des Willens hineinhorchend. Er war der Schmied, der das Erz und das Gold aus der Erde gewann, kannte und formte. Er formte Goldringe, harmonische Rundungen, in Gedanken an die entfernte Walküre. „Das hörte Nidud, der Njarenkönig", der Verwalter des Gebiets hörte vom Gold und seinem Schmied. Als Wölund aus dem Wald von der Bärenjagd kam, fehlte von den 7x100 Ringen einer. Die Späher des Nidud hatten ihn mitgenommen. Wölund aber hoffte, es sei die Walküre heimgekehrt. Im Schlaf überfielen ihn die Königsleute, fesselten ihn. Man warf ihm vor, er habe das Gold aus dem Königsvorrat gestohlen; denn im Wolfstal gibt es nicht so viel Gold. Wölund sagte die Wahrheit: es sei anderes Gold, aus anderen Gebieten. Es ging nicht um Schatzhäufung in Formen von 7x100 Ringen, sondern um Gestaltübung des Wollens.

Hier klingt ein zentrales Element dieser Menschengruppe auf. Es ging in den Bildern nie um kalte Gold- und Machtgier. Diese, wenn sie überwog, wurde schnell gelöscht, als Frodi die Kräfte der „Mühle" mißbrauchen wollte. Es geht im Kern um die Meisterung der aus der Sonne gewirkten Erdenkräfte, dieser großen Außenwelt, die man so stark erlebte: Meisterung aus dem Ich heraus. Um dieses innerste Willenszentrum in seiner unegoistischen Leuchtsubstanz ging es, als Wölund die Walküre suchte. Aber ohne Auseinandersetzung mit der harten Begehrlichkeit des Genußtriebes, der Goldgier, läßt sich das nicht vollenden. So begegnet hier der Nidud, oder Nidung, der von Neid Besessene. Auf Rat seiner Frau, seiner ungeläuterten Seele also, läßt er Wölund die Kniesehnen durchschneiden und fesselt ihn so an die Werkstatt, in der er schmieden muß. Auch das selbstgeschmiedete Schwert nahm Nidud an sich. Aber aus Vogelfedern formte sich Wölund die Flügel seiner Flucht, die Kraft des Egil, des Schützen in sich selbst übend. Er zwang Nidud zum Opfer, also zum Erkennen: Er löschte die beiden Söhne aus dem äußeren Leben und formte aus ihren Hirnschalen vergoldete Trinkbecher für Nidud. Das Bild ist hart, aber alt und also Aussagebild.

Es war eine höhere Einweihungsstufe in den alten Übungsstätten, den Mysterien, soweit zu kommen, daß man den Körper als Instrument des Geistes erkennt, den man ablegt und annimmt im Wechsel der Inkarnationen, und den man lernen muß zu meistern. Dafür galt die Übung, die himmelsrunde Hirnschale nun als Trinkschale im Leben zu wissen. (Rudolf Steiner wies darauf hin, in „Die Tempellegende" Berlin 30.9. 1904.) Alte Bildersprachen sind nie sentimental, sondern objektiv zu fassen. Aus der geistigen Grundanlage im Menschen, hier auch in Nidud, löst Wölund die Fähigkeit zum Weg zur Walküre heraus. Im Bild heißt es, er zwingt Niduds Tochter Bödwild an sich heran und zeugt in ihr den Sohn. Während er mit seinen selbstgeschaffenen Flügeln überm Schloß schwebt, verpflichtet er im Ruf aus der Höhe Nidud, diesen Sohn zu achten und zu hüten. Nidud schwört es. Die deutsche Fassung führt das Bild weiter aus. Sie sagt, Bödwild wäre durch viele Gefahren hin dem Wölund gefolgt, und der Sohn, *Wittich,* sei einer der Mitkämpfer des Dietrich von Bern geworden, ein noch verführbarer Kämpfer auf einer weiteren Stufe des Walkürenweges. Davon wird noch berichtet werden. Das knappe Edda-Bild ist stärker im Anruf. Der Weg des Sohnes aus der Nidud-Tochter bleibt offen, aber frei von der alten Nidud-Bedrohung. Sieht man Aufgabeerkenntnis, Bedrohung in der Versuchung, Opferung des engen Ego und Zukunftsansatz nun zusammen in einem Menschen, so kann man sich selbst sehen. Sieht man Wölund als Lehrer und den Nidud-Menschen als Schüler, so kommt man an die Situation der Odin-Epoche richtig heran. Hier wurde eine Aufgabenstellung gezeigt. Sie geht aus von Odin, da ihm die Walküren verpflichtet sind. In der deutschen Fassung wird das Herkunftsthema mehr ausgespielt, etwas zu viel, aber doch auch das Zentrale des Themas betonend: der Vater der drei Brüder, der riesige *Wate,* aus Elementarkraft eines Wasserwesens impulsiert, rief ebenso die Söhne ins Leben, die sich dann mit den Walküren verbanden. Der Vater, so heißt es, hat zwölf Höfe. Es wird Wieland sein, der diese zwölf Höfe wieder gewinnt. Es ist ein Jahreskreis herangeholt in der Zwölfheit und der Sternkreis der zwölf Asenburgen. Aus dieser kosmischen Ganzheit heraus wirkt Wölund-Wieland und leidet seinen Weg als Lehrer der Erdmeisterung durch.

Es ist deutlich, daß die Bilder in Erzählung umgesetzte Vorgänge einer Einweihungslehre waren, Einweihung in die Möglichkeit des Menschen, Meister im Ich und Meisterer der Umweltkräfte zu werden ohne egoistischen Mißbrauch der Kräfte. In der deutschen Fassung wurde etwas mehr der Aspekt der Erdkräfte, die Fähigkeit des Erzschmiedens in der Lehre der Zwerge, der Elementarwesen des Gesteins, betont. In der Edda-Fassung ist mehr die Sicht auf die geistigere Darstellung des Erdseins, auf Umgang mit der strahlenden Sonnenkraft des Goldes betont. Immer ist der Wille des Menschen angerufen, zu maßvollem Handeln, Tun, Gestalten.

Das *Durchfühlen* des Menschenlebens, seiner Spannung zwischen Geist und Trieb, wurde aus der Odin-Epoche im Lehrbild der Geschichte des *Sigurd* gezeigt. Hier ist ganz stark die Beziehung zum Anruf des Odin gegeben in der Skizze der Wölsungenherkunft des Sigurd und in der Verbindung zu der Walküre, die in die Erdverbindung hineinsteigen muß. Wie stark diese harte Geschichte von Geistnähe, Verrat und Sühne den germanischen Menschengruppen verbunden war, läßt sich daran ablesen, daß noch im 13.Jahrhundert die Stabkirchen rings in Skandinavien immer wieder in den tragenden Türpfosten reliefiert den Ablauf der Sigurd-Geschichte zeigten. Man empfand diese Bildlehre als ganz intensiv aus Odins Bereich gegeben. Es ist wahrscheinlich und aus den Gewohnheiten jener Jahrtausende einleuchtend, daß in den Zentralstätten der Erziehung der Odinspriester die Zwölfheit der Lehrpriester mit dem Rangnamen Sigurd geleitet wurde. Denn im Sigurd-Weg war das Gelenk zwischen Odins und Widars Epoche als Bild, als Lehrbild gegeben.

Das „Gelenk", oder anders gefaßt, der Sprung ins Freie, ins Ungewisse. Das höhere Ich oder die dem Geist zugewendete Seelenanteiligkeit, die Walküre, ist als Walküre noch ganz Instrument der göttlichen Führung, der Schicksale. Sie holt die „Einzelkämpfer" ihrem Schicksal gemäß hierher und dorthin: sie vollzieht Schicksal auf dem Tatenfeld, dem Götterwillen gemäß. Doch sie reift auch, sie schaltet sich ein („Brynhild fügt ein anderes Urteil, als Odin ihr auftrug"). Der Moment ist reif, dieses geistige Ich muß nun in die

Erdverbindung hineingenommen werden. Sigurd leistet diese Wendung, wird Lehrbild für die Nachwachsenden.

Die Bildsprache der germanischen Menschengruppen war von ihrer Struktur her ganz durchzogen mit dem Bewußtsein des Zeitenwechsels, des Werdens. Das Motto, daß etwas so lange besteht, „bis die Götter vergehen", besser, bis ihre Herrschaft, ihre Anleitungszeit vergeht, wird in allen Schilderungen wiederholt. Die Anleitung dieser Geistwesen mußte also darauf hinzielen, den Menschen zum verantwortenden Leiter der Erde sich entfalten zu lassen. Im Bild heißt das im Sigurdbereich, daß Odin sein Schwert, seine Entscheidungskraft in den das Lebenshaus des Sigmund – Vater des Sigurd – tragenden Baum stößt und es dem überläßt, der stark genug ist, es selbst zu meistern. Das geschieht wie alles lebendige Werden stufenweise. Als Sigmund mit diesem Schwert in einen Klärungskampf tritt, ist es Odin, der ihm das Schwert zerbricht, ihm den Übergang in die Seelenwelt, den Tod vorschreibend. Aber es ist der Sohn Sigurd, der es lernt, die zwei Teile des Schwertes zusammenzuschmieden. Und er gewinnt den Zugang zum höheren Selbst, zur Walküre, indem er durch den Flammenring der Triebsphäre frei gehen kann. Diese „Walküre" aber, hier Brynhild genannt (=die in der Brünne der Götterkräfte für diese Ordnung kämpft), sie hat eine Entscheidung über Tod und Leben gegen Odins Rat gefällt, damit die neue Stufe den Jüngeren gegen den Älteren weiterwirken läßt. Aber die Walküre ist mit Sigurd eines. Odin bestätigt das, indem er Brynhild dem eigenwollenden Menschensein Sigurd übergibt. Sigurd-Brynhild treten allein in die Verantwortung auf der Erde ein, für die sie in der Odin-Epoche vorbereitet wurden. Der Anruf und die Übung des „Ich" durch den Yggr, der sich wissend durchtränkte mit dem differenzierten Sein des Weltbaums Yggdrasil, hat die Menschen vorbereitet. Sie müssen den harten Weg nachvollziehen.

Zwischen Erkennen und Handeln steht die Läuterung des Triebwesens, der Gefühlssphäre, steht Schmerz und Geduld der Schrittfolge. Hier erst ist „der furchtlose einzelne" (so nannte Richard Wagner den Siegfried) gesichert zum rechten Tun. In der Bhagavadgita, dem „Gesang des Erhabenen", des Krishna, wird vom Veden-Standpunkt des frühen Hinduismus eine Anleitung gegeben, die ähnlich zielt, nur psychologisch anders geführt wird. Da lernt Ardschuna, der Held, der Kampfwagenbesitzer, von Krishna dem Wagenführer den Weg aus „Erkennen und Tun", der durch Yoga führt, durch das „Joch", das Leib und Geist zusammen meistert. „Zwei Standpunkte sind in der Welt,/ zum Heil führt ein zweifacher Pfad:/ das Sankhya lehrt Erkenntnis dich,/ der Yoga unverdross'ne Tat" (3. Gesang, Übers. R. Boxseeger). Sankhya ist Vernunft, Überlegung, Reflexion, mit der die Prinzipien erkannt werden können. Yoga ist Meisterung der egoistisch strebenden Triebe. Was aber hier als ein abstrahierender Lehrsatz steht, den Ardschuna in seinem Handeln nacherleben soll – als ein Lehrsatz allerdings, den ein Gott wie Krishna gab, der in seiner Atmosphäre dem Widar entspricht: Diese Lehre als Anruf des Odin muß von Sigurd ganz und gar in eigene Schicksalsprüfung genommen werden. Es wird zur Erfahrung im und durch das Ich der Einzelperson.

Diese europäischen Menschengruppen empfanden das harte Notwendige in einer solchen Identifizierung von Ich und Aufgabe. Im Bericht von „Gripirs Weissagung" (Thule Bd.1, Nr.18) reitet Sigurd zu seinem hellseherisch vorausschauenden Oheim, zu Gripir, und hört mit Erschütterung seinen Weg Schritt für Schritt geschildert. Verraten werde ich sie, der ich mich verband? fragt er, als Gripir von Brynhild und Gunnars Schwester berichtet, um deretwillen er Brynhild verrät. Aber Gripir, also die skandinavischen Skalden des 13.Jahrhunders n.Chr., sprachen von der unentrinnbaren Notwendigkeit, durch die er, Sigurd, trotzdem als Held im Bewußtsein der zuschauenden Nachwelt bleibe. Er, der von Brynhild lernte, die Runen zu lesen – die Zusammenhänge zu durchschauen – und Heilkunst zu üben, der das Eisen schmiedet und den Drachen besiegt, fällt in den Verrat, der aus der Triebsphäre angefeuert wird. Er muß das, um zu erkennen, was in der Welt wirkt. Er muß aber sühnen mit seinem Leben. Erst dann, in der Geistwelt, gewinnt er die Einheit mit Brynhild, dem höheren Selbst wieder: Das Bild sagte, sie sei zu ihm auf den Scheiterhaufen gesprungen mit ihrem Pferd. Der Verrat wird gesühnt, erkannt, in die Möglichkeit einer erhöhten Stufe der Wiederkehr gegeben. Die Sigurdlehre ist eben ein Zentrales des Ragnarök: Ohne den Durchgang durch das Feuer ist keine Widarzeit, kein Neuansatz möglich. Diese Erkenntnis zu verarbeiten, ist Leistung der nächsten Epoche in Europa, in der das Nibelungenepos geformt wird, befragt und beantwortet.

Ragnarök wirkt:
Wanderung, Begegnung, Austausch

Der Aufbruch geschah im Zustand der Ragnarök. Lösung vom Boden, Zug in die Ferne, Fremde, Kämpfe und Gespräche. Die alten Götter waren nicht mehr da, man hörte sie nur noch undeutlich. Wo waren sie? Die neuen Götter – Widars Götter – waren noch nicht da. Wie würden sie sprechen, wohin würden sie weisen? Man war so lange Zeit hindurch gerufen worden, angerufen, geübt in eigener Antwort, und nun – wohin führte das? Wendezeit einer Reifestufe vibriert lange.

Viele Kämpfe triebhafter Gewalten werden ausgetragen, um so intensiver ist auch die Wahrnehmung der Forderungen, die aus dem Neuen kommen. Sentimental kann auch das Christentum nicht sein, das herankommt.

Es muß hier gesagt werden, daß in diesem Durchblick durch die Rhythmik der Geschichte eine Verkürzung, eine Raffung nötig ist, um die innere Linie erlebbar, erkennbar zu machen. Das gehört zu der „symptomatologischen Geschichtsbetrachtung", von der Rudolf Steiner sprach, die eine gewisse imaginative Beweglichkeit des Denkens, Mitdenkens fordert, aber dadurch das Ganze in seiner Konsequenz erst sichtbar macht.

Wenn man in einem Wechsel Ragnarök, Aufbauzeit als Widarzeit, wieder Ragnarök und Aufbau die mitteleuropäische Geschichte skizziert, so ist das kein Dogma, sondern ein Denkanstoß, ein Aspekt. Es ist klar, daß die Mythologie einer Menschengruppe (aus Weltschöpfung, Götterführung, Heldenwegen) zur psychologischen Grundstruktur dieser Menschen parallel ist und auch ihre Aufgabenstellung im Menschheitsganzen andeuten kann für den, der genau fragt und horcht.

Der Übergang in die neue, eine erste „Widar-Epoche" geschieht langsam. Auch Ragnarök ist ein Prozeß. Ein paar Jahrhunderte voller Begegnungen und Krisen bringen dem fragenden freigesetzten Ich die Antwortmöglichkeit: durch die Begegnung mit den älteren Kulturen, die selbst in ihrem Ausklingen waren, aber ihre erlebten Erkenntnisse weiterzugeben hatten. Menschwerden ist ein geistiger Prozeß. In ihm verändert der Mensch sich selbst und seine Umwelt, er entfaltet sich und die Lebensformen. Heute können wir nach einer langher ausgebauten Geschichtsforschung, Archäologie, Quellenkenntnis, den Weg in konkreten Zeugnissen übersehen, wie er bis zur Zeit der germanischen Begegnungen mit der Umwelt führte. Diese Völker konnten damals diese Stufen nicht von außen anschauen (in dem „musée imaginaire", dem Bilderhaus, das uns heute zur Verfügung steht). Aber alle früheren Erfahrungen waren immanent in dem, was sie in Europa als Nachfolger Roms aufnahmen. Es steckten die enormen Erfahrungen und Selbstverwandlungen darin, die wir anschauen können: von der „Herrin der Tiere" im alten Sumer um 2700 v.Chr., die sternumweht Schlangen und Löwen bändigt, bis zur Tierherrin in der souveränen Disziplin von Kreta um 1600 v.Chr., tausend Jahre später; bis zu den Koren am Erechtheion in Athen, jungen Bürgertöchtern, die als Priesterschülerinnen der Artemis, der Tierherrin und -pflegerin, Schwesterkraft des Apollon, einige Jahre lang gelehrt wurden. Neben den Koren die Jünglinge, nackte Reiter mit der Disziplin der Pferde eine Einheit geworden. Auch dies wieder tausend Jahre später.

Weitere tausend Jahre danach die Madonna mit dem Jesusknaben, beide in strenger Haltung großäugig, souverän, weltverantwortend, wie man es in der unteren Kirche von San Clemente in Rom, oberhalb der Quelle des Mithrasheiligtums im Kirchengrund, erleben kann. Das ist die Zeit, in der die germanischen Gruppen die Auflösung alter Sozialformen in ihrem Ragnarök erleben und die Widar-Frage nach dem neuen Ansatz in sich tragen. Die Bilderfolge sahen sie damals nicht. Der Erlebnishintergrund aber war verarbeitet da. Die Griechen hatten die sumerischen und ägyptischen Erfahrungen aufgenommen, die Römer Griechisches, in beides sprach das Christentum.

Die Römer hatten längst alle Götter der beherrschten Länder in ein großes „Pantheon" aufgenommen, und da diese Götter als gruppenführende Lehrmeister ihre Wirkzeit erfüllt hatten, konnte der Christus als übergreifender Leiter zu einer neuen Erkenntnisstufe führen. Den gesamten gedanklichen Extrakt aller Stufen und ihre Lebensformen hatten die germanisch-keltischen Menschen mit ihrem eigenen Sein nun zu erwerben und zu neuen Stufen weiterzuentwickeln. Die Aufgaben der ersten Widar-Stufe lassen sich in der Unruhe des ersten Ragnarök ahnen.

Ein Werde-Abschnitt war in diesen Gebieten abgeschlossen, die Grundlehren gegeben, die Einübung unter der Leitung der Götter vielfach getan. Es waren die Lehre vom Wort, Raffung von Trieb und Gedanke in der Konturierung der Sprache, ihrer Rhythmik, ihrer Farbigkeit, in der die Kraft fühlender Weltwahrnehmung wirkt. Von hier aus entstand später – mit dem Hilfsmittel der von den verwandten wortbezogenen Griechen erarbeiteten Logik – der Fächer der abendländischen Philosophie, die für jede Wissenschaft Übung und Impulsator wurde. Es war Odins Lehre. Sie war immer begleitet: von dem Herrn des Rechts, *Forseti;* von dem Lehrer der Sozialgemeinschaft aller individuellen Ichheiten, *Thor;* von der wachen Lebensmeisterung durch *Freya* und *Freyr.* Odins Lehre über allem wurde eingeübt von *Bragi* dem Sänger und von *Balder,* der die geistig-moralischen Strukturen unbeirrbar wahrzunehmen lehrte. Nun war der einzelne ins Freie gestellt, mit den drei Lehrbildern von Wollen-Fühlen-Denken, von Wölundur-Sigurd-Svipdagr im Fragebewußtsein sich in der Welt umzusehen. Die wogende Bewegung der Verwandlung begann: die *„Völkerwanderung"* kernte das Europa der Zukunft. Die starken dynamischen Gefühlskräfte dieser Menschen waren das Wahrnehmungsorgan für Lebenszusammenhänge. Gefühl ist Basis jeder richtigen Erkenntnis, wenn es gemeistert ist: wie Odin im Baum, Thor im Kampf gegen die wuchernden Gewalten, Freyas Schüler Svipdagr im Durchschreiten der Feuerlohe um die Lebensburg es zeigen.

Im Vorgang der Völkerwanderung zeigte sich von 300 bis 700 n. Chr. die Ablösung von der alten Lehrzeit als das Wirken eines Ragnarök. Die Gruppen, die in Skandinavien und zwischen Rhein und Weichsel gesessen hatten, gerieten ins Fluten, das römische Gallien mitbewegend, das keltische England mit den germanischen Angeln und Sachsen durchprägend, das iberische Spanien westgotisch mitprägend, das nördliche Italien mit den Langobarden durchsetzend, Schwarzes Meer und Nordafrika erfassend. Man begegnete dem Denken Athens, den Willensimpulsen Roms, dem Gefühlsanruf des Christentums. Breitgefächertes strenges Denktraining, willenshafte Sozialformprägung, Rückbezug auf die übergreifende kosmische Gefühlsaussage ergab das Urbild, die Idee des später so benannten „Heiligen Römischen Reiches Deutscher Nation", das im Prinzip von 800 bis 1806 seinen unverkennbaren Akzent setzte. Europa und seine Ausstrahlungskraft rings um die Erde ist nicht ohne diese immer schwankende Idee einer geistigen Einheit zu verstehen. Von Egoismen aller Art bedroht, war sie doch Werdehilfe, eine Gabe der ersten Widar-Epoche.

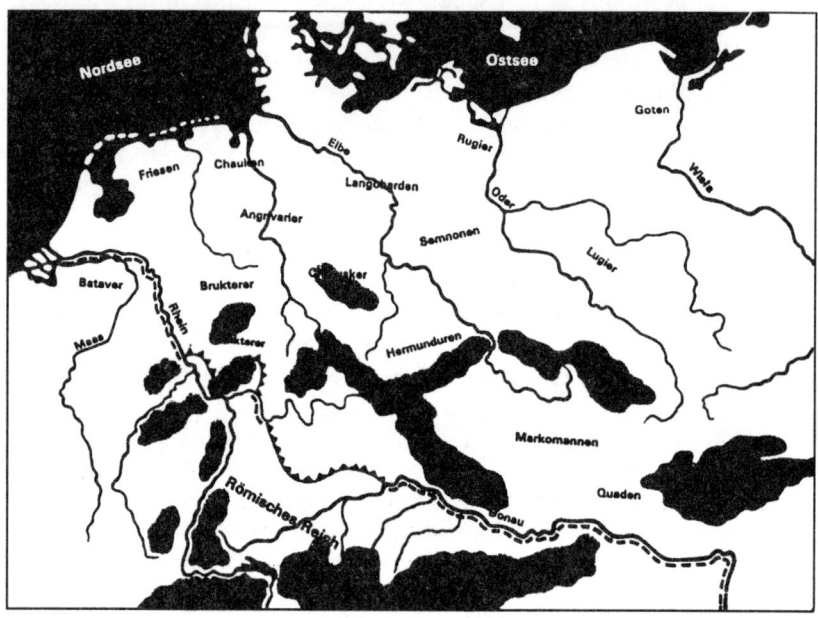

Abb. 11: Wohnsitze der germanischen Stämme.

Man muß sich das etwas konkretisieren. Die Bewegungen gehen aus dem Raum Skandinavien und Europa von der Weichsel an nach Süden und Westen. Die Bewegungen geschahen nicht aus Raumnot (der Raum Schlesiens blieb nach der Abwanderung germanischer Stämme lange leer, bis die polnischen Fürsten der Piasten ihn ergriffen und um 1200 die Deutschen zur Urbarmachung und Besiedlung holten), sondern aus der Unruhe des Fragewillens und motiviert durch die Nachrichten von fern her ziehenden Mongolen. Aus diesen ost- und nordeuropäischen Räumen kommend, gründen die Burgunder zwischen 443 und 534 ihr Reich am Rhein. Die Vandalen (aus Osteuropas Schlesien kommend), Alanen, Sueben sind um 400 in Gallien zu finden, später weiter bis Afrika greifend. Die Langobarden aus Skandinavien haben um 400 bis 568 ihr Reich in Norditalien zu einem Kulturzentrum entwickelt. Noch heute betonen viele Norditaliener, daß sie nicht „romani" seien, sondern von langobardischem Ursprung. Die Ostgoten sind 378 in Byzanz und am Schwarzen Meer zu finden für langwirkende Zeit. Die Westgoten sind von 460 bis 711 in Spanien Kulturpräger, bis die Araber sie ausschalten respektive überlagern.

Es formt sich die keltisch-alemannische Prägung der Schweiz, in der die Bauern noch bis heute in Sturmnächten die mit Odin-Wuotan reisend waltenden Seelen im Luftraum wahrnehmen. Der ganze Bereich ist wie Wellenwogen im Hin und Her, um erst allmählich feste Individualitäten sich gewöhnen zu lassen. Die Angeln und Sachsen ziehen im 5.Jahrhundert vom Kontinent nach England und formen in Mischung und Spannung mit Kelten und Ureinwohnern Britannien. In ganz Europa war eine Urbevölkerung vorhanden. Wir kennen ihre Wohnplätze, kennen die Pfahlbauten an den Ufern des Bodensees, die bis ins 5.Jahrtausend v.Chr. zurückreichen. Darüber hin ziehen die Kelten- und Germanenstämme. Beide sind dynamisch, die Kelten zugleich bewußtseinsbildend unter der Leitung ihrer Druiden (=die Wissenden), die Germanen vor allem staatsbildend. Eine seßhaft ihr Leben führende Urbevölkerung wird mit diesen beiden integriert.

Die zentrale Zielung der keltischen Mythen ist der stete, aber metamorphosische Kampf zwischen Licht und Dunkel, Gut und Böse. Es kämpft Lugh der Lichte mit den Dunkelkräften, verwandelt sie. Das vollzieht sich im Walten des Wasserherrn und des Taranis, der als „Donnerherr" die allgemeine Astralität im kosmischen Gesamt aufnehmend und lehrend ist. Dazu gibt Ogmios den Menschen die Leitung durch die Zunge, durch das Wort, zum Wortgebrauch führend. Man kann den Austausch der Lehren orten in dem „Hellweg" genannten Verbindungsweg der Externsteine zum Druidenzentrum in Chartres bei Paris. Dem aktivistisch formkräftigen germanischen Typ ist der spirituell besinnende keltische Typ verbunden. Er durchzieht mit dem Parzivalwissen die Jahrhunderte Europas. Das wirkt schon deutlich, seit um 600 König Artus „mit der weißen Seele" (seiner Frau „Ginevra") und die Tafelrunde der zwölf Ritter in Wales (Südengland) die ausberstenden Personalitätskämpfe in Europa beobachtet und seine Ritter da und dort als friedenstiftende Ordnungskräfte eingreifen läßt. Wir kennen durch neue Forschungen unter der mittelalterlichen Schloßruine in Tintagel die alte Burg des Artus, die

Grabungen zeigten viele Zeugnisse von Gaben und Waren aus dem Mittelmeerraum. Die spirituellen Kontakte waren weit gespannt, um im Sinne des Friedens, des Lugh, der Lichtkraft, zu wirken in dieser Epoche der Völkerwanderung. Später, heißt es, wird Parzival am Artushof seine Lehre durchmachen.

Mit diesen beiden Gruppen, der keltischen und der germanischen, wird eine seßhafte Urbevölkerung integriert. Dann kamen dazu in den Raum westlich der Weichsel, aus dem die aktiven germanischen Gruppen fortzogen, die Slawenstämme, ihrerseits bedrängt von den aus Innerasien kommenden Hunnen. Diese sogenannten Westslawen siedelten bis nach Schleswig-Holstein und Oldenburg. Sie finden sich mit den zurückgebliebenen oder neu hinzukommenden Germanengruppen zurecht. Ob diese sogenannten Westslawen mit ihrer stark vokalischen Sprache wirklich Slawen sind oder andere indogermanische Sondergruppen, die eine Urbevölkerung mit umfassen, muß offengelassen werden. Sie brachten jedoch eine gewisse passive Schwere in die ostdeutsche Typik, die sich hier zu dem Keltentum anders nuanciert mischte. Sie gaben also eine spezielle Tönung der deutschen Gruppen. Als dann nach 900 die karolingische und ottonische Reichsbildung diesen Ostraum wieder ergreift, gibt es Kämpfe; aber zuletzt Übereinkunft und Vermischung der Gruppen. Zugleich formten um 862 die dynamischen Schweden (die Waräger) durch Rurik (=Hrövekr), dessen Nachkommen bis 1598 wirkten, das künftige Rußland aus den dortigen Slawen. Die großen Handelsstraßen führten über Nowgorod und Kiew (dem Sitz der ersten Großfürsten der Rus) nach Byzanz.

Das alles ist unruhig, aber nicht chaotisch. In eben denselben Jahrhunderten der Abgrenzung der Siedlungsräume geschieht auch die Fixierung der Rechte, die Kodifizierung, wie sie Kaiser Justinian in Rom um 529 im „Corpus Juris Civilis" durchführen ließ. So ließen die Langobarden, Burgunder, Westgoten, Bayern, Sachsen, Friesen, Thüringer ihre Stammesrechte festlegen: Rechtsordnungen freier Bauern, seit je so gewohnt.

Als freie an den unsichtbaren, aber nah gefühlten Gott gewohnt, Forseti-Vorsitzer, der als Dreizehnter über den zwölf Richtern waltete, erweiterte sich allmählich die Wahrnehmung ins Allgemeine. Der Ratgeber Karls des Großen, der Angelsachse Alkuin, schrieb: „Was meinst du, ist Gerechtigkeit anderes als die Liebe zu Gott und die Beachtung seiner Anweisungen?" In den Kapitularien, den Anweisungen, die Karl seinen Rechtsprüfern rings im Land mitgab, hieß es: „Wenn wir Christus und den Aposteln... nachfolgen wollen, müssen wir uns in vielen Dingen anders verhalten als bisher, müssen wir viele unserer Gebräuche und Gewohnheiten aufgeben und vieles tun, was wir bisher nicht getan haben." Das über die Gruppe hinaus denkende freie Personalitätsprinzip des Christus weitet den Blick. So zeigen die nun aufgeschriebenen Rechtsordnungen schon eine Überwindung der Gruppenhaftigkeit bloßer Sippenbindung. Sie zeigen zunehmend personales Recht, die Geltung des freien einzelnen, den die Lehre Odins eingeübt hatte.

Diese Formierung Europas bekommt ihre besondere Wertigkeit, wenn man sich bewußtmacht, was gleichzeitig vorgeht. In Arabien lebte von 570 bis 632 Mohammed, der Gründer einer fanatischen Totalitätslehre, die den Bestand der menschlichen Persönlichkeit absolut zurückweist. Die verantwortende, zur freien individuellen Entscheidung veranlagte Persönlichkeit, wie die germanischen und keltischen Gruppen und das frühe unverformte Christentum sie kennt und will als unsterbliche Wesenheit, wurde in der islamischen (Islam= Ergebung) Dogmatik und Philosophie radikal verneint. Die triebhafte Aktivität des Arabertums brach sofort nach Mohammeds Tod ins Weite aus. Schon 634 war Byzanz fast besiegt, Syrien und Ägypten wurden besetzt. 707 drangen die Araber zum Indus vor, und für Jahrhunderte wurde Indien fast islamisiert. Um 711 waren sie in Spanien, drangen über die Westgoten hinweg nach Frankreich. Dort erst konnte der Karolinger Karl Martell (Großvater Karls des Großen) sie 732 in der Schlacht von Tours und Poitiers besiegen und zurückdrängen. Sie blieben für Jahrhunderte im Süden Spaniens, gründeten 756 in Cordoba ein eigenes Kalifat (geistig-weltliche Hoheitsträgerschaft). Von dort aus gaben sie ihre griechisch vorgeformte Naturwissenschaft als Anregung an Europa ab. Aber nur durch die Formierung der germanisch-keltischen Staatsbildungen Europas war es möglich, diesen intellektuellen – von den Arabern aus dem Griechentum übernommenen und vereinseitigten – Lehrstoff und Impuls aufzunehmen, ohne das eigentliche Zukunftselement des Menschseins, die verantwortende geistige Persönlichkeit als unsterbliche Wesenheit zu verlieren. Das starke und genaue Denken der europäischen Scholastik-Philosophie und die breite Gefühlsübung der christlichen Durchbildung prägten den Freiraum des Menschen aus. Das Leitwort, das die Groa an Svipdagr mitgab, wurde gesichert: Wirf von der Schulter, was schlimm dich dünkt. Führe selber dich selbst. Diese Jahrhunderte des frühen, mittleren und hohen Mittelalters waren gar nicht „finster", sie waren voll von wachheitswilliger Dynamik, von Ansatz neuen Denkens und Erfahrung neuer Dimensionen des Fühlens.

Sicht auf Kern und Umfeld

Wenn man Ragnarök- und Widar-Zeiten unterscheiden will, um die Struktur der germanisch-deutschen Geschichte im Europa-Ganzen zu verstehen, muß man jeweils Epochenabläufe, Prozesse zusammenschauen. Man findet darin dann Kern und Umfeld, das Ausstrahlfeld des Kernanliegens der Zeitstufe. Das bedingt eine gewisse Breite der Darstellung, aber zugleich doch, weil man ja den strukturellen Ganzheitsprozeß erkennen will, eine Raffung. Bei der Auswahl der Akzente werden scheinbar gewisse Aspekte vergessen oder Schattenseiten nicht beachtet. Solche möglichen Einwände sind gewußt. Nur zeigt das genaue Befragen des ganzen Weges, daß in den kurz gerafften Aspekten eben die Konsequenz der ganzen Linie herausleuchtet. Die Dynamik des Anfangs erklärt die Umstände des Werdens.

Ist es Zufall, daß in diesem Sprachraum jemand im Zeitmoment der erreichten hellen Wachheit formulierte: „...und solang du das nicht hast,/ dieses Stirb und Werde,/ bist du nur ein trüber Gast/ auf der dunklen Erde?" Man muß dazu Goethes Farbenlehre befragen. Licht und Dunkelkräfte im Spiel und Kampf miteinander. Die Erdmaterie ist nicht lichtdurchlässig, ist „dunkel". Wer Licht noch nicht durch sich hindurch strahlen läßt, ist in einer Trübungsstufe, „ein trüber Gast": Aber hat er die Verwandlungskraft gewonnen, das Stirb und Werde, wird er selbst Licht. Es klingt dazu der andere Meditationsvers von Goethe auf, das: „...Läg nicht in uns des Gottes eigne Kraft,/ wie könnt uns Göttliches entzücken?"

Befragt man also diese Dynamik aus Ragnarök und Wirken des weit hinausschauenden Widar, so findet man nach der Unruhe der Fragesituation, der Epoche der Völkerwanderung, die erste Widar-Zeit. Kernphänomen ist aus der spezifisch geleisteten Begegnung mit dem Christentum der Aufbau Europas durch Karl den Großen, von dem die Epoche des Kaisertums langhin ausstrahlt. Man findet dann die Aussage der drei Epen, die die Erarbeitung einer neuen, wacheren Stufe des Menschseins ins Breite wirken. Von da im Umkreis, im Ausstrahlfeld, ist die genaue Denkarbeit der theologischen Philosophie und die neue Sprache der den Alltag ergreifenden Dichter – um und nach Walther von der Vogelweide – zu fassen. Kern und Umfeld in polarer Ergänzung als ein Außen und ein Innen. Die erste Widar-Zeit.

Gründung des nachrömischen Europa: Die erste Widar-Zeit

Zu leisten hatten die Menschen der germanisch-keltischen Gruppen die Begegnung mit den schon getanen Erarbeitungen des formativen Denkens. Das wirkte so weit, daß die aus genauer Astronomie seit Sumer und aus Beobachtung der Lebensrhythmen gefundenen Zahlordnungen in jede Wissensdarstellung und Kunstaussage eingearbeitet wurden. Auch die erste althochdeutsch gegebene Darstellung des Christus-Lebens, der „Heliand", ist zahlhaft gebaut, der römischen Tradition gemäß. Der Umgang mit diesen formativen Methoden, wie sie von allen Seiten an die neu sich bildenden germanischen Stämme herankamen, gab eine neue Seinsstufe, eine neue Innenerfahrung und Äußerungsfähigkeit. Man muß sich solche Einzelzüge vergegenwärtigen, um zu erkennen, daß eine „Widar-Stufe" ein umfassender Werdeprozeß sein muß, wenn sie gelingen soll. Nun wurden diese von anderen Seelenzuständen gemachten Erfahrungen übernommen und verarbeitet in die eigene Seelenhaltung, die stark gefühlshaft war, Gefühlswahrnehmungen machen konnte, aber den Willen zur wachen Ichheit, zur die Erde ergreifenden „Yggr-Kraft", in sich eingeboren hatte. Das Gären neuer Formmöglichkeiten läßt sich im äußeren Geschichtsfeld deutlich sehen.

Es geschieht lange ein Hin und Her von kleinen Stammesgruppen, Kampf um den Siedlungsraum, Kampf als Kräftemessen. Das ist die Zeit, in der von der „Tafelrunde des König Artus" berichtet wird, der im Süden Englands und Norden Frankreichs seine Ritter ausschickte, um Ordnung zu stiften, wo die Kampftriebe überwogen. In Frankreich hatte die Mischung aus römischen und gallisch-keltischen Menschen und frühesten christlichen Zentren die ersten Staatsgebilde unter der fränkischen Sippe der Merowinger um 430 n.Chr. ergeben, aber in vollem Umtrieb der Egoismen zugleich. Von da lösten sich als Verwalter („Hausmeier") der Fürsten die Karolinger. Aus dem rechtsrheinischen Stamm der Franken und aus dem Niederrheingebiet entstand die neue Idee. Als *Karl der Große* im Jahr 800 in Rom zum Kaiser gekrönt wurde, war er zwar Erbe einer Formel, aber es geschah ein ganz neuer Ansatz. Das europäische Gebiet nördlich des Mains vom Rhein in den Osten hinein war nie von den Römern besetzt und durchwirkt gewesen. Hier hatten die Schutzstämme um das zentrale Kult- und Lehrheiligtum der Externsteine im Teutoburger Wald die Römer zurückgeschoben. Es war ein geistiger Freiraum geblieben. Freie Gruppen ländlicher Siedlungen lebten hier, ohne Städte, ohne festen Staat, unter frei gewählten Fürsten, die so lange anerkannt blieben, als ihr Charisma, ihr „Heil" ausstrahlte. Bis ins zehnte

Jahrhundert hinein waren diese Gruppen von den Lehrbildern des Odin oder Wuotan, des Thor und der Freya, des Bragi und des Baldur durchwirkt. Karl der Große gründete an allen Orten seiner „Pfalzen", seiner Wanderquartiere und Verwaltungszentren, Schulen und Singchöre und forderte das auch von den Klöstern. Diese Stätten waren offen für alle Begabten des Umkreises. Er entwickelte die (von seinem Vater Pippin begründete) „karolingische Münzordnung" als Basis des wirtschaftlichen Gedeihens des Kontinents. Er gab allen Klöstern die Ordnungen für den Heilpflanzen- und Gemüseanbau, die dann ringsum sich auswirkten. Er ließ eine für das ganze europäische Gebiet einheitliche Schriftform schaffen, die sogenannte „karolingische". Zugleich sammelte er die alten Rechtstraditionen und die alten Lieder und Epen. Die Zerstörung der religiösen Tradition wurde erst von seinem Sohn, den die Kirche dann Ludwig den Frommen nannte, getan. Karl baute wach und das Vorhergegangene einbeziehend das europäische Reich auf, das von Norditalien bis nach Skandinavien und bis an den Atlantik reichte. Wie europäisch das überall gefühlt wurde und wirkte, läßt sich daran erkennen, daß in der Krönungskathedrale Frankreichs, St.-Denis in Paris, zu den noch heute dort aufbewahrten „Regalien" das bei jeder Königsweihe verwendete Zepter die

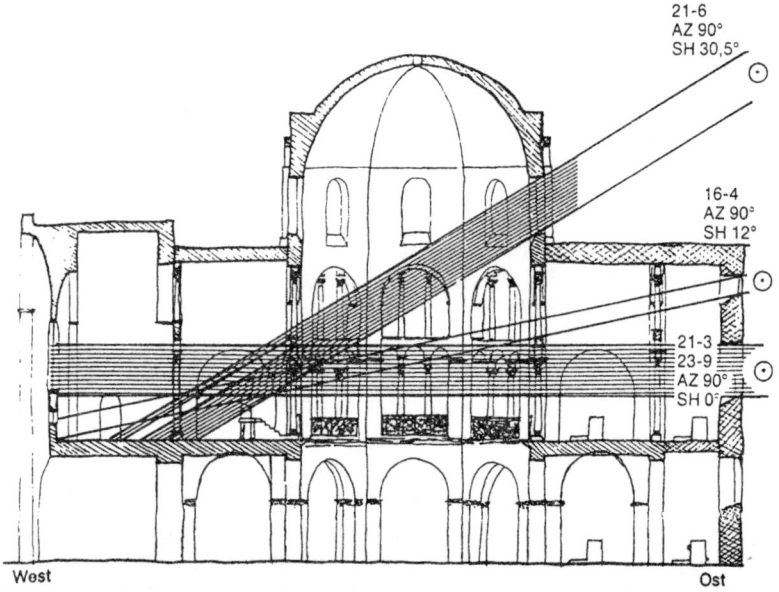

Abb. 12: Der Aachener Dom wurde in astronomischen Ordnungen gebaut. Vom Krönungsstuhl in der Oberkirche des Oktogons – auf dem nach und nach 34 Könige gekrönt wurden – konnte der Kaiser Karl an den Tag-und Nachtgleichen die ersten Strahlen der aufgehenden Sonne empfangen. – Das Fenster ist jetzt durch den gotischen Anbau verdeckt.

76

Geschichte Karls des Großen zeigt. Zum Zepter gehörten sein Schwert, seine Schachfiguren aus Elfenbein und das sogenannte Rolandshorn aus dem Befreiungskampf gegen den Islam. Noch um 1500 bewarben sich Könige von Frankreich und England um die Kaiserwürde.

Karl baute das Europareich zusammen mit den Hütern des west- und mitteleuropäischen Kultzentrums im Teutoburger Wald auf, die um die Externsteine siedelten. Den Enkeln Karls folgten sogleich die „sächsischen", das heißt westfälischen Könige und Kaiser, die Ottonen. Es waren Widukinds Erben. Sie erkannten gleich nach der heftigen, in der zwischen den Stämmen damals gewohnten wilden Weise geführten Auseinandersetzung die große neue Freiheit als Dimensionserweiterung im Denken und in der Herrschaftsformung, als „Europa"-Sicht.

Karl der Große (742–814) durchformte dieses Europa mit seinen drei Vettern, Söhnen des Bruders seines Vaters Pippin, mit Adalhard (782–826), Bernhar und Wala (773–836). *Wala,* seine stärkste Hilfe, war Sohn aus zweiter Ehe des Onkels mit einer sächsischen (=westfälischen) Adeligen des Widukind-Kreises. Alle drei Vettern waren am Hof Karls in dem geistigen intensiven Kreis um den Angelsachsen Alkuin (735–804) geprägt. Wala war, so wird berichtet, der Willensstarke, der mehr als alle anderen tat, „weil er mehr als alle anderen wollte. Hauptsächlich sein Wille war es, der als erster den allgemeinen Willen zur Durchführung dieses Unternehmens ins Leben rief." So formuliert der zeitgenössische Biograph, der die Gründung des für die nächsten Jahrhunderte zentralen Klosters Corvey beschrieb (zitiert bei Matthes). Wala wirkte dann verwaltend und formend in Karls Europa-Planung, von der dänischen Küste bis nach Sizilien, lange Zeit als Statthalter der Lombardei Norditaliens. Man muß diese Fakten heute klar sehen, weil in der Zeit des Nationalsozialismus die Sicht giftig verfälscht wurde. Im verengten Blick auf den Kampf Karls mit den widerstrebenden Sachsen (Westfalen) stempelte man Widukind zum Überhelden und Karl zum Bösen. Im zeitüblichen Kräftemessen zwischen dem Wirkwillen der Sachsen und der Franken gab es aber schnell das neue Miteinander. Schon Wala begann es. Der erste sächsische Ottonenkönig hatte eine Enkelin Widukinds zur Frau.

Karls Vater Pippin hatte sich vom Papst die Salbung als König gewonnen, indem er ihm den Bestand des Kirchenstaats sicherte. Die Organisationsfähigkeit der Römer hatte West- und Südeuropa vorbereitet, aber die Inhaltlichkeit des neuen Reiches war gegeben durch den geistigen Freiraum, in dem das schwebende Gebilde die Individualitäten zum Gesprächsraum Europa faßte. Als der in die Kultuslehre eingeweihte Fürst, der die Lehrzentrale hütenden Cherusker Arminius, in der Schlacht von 9 n.Chr. die Römer zurückdrängte, und Tacitus ihn dann den „liberator Germaniae", den Befreier Germaniens nannte, war die Bedingung für ein neues Europa geschaffen. Der geistige Atemraum war gesichert. „Asgard war über den Externsteinen", sagte Rudolf Steiner und meinte den Gesprächsraum zwischen Menschen und den leitenden Geistwesen, den Göttern. So konnte langsam mit Fühlen und Denken das Christentum wahrgenommen und das neue Gebilde Europa geformt werden.

Das alte Symbol der „Irminsul" erfuhr dabei eine Metamorphose, eine neue Stufe des Bewußtseins andeutend. Das Symbol gehörte zu dem geistigen Führungszentrum Mittel- und Westeuropas, dem Bereich der Externsteine. Hier hütete man die „Irmins Säule". In der Abbildung des keltischen Gottes Sucellus (siehe Abbildung 4) ist ihre Form zu sehen: es ist der geöffnet auseinandergebogene Wipfel des Weltbaums, in dem man den Polarstern als Zentrum der kreisenden Sphäre ruhen fühlte. Das Zeichen wurde später zum königlichen Symbol der stilisierten Lilie und bekam damit zugleich die Beziehung zu dem Symbol der Maria, der reinen weißen Lilie, mit der man den Erzengel Gabriel als Gast der Maria abbildete. Diese Irminsul wurde auf dem karolingischen Relief an den Externsteinen gesenkt gezeigt als ein Schemel, der es ermöglichte, den Leib des geopferten Gottes vom Kreuz zu nehmen. So steht auf dem Relief Josef von Arimathia, einer der Gralsbringer in Europa, auf der Irminsul. Diese Irminsul, der die kreisende Welt als Achse haltende Weltbaum, wie das im Übungszentrum der Externsteine gelehrt wurde, erfaßte nach dem Ragnarök eine neu konturierte Welt, ein neu konturiertes Europa. Odins Lehre war nie statisch, beharrend, sondern metamorphosisch, Verwandlung wollend.

In Südeuropa war schon längst solch Rückblick verstellt: Briefe zwischen italischen Bürgern wie zwischen Libanius und Theodosius um 388 n.Chr. (s. E. v. Lasaulx) beklagen die amtlich geförderte Zerstörung aller der Feldtempel, die für die Bauern tägliche Begegnung waren. Im nördlichen Europa blieb die Kontinuität, der gedankliche Übergang als Eigenprozeß länger gewahrt.

Hier prägt sich nun allmählich die deutliche Herausarbeitung des neuen Europa, seine Gliederung, aus: Die Teilung von Karl des Großen Gesamtreich geschah in ein nur kurz bestehendes Mittelreich, vor allem aber in Westen-Frankreich, dem von Franken gegründeten römisch-keltisch-fränkischen Staat, und Osten-Deutschland, das in Karls Tradition die Kernung des Kontinents gab, dem die germanisch-keltisch geprägte Insel Britannien vorgelagert ist. Dieser Osten der Deutschen umfaßte alle germanischen Stämme, durchsetzt mit den Kelten, wie im Westreich, und außerdem durchsetzt mit slawischem Element und mit einer Sprache, die nicht römisch-lateinisch beeinflußt war. Aus dem Ostreich, dem Mittelreich Europas, strahlte die Dynamik aus, das langobardische Norditalien mitumfassend, nachdem die Verarbeitung des geistigen Erbes der ichhaften Odin-Lehre geleistet war. Es entstanden im weiten karolingischen Reichsrahmen die Zentren der Durcharbeitung der Erdkräfte in Bodenbearbeitung, rodende Klöster, Schulen, Handel und Industrie, und in den geistigen Formungen der Bauten aus Romanik und Gotik der ganz individualisierten wachen Empfindung der religiösen Gedanken, der christlichen Tatbestände und Lehren.

Erfahrung des Christentums als Ich-Anruf

Der individuelle Prozeß dieser Widar-Epoche geschieht als ein Bewußtseinsprozeß, der von der Sprache, dem Wort, der disziplinierten und durchfühlten Aussage geleistet ist. Karl der Große hatte an seinem Hof (zentral in Aachen) die besten Lehrer der Zeit versammelt, aktive Geistige aller Stämme Europas. Sie leisteten die Übersetzungen und praktizierten die Anwendung griechischer Erarbeitungen: die Philosophie, die Mathematik, die Musik, die Sprachlehre und Psychologie des Sprechens (als „Rhetorik") und Darstellung der die Menschenwelt schaffenden und leitenden Geister, wie es die „Hierarchienlehre" des Dionysius Areopagita gezeichnet hatte und so mit griechischen und hebräischen Benennungen eine Götterordnung zeigte. Diese an sich objektive Rangordnung war den germanischen und keltischen Gruppen nicht gegensätzlich, nur durchlichteter. Alle diese neuen aus den vorangehenden Jahrtausenden des Südens ausgefilterten Wissensfakten wurden von diesem Zentrum Karls des Großen bewußt hinausgegeben durch die Hofschule in die Klöster und so in die breite Umgebung der Klosterschulen. Die Verarbeitung geschah rings im Land. So etwa in und um die Klöster vom Bodensee, St. Gallen und Reichenau. Sie waren gegründet von Iren und Schotten, wandernde Heimatlose, die die Einweihungsstufe der „Heimatlosigkeit" aus freiem Willen wählten. Dann übersetzte Notker der Stammler in St. Gallen christliche Lehren in kosmologische Sprache, noch in ein germanisch aufgelockertes Latein. Notker der Deutsche übersetzte Aristoteles und lateinische Autoren in ein dynamisches Althochdeutsch völlig neuer Prägung. Schon hundert Jahre vorher, um 830, entstand die altsächsische Darstellung des Evangeliums, der „Heliand" (Heiland, Heerführer) in einer gerafften, streng tönenden Kraft. Diese altsächsische Sprache war von den nach England gezogenen Angeln und Sachsen vorgeübt, wurde vom „Heliand"-Dichter stark und dynamisch fortentwickelt. Es war ein Theologe, von dem man sagte, er sei in Inspiration an seine Arbeit gegangen. Die hochdeutsche Übersetzung gibt nur einen Abglanz, aber sie läßt das Gewaltige ahnen (siehe Text Nr. 5).
Von dem Ringen mit der Sprache sagte um 1200 der Dichter des

Pilatus-Liedes etwas aus, was dem Ringen des Odin um das Wort gemäß ist:
„Man sagt von der deutschen Zunge/ sie sei nicht bezwungen,/ sei hart zu fügen./ Wer sie oft schlüge/ dem würde sie schmeidig/ wie Stahl zart und schneidig... Mit meinem Maße will ich ringen,/ bis weicheres und gewohntes Klingen/ meine deutsche Rede hat,/ sie ist mir noch viel zu matt./ Du Anbeginn und Ende/ deinen Geist mir sende zu meinem Beginnen./ Bleib mit mir darinnen/ bis ich heraus mag kommen,..." Der mittelhochdeutsche Text, den wir im Anhang bringen (Text Nr. 6), zeigt die Härte noch stärker, mit der hier gewirkt wurde. Die Methode der „kenninge", der umschreibenden Kennworte, die Snorri uns überlieferte, erläutert den Kampf: das beobachtende Umschreiten eines Faktums in seinen verschiedenen Bezogenheiten und Erscheinungsweisen. Gefordert sind Wahrnehmung und Gefühl, erreicht wird schon eine gewisse allgemeinbegriffliche Abstraktion, die aber nun erst durch die Begegnung mit den Ergebnissen des Südens instrumental gelernt wird. Da es zugleich der Fülle von Fühlen und Willen des frühen Christentums begegnete, gab es keinen Wesensbruch.

Das frühe Christentum kam von den irischen Mönchen, die ihre alte kosmologische Geistigkeit mitbrachten, und es kam von den Schriften der ersten Kirchenväter aus griechischer Denkschulung und der Lehre des Dionysius Areopagita als Lehre der Funktionsränge geistiger, in der Weltschöpfung wirkender Wesen, von den „Engeln" bis zu den Seraphim; also von den „Boten" (angeloi) zwischen Göttern und Menschen bis zu den „Geistfeuerwesen" kosmischer Dynamik (den „Seraphim"), von sechs Flügelpaaren umweht bewegt. Sogleich wird das neu Gehörte intensiv ins eigene Erleben genommen. Johannes Scotus Eriugena (810–877), der in Irland geborene Schotte, durchdenkt und fühlt die „Engellehre" des Umgangs Mensch/Geistwesen und die Logoslehre des Prologs im Johannesevangelium. Eine genaue Intensität des Denkvorgangs, aus Götterschulung gereift, präzisiert er so: „Für den Menschen ist es etwas anderes, zu sein, etwas anderes denken zu können, und etwas anderes zu denken, daß er denken kann" (übers. W.U. Klünker). So reif erscheint sogleich das Denken der karolingischen Epoche. Scotus verbindet Erde und Geistwelt, er sagte, der Mensch sei ein mineralisches Wesen, lebend als Pflanze, empfinde als Tier, urteile und schließe als wahrer Mensch, erkenne als Engel. Es klingt hier die geistige Freiheit, die die Bilder in den Katakomben Roms der frühen Christen zeigen. Erst nach 600 wurde die Kreuzigung dargestellt. Vorher ist die tänzerische Freude gefühlt und in den Katakomben gezeigt, wie sie der Erfahrung der Auferstehung entspringt. Die Kraftgestalt der geistigen Person war den sich öffnenden Jüngern im Gespräch vom Grab bis zur Pfingsteinweihung Erfahrung gewesen, und diese Freude wirkte nach. Hier ist auch noch der den ganzen Vorderen Orient umgreifende griechische Begriff des zum

Königtum mit geweihtem Öl „Gesalbten", dem christós gegenwärtig. Erst allmählich tritt der nicht mehr durchschaute lateinische Terminus „Christus" in den Vordergrund.

Der Hierarchien-Anruf ist heute in der katholischen Kirche nur noch andeutend als „Engel" rings um das Hochgebet zur Liturgie der Wandlungsstufe erhalten. Er muß neu befragt werden im erweiterten heutigen Bewußtsein. Die Namensübersetzungen etwa in „Fürstentümer, Mächte, Gewalten" sind farblos, erst die griechischen Termini geben die Funktionsaussagen. Doch steckt auch in den deutschen Termini klar der Hinweis dazu, daß die Hierarchien nicht singende Statisten sind, sondern im Weltplan aktiv mitwirkende Kräfte, deren „Reigenführer" der dirigierende Logos-Christus ist und war. Man muß den Negativterminus „Götze" vergessen, dann kann man erkennen, daß auch die Götter der Zeit vor der Inkarnation des Logos wirkende Geistwesen waren, Hierarchienangehörige (=heilige Urkräfte). Noch Thomas von Aquino um 1200 n.Chr. sprach unbefangen von den leitenden „Intelligenzen" der Sterne und dem entsprechenden menschlichen „intellektus", seinem Geistwesen.

Die Sicht hatte sich nur differenziert, schaute weiter zurück in die Zeit. Odin in früher Zeit „erweckte" aus den „Bäumen am Meer", dem Vegetativzustand, den Menschen zum Eigenbewußtsein. Der Christus-Logos, so sagt nun das Johannesevangelium im Vorspruch, ist der, der das ganze Sein in seinen Formen erschuf. Durch seine Inkarnation, die Verbindung mit dem Menschsein, ist er zum Bewußtseinsanruf neuer Stufe geworden. So wurde das befragt von den meditierenden Mönchen, etwa der Insel Reichenau, auf der „wandernde Fremdlinge" aus Irland unter Pirmins Leitung 724 das Kloster gründeten, von Karl Martell gestützt. Das Gespräch bleibt stets im Austausch mit den westfränkischen Zentren, wie St.-Denis in Paris. Die denkenden meditierenden Maler strahlten ihre Bilder in Europa aus. Es gibt das Christus-Bild: der Logos in der Mitte des Welt-Eis, oben die vier Kraftwesen, Symbole der Evangelisten, unten die Erde als ein Gesicht wesenhaft gefühlt, oben ein Gesicht des Luftraums. In der Hand trägt der Logos die große Goldkugel, die durchlichtete Erdkugel, die im sogenannten Reichsapfel der Kaiser und in der Goldkugel der Märchen weiterwirkt. Es entstanden die Bilder der Evangelisten, die in den Kosmos hineinlauschten mit weit offenem Blick und in federnder Spannung. Von dorther erfragten sie den Logos, der in dem tiefsten Punkt der Erde, in Palästina, sich der Erde verbunden hat.

Wenn man die vier Evangelien in ihrem jeweiligen Ansatz und Aufbau genau befragt, zeichnen sie ein Gesamtbild des Menschen. Die frühen, noch intuitiv den Vorgängen verbundenen Christen hatten sie gewählt und angeordnet: Matthäus, Markus, Lukas, Johannes. Man sah die Symbole dazu so: der Mensch der die leibliche Basis des gezielten Denkens aufbaut; der Willenshafte aus der Kraft des Löwen im

Abb. 13: Evangelist Lukas. Reichenau-Schule umd 1100, aus dem Evangeliar Otto III.

großen Atemschwung mutvoll wirkend; das kraftvolle Fühlen in umfassender Lebenswahrnehmung, repräsentiert in der Stierkraft des nährenden Rindes; der wach geistfähige Aufschwung des Ich im Bild des Adlers. Jedes dieser Evangelien setzt anders ein, betont andere Aspekte. *Matthäus* setzt den erdsichernden Stammbaum an den Anfang, geführt nur bis zum reichsgründenden Königtum des Salomon, und zeigt sogleich die Verehrung der erkennenden drei Weisen (=magoi, die Magier waren die Berater der persischen Könige). *Markus* springt und reißt sofort mit in die Aktion: der Eintritt des Logos in den Jesus durch die Taufe am Jordan. *Lukas* zeigt die Verbindung der Jesusgeburt zum Ziel der Wandlung, indem der Besuch der Maria bei der Mutter des Knaben Johannes dem Täufer erlebbar wird. Er schildert dann jene hellsichtige Engelwahrnehmung der Hirten, springt zur beginnenden Wirksamkeit und baut Jesus nun erst in einen Stammbaum ein, der weit zurück, nicht über den König Salomon, sondern über den königlichen Bruder-Priester, Nathan, und zurück zu Adam führt. Dann aber deutet er: „Und dieser war Gottes." Das große, ruhige Umschlossensein wirkt hier. *Johannes* aber fragt sofort im adlerhaften Aufschwung nach der wahren Herkunft dessen, der hier vierfach umschrieben wird: Johannes spricht sofort von dem Schöpfer alles Entstandenen, vom Logos und seinem Anruf zur Erkenntnis. Dann berichtet er vom Beginn des Wirkens am Jordan. Die leibhaftig fundierte Kraft des Denkens, die Willenskraft, die Kraft des umfassenden Fühlens, und das Erwachtsein im Ich: der Mensch als Ganzes ist so in der Typik der vier Evangelien skizziert.

Die Evangelistensymbole, die seit Ägypten befragten Grundkräfte der Psyche, wurden nun als geflügelte Wesen im Sternenraum gezeigt, wie es in Ravenna im fünften Jahrhundert (Mausoleum der Galla Placidia) im ostgotischen Bereich festgehalten ist. Die großen weitäugigen Gesichter der romanischen Plastik und Malerei führen Gespräche, die noch in der gotischen Zeit um 1400 die Jesusgeburt im Gesamtweltbereich zeigen: Im Oval der Geburtsszene spülen die Wasser mit den Fischen um die Füße, oben wölben sich die Felsen, in deren Höhlung sich die Geburt als aus dem Schoß der Erde vollzieht. Die Stufen der Inkarnation (Verleiblichung im Physischen), des Weges zum Opfer, der Auferstehung im geistigen Kraftleib werden von unzähligen Menschen malend und plastizierend durchgeübt und vor den Anschauenden ausgebreitet. Später gibt es den Bildtyp des „heiligen Gesprächs" zwischen den meditierenden Menschen und der Maria, dem Johannes, dem Christus selbst. Die ungeheure Intensität dieser fühlenden und denkenden Wahrnehmung des Phänomens „Christus-Logos" ist nicht erzwungen, man kann es wie eine Explosion eigener Fragestellungen erkennen, um ein Phänomen herum, das an kein Volk, keine Stammesgruppe gebunden ist. Dort, wo es in die Erde eintauchte, wurde es sofort hart abgewehrt. Es kreist als eine Aura über der Erde, rings um sie herum.

Solche Geistwesen–Sicht, in der Formulierung des Dionysius Areopagita nun, wurde am karolingischen Hof sogleich aufgenommen. Man fand darin das eigene Göttererlebnis neu wieder. Im Zusammenklang der Aspekte des Jesus-Seins und der Logosverbindung mit dem Jesus durch die Jordentaufe, also der Daten des 24. Dezember und des 6. Januar, gelang es *Notker dem Stammler* (840–912) in der Hymne am Geburtsfest des Jesus als dem künftigen Christusträger zu formulieren: Dieser Christus „geboren in der Zeit, unsichtbar, grenzenlos, Gottessohn, raumlos, durch den der Bau Himmels und der Erde entstand, durch den Tage und Stunden sinken und wieder zum Anfang gehen". Aus ihm also entstanden Raum und Zeit und Gestalten. Das

Abb. 14: Wolf Huber (1485–1554), Das Geistgespräch des Johannes, die Seelenmeditation der Maria, – der Kosmos als Geschehensraum ringsum.

84

war der Logosbegriff, wie ihn Platon umkreiste und Heraklit (um 480 v.Chr. in Ephesus Oberpriester) formulierte. Der Logos, der aus dem Geist-Feuer-Element die Gestalten bildet. Der leitende Sinnordner als wirkende Kraft, das ist Logos. Die Grunderfahrung schaffender Geistwesen war damals niemandem fremd und den germanischen und keltischen Gruppen, besonders in dieser die Natur und den Kosmos erfassenden Sicht, tief vertraut.

So braucht Notker am Schluß der Hymne, als er das rhythmisch tönende Element beschreibt – „den die Engel besingen mit zusammenklingender Stimme" –, nicht das im Latein eigenständige Wort für Himmel, caelum, wir kennen es aus dem liturgischen Vaterunser als „pater noster qui es in caelis", in den Himmeln also, den neun Sphären, sondern Notker wählt das aus dem Griechischen ins Latein übernommene Wort polos. Er sagt, sie singen „in arco poli", in der Burg der kreisenden Sphären. Die Griechen nannten „polos" die Drehung, die Drehungen der Himmelssphäre, und zugleich den Punkt der Linie, der Achse, um den das Gewölbe kreist. Das wurde unser Wort „Pol". Das Tönen geschieht, so fühlte Notker, in den kreisenden Sphären. Daß dies nicht als irgendein fernes Jenseits galt, sondern erdbezogen, läßt sich erkennen, da Notker der Stammler auch jene Zusammenfassung der „Taten Karls des Großen" schrieb, Taten, die die Erdlebensformen prägten.

Solche Hymnen wie die des Notker hielten sich in der Liturgie der Kirche bis ins 14. Jahrhundert. Erst dann ersetzte man sie durch seelenrührende Empfindungsgebete. Auch diese hatten ihren subjektiven Wert in der Durchführung der Gefühle zum Erkenntnismut, wenn man das Objektive zugleich sah. Aber in der nun vereinseitigten Liturgie ließ man das Objektive fast ganz verlorengehen.

Um 1400 wirkte darin schon stark die Tendenz der damaligen Kirchenleitenden (der Inquisitions-Nachfolger) zur Macht über Seelen. Seit dem siebenten Jahrhundert hatte sich die Ostkirche mit ihrer griechisch-byzantinisch-russischen Entwicklung von den Konzilsdogmen der Westkirche gelöst. Man kann sagen, daß die Fixierung im Konzil von Konstantinopel 869 faßbar wurde, als man festsetzte, der Mensch bestehe aus Leib und Seele und die Seele habe „einige geistige Eigenschaften". Damit war das Gespräch zwischen Mensch und Gott abgeschnitten für die einzelnen, das Gespräch, wie es im Pfingstvorgang in aller Freiheit gegeben worden war. Dann ist es nur die letzte Konsequenz, daß die römische Kirche 1870 das Dogma der „Unfehlbarkeit des Papstes, wenn er ex cathedra spricht", das heißt geistige Grundregeln gibt, fixierte. Das Dogma schloß die Tore zum Gespräch freier Menschen mit den geistigen Wesen der Welt. Es geschah gerade zur Zeit, für die nach alter hellsichtiger Tradition der indischen Überlieferung das „kali yuga", das geistfinstere Weltalter, 1899 zu Ende ging und der Mensch wieder gesprächsfähig wurde. Man muß das

klar sehen, daß nach solchem Dogma nur der Papst mit der Welt-
geistigkeit konferieren kann. Er diktiert Grenzen, die das freie fort-
schreitende Gespräch verhindern. Als das Christentum zu den germanischen und keltischen Gruppen kam, war es noch das freie, jeden
einzelnen im Willen und „im Herzen" anrufende eigentliche Christentum. Es war das Gespräch mit einem Gott, der sich seiner Schöpfung
und ihren Menschen durch eigene Zumutung verbindet.

Ein sterbender Gott war den Germanen nicht fremd. Odin und Thor
gingen durch einen Tod. Der Christus aber ging durch den physischen
Tod und gewann als geistige Kraftgestalt wahrnehmbar das Sein wieder.
Er blieb „der Seiende" (so steht es in jeder ostkirchlichen Darstellung
um das Haupt des Christus). Er starb im physischen Leib und aufer-
stand als „pneumatischer= geistiger Leib". So formulierte es Paulus. So
steht es im Tympanon, über dem Portal der um 1170 gebauten
Petershausener Kirche bei Konstanz: „Ich bin der ewig Dauernde."
Wohin war Odin gegangen? Nicht in die Hel, aber ins nicht mehr hier
und jetzt Bezogensein. Er hatte den Widar beauftragt und herangeru-
fen. Aber der „mächtigste der Mannen" (Heliand), Christus war selbst
in der Verwandlung der Seiende. Grabsteine der Wikinger in Schweden
zeigen die Verarbeitung dieser Gedanken sehr dynamisch. Das Kreuz
steht einbezogen und meisternd zwischen den Schlangen, die Yggdrasil
umwirken und bedrohen. Dies ist der Wandlungsmoment. Darüber
sprach der Logosaspekt von Notkers Texten.

Man hatte Zeit, solche Dinge zu bedenken, wenn man das Land in
organischer Flurordnung bebaute, die Wälder rodete, durch die
Wildnisse ritt, die Pfalzen und Klöster baute, die Kräutergärten
anlegte.

Die Mönche, die in der Benediktinerregel zwischen dem „bete und
arbeite" und dem Vorlesewort des „Höre, mein Sohn" die Wälder
Europas rodeten und die Siedlungen anlegten, leiteten, lehrten, waren
freiwillig sich sammelnde einzelne, keine gezwungen Dienende. Die
enorme Dynamik jener Jahrhunderte war nicht von einer, jede Stunde
durchdringenden Infiltration von Zeitung, Radio, Fernsehen über-
lagert, sondern im freien Luftraum das eigene Fühlen und Denken
anrufend. Das innere Gespräch wurde gefordert nach dem Motto des
„Gott ist Geist, und wer ihn sucht, muß ihn im Geist und in der
Wahrheit suchen" (Joh. 4,22), gefordert von dem Logos „Christos"
(=„der zur Opferung Gesalbte"), der von sich sagte: „Ehe Abraham
wurde, bin ich" (Joh. 8,57/58). Es klang in der Gotterfahrung des
frühen Christentums noch die kosmische Dimension der griechischen
und vorgriechischen Epochen mit. Man wußte noch, daß in den
„Seligpreisungen" der „Bergpredigt" – also auf dem herausgehobe-
nen Besinnungshügel gegeben – das griechische Wort *makarios* stand.
Wir wissen heute recht sicher, daß Jesus als Erbe der jüdischen
Königstradition in der Bildung der hellenistischen Zeit auch die

griechische Sprache kannte. Die Griechen wandten das Wort maka-rios auf das Göttersein an. Nicht private Seligkeit ist gemeint, sondern das dem Kosmosganzen angemessene Sein. Dahin zu gelangen, sind die einzelnen in ihrer Willensentscheidung fähig, da sie „nicht Knech-te, sondern Söhne" Gottes sind, wenn sie es mit Christus nur erkennen wollen (Galaterbrief 4,6). Im Willen der Urgottheit (=Vater) geschah, „die Fülle der Zeiten" eintreten zu lassen, indem „alles, was in den Himmeln und auf Erde ist, in dem Christus als dem Haupt zusammen-gefaßt wird" (Epheserbrief 1,9/11). In diesem Gedankengefüge erhellt sich der Appell des Christus (Matth. 18,3/4) zu „werden wie die Kinder", um die geistigen Wesensreiche (=die Himmelreiche) zu erfahren. Das heißt nicht kindisch werden, sondern sich in souveräner Offenheit den Dingen darbieten und sie sich aussprechen lassen, die Grunderfahrungen machen, wie sie ein Kind im Lebensbeginn jeweils macht. Solcherart verhielten sich etwa die keltischen Gründer, wie Gallus oder Pirmin in St. Gallen und Reichenau. In den Urwäldern mit Bären und Wölfen kämpfend setzten sie die Häuser der Besinnung, der Arbeit, der Lehrzentren, der Kunst, des die Erdschöpfung Befragens. Das individuell geführte (erhorchte) Gespräch bedingt Raum und Stille und Hörfähigkeit für alles Sein, dann ist es immer möglich, gemäß dem „Ich bin bei euch alle Tage bis ans Ende der Welt" (Matth. 28,20). Es zu leisten entspricht der Aussage des Christus:
„Noch vieles hätte ich euch zu sagen, doch ihr könnt es jetzt noch nicht ertragen. Wenn aber jener Geist der Wahrheit kommt, wird er euch in alle Wahrheit einführen. Denn er wird nicht aus sich reden, sondern was er hört, wird er reden, und was zukünftig ist, euch sagen. Er wird mich offenbaren (=sichtbar machen), denn er wird von dem Meinigen nehmen und es euch verkünden. Alles, was der Vater hat, ist mein, darum habe ich gesagt, er wird von dem meinigen nehmen und es euch verkünden" (Joh. 16,12/15). Was ist das, das zu erkennen gegeben wird, anders als die Erkenntnis der geistigen Struktur, Rhythmik, und der zu ahnenden Zielung der Schöpfung. Christus als „der Logos" des Seins, das heißt der die Planungen der Gottessphären (=„Vater"), die wirkenden Kräfte dirigierend, in Erscheinungsform führte, fordert den zum Bewußtsein des Seins fähig gewordenen Menschen auf, nun zu fragen, zu erkennen, zu handeln. Man kann auch sagen: Es geht da um eine geistige, moralisch verantwortete Naturwissenschaft und Geist-entfaltung. Das ist nur individuell möglich, nicht in alten Gruppen-bindungen, nicht mehr „unter der Knechtschaft der Weltelemente", sondern als „Söhne" Gottes (Galater 4,3). Das wird hart gesagt:
„Wenn jemand zu mir kommt, aber sich nicht von Vater und Mutter und Frau und Kind und Bruder und Schwester freimachen kann, ja auch von sich selbst (seinem eigenen Psyche-Wesen), so kann er nicht mein Jünger sein. Wer sein Kreuz nicht trägt und mir nicht nachfolgt, kann nicht mein Jünger sein" (Lukas 14,26/27). Es wird oft übersetzt

„hassen", das ist falsch aus dem Hebräischen übertragen, was dort so viel wie „sich loslösen" bedeutet. Außerdem hatte das Wort „hassen" in der Frühzeit noch die Beziehung zum Begriff „hetzen", also von sich fort weisen. Es geht hier um die Forderung, sich den absoluten Freiraum von jeder Egoität zu schaffen, um mit den wirkenden Geistkräften ins Gespräch kommen zu können. Solche Verengung alter Worte muß man aufhellen. Auch das Wort „Sünde" hatte nicht den Höllengeruch. Es kommt von „sondern", sich von der Gesamtordnung sondern. Im griechischen Text war es ein Fachausdruck der Bogenschützen für „das Ziel verfehlen" (harmartano). Man kann also noch einmal den Pfeil in den Bogen setzen und neu zielen. Man kann auch das Gespräch wiederaufnehmen, wenn man sich von zuviel Bindung befreit hat, nicht „hassend" (im heutigen Wortsinn), sondern Abstand nehmend. Da gilt auch das Element des ständigen Werdens und sich Wandelns: „Suchet, und ihr werdet finden, klopfet an, und es wird euch aufgetan. Denn jeder, der sucht, empfängt, und wer anklopft, dem wird aufgetan werden", auch „bittet, und es wird euch gegeben" (Matthäus 7,7/9). Dazu noch deutlicher: „Seit den Tagen Johannes des Täufers bis jetzt erleidet das Himmelreich Gewalt, und die Gewalt gebrauchen, reißen es an sich" (Matth. 11,12). Das ruft den inneren Willen des einzelnen an. So geschehen auch die berichteten Heilungen immer als Antwort auf die willentliche Vorbereitung des Kranken, es sind individuelle Aktionsgespräche.

Geantwortet wird auf einen Anruf, der jetzt, damals, in der Mitte der Erdzeit, hörbar wurde. Dies „seit den Tagen Johannes des Täufers" sagt, daß durch die Taufe im Jordan der Logos sich mit der Erdleiblichkeit verband. Denn in diesen durch den Schock des Untertauchens gelösten Jesus-Leib fügte sich das „pneuma theou", ein Göttlich-Geistiges (so hieß es bei Matthäus). Das war ermöglicht durch die gereifte Kraft des Johannes, der von sich sagte: „Ich bin die Stimme des Rufers in der Einsamkeit." Es steht da nicht „Wüste", sondern mit der Stufe der Einsamkeit (eremo) ist die Einweihungsstufe der „Heimatlosigkeit" bezeichnet, der bindungsfreien Reife. Seit diesen Tagen des Täufers also, da der Christus Logos sich seiner Schöpfung verband auf neue Weise, gilt: „Die basiloi tho ouranon, die Königreiche der Himmel (wobei für die Griechen noch das Wissen von den individuellen Geistwesen, dem Uranos der frühen Werdezeit mitschwang) brechen sich mit Gewalt Bahn, und wer selbst mit Gewalt danach strebt, wird sie ergreifen." Zweimal ist das Wort Gewalt (biazetai) gesagt, aus der schaffenden Geistwelt wird nun mit Gewalt gesprochen, und es muß mit Gewalt die Antwort gesucht werden.

Das sind andere Aussagen, die die frühen Christen aus dem Grunderlebnis gaben, als die abgeflachten der späteren Übersetzungen. Dieser frühe, elementar geistig willenshafte Ton lebte in den Sprechern, die aus Irland und Schottland kamen, und auch in den ersten des Südens. Die Sprache der Evangelien, aus direktem Erleben oder mündlicher Tradition weitergegeben, war das höchst differenzierte hellenistische Griechisch. Das wurde im ganzen Vorderen Orient und in Südeuropa gesprochen, selbst in den Synagogen von Alexandria. Erst nach 500 n.Chr. gab ein Papst dem Hieronymus den Auftrag einer lateinischen Übersetzung, der sogenannten Vulgata. Aus ihr arbeitete Luther. Aber das Latein ist eine einlinige Sprache, mußte es dem historischen Auftrag der Römer gemäß sein. Das Griechisch ist vielschichtig wie das Leben, höchst sensibel und nach den geistigen Hintergründen fragend. Man muß dies Griechische befragen. Es ist klar, daß nur aus dieser Wirkungsschicht heraus die mittelalterliche Kultur entstand und zur sensitiven, intellektuellen und künstlerischen Basis unserer Zeit wurde.

Die Herauslösung des individuellen Kerns ist die Bedingung zur „Nachfolge" unter der Lehre des „Geist der Wahrheit". Man kann nachfolgen dem schrittweise zu erfragenden Sein des Logos, des „Seienden", des „Heilers" (=„Jesus"), des alle Wesen Liebenden (=„der wahre Orpheus"), der im Durchgang durch das Kreuz die Kraft des „pneumatischen Leibes" als ein Auferstehen der Geistgestalt aus eingeschränkter Materiebindung erringt. Das ist nun für alle nachvollziehbar, wenn man es will und fragt. Was da zu den germanischen und keltischen Menschengruppen kam, war nicht eine Lehre bloßer Theorie, sondern Zeichensetzung durch den Vorangang des Gottes, der als Leitender der sichtbaren Schöpfung sie nicht von außen betrachtend ablaufen ließ, sondern sich in ihre inneren Seinsbedingungen hineinbegab, um sie auf neuer Stufe in Geist zurückverwandeln zu können, so verwandelbar zu zeigen als Vorgänger. Es war eine Begegnung mit einem Aktionsfeld. Das konnte Antwort sein auf das Erlebnis des Ragnarök, Antwort für Menschen starker Aktivität und Personalität, von Odin langher so geübt. Es zeigte sich die neue Epochenfrage unter Widars Zeichen auf dem immer sich bewegenden Idafeld: Dieser leitende Logos, wie ist sein Wesen, wie ist das Gefüge seiner Schöpfung? Fragen rufen, das „interesse" nur kann antworten, das „Darinnensein".

Man muß das Christentum völlig neu und aus sich selbst befragen, wenn man den Anfang des nachrömischen Europa erkennen und verstehen will, wie die intensiv durchgearbeitete vielschichtige Kultur des Mittelalters und der Neuzeit aus diesem Erlebnisgrund wachsen konnte. Man hat im 19. und 20.Jahrhundert die Sicht auf das Phänomen Christus in grotesker Weise teils dogmatisiert, teils versimpelt (zum „schlichten Mann aus Nazareth"), so daß man die eigenen Wurzeln gar nicht mehr erkennen kann. Aber der Christus, der sich mit der Schöpfung verbindende Leiter eben dieser Werdeprozesse, ihr „Logos" (=wirkende Sinnordnung), forderte von den Menschen immer die persönliche Entscheidung, den freien Willensentschluß, das Urteil des Herzens, getan „im Geist und in der Wahrheit". Das Ich, das von Odins Übungen und Lehre vorbereitet war, ist nun in den freien Denkprozeß hineingerufen. Das Schöpfungs-Urbild des Ymir, oder des purusha (auch in verborgener Nuance des zerrissenen Dionysos), es wird auf ganz neuer Stufe souverän geleistete Verwandlungstat des Seinszustandes: die mögliche Meisterung der Rückverwandlung der materiellen Form in den „pneumatischen Leib", in die Auferstehungsgestalt, mit der die Gespräche der Jünger und Jüngerinnen geführt werden bis zur Pfingstfähigkeit einer umfassenden Geistergründung. Der pneumatische Leib, der Auferstehungsleib muß neu wahrgenommen werden. „Gesät wird im ‚soma psychikon'", dem seeletragenden Leib, „erweckt wird im 'soma pneumatikon'" (Paulus, 1.Korinther 15,44). Um diese Geistwahrnehmung geht es. Odin ging in den Tod (in das Unsichtbare), um die Zerstörerkräfte zu besiegen für eine Weltzeit. Wo ist er nun? Er bleibt verhüllt. Der Christus ging durch den Tod und ist sichtbar und hörbar für den, der bereit ist. In der Atmosphäre des frühen Christentums war das Bereitsein gekennzeichnet, man kann es dreifach fassen. Im Heliand heißt der Anruf der Engel an die Hirten so: „endi fridu an erdu firiho barnun/ godwilligun gumun, them the god antkennend/ thurh hluttran hugi." Durch lautere Gedanken, denen ist Friede erreichbar, gegeben. Im lateinischen Text des Lukasevangeliums heißt es so: „gloria in excelsis deo et pax hominibus bonae voluntatis." Offenbarung Gottes aus den Höhen und Friede den Menschen guten Willens. Das Latein neigt dazu, zu vereinfachen und zu veräußerlichen. Das Griechische spürt mehr den Innenprozeß auf. Darum ist es dem christlichen Gotteserlebnis näher. Der griechische Text spricht also von der Offenbarung Gottes aus den Höhen, der Doxa, dem intelligiblen Wesenssein. Es spricht davon, daß der Friede (eirene) in den Menschen kommt, der „Eudokias", die schöne, die richtige Meinung, das richtige Denken hat. Der Friede ist nichts Äußeres, sondern zuerst ein Vollzug *im* Menschen, im Inneren. In ihm ist das „lautere Denken" zu schaffen, von dem der Heliand-Dichter sprach: thurh hluttran hugi.

„*Hugi*" – dem entsprach der eine der beiden Botenvögel des Odin, der Rabe Hugin= Gedanke, Denken. Das gereinigte, im Feuer geläuterte Denken ist gemeint. Es sieht auch genau, sieht alles Einzelne, das zum Ganzen gehört. Im apokryphen Thomasevangelium, in den sogenannten Apokryphen war gesammelt, was in den Gemütern der Jesus-Umgebung aufbewahrt und nur als Bruchstücke überliefert war, heißt es: „Jesus sprach: Erkenne, was vor deinem Gesicht ist, und was dir verborgen ist, wird dir geoffenbart werden, denn es gibt nichts Verborgenes, was nicht offenbar werden soll." Dieser genaue Blick, der mit den geläuterten Gedanken geleistet wird, enthält die ganze Naturwissenschaft in sich. Zu diesem aber gehört der zentrale Satz des Thomasevangeliums: „Jesus sprach: Wer mir nahe ist,

ist dem Feuer nahe, und wer fern von mir ist, ist dem Reich fern." Es ist das Reich der geistigen Wahrheit des Seins. Dazu gehört die unausweichliche Härte: Wer mir nah ist, ist dem Feuer nahe.

Erste Formung der Widar-Kräfte

Diese Gefühlsbewegungen und Gedanken mußten sich in jedem wachen einzelnen vollziehen in jenen Jahrhunderten der ersten Widar-Epoche. Hätten sie sich nicht vollzogen, so besäßen wir nicht die mächtige Fülle der Bilder des Mittelalters. Repräsentativ kann man diese Bewegungen wahrnehmen an stärkeren Leitfiguren wie etwa Bernward von Hildesheim (960–1023), Berater der sächsischen Kaiser, der Ottonen. Die Reliefs der Bernwardsäule sprechen von ihm. Er half, dieses europäische Zentralreich in der Linie der geistigen Wahrnehmung des Christentums zu halten, wie es seit Karl dem Großen gewollt war, und sich gegen Machttendenzen der Kirchenrichtung Roms den Atemraum sicherte.

Als der sächsische (=westfälische) Kaiser Heinrich II. (923–1024) eine „ecclesia catholica non romana" wünschte, fühlte man noch deutlich den individuellen Umgang mit den Göttern nachklingen. Man sah sich bestätigt durch die „Götterlehre", die Hierarchienlehre des *Dionysius Areopagita*. So ähnlich, fühlte man, war Dionysius seinen Weg gegangen. Als einer der führenden Bürger Athens in dem stadtstaatlichen Gerichtshof, dem Areopag, den die Götter eingesetzt und die Verantwortung den Menschen übertragen hatten, mitwirkend, hörte er Paulus berichten von dem „Logos", dem Leiter aller zusammenwirkenden Kräfte der Schöpfung, der sich dieser Schöpfung ganz verbunden hatte. Dieser Weg überzeugte ihn. Er wurde der erste Bischof Athens. Auf sein Mitdenken des Weges geht die Formulierung der Hierarchienlehre zurück, die am Hof Karls des Großen übersetzt wurde. Man kann in dem am besten uns erhaltenen Kaiserdom, in Speyer, die Besinnungskraft nachfühlen, die damals in den denkenden, verantwortenden Menschen wirkte. In dem tief hineingewölbten Raum hinter dem Altar steht der Sessel des Kaisers, etwas näher zum Altar der des Bischofs. Beide nahmen auf, wie die „Messe", das Erinnerungsritual an Opferung und Auferstehung des Gottes, vollzogen wurde. Es war der leitende Gott, von dem im Anfang des Johannesevangeliums berichtet wurde: Alles was ist, alles Gewordene, ist durch ihn geworden, zur Erscheinung gebracht worden, er führte die Kräfte zusammen.

Die Menschen, die den Vorgängen in Palästina noch nahestanden und ihre Nachrichten erinnerten, hatten die vier Evangelien als vier

Aspekte andeutend erhalten und zusammengefaßt in den Sprachen jener Zeit, Griechisch und Aramäisch. Die nördlich der Alpen lebenden Menschen brachten das Erlebnis der in Natur und Seele wirkenden Götter mit. Sprach man vom Herrn der Elemente, von dem, aus dem Zeit und Raum entstanden (wie es der Alemanne Notker formulierte), so wies das in ein Neuland jenseits des Ragnarök. Als Bischof Aubert von Avranches an der normannischen Küste im Jahr 708 den Anruf des Erzengels Michael hörte, auf die Bergkuppe, von Stürmen und dem Auf- und Abfluten der Gezeiten durchatmet, die Kirche zu bauen, die heute die Kathedrale des Mont St.-Michel ist, so hörte Aubert den Herrn der Elemente durch seinen Helferengel. Das klang dem Odin verwandt, ein Anruf aus dem Atemraum, hin zum Tun des Hörenden als eigenem Ich.

Der Christus ruft den einzelnen an. Es wird eine Szene berichtet (Joh. 6,43/45), wie die Jünger untereinander stritten, wer dem Meister am nächsten sei. Er sagte: „Murrt nicht untereinander. Niemand kann zu mir kommen, wenn der Vater, der mich gesandt hat, ihn nicht zieht... Jeder, der den Vater hört und lernt, kommt zu mir." Hier wird von jedem einzelnen und seinem eigenen Weg des Hörens und des Gespräches geredet. Im Begriff Vater ist hier alles gefaßt, was Grundbestand des Seins ist, Natur und Weltganzes und Planer. Wer danach fragt, von der Frage gezogen wird immer eindringender, kommt zu dem neuen Gespräch mit dem Logos, der ihn individuell in die Verantwortung ruft. Frei von jeder Gruppenbindung soll das je eigene Wort tönend werden. Diese Fäden der Gruppenbindung und der subjektiven Umklammerung müssen mit dem Dolch durchschnitten werden: Die Forderung wurde verbunden mit der klaren Aussage, daß der Christus nicht friedlichen Gefühlsbrodel bringe, sondern „den Dolch". Es steht da nicht (Matth. 10,31/32), wie meist übersetzt wird, das Schwert, also ein allgemeines Kriegsgerät, sondern der Dolch, der die hemmenden Fäden durchtrennt. Erst dann kann gesagt werden: „Ein neues Gebot gebe ich euch: liebet einander." (Joh. 13,34). Da sind die differenzierten einzelnen gemeint, für die es heißt: „In meines Vaters Haus sind viele Wohnungen" (Joh. 14,1). Vieles ist zu erkennen in Sein und Werden, in vielen Ansätzen zu leisten dieses „Nichts ist verborgen, was nicht offenbar würde, nichts geheim, was nicht bekannt würde" (Matth. 10,26, aber auch Markus 4,22 und Lukas 12,2).

Diese durch ihre innere Wachheit Herausgerufenen, Gezogenen, sind es, was man in den ersten Jahrhunderten als freie Gemeinschaft die „ecclesia" nannte= die Herausgerufene. Dieser Sinn wurde dann in der Organisationsstarrheit des Machtwillens überdeckt. Man muß ihn neu erkennen. Denn „das Christentum" als eine Religion gesehen ist nichts Übergestülptes, Fertiges, wie etwa in Indien Shiva seine Schöpfungen formt: In Jahrtausenden der Meditation sinnt er, schafft, zerstört als der große Tanzende, sinnt, schafft, zerstört. Die einzelnen Menschen sind dort nicht als Ich angerufen, sie müssen gehorsam ertragen. Erst im Individualanruf des Christus kann gesagt werden, in den Abschiedsgesprächen Johannes 14,27 formuliert: „Den Frieden hinterlasse ich euch, meinen Frieden gebe ich euch. Nicht wie die Welt ihn gibt, gebe ich ihn euch. Euer Herz bange nicht und zage nicht." Denn es ist nicht der zeitweilige Friede zwischen zwei Aggressionen gemeint, sondern eine Ruhe im Inneren, das sich dem langen Atem und dem mächtigen und vieltönigen Gewebe des Seins verbunden hat, fragend, handelnd, sich wandeln, liebend. Der Individualanruf ans Mittun ist langsam vorbereitet wahrzunehmen. Die Menschengruppe des Judentums, die sich immer wieder abgrenzte von den Weltsichten der Umwelt, folgte einem Leitgeist mit dem Namen Jahwe, das heißt: Ich bin der Ich-bin. In Psalmen kommt immer wieder der individuelle Appell vor: „Ich habe dich bei deinem Namen gerufen –." Dort war der Einzelanruf vorbereitet, aber er wurde eingeengt auf eine Gruppe, die ihr Ichsein doch wieder nur in der Sippe fand. Als der erwartete Messias kam, die Sippenbande durchschnitt und den Blick in den gesamten Kosmos öffnete, vollzog man den Schritt nicht mit, den man doch vorbereitet hatte. Ein Schritt über eine Schwelle ist immer schwer.

Dieser „Logos", der die Kräfte formend zusammenfaßt, Herr der Elemente, Leiter der Seelen und Rufer der Ichkräfte zum Mittun, der Auferstandene, der die Materie handhabt, er war harte Forderung. Er löste aus allen Bindungen, die nicht aus dem Ich frei gefügt waren, aus Sippenbindungen, nationalen und organisatorischen. Man kann ihn, wenn man will, in Liturgien der Erinnerung und Besinnung sich vergegenwärtigen, aber die dogmatisierten und vereinfachenden Thesengerüste der Kirchen schaffen Gefängnisse für den Geist, also für die Kraft freier Ichheit, den Fortgang des Weltseins. Die Kraft des weltwollenden Ich ist Prinzip des Seins. Dies eben war in den germanischen Menschengruppen eingeübt und angelegt. Als sie dem Christentum begegneten, war es noch heil in sich selbst atmend. Die Verengungen kamen später. Man nahm es noch als freien Anruf ans Mittun wahr.

Denn es kam ein neuer Begriff zu dieser neuen Stufe des in die Verantwortung geworfenen Ich, der Begriff des Geistes, des Heiligen Geistes, der in der Schöpfung und über jede feste Form hinaus weiter waltet. Von ihm berichtet man, daß 50 (=7x7) Tage nach Ostern die Menschen, die sich intensiv in das Erlebte vertieft hatten, sich erfüllt fühlten von der Kraft, die weiteres wirkt, nicht festzuhalten ist im jeweils Fixierten. Von ihm schrieb damals *Hrabanus Maurus* (780–856), Abt von Fulda und Erzbischof von Mainz, der klärend und ordnend in Klostergemeinschaften und Schulen wirkte: Die Hymne mit dem Anruf „Veni creator spiritus", komm, schöpferischer Geist –. Der Geist ist fons vivus, ignis, caritas: Lebensquell, Feuer, Mitleid, ist sermone ditans guttura: der der Zunge die Rede öffnet. Infunde amorem cordibus: gieße Liebe in die Herzen. Per te sciamus da patrem, noscamus atque filiam: durch dich wissen wir vom Vater und vom Sohn. Wir können und mögen wissen, erkennen durch das Einwirkenlassen des Heiligen Geistes der Welt, für das die Kraft und die Wahrnehmung des Christus-Seins fähig machte. Die Hymne blieb durch Jahrhunderte in der Liturgie der Kirchen eingeübt. Alle diese Erlebnisse wurden durchfühlt und durchdacht in Jahrhunderten, in denen der Lebensraum selbst noch im Kampf der Kräfte und im tastenden Ausgestalten war.

So prägte sich der Raum „Europa" aus, den nördlich der Alpen zuerst Columban so nannte. Columban (530–615) kam aus Irland in jenem freiwillig übernommenen Stadium der „Heimatlosigkeit" auf den Kontinent, durchtränkt mit der kosmisch bezogenen Naturgeistigkeit der keltisch-germanischen Frühzeit. Von daher lehrte er das Christentum, gründete die ausstrahlenden Arbeitszentren der Klöster Luxeuil (Burgund), St.Gallen (Schweiz) und Bobbio (Norditalien). Entsprechend diesen irischen Impulsen entstand nahe St.Gallen die große Inselsiedlung, Lehr- und Lernzentrum, die Reichenau. Man kann die Intensität der Epoche noch immer in der Krypta der ältesten kleinen Kirche dort, St. Georg, spüren. Columban muß einen starken in der Zeit gereiften Willen gehabt haben, um dieses Europa zu einem Übungszentrum individueller Intensitäten vorzubereiten. Wie in dem germanisch-keltischen Denkzentrum um die Externsteine gekämpft wurde, um die römische Überlagerung fernzuhalten, so faßte nun Columban das größere Europa, in seinen Individualitäten von Nord bis Süd gesammelt, als ein künftiges Arbeitszentrum des Menschseins auf. Er wollte es abgrenzen, bis die Menschen stark genug geworden sein würden. Darum veranlaßte er den damaligen Papst, Europa in seinem eigenen Kreis, zu dem der Vordere Orient und der byzantinische Osten gehörte, zu konzentrieren, indem die seit Jahrhunderten häufigen Fahrten nach Amerika verboten wurden.

Diese Fahrten brachten mit einem Weltteil in Verbindung, der ganz andere physisch-psychische Strukturen zu durchleben hatte. Man erfuhr sie in den starken erdmagnetischen und elektrischen Strömungen dort. Europa (im weitesten Raumbegriff) hatte jene Denkleistung zu erarbeiten, die als Aktionsmittel des Menschen rings um die Erde wirken konnte – so oder so, gut oder schlecht, je nachdem was man daraus macht. So blieb dieses Europa für die folgenden 900 Jahre dem eigenen Weg gegeben. Es klang darin zusammen, was die vier Himmelsrichtungen gaben: Kelten, Germanen, Slawen, Griechen (und was diese in sich aufgenommen hatten von älteren Erfahrungswegen). Im Süden hießen die christlichen Priester noch „kerygmatikos", wie einst Hermes, der zwischen Göttern und Menschen verbindende Engel, das kerykeion, den *Botenstab,* geführt hatte mit den beiden spiralig sich begegnenden Schlangen. Es war auch der Herolds-stab, der die Einweihungen in Eleusis ausrief. Im Norden war für die Germanen Christus der Anführer der aktiven Gruppen der Einzel-kämpfer, die Odin einst vorbereitete. Der Kaiser, der im Sinn Karls des Großen des alten Roms Gestaltungskraft mit germanischer Kosmos-bezogenheit verband, hält in seinen Händen die Erdkugel (als den Apfel des Lebens) mit dem Kreuz darauf, die Lanze oder das Szepter seines Auftrags, den er von oben her, aus dem Geist fühlte. Das war für ein paar Jahrhunderte echtes Grunderlebnis, von allen geachtet und gefühlt. Dann hatte es seine Aufgabe getan und man verspielte das Recht auf das Symbol. Neue Formen waren reif. Aber die alten waren fundiert im Erlebten.

Abb. 15: Der Kaiser trägt die Erdkugel mit dem Kreuz darauf als Schützer in der linken Hand, rechts das Szepter oder Lanze mit dem Geist/Vogel darauf. Ritter und Priester helfen ihm. Evangeliar von Kaiser Otto III., um 1000 n. Chr.

Darin spiegelte sich das Erlebnis der Maria. Sie war in der Tempel-schule Jerusalems in der stammesgebundenen Gottesbeziehung auf-gewachsen. Aber der Erzengel Gabriel, den sie wahrnahm, sagte ihr:

95

„Das Kind, das du Gestalt werden läßt, wird dem Geist der ganzen Welt zugewandt sein, und die Sippenbande werden für es nur flüchtig, nur relativer Wert sein." Es wurden dann die Stammbäume des Jesus genau gezeichnet, vom Vater Joseph zu David und zu Abraham. Aber wichtig ist die Zuwendung zum Geist, also erst zu dem Logos Christus, dem der Mensch Jesus während der Taufe im Jordan in seinem 30.Lebensjahr seine Leiblichkeit zur Verfügung stellt. So also feierten die Christen in Europa bis ins fünfte Jahrhundert den 6.Januar als die Erdenerscheinung (=Epiphanie) des Christus. Erst danach wurde ihnen das Phänomen des Menschen Jesus und seine Geburt vordringlich wichtig. Sie feierten von nun an den 24.Dezember. Die Synode von Mainz 813 ordnete die Weihnachtsfeier als Jesus-Geburtsfest an, als viertägige und von Fasten vorbereitete Feierzeit, die nun den Eintritt des Logos in den Erdleib während der Jordantaufe immer mehr überschattete. Aber man brauchte noch ein Jahrhundert der Umgewöhnung. Die vorhergehende Christus-Erfahrung war strenger, nie von Sentimentalität bedroht.

Bis sich solche Thesen durchsetzten, dauerte es noch lange. Noch lange galt: Das Christentum im nordalpinen Europa blieb bis über 1200 hin kosmisch und naturhaft ausgeweitet, wie es die Lehrer der Schule von Chartres um 1200 noch ausformulierten. Nach den Jahrhunderten der Begegnung und Denkprozesse konnte dann das Aussprechen der neuen Stufenwahrnehmung geschehen, mit dem von Odin und Bragi eingeübten und in die Lebensgrundregeln der „Runen", der Lehre aus dem Yggdrasil-Baum, gefügten Sprache. Die drei Übungslinien von Sigurd, Wölundur und Svipdagr wurden jetzt entfaltet. In *den drei großen Epen* des Mittelalters geschah das Selbstgespräch über das Verhältnis von Denken, Fühlen, Wollen im Menschen, der sich mit dem Impuls des göttlichen Logos verbunden hat. Es entstehen Nibelungenlied, Tristan-Epos. Parzival-Epos.

Das Thema von *Tristan und Isolde* ist im keltischen Bereich gefühlt und vorgeformt worden, ehe Gottfried von Straßburg das deutsche Epos schrieb. Das Thema von *dem Gral und Parzival* gibt das keltische Grunderlebnis des Kampfes zwischen Licht und Dunkel, Lugh mit der Lichtlanze gegen die Fomor der Erdfinsternis, in eine fränkische Fassung, strukturiert um das christliche Gespräch von Selbstläuterung und Geisterkenntnis. Das wurde von zwei Seiten her durchgeübt. In der altfranzösischen Fassung des Chréstien de Troyes, entstanden an den fränkisch-keltischen Höfen von Flandern und Burgund, und in der mittelhochdeutschen Fassung des Wolfram von Eschenbach, entstanden im tirolischen und Kärntner Raum. Das *Nibelungenepos* ist nur in der mittelhochdeutschen Fassung da und vorher in den skandinavisch-nordgermanischen Berichten. Es ist der Bericht von früher Einweihung ins Göttergespräch und dem Verrat dieses Geistanteils, seiner Sühnung im Tod und der Rache am Täter, mit dem Blick auf den christlichen Anruf dessen, der nicht tötet, Dietrich von Bern. Nur die Deutschen haben ein solches Nationalepos, das Ragnarök und Widar-Ausblick in kompromißloser Härte vor die Seele stellt. Sie haben das aber nicht nur als Einzeldrama. Sie haben sich die Dreiheit der Persönlichkeit vor den Blick gestellt. Die Willenssphäre ist im Nibelungenepos aufgefaltet da. Die Fülle, aber auch die Gefahr der Verabsolutierung der Gefühlssphäre ist im Tristan-Epos gezeigt. Die Kraft der Denksphäre zwischen Zweifel und moralischer Entscheidung für den Geistzusammenhang ist im Parzival-Epos ausgebreitet in Bildsprache und Zeitkonkretheit zugleich. Drei große Epen, zeitlich nahe beieinander entstanden, durch 400 Jahre von Sängern und Erzählern durch das ganze Land von Hof zu Hof, von Dorf zu Dorf gebracht. Als man zur Goethe-Zeit die Nibelungenhandschriften wieder „entdeckte", waren sie eine Zeitlang vergessen gewesen. Die Dreiheit der personalen Epen hatte aber in die Substanz der Hörenden hineingewirkt. Die Neuaufnahme der drei Texte im 19. Jahrhundert war darum bei allem Widerstand eben gerade darum so rumorend in den Gemütern.

Wenn man nun von der Erarbeitung des Ichseins im deutsch-europäischen Bereich spricht, muß man zwei Aspekte in sich klären. Die Lage der in Deutschland zusammengefaßten Gruppen hat eine spezielle Spannung zu verkraften gegeben: zwischen Süden und Norden, Osten und Westen. Überschneidung, Begegnung, Austausch und Verbindung geschehen, und eine gewisse, doch nicht extreme Spröde und Härte der klimatischen Bedingungen wirken mit. Dieser Ich-Anruf, der im Germanentum spezifisch da ist, ihn erfährt in anderer Nuance jeder Mensch der ganzen Erde auch. Was hier in einer eigenen Härte erarbeitet wird, hat nur seinen guten Sinn, wenn seine Wirkungen, seine kulturellen Sichtbarkeiten, für alle anderen Menschengruppen nützlich sind. Nur muß man sie befragen. In der Gesamtheit des europäischen Raumes ist zu erkennen, daß der Grundanruf, der Aktivismus in geistiger Ordnung gemäßigt, hier alle Gruppen durchzieht. Die Angeln und Sachsen, die Dänen und Normannen in England, die Franken und Normannen in Frankreich, die Normannen und Langobarden in Italien, die Westgoten in Spanien, die Ostgoten in Byzanz und Italien, die Alemannen in der Schweiz, die Waräger in Rußland, das ist ein weitgebreitetes Netz. Die Aktivitäten der Ausgriffe und Übergriffe ins Weite sind überall zu sehen. Aber im Mittelraum ist etwas verdichtet: sowohl die das Maß zerstörende Überhebung, wie die das Maß des kosmosbezogenen Menschseins suchende Intensität sind hier am deutlichsten zu erkennen, zu beklagen, zu bewundern, wie Ragnarök und Widar-Epoche im Atemzug wechseln. Um dieses Atemähnliche, Systole und Diastole, Goethe sprach oft davon, zu meistern, ist es nötig, es genau zu erkennen. Es ist ein Lehrstück. Nur wo es die reine Entfaltung der verantwortenden Persönlichkeit erreicht, ist sein Gewinn für jedermann nutzbar. Immer muß man wissen, daß die Ausbildung dieser Persönlichkeit das Thema des Abendlandes ist, vom alten Ägypten an erübt. Es geht hier also nur um einen Kernprozeß, eine Stufe im ganzen Weg.

Die Nibelungen speziell und die personale Dreiheit der Epen als Ganzes gibt einen spezifisch deutschen Aspekt der Geschichte. Die Engländer haben ihren Drachentöter König Beowulf als Nationalhelden. Sie haben die ordnende Kraft der Artus-Tafelrunde in ihrer Erinnerung. Die Franzosen erfreuen sich im „Rolandslied" am Sieg Karls des Großen über den Islam und an einen Nachklang der Artus-Tradition. Die Finnen haben das Weltschöpfungslied in der Sicht des reifenden Menschen – die Kalewala. Die ausgeformte personale Dreiheit mit der Klarsicht auf den Geistverrat und seine Sühnung in ungeheurer Dramatik des Ragnarök-Erlebnisses haben die Deutschen sich gegeben. Es ist Gefahr der Überdramatisierung im Gefühl und zugleich die Möglichkeit maßvoller Kraft der Balance. Damit ist auch ihre Grundsituation angesprochen: die personale Balance als einzelner zu halten, das Gleichgewicht, auch im Lebensraum zwischen Osten und Westen.

Diese Aufforderung zum irdisch-geistigen Auswägen kann man auch im Bild des Goldes, des Nibelungenhortes, erkennen. Scheinbar geht es um diesen Besitz: Aber Gold steht hier zuerst als Bild für die Herrschaft über die Kräfte der Erde, und nur der kann sie haben, der sein höheres Ich – die Walküre – nicht verrät an die Maske der irdischen Macht („Kriemhild= Grimahild= die unter der Maske kämpft"). Sigurd/Siegfried verrät seine Bindung an Brynhild. Er lügt, er täuscht sie und gibt sie fort an den Bruder der Kriemhild. Er hat den großen Ansatz seines Weges vertan: die Überwindung des Drachens der bloßen Triebnatur, das Durchschreiten des Feuers um die Walkürenburg (wie Svipdagr um Freyas Burg), den Austausch der Kräfte des Wissens und des Heilens. Es gibt nun nur die Sühnung durch den Tod. Der Nibelungenhort wird von Hagen in den Strom versenkt. Das Wasser flutet über ihn hin, er hat keinen Herrn. Hagen (im nordischen Text Högni, als Bruder des Gunter dort) ist der aus alten Einweihungen Hellsichtige, viel Wissende, aber nicht mehr Zukünftige, nicht im neuen Sinn freigesetzt im Ich. Die Aufgabe der Druiden der Megalithzeit war die Lehre und Formung der Menschen. Die Freiheit muß dann selbst geleistet werden. Die Beherrschung der Erdkräfte kann aber nur wirklich rechtens und zum Guten hin getan werden, wenn die Versuchung des Verrats gesühnt ist und die Verbindung mit den christlichen Gefühls- und Denkanleitungen geschah. Das deutet am Schluß des Epos die Gestalt des Dietrich von Bern an, der im Chaos der Tötungen steht und nicht tötet, sondern den mächtigen Hagen im Ringen um die Atemkraft überwindet. Er bindet ihn und gibt ihn der Kriemhild zur Urteilssprechung. Sie urteilt nicht, sondern fällt in den Rausch der Rache, tötet und wird getötet. Über dem Gold der Mythen und Epen dieser germanischen Gruppen liegt die Wolke der Wertungen aus geistigen Kräften.

Es ist selbstverständlich, daß die leitenden Menschen, die Aktivisten jener Jahrhunderte der ersten Widar-Zeit nicht unverführbare Engel waren, sondern Menschen im freien Raum der Verantwortung von Ich und Gemeinschaft. Die sächsischen (=westfälischen) Kaiser, die den Karolingern folgten, waren Menschen in einer Epoche der Auseinandersetzung mit den Gewalten der Natur und der Unrast der ihren Raum suchenden Menschengruppen. Diese Ottonen-Kaiser bemühten sich aber machtvoll um die zentrale Linie, die Bezugslinie eines europäischen Ordnungsgefüges, wie es Karl der Große vorgezeichnet und vorgedacht hatte. Sie alle kamen noch aus Odins Lehre, aus der Lehre des Yggr, dem Adlerhaupt und Schlangenmeister, im Weltbaum Sinn erringend. Die alten Bilder waren noch da, und die neuen Gedanken vom ordnenden Logos und immer Seienden füllten das Vorgeformte.

Man muß sich vergegenwärtigen, daß jene Menschen in gewisser Weise noch naiv zum „Gold" standen, viel mehr noch der elementaren Strahlkraft des Metalles aus den Erdtiefen geöffnet und es als Erhöhung des Tageslebens, als Schmuck und Kultsymbol nehmend. Sie lebten in den Gesprächen mit der Natur, waren nicht in das Gefüge eines Staates gezwängt wie die Römer. Für die Römer lag der „Staatsschatz" im Tempel der Juno (der höchsten Herrin) als der Juno Moneta, das heißt der mahnenden Herrin, die die geregelten Ausgaben der Staatsnotwendigkeiten zu umgrenzen mahnte (monere = mahnen). Im Nibelungenepos ging es nicht um den Hort, sondern um Verrat und Lüge des Sigurd gegenüber der Walkürensphäre und in der Folge um Verrat und Lügen des Hagen, des Gunter und um den Rausch der Rache der die Lüge kennenden Kriemhild. Es ist der Entscheidungsprozeß des freien Ich angesprochen. Er ist im Parallelklang der Namen schon angedeutet: Nibelung als Nebelung, aus den nördlichen Nebeln kommend, aus deren Tiefen Niflheim = Nebeldunkelheim kraftet. In ihm strahlt der brodelnde Kessel = Brunnen Hwergelmir seine zwölf Nordströme wie die zwölf Hauptesnervenpaare aus, die Eliwagar, die im Kräftereich des Ginnungagap den Urbildmenschen Ymir erwecken.

So erlebte man den Sigurd einst; das Relief auf dem Ramsund-Stein deutete es an: Sigurd, im Zentrum des Erdraums der umgebenden Midgardschlange, sein Pferd – seine intelligente Kraft – an den Lebensbaum Yggdrasil bindend, dem Rat der Vögel horchend, das Herz der Schlange = Drache treffend, es bratend und in sich selbst die Naturweisheit aufnehmend. Es ist eine Zusammenfassung langer Einweihungen im Odins-Bereich der Drottnir-Lehrerpriester. Die Not-

wendigkeit solchen personalen Weges rafft das Bild der Wölsungen-
sage zusammen: Sigurds Habicht (Denk- und Spähkraft) flog hoch an
ein Turmfenster. Sigurd, ihm folgend, sieht in der Turmstube Brynhild
sitzen, auf den Schicksalsteppich sein und ihr Lebensgesetz stickend.
Sie verbinden sich, wissend, was geschehen wird. Das Bild des Turmes
– der aufrechten Leiblichkeit –, in dem „der Jüngste" die Prinzessin
Seele erreichen muß, im Sprung der Höhe, ist seit dem alten Ägypten
gesamtmenschliche Erfahrung. Hier im Geistraum ist Sigurds Schicksal vorgeprägt. Es ist Odins Wegweisung, der er folgt. Am Beginn der
Wölsungen-Sippe steht Odins Wirken. Es geht also um eine Grund-
linie, und es ist einleuchtend zu sagen – wie es Rudolf Steiner tat –, daß
„Sigurd" der Rangname des jeweils leitenden Priesters der Odins-
runde war.

Richard Wagner erfaßte klar, daß es in der Sigurd-Sage nicht um
eine Familienszene gehe, sondern „das Schicksal der Welt hängt von
dieser göttlichen Einfalt und Einzigkeit des furchtlosen einzelnen ab"
(an LudwigII. im Jahr 1869). Man muß den Menschenweg also
schrittweise gehen: sich aus der Umschlingung der Versuchung wek-
ken (die Bezeichnung „lintwurm" für den Drachen meint das Wort lint
= Schlinge), die Drachenkräfte aus dem Bösen ins Gute verwandeln,
ins Weltgehör weiten (den Stimmen der Vögel, im Bild). Die Dra-
chenköpfe an der Spitze der Wikingerschiffe zeigen noch die un-
bemeisterte Kraft, einen Überantrieb. Das aus dem Griechischen
übernommene Wort „Drache" zeigte deutlicher den Ich-Anruf: dra-
con kommt von dracomai, Feuer aus den Augen strahlen, aktiv in den
Blick fassen. Die Edda deutete das im „Schreckensdiadem" des Fafnir
an. Besteht man das, so ist der Goldschatz aufgefaltet da als der
„Goldgrund" der mittelalterlichen Bilder. Es ist das Leuchten der
geistigen Hintergründe der Dinge. Als man die Nibelungenhandschrift
um 1800 neu erlebte, erfaßte Goethe in dieser harten Geschichte nicht
nur die Gefühlserfahrung, sondern den Anruf, daß man „Urteil
bildet", also das ganze Werdegefüge durchdenken kann. Heinrich
Heine formulierte die harte Anforderung so: „Es ist eine Sprache
von Stein, und die Verse sind gleichsam gerahmte Quadern. Hie und
da, aus den Spalten quellen rote Blumen hervor wie Blutstropfen, oder
zieht sich der lange Efeu herunter wie grüne Tränen."

Es wird in der Edda berichtet, die Walküre, das heißt die geistige
Wesensessenz des Menschen als sein Leitbild, das „höhere Selbst" in
indischer Terminologie, oder die „fravarti" in iranischer Sicht, sie gab
der Seele, hier der „Mutter" der Sippe den Apfel, durch dessen
Lebenskraft sie den Sohn *Wölsung* oder Wälse gebar, dessen Name
im alten gotisch etwa „erlesener Gottessohn" bedeutet. Die Walküre
verbindet sich mit diesem Geistanteil des Menschen, das heißt sie
inspiriert ihn zur Auffaltung der menschlichen Entwicklung. Es wird
die polare männlich-weibliche Zweiheit in die Handlung gebracht, die

„Zwillinge" Sigmund und Signy. Als Signy ihre Hochzeit mit dem unbedachten irdischen, nur irdischen Anteil feiern soll, erscheint mächtig der leitende Geist, Odin, und stößt das Schwert in den tragenden Baum, um den herum die Halle des Lebens gebaut ist. Wahrer Herr der Erkenntnis ist nur, wer dieses Schwert herausziehen kann. Das aber kann nicht der fremde Schwager, sondern nur Sigmund. Im Kampf der beiden Seelenaspekte zerbricht das Schwert in dem Ablauf lebenslanger Auseinandersetzung, Odin bricht es, fordert neue Stufe.

Wie in allen Heldenmythen und Märchenbildern sind die handelnden Hauptpersonen Auffaltung der im Menschen wirkenden Impulse und Kräfte. So gehören Sigmund und seine Zwillingsschwester Signy und seine Frau Hjördis zusammen wie Geist, Seele und Leib, von der kurzschlüssigen Machtversuchbarkeit des „Schwagers" durchpulst, vom „Sohn" als jungem Willen zum guten Werden vorangeführt in die nächste Stufe. Das Bild zeigt Innenvorgänge im Menschen, um das höhere Selbst, die am Anfang stehende Walküre, zum Wirken zu bringen. Der „Sohn", der entstehen kann aus Sigmunds Willen und Signys unverführbarem Wesenskampf gegen den, der das Schwert Odins usurpieren will, dieser Sohn = Repräsentanten der nächsten Entwicklungsstufe des Bewußtseins, ist *Sigurd* (=Siegfried). Er muß nun lernen, mit dem Eisen und den Umschmelzungskräften des Feuers umzugehen, damit er das Schwert des Odin-Geistes wieder heilmachen kann. Sigurd muß durch die Lehrstufe des Schmiedes hindurchgehen. Das war in allen frühen Kulturen eine zentrale und kultisch herausgehobene Stufe, denn die Meisterung der ständigen Verwandlungsprozesse der Erdmaterie, die Feuerschmelze, ist Aufgabe des Menschen. Aber sie ist von den stärksten Gefahren umlagert. Das war so, und das ist auch heute so. Darum waren die Schmiede nicht nur als geschickte und intelligente Handwerker beachtet, die mit Metallegierungen und Formungen umgehen konnten, sondern auch als umfassende Lehrer wie Wieland der Schmied.

Sigurd-Siegfrieds Lehrmeister war aus der Elementargeister-Sippe der „Zwerge", die mit den Gesteinskräften zusammenwirken. Es war *Regin* (=der kluge Ratwissende). Das entsprach dem Geistwesen, das die Griechen Hephaistos nannten (=Feuerherr). Dort bei Regin lernte auch Wieland der Schmied, von dem berichtet wurde, daß er nicht gerne neben Sigurd arbeitete wegen der ungemeisterten, noch hemmungslosen Kraftlust dieses Odin-Schülers. An Wieland zeigte die Bildersprache dann die Einordnung des Menschen, der die Materie umschmilzt, in einer Dreiheit.

Sigurds Lehrmeister „Regin" („Ratgeber") wird auch in einer Dreiheit gezeigt, also auf das Menschsein zielend. Neben ihm als dem Denkenden wirken die Brüder Fafnir und Ottur. *Fafnir* ist der, der den Goldschatz aus Sonne-Erd-Kräften nur besitzen will: Richard

Wagner faßte es in die Formel „Ich liege und besitze – laßt mich schlafen–"; er ist die noch stumme Drachenkraft, das noch unangerufene Wollen. *Ottur in der Erscheinungsform als wendiges, im Wäßrig-Erdigen wechselndes Tier, Otter, spielt im Elementaren das Fühlen durch, Wasser, Luft, Erde, Hunger und Durst, Bauen und Jagen fühlend. Die Bildlehre berichtete nun, daß Loki, indem er das nur elementare Fühlen auslöscht („den Otter tötet, um dessen Lachsbeute selbst zu verzehren"), den Fluch über das Erdgold selbst herbeiführt. Aber auch das wird im Wirken einer Dreiheit und aus übergeordneter Notwendigkeit gezeigt: Es wandern wirkend durch die Welt Odin, Hönir und Loki. Da ist Notwendigkeit. Neben dem Leitgeist Odin ist wieder der schnelle Bewußtseinsträger Hönir dabei wie einst in der Menschenschöpfungsaktion. Nun wandern sie am Fluß im Bereich Regin-Fafnir-Ottur. Sie wecken die Drachensphäre auf, der Fluch über das Erdgold wird durch die Löschung, Tötung Otturs herbeigeführt, damit Sigurd-Siegfried den Fluch ausleben, lösen muß.*

Da das Thema zentral ist, muß man es genau betrachten. In der Prosa-Edda fragt der Skalde: „Welchen Grund hat es, daß man für Gold Otterbuße sagt?" Um diesen Kenning zu erklären, erzählt er die Bildgeschichte dazu. Er berichtet, daß, „als die Asen aufgebrochen waren, um die Welt zu erkunden, Odin, Loki und Hönir, kamen sie an einen Fluß". Wir fragen heute zurück: Um den Menschen mit Seele und Geistkraft zu erwecken aus dem nur Vegetativen, wanderten einst Odin, Hönir, und Lodur. Lodur gab das mit Ichkraft durchblutete Lebensbewußtsein. Nun aber ist Loki statt seiner in der Dreiheit. Er drängt den wachen Menschen in die Prüfungen. Loki also tötet den im vegetativen Element, im Fluß wendigen Otter und nimmt seine Beute. Im Weiterwandern offenbart sich dazu die andere Dreiheit. Der Vater der drei, einer der mit den Elementen umgehen kann, fordert Buße für den Getöteten. Das Otterfell soll mit Gold gefüllt werden. Loki geht zu dem Zwerg Andwari „dem Vorsichtigen", also dem Hütenden und Sammelnden. Loki zwingt ihn, das Gold aus dem Gebirgsinneren herauszubringen. Er zwingt ihn auch, den Ring zu geben, durch dessen harmonische Rundung Andwari, der Elementarhelfer der Mineralwelt, Macht hatte, die strömenden Goldkräfte in wirkende Materie zu wandeln, den Vorrat zu erneuern für das Erdleben. „Ring", vom Elementarwesen gehütet, ist kreisende Wiederholung des Gleichen, also Naturablauf. Menschengeistweg ist nicht Wiederholung, sondern Verwandlung ins Unbekannte, spiralige Metamorphose. Greift das Geist- und Seelewesen Mensch unbedacht in den Naturringprozeß ein, muß er es wissen oder mit sich selbst sühnen. Geht es um Gold, ist die Kernfrage gemeint. Gold, Aurum, ist Heilkraft. Es wird therapeutisch Hilfe zur Rhythmisierung des Herzens. Wer das rein verarbeitete, nicht präparierte Gold erlebt, spürt bis ins Physische die Kraft der Strahlung.

Loki nimmt dem Andwari den Ring, um das Otterfell zu füllen. Der Zwerg spricht den Fluch darüber. Man bringt dem Vater der drei das Gold, „die Otterbuße". Der Ring muß dazugefügt werden. Der Fluch wirkt schnell. Die Brüder töten den Vater um des nun entweihten Goldes willen. Fafnir als Drache hütet es. Regin der Schmied bereitet Sigurd vor, mit dem Odinsschwert den Fafnir zu töten. Nun ist aber Sigurd, der auf Regins Rat „das Herz des Drachens" zur Speise für Regin brät und den aufspritzenden Tropfen schluckt, selbst hellhörig geworden: Die Kräfte der Natur sind ihm wahrnehmbar. Er hört den Rat der Vögel: Töte den, der dich töten will, den Regin, und reite hinauf zur Burg der Brynhild. Eine harte Bildgeschichte erzählt der Skalde. Er bekam sie durch Generationen überliefert aus dem Priesterzentrum. Es ist die Geschichte vom Menschsein: von den leitenden Göttern genötigt, zwischen Gut und Böse durch sein eigenes Sein zur Freiheit der Entscheidungen zu kommen. Es geht um Raub an der Natur (das vom Zwerg gehütete Erdgold) und um Verrat des Geistseins des Menschen: im Erkennen und Sühnen reift Freiheit.

Sigurd-Siegfried gestaltet zwar das Odinsschwert irdisch um, und er hört den reinen Anruf der Odins-Walküre; aber er reitet auch das Pferd, das von Odins durch Loki bewirktem Pferd stammt, und er trinkt den Herzsaft des von Loki geweckten Drachens, nimmt seine Kraft in sich auf, die er erst wandeln lernen muß. Loki als die Versuchbarkeit ist mit ihm. Es ist die Aufgabe des Menschseins. So gewinnt Siegfried den „Nibelungenschatz". Er gewinnt die schnelle wache Erkenntniskraft für die Natur („das Pferd"). Er gewinnt die starke streng gewaffnete Geistkraft, die Walküre Brynhild, die ihn Heilerkräfte lehrt. Aber er kann den Fluch, der auf dem Erdgold liegt, nur durch sich selbst lösen, durch seine Selbsterkenntnis im Verrat und seine Opferung.

Siegfried vollzieht im menschlichen Bereich repräsentativ den Ragnarök-Weg. Er kann zwar den bloßen Triebbereich des Selbstischen bemeistern: denn er tötet den Drachen, durchdringt den dreifachen Feuerring der Triebsphäre und findet das höhere Selbst, die Walküre, hört ihre Lehren und verspricht sich ihr unlöslich. Dann aber beginnt der große „Brautverrat", von dem die Walküre in „Brynhilds Helfahrt" spricht. Als Sigurd den schrittweisen Durchgang durch die irdischen Aufgaben ausführen muß, verhüllt sich ihm das geistige Kräfteziel. „Er verrät die Walküre", das heißt, er verrät sein Selbst, seine gute Kraft, seine Würde. Er verfällt dem Zauber der Maske, der Materiewelt. Das ist die Funktion der Kriemhild, der „Grimahild", der „unter der Maske Kämpfenden". In der nordischen Fassung der Lehrbildgeschichte ist der Prozeß in zwei Stufen aufgeteilt. Hier gibt die Mutter als Grimahild dem Sigurd einen „Vergessenstrank" und verbindet ihn dadurch der Tochter Gudrun (=„die die Kraftformel, den Zauberspruch des Kampfes kennt"). Das geteilte Vorgehen entschuldet den Sigurd-Menschen nicht, seine Seelenwachheit war gefragt, wie Brynhild sie ihn gelehrt hatte. Er aber fiel in die Schwäche. Die Kampfformel der Kriemhild-Gudrun ist nun nur noch der irdische Kampf um die Macht.

Um nicht am Wesentlichen vorbeizusehen, muß man sich erinnern, daß es in Drachenkämpfen und in der Nibelungengeschichte nicht um das Gold als äußeren Besitz geht. Gold war immer kultisch wahrgenommen als Sonnenkraft in Erdgestalt, auf allen Kontinenten war das gleich. Als König Beowulf, im englischen Epos, die Drachen unter Opferung des eigenen Lebens getötet hatte, nahmen seine Mitkämpfer und Erben nicht das Gold des Drachenschatzes an sich, sondern versenkten es in kultischer Handlung wieder in das Sumpfgebiet des Drachens. Der Fluch des Elementarwesens, des Zwerges, über die entrissene Goldkraft bezeichnete das Symbol der verratenen Sonnen-Geist-Kraft, Verrat, der aus dem Triebwesen des Menschenwerdens schadenstiftend geschah. Aber dieser triebhafte irdische Kampf um die Macht, um den Machtgenuß, muß im Bewußtseinsweg getan, endlich erkannt werden. Er wird von Sigurd-Siegfried getan, nachdem „die Maske" (Grimahild) das Schauen des geistigen Sinns und Ziels abgedeckt hat. Das selbstische Sich-stark-Fühlen berauscht. Sigurd-Siegfried läßt sich von der Herrin der Maske durch das äußere Leben über sein inneres Leben wegtäuschen.

Aber das wache Erfassen des persönlichen Wesenskernes ist gerade von der neuen Bewußtseinsstufe gefordert. Das Ragnarök-Erleben heißt für Siegfried Verrat der Verbindung zur Walküre. Das Erleben der neuen Welt des Widar wird von ihm durch das Opfer seiner selbst eröffnet. Seine Verschuldung ist aufgehoben im objektiven Ablauf des Bewußtwerdeweges. Eine leuchtende Unberührbarkeit bleibt um ihn, da ihn der Speer von hinten trifft, als er im Waldquell trinkt. Die Stelle zwischen den Schultern, auf die das Lindenblatt fiel, als er (wovon nur das Epos berichtet, die Edda ist strenger,) im Blut des überwundenen Drachen sich unverwundbar machen wollte, ist die Stelle, über der Christus das Kreuz nach Golgatha trug. Man erfaßte das als die Bezeichnung der Unausweichlichkeit des Opferdurchgangs im Menschsein.

An dieser Opferung wirkten zwei Kräfte. Die eine kam vom Trägheitswillen, der sich nicht wandeln mag, also im Epos von *Hagen,* der den alten Priestersippen angehörte, die die vorbereitete Persönlichkeitsreife nun nicht verstanden. Die andere Kraft kam von dem Staatsrepräsentanten *Gunther,* der die neue Epoche nicht nach ihrem Auftrag befragt, sondern die Persönlichkeit nur als Machtgenuß ausnützt. In der Edda-Fassung ist das so angedeutet:

„so stand Sigurd/vor den Söhnen Giukis (=Gunther)/ wie grüner Lauch,/ der im Grase wächst,/ wie der hohe Hirsch/ vor hurtigem Wild,/ wie glutrotes Gold/ vor grauem Silber."

Der Siegfried im Menschen ist als Leuchten des Goldes geschaut, der Gunther (=Giuki) als grau und dumpf. Gunther ist goldsüchtig. Das Lied von *„Walther und Hildegunde"* schilderte es hart und schaurig. Es zeigt den Gunther auf seiner Burg sitzend, wie ein Geier nach Beute ausschauend. Das zweifache Mißverstehen der Forderung der neuen Persönlichkeitsstufe kann nur zu Chaos und Selbstzerstörung führen. Das Nibelungenepos schreitet unerbittlich diesen Weg in die Mitte Europas aus, wo alle am Siegfried-Opfer Beteiligten sich gegenseitig am Hofe Etzels morden. Zuletzt stehen Attila (Etzel) und Dietrich von Bern anschauend und nachdenklich allein. Dietrich von Bern ist das Symbol des griechisch gebildeten und intensiv christlich wirkenden Ostgotenkönigs Theoderich (471–526), der sich aus „Laurins Rosengarten" die Kräfte der Naturgeistigkeit herauskämpfte, ohne sie in Machtsucht zu verraten. Er weist auf die neue, die Widar-Stufe, auf der Wollen und Fühlen geistig impulsiert werden.

Siegfried kam von Xanten aus der niederrheinischen Fürstensippe, in deren Namen sich die „Sig"-Bezeichnung lange erhielt, noch als sie in fränkisch-merowingische und dann karolingische Herrschaft eingingen. Es klingt da also eine Herkunftserinnerung an den Rangnamen der Kultleiter der Drottnir nach. Bei den im Auxiliarverhältnis zu den Römern stehenden Burgundern war Volker von Alzey der Präfekt des römischen Kastells Alteium, war Heerführer Gunthers, aber auch der Sänger, der die alten Lieder und Lehrtexte aus der nördlichen Herkunft der Burgunder noch kannte. Doch am Schluß der 39 (=3x13) Gesänge des Nibelungenepos heißt es: „Da war der Helden Herrlichkeit hingelegt im Tod."

Alle Epen – und jede echte Dichtung – formulieren zeitreife individuelle und durchdachte historische Erfahrungen. Hinter den Figuren des Textes stehen Menschen, die das durchlebt, gefühlt und gedacht haben. Was im völlig unverwirrten Gedächtnis der Zeit vor dem Buchdruck gesprochen und weitergesagt wurde, umfaßt eine bestimmte Werdestufe des Bewußtseins. Die zeitprägende Gestalt des Ostgotenkönigs, der zwar kurz nach Attilas Tod geboren wurde, war Schwellensymbol der Zeit als „Dietrich". Als man um 1100 das Epos aufschrieb, hatte man den Überblick gewonnen und sah die eigene Zeitaufgabe. Die Burgunder-Nibelungen stehen nun als Symbol für ein nur irdisches Schwertkampfwollen, das sich in sich selbst zerstört. Einst hatten die Gespräche mit den Göttern das Lehrbild des „Brautverrats" gegeben, den Sigurd an der höheren Seele, an der Walküre übte. Nun hatte man im Gedächtnis den geballten Untergangsweg „des Gundicar mit seinem Volk und seinem Familienstamm", wie es die zeitgenössische Aussage des „Prosper Chronikon" aus Aquitanien sagte. Dieser Untergang durch die Hunnen wurde in den römischen Annalen um 435 genannt. Es gibt keine Legenden um ein Schlachtfeld bei Worms, sondern es ist anzunehmen, daß dieser Kampf wirklich an der Donau, in Gran (Esztergom) geschah, später ungarischer Königs- und Erzbischofssitz, einst der äußerste Stützpunkt des karolingischen Reiches. Es muß in dem Familiendrama der Burgunder jener Verrat einer höheren Verbindung geschehen sein, den man im Nachklang der alten Lehrbilder im Kampf Siegfrieds „unter der Tarnkappe" und der Auslieferung der Brynhild an Gunther spiegelte. Nach der Zerstörung dieser Burgundergruppe wurden ab 444 die übrigen Burgunder von den Römern umgesiedelt nach Savoyen und das Rhonetal, eine neue Landverteilung geschah, ein neuer König prägte sich aus, und viel später wurde das Herzogtum Burgund ein Zentrum der „neuen Musik" der individuell geführten polyphonen Linien. Aber die Erinnerung an diese Ballung aus Schwertheldentum, Geistverrat und Selbstzerstörung hatte im Nachdenken Europas so stark den Gegenruf der christlichen Geistigkeit geweckt, daß das Epos formuliert wurde.

Dafür stand Theoderich, nun als „Dietrich von Bern". Bern meinte Verona. Das war in dem keltisch-langobardisch-ostgotisch besiedeltem Norditalien eine der Residenzen des Theoderich, der in Byzanz in der noch spirituellen Sphäre des frühen Christentums aufgewachsen war. Verona war also im Ausstrahlgebiet abendländischer Wissensweitergabe und harmonischer Staatsgestaltungen. Die Symbolgestalt des Dietrich wurde kosmisch repräsentativ empfunden, in der Zwölfheit seiner Ritter gezeigt. Sie waren alle schon individualisiert. Er sorgte für sie und für den ganzen Umkreis: „Dietrich" = Volkskönig, eine statt dem Namen des historischen Vorbilds Theoderich gewählte Kennzeichnung. Im „Rosengarten-Epos" des 13.Jahrhunderts wird berichtet, daß Kriemhild Dietrich nach Worms lud, um seine Kräfte mit Siegfried messen zu lassen. Dietrich kam zögernd, weil er das Spiel mit der Macht nicht wollte. Im Turnierkampf siegte er über den noch ungeläuterten Siegfried.

In den Epen jener Epoche wird von seinen „Vorfahren", also von seinem Wesensaufbau, berichtet, von Hug-Dietrich und Wolf-Dietrich. Hug ist das Wort für Denken, wie der Rabe Hugin heißt, der neben dem Raben der Erinnerung, dem „munin", Odin die Weltberichte bringt, sie denkend auffaßt. *Hugdietrich* baut das Denkinstrument auf. Im Bild heißt es, daß er die Prinzessin aus Griechenland, dem Gebiet genauer Denkentwicklung, holt, indem er sich zu ihr „in den Turm" begibt, in den der „Vater", der Inkarnationsherr, sie einschloß. Im Bild ist der Turm die Umschließung des Menschenwesens durch die Leiblichkeit. Sein oberster Raum ist es, in dem der Denkprozeß geübt wird. Dort übt Hugdietrich mit der Prinzessin = Seele die feinen Arbeiten „des Stickens und Nähens". Da ist das Bild – aus den Märchen bekannt im „Tapferen Schneiderlein" oder „Dornröschen" das sich an der Spindel im Turmzimmer sticht – für die präzise Denkarbeit, die feinen Stiche und Strukturen der Welt erkennend, im Innern dabei gesammelt. So, auf der Basis des Denkenkönnens, gewinnt Dietrich die nächste Stufe. Der „Sohn" als „*Wolf-Dietrich*" muß nun die Willenserfahrung machen, in starker Auseinandersetzung mit der Welt, kämpfend, verfolgt, von Magie umsponnen, endlich Herr werdend mit den gemeisterten Wolfskräften. Die Stufe des „Enkels", von der die alten Ägypter sagten „der Sohn seiner Erfahrungen", also die Stufe des „Dietrich von Bern", ist, die harmonisierende Aufgabe des Fühlens vollwach darzuleben.

Man kann die Zwölfheit seiner ihm zugeschworenen Helfer als Spiegelung der Zusammenarbeit im historischen Herrschaftsbereich sehen, aber auch als Ausbalancieren der Varianten aller Wesenskräfte im inneren Menschen. Dort tritt nun *Wittich,* Wielands Sohn, ein, als das störende zerstörende Element, ein Wille, der vom kalten Intellekt gestachelt ist, egoistisch kurzschlüssig reagiert. Er hindert ruhige Entwicklung. Das Bild sagt: Dietrich wollte in die Begegnung mit der Sphäre der Elementarkräfte, der den Erdprozeß durchwirkenden Elementarwesen treten. In diese Sphäre hatte einer seiner Helfer die „Schwester", seine Seelenneigung, verloren, der Zwergenkönig *Laurin* hatte sie zu sich geholt. Dietrich in der Zwölfheit wanderte hinauf in den „*Rosengarten",* das mächtige Kalkgefels Südtirols in den Dolomiten, das in der Abendsonne weithin ins Land rosenfarben glühend leuchtet, bis zu 3004m hoch ragend. Dort sah man das Zentrum der Elementarmacht, den König Laurin: „der könic der heizet Laurin,/ im ist vil tugende bekant" (Wartburgkrieg-Epos). Es hieß: „ze Tirol in dem tanne/ da hät er erzogen zarten/ einen Rosengarten" (LaurinD, um 1300); oder: „Vor dem wald zu Tyrol/ hat das twerch eyn garten.../ um den ezawn get eyn seidnfaden" (Handschrift 15.Jh.). Ein Seidenfaden umzog das klüftige mächtige Berggelände, in dem ein leuchtender Rosengarten angelegt worden war. Ein Seidenfaden, das heißt, für jeden Ankommenden ist die freie Entscheidung offen, ob er fragen, lieben oder zerstören will.

Dietrich, als sie herankommen, und er das Leuchten und den Duft und die Himmelsweite wahrnimmt, will lieben, anschauen, fragen: „mich entriegen alle mine sinne, wir sin in dem paradise hinne", ruft er. Aber Wittich ist neben ihm, in kaltem Willen des Kurzschlusses will er nur eindringen und die hier verborgene Seele des Nachbarhelfers mit Gewalt holen. „Wittich, der vil starcke weygandt/ zerstört die rosen alle sandt" (Nürnberger Druck um 1500). Er zerreißt den Seidenfaden, dessen Ruf er nicht versteht. Er zertritt die Rosenbeete. Es kommt zum Kampf. Laurin mit seiner Überstärke wehrt sich lange, bis List ihn meistert. Aber Dietrich will Versöhnung. Laurin führt alle ins Innere des Reichs. Die Minerale und Kristalle leuchten, die Rosen im inneren Gehege duften. In Laurins goldner Krone nisten Vögel, die singen und umherfliegen. Aber Wittich braucht Gewalt und Verrat, um die verborgene Frau fortzureißen, obwohl sie zum Frieden mahnt, denn

Laurin hat sie gut behandelt und freigelassen. Gewaltsamer Kampf zerstört die innere Welt der Elementarstrukturen. Laurin wird gefangen. Er flieht. Als ein einsamer Fürst kehrt er zurück und läßt den Rosengartenbereich ins Verborgene sinken. Die Zeit des alten Hellsehens war vorbei, der im Ich noch ungemeisterte Wille des Wieland-Sohnes ließ Laurins Reich unsehbar werden. Aber als Dietrich durch seine Gegner gefährdet ist, holt Laurin ihn durch einen Boten, der ihm ins Bad hinein (in dem man ihn morden will) ruft: „Berner, du solt mit mir gahn!" (Heldenbuch). Der Weg des Dietrich von Bern klingt aus im Miteinander mit Laurin in der Lehre der Kräfte des Rosengartens. So ging er in die jahrhundertelange Sage ein. (Daß kirchlich dirigierte Fassungen Dietrich in die Hölle schicken, hängt damit zusammen, daß der Ostgotenkönig Theoderich der arianischen Form des Christentums anhing, nicht der katholischen Entscheidung für die Auffassung des Athanasius.)

In einer anderen Version der Entrückung heißt es, Dietrich habe, in einem Fluß badend, aus dem Wald einen Hirsch mit goldnem Geweih heraustreten sehen. Er sei aus dem Wasser gesprungen und habe sich aufs Pferd geschwungen, nicht achtend, daß es nicht das seine, sondern ein feuriger Rappe war, der sich hinauf in die Lüfte schwang und mit Dietrich vor den Augen der erschreckten und staunenden Freunde in den Wolken entschwand. Beide Versionen beweisen, daß man in ihm einen geistigen Meisterschaftsrang erreicht sah, den man befragte.

Man kann erkennen, daß die Hinderung im Weg des Dietrich zur umfassenden Wahrnehmung der Strukturen der Erdwelt durch den noch undurchwärmten, machtsuchenden Willen bedingt ist, also durch das Eingreifen des Wittich-Seins. Die Entscheidung reifte, als Wittich, der sich von Dietrich löste und ihn zu bekämpfen suchte, verhinderte, daß Dietrich den König Etzel nachbarlich ehren, in dessen eigenen trancehaften, im Zeitwerden nicht mehr gemäßen Spiritualität doch verehren konnte. Wittich drang ein und tötete die beiden Kinder des Etzel. Anstatt auf Lebensstufen zu überwinden, was nicht mehr richtig in der Bewußtseinsstufe stand, mordete er. Jetzt fand Dietrich ganz zu sich selbst. Er jagte Wittich durch das Land vor sich her, trieb ihn bis an den Rand des Meeres, und dort tauchte Wittich wieder ein in die Lebenskräfte, im Bild gesagt: Seine Urmutter, die Meerfrau, empfing ihn, zornig, aber sie nahm ihn auf.

Die Bildgeschichte vom Wittich im Menschen, vom Sohn Wittich des Schmiedes Wieland und der Tochter des machtgierigen Königs Nidung, sagt aus: Die Wollenskräfte müssen immer wieder in Stufen erkämpft und geläutert werden, immer wieder muß man in das reine Lebenswasser eintauchen. Es ist da ein spezieller Aspekt gegeben zu dem großen umfassenden Aspekt vom Weg des Sigurd/Siegfried, der einst mit Wölundur/Wieland in der Schmiede des Regin lernte. Der Stufenweg des Wittich fordert immer wieder Selbsterkenntnis, die nicht Ruhe gibt. Hinter dem angstgejagten Wittich reitet Dietrich, der den Feueratem um sich ausströmt, wie es von ihm in höchsten Spannungsmomenten berichtet wurde. Es gibt im Södermanland in Schweden in der Kirche von Floda im Gewölbe Bilder der Helden, Dietrich feuerschnaubend gegenüber Wittich.

Abb. 16: Im Deckengewölbe der Kirche von Floda (Södermanland, Schweden) aus dem 15. Jh. verfolgt Dietrich von Bern den Wielandssohn Wittich, treibt ihn mit seinem Feueratem in eine Verwandlungsstufe.

Die Epen und Lieder von Laurin und Dietrich mit seinem Kreis wirkten und wurden gehört und mitgelebt durch ganz Europa hin. Europa war (und ist) ein Gesprächsraum. Die Tell-Sage der Schweizer stammt aus dem Norden, der Apfelschuß wurde vom dänischen König Harald Blauzahn (940–980) zuerst erzählt. Sie ging von Norden nach Süden, die Dietrichsage von Süden nach Norden durch den Kontinent. Und es war in Mitteleuropa nun dieser Dietrich, der im Schluß des deutschen Nibelungenliedes als der stumme Antwortgeber steht: nicht tötend, stark wollend, besinnend.

Es ist deutlich, daß das mittelalterliche Nibelungenepos die grundmenschliche Bewußtseinsprüfung der Edda-Fassung mit dem historischen Ablauf verband. Das Eindringen Siegfrieds aus den nördlichen Gebirgen in die Rheinmündung, langsam durch die großartigen Schwünge des Schiefergesteins, in das der Rhein sich die Schlucht bahnte, bis in die Ebene von Worms zum Reich der Burgunder Gunthers (=Gundahar um 430), spiegelt den Weg der „Nebelungensippe" der Pippiniden aus der Niederrhein-Ebene ins zentrale Mitteleuropa und nach Süden. Um diese Achse kristallisierte sich das christliche Europa. Im Odenwald, wo Siegfried in dieses Lebensgebäude hinein geopfert werden mußte, hatten von Süden her durch die römischen Legionen die Lehren des iranischen Mithras-Kultes herangedrängt: die Opferung der bloßen Vitalkräfte („des Stiers") durch den Sonnenhelden Mithras (iranisch und sanskrit = der Mittler). Seine Geburts- und Inspirationsimpulse zeigten zugleich die Aufbrechung des Erdgesteins und den Einbruch der Sonne, des Lichts. Der die Erdmaterie umzuschmelzen gelernt hat und mit der Walküre sich verband, ist nun Siegfried. Noch ist er selbst das Opfer, der Stier, der am Quell getötet wird. Aus seinem Wesen soll die neue Stufe, das Widar-Sein, entstehen, wie aus dem Mithras-Stier die erste Erde entstand. Das Bild ist mächtig nachklingend durchgedacht im Märchen von der „Kristallkugel" (Grimm) erhalten.

Der Erzähler des Nibelungenepos um 1200 umspielt die alten Bilder, aber er greift bewußt in die Zeit der Begegnung germanischer Gruppen mit dem Christentum, also der Begegnung von Ragnarök-Erleben und Widar-Anruf, hinein. Dazu gehört auch immer wieder das Herandrängen überalteter magischer Kultformen aus voreuropäischer, atlantischer Tradition (Rudolf Steiner wies darauf hin), wie der Hunnen. Im späteren Epos ist dieser Aspekt verhüllt, hier hat Etzel mehr die ausstrahlende Ruhe der Persönlichkeit, von der die Zeitgenossen berichteten, und Dietrich von Bern übergreift die vergangenen Prozesse durch seine souveräne christliche Geistigkeit. Daß sich der heutige Leser des Epos mit dem biederen Übersetzungshochdeutsch abstimmen muß und mit dem zur Zeit des Schreibers schon etwas verspielten höfischen Pomp, darf die Bildsubstanz nicht verdecken. Man muß sich auch klarmachen, daß um 1200 die Jagd auf die Wildtiere der Wälder noch immer eine schützende Lebensfunktion hatte. Noch immer stand der Mensch im Gespräch mit der Natur. Die nach strengen Regeln verlaufenden Turniere waren eine zentrale Disziplinübung vitaler Kräfte in der Gemeinschaft.

Noch einmal, im Extrakt gesagt: Sigurd kann die Schwert-Wort-Zielung des Odin erkennen, „er kann das Schwert neu schmieden". Er kann den Drachen töten, das heißt die Gefahr des Mißbrauchs der Naturkräfte im egoistischen Schadenstiften erkennen (im Anschauen des Augenfeuers und Schreckendiadems standhalten) und die gefährdete-gefährliche Kraft in sich aufnehmen – „das Herz essen". So öffnet sich die Natur. Er hört – versteht – aus dem weiten Luftraum die Stimmen, die Aussagen der Vögel. Sie sind ihm geistige Wegweisung zur Höhe, zur „Burg der Walküre" und ihren Kräften. Die westliche und die östliche Wertung des Drachenbildes läßt sich so erkennen: Die abendländischen Kulturen reißen die Natur forschend an sich. Die östliche Haltung Chinas verbleibt in Achtung, Befragung, Verehrung, Distanz. Hat der Sigurd-Mensch die Drachengefahr bewältigt, und die Walküre ist ihm begegnet, dann ist die Versuchung der neuen geweiteten Freiheit groß. Nur die Antwort aus der Widar-Verantwortung auf neuem Grund gilt. Hier ist der Ansatz des Christus-Gesprächs gegeben.

Aber man muß vergegenwärtigen, gerade um die Radikalität und den Ernst des Sigurd-Weges zu erkennen, daß die Deutschen als eigene Aussagen neben der tragischen Dramatik auch die Epen der geduldig langhin ausgeführten Wege der Selbstmeisterung und Überwindung der Gegenkräfte guten Seins hatten: das *Grudrun-Lied,* die *Fridthjof-*Erzählung und das (doch tragische) *Hildebrandslied.* Der ruhige, beharrliche Widerstand dieser Gudrun gegen die „böse Königin" und der Freiheitsgewinn durch den unverwirrbaren Verlobten ist eine Persönlichkeitsbewährung gleich den Märchen von der Gänsemagd oder dem Aschenputtel. Und das souveräne Verhalten des Fridthjof gegenüber dem alten König Ring, der seine Braut Ingibjörg zugesprochen bekommen hatte, ist gespiegelt im eben so souveränen Verhalten dieses Königs, der die Frau freigibt. Hier sprechen vom Triebzwang frei gewordene Menschen miteinander. So gelingt es auch (im „*Walthari*-Lied" des 9.Jahrhunderts) den beiden Menschen, Walther von Aquitanien und Hildegunde von Burgund, sich von dem mächtigen Attila zueinander hin freizukämpfen. Zwischen diesen auch harten, aber doch einfach menschlichen Beziehungsgeschichten bleibt der Mittelpfeiler: die Unerbittlichkeit des Sigurd-Weges der Nibelungen, der aus Niflheims Eliwagar-Brodeln ins Freie steigenden Menschen. Das ist die zentrale Bedingung der deutschen Entwicklung.

Die Dreiheit wird erfaßt: Sigurd/Tristan/Parzival

Die neue Geistigkeit, das erleuchtete Denken, das die wieder rechtens verbundene Seele-Walküre finden läßt, wurde in dem Epenkreis um Artus und Parzival durchgeübt. In der Mitte zwischen Nibelungen und Parzival stand das Lehrbild vom verabsolutierten Fühlen, der Verbindung von Liebe und Leiden, das Epos von *Tristan* und *Isolde.*
Der deutsche Former des Epos, Gottfried von Straßburg, hielt sich bewußt an die keltische Grundlehre dieser Geschichte, während der französische Erzähler Chréstien de Troyes, der auch die Parzival-

111

Lehre formte, die Kernaussage weiterführte. Im keltischen Grunderlebnis findet man in der druidischen Überlieferung: *Tristan* ist Sohn eines der drei weisen Lehrer, die dem Kollegium der Druiden vorstehen. Die Namen der drei deuten auf den mineralisch gefestigten physischen Leib, auf das Gedächtnis als Träger der geistigen Kontinuität des Menschen und auf die Gefühle und Begierden, die den Menschen an die Erde binden oder ihr entfliehen lassen. Der oberste Meister der drei ist Bedwyr, Sohn, das heißt Erleuchteter des *„Pedrog".* Das bedeutet soviel wie „schöpferisches Prinzip aus der Weisheit". Die Kräfte des zur ichhaften Persönlichkeit veranlagten Menschen werden in ihrer Dreifaltigkeit erfaßt und gepflegt.

Dabei ist *Tristan* der „Sohn" des Tallvoch, des „Versenkers", der mittels der Empfindungen, Triebe und Leidenschaften den Menschen in das Feld der Materie keimhaft einsenkt. Tristan wird im Reich seines Onkels zum Meister in allen Kenntnissen und Künsten erzogen. Dieser Lehrmeister heißt *Mark* oder March, also „Herr der Pferde" (=Mähren). Das bedeutet in allen alten Mythen- und Märchen-Bildsprachen den Meister der ins Irdische hineingebauten Intelligenzstrukturen. Mark muß, wie alles Bewußtwerden, ans Reich der unbewußten Lebenskräfte Tribut zahlen. Jährlich werden Jünglinge und Jungfrauen vom Vogt Morold der Königin Isolde in das alte Kultzentrum Irland geholt.

Tristan beschließt, ähnlich wie einst Theseus in Athen, eine neue helle Bewußtseinsstufe zu eröffnen und die dunklen Tribute abzulösen. Er wird dabei aber von der maßlosen Intensität der Gefühlsimpulse überwältigt, kann also nicht wie Theseus trotz aller Gefühlswallungen zum Staatsgründer werden. Das ist im nachgriechischen Europa nur durch die Auseinandersetzung mit dem christlichen Leitbild möglich, also in der Linie Artus - Parzival - Lohengrin. Tristan zeigt, wo die Gefahr liegt, wenn man sich dem subjektiven Gefühl ganz überläßt. Er tötet den Vogt Morold, wird verletzt, die Fürstin Isolde hilft ihm. Tristan gewinnt dabei Isolde, aber er kann ihre Sphäre nicht in eine neue Stufe einverwandeln. Er fühlt, fühlt sich mit Isolde in die übermenschlichen Schöpfungsvorgänge einbezogen, in ihren Strahlungskreis. Aber er will die Liebe als weltausschließende Sucht, und das muß scheitern. Zur Liebe gehört so lange der Schmerz, bis beides vollkommen geworden ist. Gottfried von Straßburg umschreibt die Erfahrung, „die zusammenhegt in einer Brust/ das süße Leid, die bittre Lust". Das Leben ohne die Illusion der Dauer im unverwandelten Seinszustand erkennt Tristan nicht oder eben nur im Opfer, im Sterben. Doch eröffnet er so eine neue Stufe mit, denn „die Tribute aus Marchs Land sind nun abgelöst", Isoldes Kräfte können hinüberströmen.

Isolde ist auch Repräsentantin eines dreifachen Aspektes, des der Lebenskräfte schlechthin. In der Druidenlehre wird von drei Frauen berichtet, die in der späteren kirchlichen Überlieferung als „un-keusch" bezeichnet werden. Sie meinten die vor allem Bewußtsein angelegten drei „Töchter" des Vanawyd Prydain, etwa = „der heilige Stier der keltischen Inseln". Der Stier als Aktivform des Rindes war in allen Kulturen das Bild für die nährende und sich fortzeugende Lebenskraft. Aus dem Namen *Prydain* wurde der Name *„Britanni-en"* für die englischen Inseln. Der zweite Aspekt dieser Kraft als Brengwain, im Epos *Brangäne* genannt, wird dem König March in Stellvertretung der Isolde vermählt. Damit ist auf den leiblichen Aspekt gedeutet, während Isolde die im Leiborganismus veranlagte Möglichkeit eines geistigen Bewußtseins ist. Man kann sagen: Um das komplizierte Gefüge des Menschens zu erkennen, darf man nicht im bloßen Gefühl ekstatisch versinken, sondern muß beginnen, seine Gefühlssphäre fragend und wissend in den Dienst einer geistigen Zielung zu geben.

Parzival

Das zeigt das dritte Epos, durch Parzival und seinen „Sohn". Der Sohn, Loherangrin, kann die erworbene Selbstkraft des Parzival nun zur Gestaltung der wechselnden Formen der Gemeinschaften des Be-wußtseinswerdens einsetzen. Lohengrin kann aus den verborgenen Wäldern der Gralsburg heraustreten und wieder in sie zurückkehren. Er kann den jeweiligen Aufspiegelungen der Isolden-Stierkraft helfen, zu heiler, sinnvoll wirkender Gestalt auszureifen. Darum kommt er zu „Elsa von Brabant". Vom Gebiet Brabant hieß es, es sei „dem Riesen Brabo" abgewonnen, war also den wuchernden Naturkräften abge-rungen worden und geöffnet zum Meer hin im Gespräch mit aller Welt. Damals lag Brügge mit der karolingischen Pfalz noch am Meer, und hin und her ging der Austausch mit dem keltischen Artus-Gebiet Eng-lands. In dem hatte um das alte Kultzentrum des jungen Klosters Glastonbury der Josef von Arimathias sich eingefunden (so hieß es) mit dem Gefäß (garal = Gral), in dem er Blut aus den Wunden des gekreuzigten Christus aufgefangen hatte. Für die Kelten war der Kampf zwischen Licht- und Finsterniskräften zentrales Thema. Für die Germanen stand die Frage nach der neuen Weltordnung des Widar offen. Beide Menschengruppen waren geöffnet für eine ganz perso-nale, nicht national verengte kosmosbezogene Antwort. Die schwebende konstruktive Gestalt des neuen „Römischen Reichs" entsprach der Zeit. In diesem weiten Rahmen konnte das übernationale Christentum aufgenommen werden von Germanen, Kelten, Slawen, Römern, Galliern und durchdacht und entfaltet werden in viele Nuancen. Es konnte in den innersten Grund der menschlichen Metamorphosenkraft, Verwandlungskraft, eingepflanzt werden durch den Werdeprozeß des Parzival.

Von daher kommt Lohengrin in die Stadtzentren von Brabant, kommt zu „Elsa von Brabant" und kämpft gegen die dunkel gewordenen, überalterten Kräfte des Telramund-Priestertums, die Bahn frei, damit die geistige Sinnhaftigkeit der Epoche wirken kann. Die Bildsprache gab zwei Versionen: der als „Schwan verzauberte", erdfern gebannte Bruder, die Geistkraft der Elsa, wird in der Gralslehre geübt und von Lohengrin erlöst als erdverbundener Leiter Brabants zurückgebracht; oder, der durch die ungeduldige Neugier der Frage gedrängt, ins Gralsbereich wieder sich verhüllende Lohengrin läßt seine beiden Knaben als Leiter Brabants zurück, mit dem Horn, das zum Bewußtsein aufruft, und dem Schwert, das das Tun wirkt. Geist und Erdhandlung sind zur neuen Stufe verbunden gezeigt. Beide Versionen sind Aspekte desselben Faktums.

Das Durchdenken geschah in den Familien zwischen Südengland, Flandern, Südfrankreich und Kärnten, aus denen dann später die Impulse der Kreuzzüge kamen und die Aktionen geleitet wurden. Die Epen des Parzivalkreises wurden als Leitbilder von den Barden rings ins Land Europa gegeben. Das wirkte durch einige Jahrhunderte. Darunter und daneben wirkten die kurzen konzentrierten Lehrgeschichten von Frage, Wanderung, Prüfung, Läuterung der Persönlichkeit, wie sie die Märchen gaben. Auch ihr Grundansatz kommt aus der Bildsprachenzeit der Mythen in der abendländischen Grundtendenz der Persönlichkeitswerdung.

Die Familien, in denen die Grals-Epen als Antwort auf die Zeitlage durchgefühlt wurden, hatten die ganze Chaotik extrem ungebändigter Macht- und Triebäußerungen vor sich oder in der Erinnerung. Das Nachklingen spätrömischer Machtformen und der Zerfall des ersten fränkischen Reichs, der Merowinger, war noch nahe genug. Der Anprall der hunnisch-mongolischen Kultgruppen um Attila (=„Väterchen", +453) die sich als Missionare fühlten, das Hin und Her der germanischen Stämme, die ihre Kräfte maßen und die neue Lebensraumordnung erst vorbereiteten, das stille menschlich imponierende Durchtränktwerden mit der keltisch-irischen christlichen Lehre, der ganz neue Austausch mit Byzanz und der Anblick seiner großen statuarischen Formen, und in allem ganz allmählich die Formung und Gliederung des karolingischen Europa, das alles wogte in den Zeiten zwischen 400 und 1000 n.Chr. zusammen. Eine so starke Persönlichkeit wie *Karl der Große* (Charlesmagne auch genannt) um

800 n.Chr. gab den Kristallisationskern. Um ihn hatten sich erstmals die Denker, Künstler, Planer und Kämpfer aller europäischen Gruppen gesammelt, sahen vor ihm auch die Gesandten aus Byzanz und Harun al Raschids Elefanten. Karl selbst gab in den Schulen, die er in allen Pfalzen und Klöstern gründete, das Maß der Intensität an.

Brabant, Flandern, das war zur Zeit der Epenformulierung das Aktionszentrum Europas. Von dort ging der Handel um die Küsten und durch den Kontinent in ganz neuen Formen aus. Ebenso gingen die spirituellen Überlegungen zwischen den Trägern der Verantwortung hin und her, und die Ergebnisse der Gedanken wurden in den Epen geformt und ausgestrahlt von den Adelshöfen von Flandern, den Ardennen, Burgund, im Gespräch mit Innen- und Südeuropa.

Mit dem Parzival-Epenkreis wurde der ständigen Versuchung zur Macht durch die äußeren Reichs- und Kirchenbildungen eine Gewissenskraft der inneren Macht über sich selbst entgegengestellt. Die große Gefühlsübung des Mittelalters wurde hier in ihrem vom Denken her durchstrahlten Aspekt schrittweise erfaßt. Die Bildersprache ist exakt, wenn man sie aus der Überlieferung heraus erschließt. Das läßt sich hier nur andeuten. In einer zusammenfassenden Spiegelung dieses gesamteuropäischen Überlegungsthemas erscheint die Formulierung *Dantes* (1265–1321). Er sagte vom irdischen Reich, aus den allgemeinen Lehren heraus in seiner Schrift über die Monarchie („De Monarchia"): „Die Quelle des Imperiums ist das Mitleid." Er stellt also einen mächtigen Appell an die moralische Kraft an den Anfang der Machtausübung. In dieser Schrift ging es um Innen- und Außenstruktur des „imperium". Das war für Dante das abendländische karolingisch-staufische Reich als christliches Reich, in dem das geistige Erkenntnisgespräch gehütet und in Freiheit geachtet wurde in der Verantwortung jedes Menschen. Hier war Macht nicht Selbstzweck, sondern Hilfskraft zum Werden des Menschseins. Die Konsequenz: Am Ende des langen Prüfungsweges, den Dante in seiner „Göttlichen Komödie" zeichnete, tönt nach dem Erkennen der ständig nötigen Metamorphosen im Purgatorium, der Läuterungszone, die Erkenntnis zu dem Wandernden hin: „Nicht warte mehr auf meine Wort und Winke,/ denn frei, gesund und aufrecht ist dein Wille,/ es wäre Unrecht, ihm nicht Bahn zu geben:/ drum kröne ich dich dir selbst zum Papst und Kaiser."

Dante ahnte, erfaßte und durchkämpfte im eigenen Leben den notwendigen Individualisierungsschritt. Er erwartete von den deutschen Trägern des europäischen Kaisertums diese Freisetzung der Persönlichkeit gegen alle geistigen Einschränkungen. Er sah um sich die Städte Mittel- und Norditaliens mit den bis 150 Geschlechtertürmen, in denen eine noch falsch verstandene Individualisierung sich in die überholten Sippengruppen verkrampfte, in wechselnden Machtgruppierungen sich vergeudend. So kam er, verbannt aus der Heimat, zu den klaren Aussagen, es sei jeder „als er selbst Partei", Teil und Ton in der ganzen Menschheit. Die frei gewordenen Menschen vergleicht Dante einem Glockenspiel, die anderen einem Haufen welker Blätter, die von Leidenschaften und heraufbeschworenen Schicksalen herumgewirbelt werden. So ist der Mensch der Parzivalstufe aus der doktrinären Leitung von Kirchen und Staaten entlassen und selbst der Schöpfer jeweils zeitgerechter Ordnungen unter den Parzivalbedingungen.

Dieses Wort am Ende von Dantes Weg, dieses ich weihe „dich dir selbst zum Papst und Kaiser" klingt wie ein Echo aus Odins Lehrbericht im Weltbaum Yggdrasil. „Geweiht ich selbst mir selbst", hieß es dort. In dem nun weit geöffneten Europa des karolingischen Reichsimpulses ist diese aktive und verantwortende Ichheit ihrer selbst bewußt, beginnt im Bewußtwerden. Dante wollte nicht theoretische Spiele aufschreiben, sondern er wollte anrufen zum Tun, zum „Werk", zum „opus" (er schrieb es an seinen Freund Can Grande). Odin sprach, er schreite nun von Wort zu Wort, von Werk zu Werk. Dante meinte Aktivitäten, die von geistigen Erkenntnissen und Zielungen geleitet sind. Er stand im Kreis des Templertums und seiner spirituell forschenden, erdgezielten Aktivität. Er sagte das in der Bildsprache, der Zeit gemäß, auch der Lebensbedrohung gemäß. Der Templerorden, 1109 gegründet und weit ausgespannt, wurde 1308 vom französischen König Philipp dem Schönen vernichtet, auf dem Konzil von Vienne 1311–13 gefügig von der Kirche aufgelöst. Es wurde nun der nackte brutale Zugriff derer, die „unter Masken kämpfen", wirksam. Verfolgung und Tod der französischen und deutschen Templer zeigte das Aufbrechen des Bösen an. Es ging um die wirtschaftliche und finanzielle Macht des Ordens. Nichts anderes galt. Aber in den Ordenszentren wie an den Universitäten Europas standen die Quartiere der Nationen gleichberechtigt beisammen. Es wirkte die karolingische Europa-Idee. Sie wurde nun herausgeleuchtet als ein Kraftzentrum in der Gliederung der Burg des Grals.

Parzival, sagt die Bildlehre, ist verwandt zur Sippe des König *Artus.* Der „Vater" des Artus, seine geistige Kraft, hieß Uther Pendragon = Drachenhaupt, meinte also die gebändigte und gezielt angesetzte Triebkraft, die von der „Frau", der Seelenart des Artus gesteuert wurde, *Ginevra,* das heißt der lichtweißen Frau. Die notwendige Einschränkung der drachenkräftigen Individualität geschah durch das Zusammenwirken von zwölf verschiedenen Aspekten der zwölf Ritter der „Tafelrunde des König Artus". Historisch faßbar ist er um 600 n. Chr. Man hat unter dem späteren Schloß die Burg ausgegraben, und Gefäße zeigen die Verbindung zu den südlichen Kulturzentren. Die Funktion dieses „Eingeweihten" (Rudolf Steiner nennt ihn so) wirkte einige Jahrhunderte. An den Felsenküsten Südenglands, in der von Gischt und farbigen Wasserschleiern durchsprühten Luft über den grünen Wiesen, sammelte Artus in seinen Burgen, vor allem Tintagel, die Nachrichten über die sozialen Spannungen und Unklarheiten des weiten Umkreises von Insel und Kontinent. Als helfende Ordner wirkten dann die Zwölf und der Dreizehnte mit der weißen Seele Ginevra.

Abb. 17: Verkündigung der Pfingstbotschaft: Buchminiatur aus der Reichenauer Schule Anfang des 11. Jahrhunderts. Reproduktion: Archiv für Kunst und Geschichte, Berlin

So auch hatten im nordgermanischen Bereich die zwölf Drottnir des Odin-Zentrums um den Sigurd-Siegfried gewaltet, und auf der Überebene waltete der Christus (mit der Maria) als der Dreizehnte über den zwölf Jüngern. In diesem Artus-Kreis, in dem man sich die vier Elementarzustände je dreifach als Seelentypik vertreten vorstellen kann, wirkte der „Zauberer *Merlin*", der Meister des erdgebundenen Lebensprozesses, schon als der „Erzieher des Artus". Von ihm wurde erzählt, daß er, als die Aufgabe des Artus-Kreises als Helfer der Eigenverantwortungen getan war, in den bretonischen Wäldern verschwand, einging in die Naturprozesse, zurückgenommen von der Diana-Artemis, die alle pflanzlichen und tierischen Erneuerungs-Rhythmen verwaltete. Im Wald von Brocéliande (Bretagne) sprechen noch immer Merlins-Brunnen und Diana-Felsen davon. Solche Bildabläufe weisen immer auf ein Werden, einen Entwicklungsgang hin. Das historische Faktum eines starken Impulsators Merlin ist heute deutlich zu fassen.

Der Epenkreis um Merlin und Artus, Josef von Arimathia und Parzival, Flos und Blancheflur wurde um 1150 ausformuliert. Dem liegt ein langes Durchphilosophieren und viel Weltkenntnis der die Entwicklung tragenden Menschenkreise zugrunde.

So umfaßten auch die Lehr-Epen, die später formuliert wurden, immer den ganzen Horizont der Epoche aus Westen, Mitte und Osten, Indien, Byzanz, dem Vorderen Orient, Nordafrika, Europa bis zum entferntesten Norden.

Man kann empfinden, daß alles dies, die inneren Triebspannungen, die gedanklichen Ausweitungen und die aus der Umwelt hereindringenden Erfahrungen, Wachheitsanforderungen stellten. Sehr starke Persönlichkeiten nahmen es auf. Aus einem hellsichtigen Wissen fühlten sie die Gefahren und das Nötige, das in eine Zukunft auf neuem Grund führen konnte. Was sie beobachtet, erlebt, erlitten hatten, wurde im Kreis der Mitdenkenden und Verantwortung Tragenden bedacht. Es gab die Vorformulierung, die dann den Sprachfähigen zum Auftrag wurde und in die Epenform einging. Denn diese Epenbilder waren nicht Spielerei, sondern konsequente Aussage.

Die Ausprägung des Lehrwegs und Wertung des Symbols geschah zwischen Nordspanien (bei Wolfram Monsalvatsch = mons salvaticus = wilder Berg) und Südengland. Der Weg war gegliedert in drei Schritte. Der König Titurel gründet den Kreis der Gralsritter als Rahmen, der Sohn Amfortas fällt in die Versuchung der Sucht, anstatt den Anruf des Menschen als zur Meisterung und Leitung der Erde zu achten. Der im Artusprinzip gefestigte herankommende junge Verwandte, Parzival, leistet Erkennen, Läuterung und also Gralsfähigkeit. „Und in Höhen – nur über der Erde – schwebte der heilige Gral, und nur von denjenigen, denen von göttlichen Mächten die Fähigkeit dazu gegeben wurde, konnte betreten werden dieser spirituelle Tempel" (Rudolf Steiner, 16. 4. 1921). Den Zugang zu diesen göttlichen Mächten gewinnt man in drei Schritten. Parzival kommt als „tumber Tor" zu Artus; als er dann den Moment der Meditation der Blutstropfen des geschossenen Vogels im Schnee durchlebt hat, beginnt die Stufe des Zweifels, der Frage. Dabei wird er in der Dreiheit gezeigt: Sein Wollensaspekt Gawein kann die Zauberburg der Versuchungen des Klingsor in ihren Prüfungen bestehen, verfällt ihr nicht wie vorher Amfortas. Und alles Fragen ist durchzogen vom warmen Fühlen des Feirefiz, des „Halbbruders". Diese Zauberburg war Zeiterlebnis gewesen. Der Fürst Landulf III. von Capua hatte in Sizilien ein Zentrum schwarzmagischer Sexualkulte, in die er viele Menschen verstrickte, auch vom Kaiser Ludwig II., dem König Italiens (822–875), bewundert. Den Weg zum Geist und zur Würde des Menschen zeigte Parzival. Auf seinem von Zweifel gequälten Frageweg traf er endlich im Walde einen „Mitbürger", der sich aus der Alltagswelt zurückgezogen hatte und „ein Lehrer in der Stille" geworden war. Trevrizent lehrte das Erkennen des Christus und die Antwort des Menschen mit dem umfassenden Mitleid. Das Tor zum Gral war nun offen. Parzival berührte mit dem Speer die Wunde des Amfortas, die Wunde des süchtigen Sexus, und heilte. Hier klingt im Bild vieles zusammen. Die Lichtlanze des Lugh und die des Apollon und der Speer, mit dem der römische Soldat den Christus am Kreuz die Seite öffnete, und der Ger, der Odin am Weltbaum ritzte. Wenn Rudolf Steiner das alte Übungsbild des Blütenkelchs und des Lichtstrahls der Sonne nennt, so wird es wieder erreichbar durch die Lanze, die das Blut des Logos dem Gefäß Erde verbindet. Dies Gefäß ist dann neu der „Kessel der Keridwen" aller Lebenssäfte, aus dem die Druiden die Welterkenntnis gewannen, und der Krug der „Wasser des Lebens und des Todes", den die Heliosenkelin Medeia mit dem geläuterten Jason nach Griechenland bringt.

Es ist nun aus dem Dreischritt Titurel-Amfortas-Parzival die wahre Aufgabe des Menschen wieder ergriffen worden, und die innere Dreiheit aus Denken, Fühlen, Wollen wurde in der Epoche der Epenformulierung und lange nachwirkend Hilfsmittel eines handlungsfähigen Christentums. Noch um 1600 waren die Lehrbilder des Basilius Valentinus bekannt, sie zeigten am Fuß des Lichtbergs stehen Parzival/Gawein/Feirefiz. Inzwischen war aber der Parzivalmensch in die Meisterung der Erde eingetreten als ein Gralssohn, als Lohengrin. Wieder steht konkret hinter dem Epos und hinter den Gründungen der „Schwanenritterorden" in Europa ein historisches Tun. Einem Hinweis Rudolf Steiners folgend hat Dr. Walter Johannes Stein die englischen Chroniken durchforscht. Er fand den Kanzler des Königs Edward des Älteren (der 924 starb), Turketul (975). Es war die Epoche der Durcharbeitung Europas, gegen die unruhigen Übergriffe der Dänen auf England und der Ungarn auf Zentraleuropa sammelte man Handel und Handwerk und Besinnungsleben der Wissenschaft in ummauerten Städten. Das leitete Turketul mit Edward und kam dann als Gesandter mit zwei Prinzessinnen an die Küste Brabants. Der Sohn des Königs Heinrich I. des Voglers heiratete eine dieser Töchter. Als Kaiser Otto I. der Große vollendete er die Festigungsarbeit des Vaters. Diesen aber begleitete einige Jahre lang Turketul, auch im Kampf gegen die Ungarn, und lehrte ihn die Erfahrungen Edwards. Es entstand die Gesetzgebung zur Gründung fester Siedlungen. Dann kehrte der Kanzler zurück, er war ein Verwandter der Artus-Sippe, und war dem Gralsprinzip von Glastonbury verbunden; der „Gralsritter Lohengrin" hieß das, als man in Besinnung rückfragte. Da entstand das Lohengrin-Epos, in dem, als der König zum Ungarnfeldzug aufruft, alle Fürsten von Sachsen und

Brandenburg über Lothringen bis Aquitanien Europa im Gespräch zeigten. Es war ein Gespräch, das um ein individuell verantwortetes Christentum ging. Hierin klang die Artus-Schulung nach, denn die um 1150 gegründete deutsche Genossenschaft der Hanse (altdeutsch = Schar), die von Nowgorod bis London den Außenhandel organisierte, nannte ihre streng geregelten Kontore „Artushof". Dies wirkte bis um 1500 noch als Gesprächsraum.

Man spürt das Nachklingen des letzten Wortes Turketuls, als er, im Besinnungsraum seines kleinen Klosters nahe Glastonbury, zu den Freunden sagte: „Preserve the fire of your zeal." Bewahrt das Feuer eures Eifers.

In diesen Jahrhunderten geschah eine Kernung der Individualität, die fast sprunghaft aus den dynamisch flutenden Kraftlinien der keltischen und germanischen Ornamentik heraus in der vollkommenen Form seelenhaft ausdrucksstarker Gesichter und Figuren der Romanik und frühen Gotik erschien. Man fügte es an die alten Erfahrungen an. Als, so hieß es, Joseph von Arimathia, vom Apostel Philippus mit zwölf Jüngern und dem Gralssymbolgefäß geschickt, in Südengland landete, fand er alte Fragen vor. Auf dem Turmberg, in dieser moorigen Flußgegend, gab es ein altes Heiligtum. Noch heute sieht man die Spuren einer Durchgestaltung des Landschaftskreises nach dem Spiegelbild des Tierkreises. Das ist in England nicht selten, da man (nach der Mythostradition) die Straßen als Projektion der Sternwege durchs Land zog, wie man es ähnlich im alten Sumer und Babylon tat. Hier in Glastonbury wurde die älteste kleine Kirche erbaut, noch heute ziemlich erhalten und verehrt. Im 8.Jahrhundert baute man daneben die Abtei, die dann zum spirituellen Zentrum wurde. Dort zeigt man noch immer das Grab des König Artus.

Von diesem Bereich und von dem westgotischen Nordspanien und Südfrankreich her, in dem man das Fluchtziel der Maria Magdalene ortete, ging das Durchmeditieren des Symbolbildes vom Gral. Man fühlte sich von dem Bild gefordert, die eigene Seele so zum Kristallgefäß zu läutern, in dem der Geist als Impuls des Christus frei durchwirken konnte.

So sah man in der Familie des Parzival-Geschlechts die meditativen Impulse eines Johannes-Christentums, über „Flos" und „Blanchefleur" (der weißen Blüte) vorformuliert, zusammenwirken mit dem aktiv sozial gestaltenden Rittertum des Artus-Kreises, und mit dem weltfahrenden Ritter *Gachmuret,* der als Vater des Parzival ihm einen Halbbruder aus dem innigen Temperament des alten Nordafrika heranbringt, den *Feirefiz.* Immer wird Osten und Westen, das strenge Denken Europas und das heftigere Fühlen des Südens, zusammengesehen. In diesem Rahmen macht der *Parzival-Mensch* den ganzen Weg des Menschwerdens durch. Er kommt als „tumber Tor", als reiner unverstörter, aber auch unbeholfener Mensch aus dem Wald seiner

Kindheit, wird am Hof des Artus geformt und auf die Weltverantwortung bezogen. Er wird dann an die Kernfrage des Grals herangeführt und muß lernen, das Verbot lästiger Neugier nicht als Blockierung des reinen Erkenntniswillens und – vor allem – des Mitleids zu mißdeuten. Durch dieses Mitleid kann er den im subjektiven Gefühl verhafteten und davon schmerzhaft verwundeten Gralsverwalter *Amfortas* heilen und ablösen. Dieser Weg aber umfaßt mit den seelischen Prüfungen immer zugleich den Wissensbereich. Chrestien de Troyes (in der französischen Fassung des Epos) berichtet: Als er „das Schachspiel" aus dem Bereich der Herrin des geistigen Jenseitszustandes, der *Morrigan* der Kelten (= der Fee Morgane" des Epos), gewonnen hat, ist er Meister der Kenntnis der Zusammenhänge unseres Sonnensystems geworden. Denn das Schachspiel war einst die Hereinprojizierung der Ordnungen des Sternenhimmels ins Quadratfeld der Erde des Menschenlebens. So wird Parzival auch im deutschen Epos des Wolfram von der Gralsbotin Kundry, als sie ihn zum Gralskönig beruft, als Meister des Planetensystems geschildert. Das hieß aber: Meister des vom Kosmos durchwirkten Menschseins.

Das waren keineswegs gefühlvolle Schwebezustände. Die mathematischen und astronomischen Lehr- und Übungsbücher gehörten zum Bestand für alle denkenden und führenden Gruppen. Im Lehrsystem der „sieben freien Künste", das man von den Griechen übernommen und ausgeformt hatte, führte die Pädagogik von der Grammatik zur Mathematik und zur Spitze der Astronomie. Altes Wissen wurde geübt und langsam zu neuen Entwicklungen bereitet.

Wenn man erkennen will, wie diese Bilderlehren einst durch die Jahrhunderte wirkten, auf denen wir aufbauen, muß man sie genau anschauen und aus der Kenntnis der damals noch allgemein verständlichen Bildersprache aufschlüsseln. Dann kann man verstehen, wie diese Lehren der Persönlichkeitsläuterung konkret aus dem Durchdenken jener Menschen entstanden, die historisch in der Zeit verantwortend wirkten. Man kann die Beziehungen der Bildgestalten der Parzival-Sippe zu den historischen Gestalten erschließen, die damals Europa durchwirkten. Es steckte keine beliebige Phantasie in diesen Geschichten, sondern wie alle Mythen und Märchen, so waren auch die Epen noch gezielte Aussage und Anruf an den Menschen, der zur Persönlichkeit veranlagt ist. Das Parzival-Werden des Menschen, jedes Menschen, ist als solcher Innenvorgang im Verborgenen, aber es zielt immer auf die Verantwortung der Außenwelt und damit auf den *Lohengrin,* der dort ansetzt, wo die Epoche es jeweils fordert.

Daß er dann seine Kraft nicht durch den Machtrausch zum erstarrenden Terror werden läßt, sondern sich immer wieder zurückzieht in das „innere Schloß" des Kristallgrals, ist das Kennzeichnende. Dazu gehört natürlich die Beziehung zum weltweiten Wissen, die Denkschulung (in der Kristallklarheit des Thomas von Aquino [1225–1274]

aufgezeichnet), der Wille zur Pflege der Persönlichkeit in der über-
persönlichen Harmonisierung (des „Glockenspiels" in Dantes „Pa-
radiso"). Die Kirche beging den Fehler, die Lehre vom „Christus" aus
dem kosmischen Kräfteganzen herauszuschneiden. Die Menschen
aber wollten als Person ichhaft wirken in der Zeit und in der Über-
zeit, im Raum und im Kosmos, den sie seit je von Geistwesen gewirkt
fühlten. Darum wird Parzival zuletzt als Meister des Planetenkreises
angesprochen, der die göttlichen Ordnungsgesetze von dorther personal, ichhaft erkennt. Zugleich ist die im Osten und Westen übergreifende Handlung hier und jetzt auf der Erde gewollt. Die Menschen
wollten das damals erreichbare Erdganze einbeziehen. Schon längst
vor den Kreuzzügen waren die Europäer Weltreisende. Parzivals
Vater Gachmuret zog aus den gallischen Wäldern nach Nordafrika
und den Vorderen Orient. Er half dort das Gebiet der Fürstin Belakane
zu ordnen und zu schützen und starb in diesem Kampf. Aber Parzivals
Halbbruder Feirefiz fand aus Afrika zur Frage nach dem Gral, dem
Bezugspunkt der Verantwortung der Erde.

Die Fachforschung hat heute gefunden, welche zeitgeschichtlichen
Quellen Wolfram von Eschenbach benutzte und wie genau er die
arabischen, afrikanischen und indischen Gebiete abgrenzte, sie um-
schrieb als Ausstrahlgebiet der Gralsritter. Hinter der Front der
jahrhundertelangen Auseinandersetzung mit dem Islam empfand
man einen Aspekt des Ostens, den man als zugehörig zum Menschsein
nicht missen wollte. Dazu mußte das Christentum die eigentliche
souverän undogmatische Dimension des personalen Gralsgesprächs
wieder gewinnen. Die Gefahr der Verengung und Machtsucht war den
führenden Familien jener Zeit evident, schon mit der Gründung des
karolingischen Reichs immanent. Im 9. Jahrhundert ist die Wurzelung
des äußeren und des inneren Europas. Ein äußerer Prozeß vollzieht
sich zwischen Ural und Atlantik, denn der Schwede Rurik gründete
um 802 von Nowgorod aus das russische Reich, das bulgarische
Zarentum bereitete sich vor, und Karl der Große wurde 800 Kaiser.
So kann man annehmen, daß um 850 jemand, der das innere Problem
der Reichslage durchfühlte, zwischen Flandern, den Pyrenäen und
Kärnten mit gleichfühlenden Menschen ins Gespräch kam. Man muß
das ganz konkret nachvollziehen, dann wird Erinnerung Zukunfts-
kraft. Damals zog wohl ein „Gachmuret" nach Nordafrika und ließ
eine Herzeleyde in Flandern oder den Ardennen zurück. Sie erzog im
Wald versteckt und kampffern den Sohn, diesen „Parzival". Aber
dieser „Sohn der Witwe" (ein alter Einweihungsterminus) fand zur
Runde der Zeitordner, zum Hof des Artus und ließ die Mutter im Wald
allein. Damals gab es auch Amfortas-Menschen – und einen, der es
später bedachte in bewußtem Leiden –, die sich von den südlichen
hitzigen Triebhaftigkeiten verlocken ließen in der Zone des Magiers
Klingsor in Sizilien, im Gebiet von Calta Belota. Man nannte ihn

Clenchor, das heißt den Verschließer, weil er den Blick ins freie geistige Menschsein verschließt. Nun aber, ein Parzival-Mensch, bei Artus zur Disziplin der Persönlichkeit angeleitet, traf den Amfortas und fragte nicht nach seiner Verwundung. Er mußte erst selbst den Blick auf das Ganze des Menschseins in seiner Stellung zwischen Gut und Böse lernen. Er ging durch die Stufe der Einsamkeit als „heimatloser" Wanderer, überall helfend im Kampf oder Kräftemessen. Er ist in den Zweifel geworfen. So kann er die Verwandte Sigune treffen. Sie beweinte in ihrem Schoß den Töter und nun Getöteten, den Ritter Schionatulander, und darum weiß sie den Weg zum Gral und nannte dem Parzival seinen wahren Namen. Den weisen alten Ratgeber Trevrizent konnte Parzival nun hören. So fand er den Weg ins Zentrum der Gleichgewichtsaufgabe des Menschseins. Er konnte nun erkennen, daß er die Mutter allein sterben lassen mußte, er konnte das Gespräch mit dem Amfortas-Sein in das Licht der kosmischen Überordnung bringen, konnte sich der Kondwiramur, der reinen Seele, verbinden und den Lohengrin-Menschen als Helfer in das Umfeld schicken.

In diesem Personenbündel ist zusammengefaßt, was historisch durchlebt und durchdacht und dann später im Auftrag formuliert wurde in einer Epoche intensiver Besinnung. Bernhard von Clairvaux in Burgund (der die strenge Klosterreform der Zisterzienser begründete) lebte von 1091–1153, Chrestien de Troyes von 1150–1190, Wolfram von 1170–1220. Sind diese Probleme im 9. Jahrhundert durchlebt worden, worauf die Bestimmung der handelnden Persönlichkeiten im Epos sehr deutlich weist, so wurden sie lange bedacht und an der zunehmenden Verhärtung der kirchlichen Machttendenz gemessen und zur Formulierung gebracht. Zugleich neben diesem historischen Faktum gilt aber, wie für alle Bildersprachen, auch, daß alle handelnden Hauptpersonen Möglichkeiten im Menschen selbst sind, so daß alles auch eine Art Selbstgespräch ist. Die Sachbilder im Kern, die Schale des Grals und die Lanze, waren Bilder aus den Mythensprachen. Da ist die Lichtlanze des Lugh, der im Kampf gegen die Kräfte der Dunkelheit, die Fomor, stets wacht und nur siegt, indem er hineinsteigt ins Dunkelreich, es von innen erkennt, aus der Kraft der Fomor-Tochter das Gute wirkt. Das ist die Kraft des „Zweifels" im Parzival geworden.

Die kraftvolle Sensibilität und Geistigkeit der keltischen Menschen ist in die Epen Europas eingegangen. Der Licht-Dunkel-Kampf aber war für die germanischen Menschentypen ein personaler Anruf. Als Einherier waren sie alle als einzelne einbezogen in die Auseinandersetzung zwischen ichleitenden Göttern und hindernden Kräften. Was in Parzival als „Mitleid" gefordert wird, ist nichts Privates, sondern die umfassende Fähigkeit der Anteilnahme an allem Sein, das weltweite „Interesse" = Drinnensein in jedem Sein. Es ist verantwortendes

Weltbewußtsein. Es gibt die Antwort auf den Sturz des Sigurd in den Verrat des Selbst. Es nimmt die Willenskräfte des erdumgestaltenden Wölundur in sich hinein und läßt Schritt für Schritt Erkenntnis reifen in einem sich schulenden Denken, das wie Svipdagr den Odinsfragen antworten kann.

Die drei Epen stellten in breiter Ausstrahlung die Übung gerundeter Ichheit dar. Dem entsprach damals unterschwellig die Bildlehre der Märchen, die vom Helden die Meisterung der drei verschiedenfarbigen Pferde oder von der Heldin das Tragen der drei verschiedenfarbigen Kleider aus kosmischer Herkunft verlangten. Die Geschichten von „Eisenhans" und „Allerleirauh" berichteten es. Fühlen-Denken-Wollen müssen mit dem roten, dem weißen, dem schwarzen Pferd, dem mondfarbenen, dem goldenen, dem sternfarbenen Gewand gemeistert gezeigt werden. Hier ist etwas geschult worden in der ersten Widarzeit, was die drei menschenbelebenden Götter unter Odins Führung einst angelegt hatten.

Die Persönlichkeit in ihrer Dreikraft ist hingestellt, ist mit den drei Epen zum Anschauen, Denken und Fühlen gegeben. Der Berichtende und Hörende, der die Sprache gestaltende dichtende, und der malende Mensch, er ist das Ich in dieser Dreikraft, die pulsierende Souveränitätsfähigkeit. Was er an Sprachkraft erübt, wird Frucht sein in der nächsten Widarzeit. Jetzt, in der ersten Widarzeit, hat er die Sozialgestalt der Gemeinschaft geformt. Zwischen Macht und Sinn unterscheidet er aus der im Christentum ausgereiften eigenen Spiritualität, über die er sich mit den alten Göttern, seinen Leitgeistern, besprochen hatte.

Beginn der Krise: von Eckhart zu den Bauernkriegen

Die Zeit, in der die Epen formuliert und ins Breite gegeben ausgewirkt wurden, ist die Zeit des intensiven und genau differenzierenden scholastischen Denkens in Europa. Von 1193–1280 lebte und wirkte *Albertus Magnus,* Graf von Bollstedt, in Köln und Paris. Er war ein Ganzheitsdenker, experimentierender Naturwissenschaftler und strenger Kommentator der Denklehren des Aristoteles, Theologe und Lehrer des Thomas von Aquino. Von 1260–1327 lebte *Meister Eckhart,* Dominikaner, Lehrer in Paris, Straßburg und Köln. Das „Einswerden im Seelengrund mit Gott" ist dem Gralsbild nahe. Die deutsche Mystik (Tauler, Suso, der Gottesfreund), die Eckhart folgte, ist ganz unsentimental. Sie ist ein strenger Weg der Selbstmeisterung, um den Feuerring der Walküre durchdringen zu können.

In der Zeit zwischen Albertus und Eckhart bereitet sich die Krise vor. Sie ist gesamteuropäisch, leitet aber die Deutschen zugleich zu einer speziellen Tiefenerfahrung hin. Die Krise vollzieht sich in Fühlen und Denken. Die Gedanken gehen durch Handschriften und Abschriften schnell genug durch Klöster, Universitäten und in die Hände von Lehrern der Fürstenhöfe. Die Gefühle gehen mündlich durch die Länder. Die Zeit des „*Minnesangs*" oder des „*trovatoretums*" ist nicht spielerisch, sondern von der Kernfrage her zu fassen. Der Begriff „minne" kam vom Gebrauch des „minni trinken", eines kultischen Tranks an den Götterfesten und den späteren Gruppenvereinbarungsfesten. So sind Minne und Liebe zwei verschiedene Termini. Es steckt das göttlich bezogene Erkennen in „minne". Das entspricht dem „trovare = finden", im keltisch-französischen Trovatoretum. Man suchte und fand „die Dame", die „frouwe", die werthaltige höhere Seele, die man als Wegleiterin verehrte. Es ist verständlich, daß diese Anrufe nicht immer auf der höchsten Ebene blieben; aber sie war gemeint. Das entsprach der Burg der Brynhild, der Suche nach der Kraft und Lehre der Brynhild, und dem, was in den Märchen im Bild der „Prinzessin auf dem Glasberg" oder dem Schloß der goldnen Sonne wirkte. Die so weit tragfähige Werteordnung wurde in den „*Tugenden*" (von „Tüchtigkeit" als rechtem Können), der ritterlichen Tugendenlehre seit 900 ausformuliert: Maß, Gerechtigkeit, hoher Mut, Demut, Milde. Im „hohen Mut" war die schützende Kraft angerufen, in der Demut die Achtung jedes Menschen und das Hinhören auf die göttlichen, christlichen Anrufe.

Thomas von Aquino arbeitete die Grundstruktur heraus, die die Griechen als ihre „*Kardinaltugenden*" kannten: Klugheit, Gerechtigkeit, Mut, Maß. Beide Terminologien gehen ineinander über. Die Kraft des Denkens, also die Klugheit zu beleuchten, entsprach dem Zeitmoment, den Thomas mit Energie ergriff. Er lebte von 1225–1274. Vater und Bruder wirkten am Hof Kaiser Friedrichs II., dem schwäbisch-staufischen Hof, der eine geistige Reichskonzeption in Fortentwicklung des karolingischen Modells erprobte. Die Grafen von Aquino waren väterlich eine normannische Familie, die Mutter stammte aus normannisch-langobardischer Herkunft. Die Normannen aus Skandinavien hatten Europa umrundet und vieles aktiviert. Thomas eroberte mit Sensitivität und unerbittlicher Energie das dynamische Denken, befreite es aus der erstarrenden Rotation der arabischen Wissenschaft.

Die Araber hatten die griechische Wissenschaft in reduzierter Form ein paar Jahrhunderte lang überliefert, aber abgelähmt. Nun wurde es von den Scholastikern in die Verfügung der freien Persönlichkeit hineingegeben. Man führte es heraus aus der arabischen Haltung des

„ketman", des „Vorbehalts" zwischen den äußeren diktatorischen Glaubensvollzügen und dem inneren Widerspruch. Thomas versuchte mit sensibelster Genauigkeit die Erkenntnismöglichkeiten des Denkens zu ertasten, ihre Begrenzungen zu weiten und zu öffnen.

Diese Arbeit, die in vollem personalen Einsatz von Albertus Magnus und Thomas von Aquino eingeleitet und getan wurde, wirkte ins Weite. Sie wirkte aber auch beunruhigend in die Machtstruktur der Kirche hinein. Auch die Gelehrten, die sich in der frühen Renaissancezeit an spätantiken Formalitäten eines nur ästhetischen Sprachgefüges festhielten, empfanden das ins Freie treibende Dynamische unbehaglich. Sie sprachen abwehrend von „den teutonischen Denkern" und meinten damit Albertus, Thomas und den Schotten Duns Scotus. Die Wirkung in die Zukunft aber blieb auf ihrer Seite, auch für die wahren Humanisten des Florentiner und des Erasmus-Kreises. Und zu den Vorbereitern dieses Praktizierens der Denkfreiheit gehörte Meister Eckhart.

Eckhart steht schon im Beginn der Krise der Widar-Epoche. Die Kirche „verdammte" 23 seiner Sätze. In seinen lateinisch-theologischen Schriften wurde er noch geduldet, in den deutschsprachigen ruft er elementare Geist-Mensch-Begegnungen heran. Denn: „Gott ist Geist, und wer ihn sucht, muß ihn im Geist und in der Wahrheit suchen." So also kann auf die Frage „Wo ist Gott?" nur geantwortet werden: im Geistigen auch des Menschen und in dem, was daraus wirkt, im Denken und Handeln des Menschen. Darum ist Gespräch der Geister das Wesen der christlichen Erkenntnis. In Eckharts Lebenszeit fällt die Vernichtung des souverän aus der individuellen göttergebundenen Freiheit heraus wirkenden Templerordens. Um 1308 organisiert König Philipp der Schöne von Frankreich den großen Beutezug, läßt die Führungsgruppe fangen, foltern, verbrennen. Die Hetzjagd der Inquisitionen durch ganz Europa ist in Gang, aus Wirtschaftsmachtgründen eingeleitet, mit Kirchenhilfe getan. Die Ketzerpsychose weist auf das neue Ragnarök hin.

Aber alles Durchdachte, Durchfühlte und Formulierte der Epenzeit durchwirkt, vielfach weitergegeben, noch die nächsten 200 Jahre, setzt Maßstäbe, gibt Anstöße, ermutigt.

Aus den aktiven Menschen entstehen die ausgreifenden differenzierten Lebensformen, der kontinentweite Handel, die intelligente Geldhandhabung, wie sie die europäischen Tempelritter für die Bedingungen der Kreuzzüge und Pilgerfahrten zuerst erfanden. In den großen Klostersiedlungen, rodend, pflanzend, handwerkend, lehrend, waren Vorübungen der Organisation längst getan. In Flandern, dem langobardischen Norditalien und in Süddeutschland entstanden nun die Handelsstädte, die fürstlich-bürgerlichen Staatsordnungen, die zwischen städtisch-bürgerlicher Selbständigkeit und fürstlicher Ordnungsmacht balancieren. Aus dem europäischen Südosten

beginnen die vertriebenen griechischen Gelehrten nun Platons gott-
menschliche Denkgebäude neu zu zeigen – durch Cosimo di Medici
(1384–1464) und seine *„platonische Akademie"* in Florenz gesammelt
und ausgestrahlt. *Nikolaus von Kues* (an der Mosel), der aktive
Denker, wurde 1400 geboren, so auch *Roger van der Weyden,* der
flämische Maler, der den Durchbruch in neue individuelle Aussagen
gab. Daß er in Auftrag und Freundschaft verbunden am Hof des
Herzogs Philipp des Guten von Burgund wirkte, läßt sich symptoma-
tisch anschauen. Denn der Herzog, dessen Sohn Karl der Kühne das
große Kulturzentrum des europäischen Mittelreichs im Unmaß seiner
Selbstdarstellung wieder auflöste (als „le téméraire = der Tollkühne"
benannt), trug seit der Jugendzeit nur schwarzes Gewand und so auch
sein ganzer Hof. Ein immanentes Untergangsbewußtsein, Relativierung alles Zuständlichen, wurde deutlich angezeigt. Aber es klang mit
Mut und Würde aus. Rudolf Steiner formulierte, daß um 1413 die
Epoche der „Bewußtseinsseele" begann, das Ich ergreift im vollen
langher geübten Bewußtsein sich selbst. Anfang 1430 gründete der
Herzog Philipp der Gute den Orden vom Goldenen Vlies, der bald
zum kaiserlichen Orden wurde. Man kannte noch die Aussagekraft der
Bilder. Das Widderfell, das Jason aus den Drachenkräften herauskämpfte und es nun mit den Heilkräften der gemeisterten Giftpflan-
zen, die Medeia ihn lehrte, in seinen Umkreis brachte, war immer das
Symbol für verantwortende Herrschaftsfähigkeit. Philipp gab dem
Orden das Motto: „Pretium laborum non vile." Der Preis der Arbeiten ist nicht billig, nicht leicht zu gewinnen. In dieser Zeit in diesem
Burgund wurde in neuem Kraftansatz die „Neue Musik" ausgesagt, die
„polyphon" (=vielstimmig) aus dem Gefüge von verschiedenen Ein-
zelstimmen geprägt ist. Man war durch die chorhafte Einstimmigkeit
der Gregorianik als Lehrzeit einer Gottzuwendung gegangen und
mußte jetzt als einzelner zu Wort kommen, den nachbarlichen Zusammenklang suchen. Das entstand im keltisch-germanischen Raum
von Flandern und den Niederlanden.

Es ist ein Erlebnisschritt wahrzunehmen, von den vielen Darstellungen des Jesuskindes, das auf dem Erdreich liegt, von den Strahlun-
gen des Kosmos durchdrungen, bis zu den genauen Schilderungen
eben der Pflanzen und Bäume dieser Erde. Stefan Lochner, Meister
Francke, Meister Bertram, noch Altdorfer zeigen dieses Kind auf und
vor der aufgebrochenen Erde, umgeben von Sternen und Wolken, mit
der Gottesaura der Höhe. Danach steht nun der einzelne Baum
mächtig in der Landschaft, und die Pflanzen um den Eremiten
Antonius des Grünewald sind exakt gekannte Heilkräuter. Die
Gewalt und die Besonderheiten der Natur sind auf ganz neuer Ebene
erfahrbar geworden. Sie sind ja Wirkraum und Wirkung des seit
einigen Jahrhunderten intensiv gefühlten und gedachten Gottes und
seiner Hierarchien. Man ist stark geworden, mit ihm in die Erkenntnis,

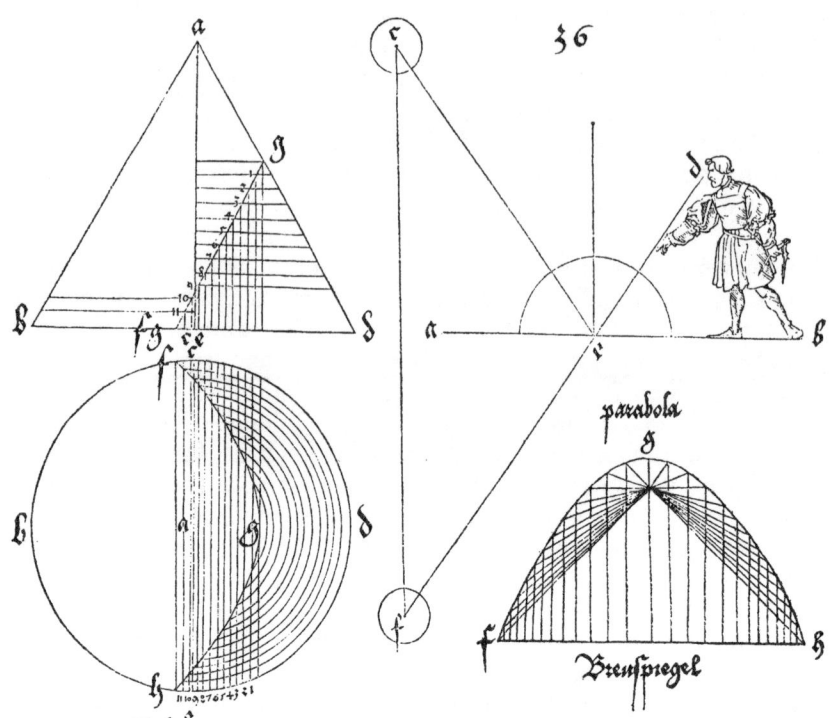

die Befragung einzusteigen. Und dieses Fragen erfaßt ebenso exakt auch den Menschenleib selbst. *Dürer* erarbeitet seinen Bau mit strengen mathematischen Fragen, die, von norditalienischen Freunden angeregt, nun zum umfassenden Handbuch werden, das um 1525 erscheint und wirkt.

Man erlebt das willentliche Sehen des einzelnen im genauen Blick der Maler um 1500: Albrecht Dürer (1471–1528), Mathias Grünewald (1460–1528), Wolf Huber und Albrecht Altdorfer. Dürer malt die ersten reinen Landschaftsaquarelle, Natur als solche und Menschenhaus ohne Mensch, jede Gestalt exakt in Liebe aufgefaßt. Es ist *der genaue Blick*, getan aus dem Wesensgrund, in intensiver religiöser Bezogenheit zu allem Geschaffenen. Das wird gemalt oder in der Dynamik und Strukturierung graphisch erfaßt mit der differenzierten Willenshaftigkeit des Interesses an der strömenden Linie, wie es die frühe Ornamentik des Nordens zeigte: eine Ornamentik, die unterschied und zusammenschaute zugleich.

Es geht um die Fähigkeit der *„Unterscheidung“*, der *„discretio“*, die Erasmus zugleich mit dem Willen zum Maß als zentrale Haltung formulierte und für die verschiedenen sozialen Typen exemplifizierte. In diese Epoche des *„Humanismus“*, in der man von 1450 an bis 1550 deutlich das elementare Freiwerden der langher geübten Individualität erkennen kann, wurden die Erarbeitungen der vorhergehenden Jahrtausende gerafft hineingegeben durch die italienisch-griechischen Formulierungen. Als Konsequenz faßte Lorenzo Medicis Gesprächspartner *Pico della Mirandola* die Forderung zusammen: Der Mensch hat zwischen Gott und Erde die freie Entscheidung über sein Verhalten. Die „dreifache Philosphie“, die nach der Natur, der sozialen Moral und dem Geistwesen in Gott und Mensch fragt, läßt den Menschen den Gott so hören: „Wir haben dich weder als einen Himmlischen noch als einen Sterblichen, noch als einen Unsterblichen geschaffen, damit du als dein eigener, vollkommen frei und ehrenhalber schaltender Bildhauer und Dichter dir selbst die Form bestimmst... Es steht dir frei, in die Unterwelt des Viehs zu entarten, es steht dir frei, in die höhere Welt des Göttlichen dich durch den Entschluß deines eigenen Geistes zu erheben" (Abhandlung über die Würde des Menschen). Was Pico aus einer umfassenden Erinnerungskraft – der Kraft des Raben Munin – in heller Ichkraft formte, wurde durchdacht und gelebt im übrigen Europa. *Thomas Morus* (More), Humanist und Lordkanzler Heinrichs VIII. von England, der ihn töten ließ, Thomas More (1478–1535) war Picos Übersetzer und Biograph. In Pico geschah ein spezielles, nun gesamteuropäisches Aufleuchten der Individualisierung, wie sie im Rahmen des karolingischen und dann staufischen Reichs vorgeübt worden war.

Die Grafen Pico vom Schloß Mirandola kannten und überlieferten ihre Familiengeschichte so: Im 4.Jahrhundert war der Sohn von Kaiser

Konstantin dem Großen (der das Christentum zur Staatsreligion machte, es also der Versuchung der Macht auch aussetzte), Konstantius, Kaiser in Byzanz, römischer Kaiser. An seinem Hof lernte als Page ein Sohn des Herzogs von Sachsen. Das meinte damals das Westfalengebiet. Der Page war also ein Nachfahr des Armin, der das zentrale Kultgebiet freikämpfte von römischer Durchdringung, oder auch ein Vorfahr des Widukind. Der Page und die Tochter des Kaisers liebten sich. Der Kaiser wollte sie trennen, aber sie flohen und kamen nach Italien. In der Gegend von Modena bauten sie sich ihr eigenes Leben auf. Als später Konstantius ins Land kam, um seine Macht gegen die Städte zu sichern, half ihm der Flüchtling. Es gab ein Erkennen und Versöhnen. Generationen später gab es dort den Grafen Giovanni Pico, kurz aufleuchtend eine Kraft aus luzider Intelligenz und unbeirrbarer Herzkraft. Mit einem ungeheuren Ausgriff der Energie raffte er den ganzen Erfahrungsweg des Abendlandes zusammen und gab ihn als Aufgabe weiter. Sein Wissen umfaßte die hebräische, aramäische, arabische, griechische und lateinische Sprache und Denkwelt, dazu die griechische, hellenistische und scholastische Philosophie (der „teutonischen Denker"). Darin waren ihm die Theologen der römischen Kurie nicht gewachsen. Es war ihnen nach viel Bewunderung dann doch peinlich. Pico wurde zum Ketzer erklärt; Lorenzo Medici half ihm zur Lösung des Banns und beschützte ihn. Giovanni Pico rief zu der offenen Diskussion seiner 900 Thesen (= 3 x 3 x 100) in Rom „das ganze Europa" zusammen. Er wollte den Fernwohnenden die Reise ermöglichen, die Vorausdenker Europas verbinden.

Er selbst lebte das neue, das künftige Europa der freien Personalität, mit dem reinen Denken, das sich von Außen- und Inneneindrücken nicht ins Urteil drängen läßt. Ein Jugendgedicht gab seine Bedingungen voraus an: „Lichte Seele, lichthelle lichte Ehre,/ ...lichtes Haus der Vernunft und Tapferkeit/ ...Du kannst das, was du willst, – hörst du den Ruf?/ Er schickt als Zeuge dich hinab zur Erde." Er lebte nur 31 Jahre. Man sprach von Gift. Aber er hatte als Vordenker und Impulsator das Nötige getan.

Roger van der Weyden starb 1464, im selben Jahr wie Nikolaus von Kues – der „Cusanus" – und wie Cosimo di Medici. Cosimos Sohn *Lorenzo* „il magnifico = der Großgeartete" (1449–1492) gab mit seinem Freund *Pico della Mirandola* (1463–1494) den Schwerpunkt in die Aussagezeit des *„Humanismus"*, der Aussage vom freien Menschen, der sich Gott und der Welt verpflichtet weiß. In seinen 900 Thesen gab Pico, in der gerafften Spannung der früh Sterbenden, ein Resümee des antiken Erbes des neuen Europas. Die „drei delphischen Lehren" gab er zu bedenken, kritisch die Väter der Kirche anrufend. Es waren die im Tempel von Delphi geschriebenen humanen Grundthesen: Nichts im Unmaß, Erkenne dich selbst, das „Du bist" („ei") zu Gott hin als dem Urbild des Menschen selbst. Es war Apollons Lehre, die Pico als Fortführung der vorhergehenden Stufe des ägyptischen und sumerischen Bereichs wußte. Im Augenblick des Wirkens der beiden Medici und der Freundschaft des Lorenzo mit Pico wirkte für eine Sternstunde und als Leitbild des Möglichen Geld und Geist verbunden. Es teilte sich schnell, aber die These blieb wirksam. Im Handeln und Lehren von Nicolo *Macchiavelli* (1460–1527) und *Erasmus von Rotterdam* (1469–1536) ist die Aufgabe, die polare Position gut–böse skizziert, der Machttrieb und der Wille zur Ganzheit des Menschseins im Gespräch. Zuvor hatte *Nikolaus von Kues* gesprochen und zu handeln versucht.

Dieser „erste deutsche Philosoph", der nach der Epen-Epoche sprach, war Jurist, Theologe und Kardinal. Er bemühte sich um eine substantielle Reform der Kirche, die ihm noch möglich schien, bemüht um den Ausgleich zwischen der östlichen und westlichen Kirchenart. Als er in Köln Philosophie und Theologie studierte, lehrte man dort auch den Aufbau der geistigen Wesensränge des Dionysius Areopagita, zu dem gerade Albertus Magnus einen Kommentar geschrieben hatte. Das geistige Weltbild war für Nikolaus von Kues noch geräumig. Er war kein Machtgenießender, sondern jemand, der die Gotteswahrnehmungen der Menschen überall nebeneinander gelten lassen wollte. Er sah alles übergreifend, das eigentliche Gottsein als die „coincidentia oppositorum", als den In-eins-Fall der Gegensätze, und meinte, man könne Gott erst wahrnehmen, wenn man die Stufe der „docta ignorantia" erreicht habe, die gelehrte Unwissenheit, die Relativität der Einzelsichten befragend.

Hier, *im Prinzip des Gesprächs,* setzte *Erasmus* seine Methode an: Gespräch als Zuhören, Modifizieren und Aussagen und wieder Zuhören und so fort. Das ist Kunst des Menschseins. Erasmus kämpfte sie in einem von Feindschaften, Verfolgungen und Erfolgen gefährdeten Wanderleben durch.

„Ich habe vielmehr die ganze Welt als mein Vaterland betrachtet", schrieb er in einem Brief und meinte die Vielheit der Aspekte als humanes Ganzes. Die genaue Frage nach den Aussagen und Erfahrungen der uns vorangehenden Kulturen, die exakten Übersetzungen und Rekonstruktionen der griechischen und lateinischen antiken Texte waren ihm Ausgangspunkt, um im ebenso genauen Umweltbetrachten Sein und Seinsollen zu ertasten. Daraus gab er die Anregungen für die verschiedenen sozialen Formen, die Lebensalter und Verantwortungsgrade. Sein Fürstenbild, das er für den Erzieher des späteren Kaisers Karl V. schrieb, war das des (so lange nötig –) vorbildhaft Vorangehenden. Polar dazu entstand das Fürstenbild des Macchiavelli als eines machtgenießenden Trägers eines abstrakten absoluten Staates. So hieß es bei Macchiavelli (1469–1527) im „Il principe", geschrieben 1513: „...Wer sich eine Zeitlang für gut gab und zu seinen Zwecken böse werden will, muß es mit den gehörigen Übergängen tun und die Gelegenheit wahrnehmen, daß, ehe ihm die Veränderung seines Betragens alte Gunst entzieht, sie ihm schon so viel neue verschafft hat, daß er an Macht nichts verliert, sonst geht er durchschaut und freudlos zugrunde..."

Erasmus erlebte 1535 den Tod des Freundes Thomas More (Morus), bei dem er oft zu Gast war, wenn er Vorlesungen in Cambridge hielt. Morus, der Humanist und Lordkanzler, wurde von einem (im Sinn des Macchiavelli) absoluten, machtberauschten König getötet. Heinrich VIII. von England, wütend als ein die Ichheit Mißbrauchender, machte sich zum Kirchenleiter, und vom Papst gelöst, ließ er Adlige und Bürger, die sich ihm nicht beugten, foltern und hinrichten. Das wesentliche Element hierbei ist, daß es nicht um politische oder wirtschaftliche Macht ging, sondern um die Macht über die Seelen, über die Denkfreiheit der Menschen. Wie diffizil dieser Kampf um die Freiheit der Person ist, erlebte Erasmus zur selben Zeit neben Luther. Er stützte ihn wegen der Freiheit vom Papsttum und mußte ihn zugleich hart abgrenzen, denn er sah, daß hier nur eine Dogmendiktatur – Rom – von einer anderen – den Fürsten – abgelöst zu werden drohte. Erasmus, im Streitgespräch mit Luther, formulierte genau das Prinzip der Individualität in der Schrift *„Vom freien Willen"* gegen Luther, der gerade das leugnete. Luther sah den Menschen nicht im Gespräch mit den Göttern. Er konnte ihn nicht als Schüler von Odin und Thor fassen, sondern als ein dem Gott Unterworfener des unfreien Willens.

Die Krise weist zum zweiten Ragnarök

Zugleich aber, und das ist die Hybris des Zeitmoments, die da aufscheint, ist Selbstüberbewertung ins Spiel gekommen. Luthers Wort vor dem Reichstag in Worms (ob gesagt oder von den Hörern so empfunden): „Hier stehe ich, ich kann nicht anders, Gott helfe mir, Amen", dies bei Ablehnung des freien Willens, des individuellen Vollzugs einer in Raum und Zeit möglichen schöpferischen Freiheit gesagt, das heißt im Eigengefühl: Identifizierung mit Gott, den man als „Vorbestimmung" fixiert hat. Nach der Freisetzung aus Odins Lehrzeit ist Gefahr, die eigene Triebgewalt als Notwendigkeit zu nehmen und sie den anderen zu überlagern. Scheiterhaufen sind möglich, die Luther für Hunderte der sogenannten Wiedertäufer in ganz Europa mit entfachte, denn im Wunsch nach der Erwachsenentaufe sprach ja gerade das Bewußtsein des freien Willens sich aus. Das Abwerten der

Freiheit des Nachbarn, der Bürger und nun speziell der Bauern geschieht jetzt. Verabsolutierung des sich selbst anheimgegebenen Selbst droht. Auch der Nachbar in Frankreich träumt sich als absoluter König, als *roi soleil.* Zu befragen sind aber die Grade der Wirksamkeiten des Selbst.

Dieses Unterworfensein der neuen Obrigkeit, wie es Erasmus von Luthers relativem Freiheitskampf gefürchtet hatte, wird fixiert im Katechismus, in dem Luther für viele folgende Generationen von Protestanten das Denken prägte. Er durchprägte das 4. Gebot des Dekalogs (der Zehn Gebote, 2.Moses 20,12) mit Unterwerfung unter die Staatsobrigkeit, während im hebräischen Text dieses Gebot, die Eltern zu ehren, nur meint, die soziale Pflicht der Fürsorge für die Eltern (die Älteren und schwächer werdenden) zu erfüllen. Die persönlich-geistige Sphäre zwischen Eltern und Kindern bleibt hier völlig offen. Auch wenn in den Apostelbriefen von Obrigkeit die Rede ist, so ist nie eine gottgewollte Staatlichkeit gemeint, wie die Theologenlehren es allzuoft deuteten, sondern die Achtung vor der relativen Notwendigkeit der römischen Verwaltung von Recht und Unrecht im Miteinanderleben. Es steht sofort, da es um die Freiheit der Person geht, die Frage offen vor Augen: Geht es um die halbe oder um die ganze Freiheit und Verantwortung? Es ist eine Frage des Mutes, im Denken und im Leben, eine Frage aus der Lehrstube des Thyr.

Die Verengung ist (seit langem, aber nun in Luthers Übersetzung fixiert) faßbar im Einfangen der Definition im Prolog des Johannesevangeliums: „Im Anfang (en arché) war der Logos." Die lateinische Sprache hatte keinen Terminus für die Zusammenordnung und Belebung einer Vielheit von Strömen oder Wesen, wie es im Begriff „Logos" ausgesagt ist. In der frühen lateinischen Bibelübersetzung stand darum einfach „verbum", bei Luther nun „Wort". Das Wort spricht ein einzelner, er setzt damit eine Schöpfung. Man vernimmt aber nicht die Aufforderung zum Gespräch darin, die im Begriff „logos" steht. Der Mensch – Luther sah und diktierte es so – unterwirft sich Gottes Wollen. Folgerichtig unterschlug Luther in der Engelverkündigung an die Hirten (im Lukasevangelium) auch die entscheidende Schlußthese: pax hominibus bonae voluntatis, Friede den Menschen, die guten Willen haben, aus ihm denken und handeln, sich und das Ringsum daraus durchwirken. Die Grundfrage der Epoche ichhafter Bewußtwerdung ist da offen, für den, der hinhört. Sie wird erstickt, wenn Luther sagt „Friede auf Erden" und verschweigt das „den Menschen guten Willens". Luther verwischte den Anfang wie das Ende des Engeltextes. Er übersetzt: „Ehre sei Gott in der Höhe, Friede auf Erden und den Menschen ein Wohlgefallen."

Es steht aber da, lateinisch: „Gloria in excelsis deo et pax in terra hominibus bonae voluntatis." Gottesoffenbarung in den Höhen und

Friede auf Erden den Menschen guten Willens. In dem frühen, der Erinnerung näheren griechischem Text ist das noch gewichtiger gesagt. Die „gloria" ist die „doxa" Gottes, seine Wesensoffenbarung in geistiger Kraft, und der Friede auf Erden wird angekündigt den „anthropois eudoxias", den Menschen der schönen, der guten Wesensdarlebung. Das hatte der Dichter des „Heliand" erfaßt mit seinem Anruf an die Menschen des „lauteren, des lichten Denkens", denn in solch reinem Denken steckt der Wille, von dem die lateinischen Übersetzer noch sprachen. Das alles ist von Luther ausgelöscht worden. Generationen von Bibellesern und Empfängern von Weihnachtsgrußkarten wurden getäuscht im behaglichen Gefühl, daß der Friede Gottes ihnen übergeschüttet würde. Aber er ist nicht billig zu haben, durch Unterwerfung, sondern fordert das starke Denken und Tun. Gefordert ist der freie Wille der eigenen Person, Erasmus als Sprecher der Zeit formulierte es.

Ein Symptom der beginnenden Krise, des Umschlagens zum nächsten Ragnarök, muß man sehen, um die grundmenschliche breite Basis zu erkennen. Die *Bauernaufstände* dieser Jahrhunderte, speziell der offene Bauernkrieg der Lutherzeit, der von Luther in härtester Weise nur als Aufstand gegen notwendige Herrschaftsformen gedeutet wurde: das war eingebunden in die im Bewußtseinswandel bedingte soziale Umformung durch die Welthandelsmethoden und die reifende Arbeitsteilung. Die ländliche Adelsordnung verlor ihre echte soziale Funktion und lastete nach unten. Darin lebt das immer flutende Hin und Her zwischen den Gruppen, das mit der Pauschalthese von Klassenkampf gar nicht zu erkennen ist. Es wirkte aber vor allem im deutschen Bereich sehr klar der Wille zur Eigenperson. Man hatte in den sich formenden Verwaltungsgebilden der Fürsten- und Stadtstaaten in der Begegnung mit der Antike nun auch das römische Recht übernommen, das fast abstrakt ist.

Es läßt nicht organische Gefüge und individuelle Nuancen frei. Die durch die entfalteten Intelligenz- und Willenskräfte der Menschen veränderte wirtschaftliche Situation wurde nun in ihren Übergangsschwierigkeiten mit den harten Bandagen des römischen Rechts blokkiert, das zu Machtausnützungen verführte.

Hier revoltierten die Bauern, fast 70% der Bevölkerung. In brodelnden kleinen Protesten, einer Flut von Rechtsprozessen bei den fürstlichen und kaiserlichen Gerichten wirkte sich das langhin aus, ballte sich, wo eine Führung sich fand, zum Aufstand. Die Thesen, die diese Bauern an den Kaiser richteten, hießen: Gib uns die alte Freiheit, das alte Recht wieder. Die Flugschriften sprachen vom wahren christlichen Reich der alten freien Ordnungen lebendiger Dorfgemeinschaften, in denen, nach alten Formeln der Stammesrechte, der Adlige im Dorf nur der Beschützer war und nach Maßgabe seines Wirkens getragen und geachtet wurde.

So hieß es im „*Schwabenspiegel*", der um 1275 auf älterer Basis formuliert wurde und in Schwaben, Bayern und der Schweiz galt: „Wir suln den herren darumbe dienen, daz si uns beschirmen. Unde beschirmen si uns nit, so sin wir in nüt dienstes schuldig nach rechte." Hier ist das ursprüngliche Funktionieren des Adels angezeigt. Ausgebildet als Rechtsherr in allen Rechtsversammlungen als Lehrling, in der „Schwertleite" mit dem Schwert des Schützers umgürtet und vom Ritterschlag zwischen den Schultern bezeichnet, dies alles wurde zur Sommersonnenwende (später zu Pfingsten) getan. Es war in der höchsten Vitalisierung der Natur das Maß angesprochen mit den Formeln der Tugenden: Hochgemut (später zur Abwertung „Hochmut" gestürzt), Demut, Milde, Freigebigkeit, Tadellosigkeit, Maß. So ist der Ritter Schützer, nicht Schläger. Als sich die soziale Struktur durch die Entfaltung der menschlichen Kräfte ändert, gilt der Satz des Schwabenspiegels: Beschirmen sie uns nicht, so sind wir ihnen keine Dienste schuldig nach dem Recht.

Hier ist das Urmotiv der germanischen Gruppen: der *Wille zum freien Willen,* zur freien Individualität, die freiwillig in lebensgerecht geordneter Gemeinschaft wirkt. Was sich von der Basis her unklar, aber wesenhaft entschlossen auszusprechen versuchte, das wurde in der geschulten Klarheit von Denken und Wollen – entschlossen, sich den Verfolgungen und Disputen zu stellen – von den Menschen ausgesprochen, die *Erasmus* repräsentierte. Er wuchs als ein im alten Einweihungssinn „Heimatloser" elternlos, bei den „Brüdern vom gemeinsamen Leben" auf, einer Gemeinschaft freier einzelner, der polyphonen „neuen Musik" der Zeitstufe gemäß. Er wuchs in den Niederlanden auf, dem germanischen, mit Odin geübten Wort- und Sprachraum. Dieses Küstengebiet, von Batavern, Friesen, Sachsen (= Westfalen) und Franken besiedelt, Herkunftsland der Karolinger, kam 877 bei der Dreiteilung von Karls Reich zum Ostfränkischen (= deutschen) Königreich. Es gehörte später in das spezielle Gefüge Burgund hinein, das durch Heirat in das Gebiet des Kaisertums von Habsburg einging. Unter Kaiser Karl V., für den Erasmus den „Fürstenspiegel" schrieb, war das ganze Gebiet in dem damals weltweit gespannten Reich ein kulturelles und wirtschaftliches Zentrum. In der kämpferischen Abgrenzung vom Katholizismus wurde 1572 Graf Wilhelm von Oranien-Nassau Statthalter der Vereinigten Niederlande. Er war 1533 im Hof Oranien in Diez an der Lahn geboren und wurde von Fanatikern 1584 ermordet. Er blieb Ahne des späteren Königtums. Es ist gut, sich diese geistig-räumliche Dimension damals zu vergegenwärtigen. In dem großen zusammenlebenden Europa, und zugleich als „Weltmensch", studierte Erasmus in Paris und Norditalien, lehrte in England und den Niederlanden, lebte in Freiburg am Schwarzwald, in Basel und wieder Freiburg und liegt in Basel im Münster begraben.

Man muß diese Jahrhunderte von 1400 bis 1600 in allen Aspekten zusammen sehen, um das bewußt gefühlte Sich-selbst-Sehen der Ich-Person, diesen Moment zu erfassen. Dazu gehört die Wirkung der *Jeanne d'Arc,* der „Jungfrau von Orlans" in Schillers Erlebnis. Diese Aktion kurzer absoluter Einsätze bis zum Feuertod um 1430 hilft Europa als ein personales Zusammenspiel ausziselieren. England wird in sich gedrängt, das Mädchen aus ihrer keltisch-fränkischen Landschaft reißt dieses Frankreich auf sich selbst zusammen. Die lang währende Strahlkraft dieser Individualität wäre nicht so stark, wenn nicht Notwendigkeit waltete.

Die Individualisierungen prägen sich in den international ausgreifenden Handelsunternehmern kräftig und brutal zugleich aus. Da muß 1448 der Kaiser Friedrich III. noch in der alten Funktion als Raumordner die erste Bergwerksordnung erlassen, um zwischen den gewaltig ausbeutenden Individualismen und den humanen Rechten der Bergknappen, die revoltierten, bewußt ein Sozialgefüge zu schaffen. Das bleiben dann die Aufgaben der Zukunft bis heute und morgen. In der Malerei Europas sehen damals die starken willenshaften Gesichter der Porträts, unmittelbar aus der Landschaft herausgelöst, den aufmerksamen Beschauer an. Es ist eine elementare Kraft, ein Hineingreifen in den Seinsstoff, zu erleben in den Bildern der nackten Kämpfer und nackten Leiber der Leonardo, Michelangelo und ihrer Zeitgenossen. Diese „Jüngsten Gerichte" sind noch nicht gekonnter Selbstzweck malerischer Technik wie danach bei Rubens, sondern eigenes Erlebnis, und der Christus als Weltenrichter strahlt noch eine gewaltige Mächtigkeit der Entscheidung aus – Entscheidung der Ichkräfte zwischen Gut und Böse. Die Frage ist noch wirklich akzeptiert. Erst etwas später beginnt die Seele der nun freigesetzten Menschen, diese „Bewußtseinsseele", ihre Nuancen durchzuspielen, Ausflüchte zu durchfühlen. Das ist die Zeit des sogenannten Manierismus um 1600, überall deutlich und doch seine Absurdität ziehend aus dem nun unter die Wachheitsschwelle gedrängten Entscheidungsanruf.

Seit 1500, durch das 16. und 17. Jahrhundert hin, zieht durch das germanisch-keltische Europa das Ringen um den Begriff „Gnade". Luther in seinem Ich-Willen verfiel der Gefahr, der Versuchung zur Gewalt. Ich bin wie ich bin, da kann ich nichts durch gutes Handeln, „gute Werke" sagte die katholische Kirche, ändern. Die Vorbestimmtheit meines Schicksals kann nur durch eine ganz unbeeinflußbare Gnade der Gottheit vor der Verdammung (nach dem Tod) bewahrt werden. Diese Art Gnade wählt mich oder den und jenen, die anderen aber sind dazu vorbestimmt, nicht begnadet zu werden.

Mit der Egoisierung der frei gewordenen Ichheit gleitet die erste Widar-Zeit langsam in das nächste Ragnarök hinein. Der niederländische Theologe und Bischof von Ypern, *Jansen* (1585–1638), und mit ihm Pascal ringen um die Gnade in puritanischer Ernsthaftigkeit, die der Kirche in Rom ärgerlich war. In dem alten Zisterzienserinnenkloster Port Royal aux Champs bei Paris bildete sich, weit wirkend, ein Zentrum puritanisch meditativer Lebensschulung im keltisch-fränkischen Bereich. Kloster, Arbeitszentrum und der Friedhof mit dem Grab des um das Recht zur Gnade ringenden Dichters Racine wurden auf Wunsch der Kirche 1710 zerstört.

Aber längst vorher war von Erasmus gegen Luther das Personsein anders erfaßt worden. Für Erasmus ist die Gnade immanent im Gespräch zwischen Mensch und Gott. Der Begriff hebt sich in der Freiheit auf: schöpferische geistige Freiheit der Person, die sich nicht, Macht genießend, in sich verhärtet. Daß es jetzt um einen neuen Ansatz ging, der das ganze „Humanum" als männlich-weibliche Person erfaßt, zeigte sich in der aktiven Funktion der Frauen. Dazu schrieb Erasmus die „colloquia familiaria" um die Modellgestalt der „Magdalia" (wohl der Tochter des Thomas Morus). Es ist nun nicht mehr die Abstraktionsstärke des männlichen Intellekts der griechischen Logik, sondern zugleich die Sensibilität als Erkenntniskraft befragt. Das Ringen um die personale Selbstfindung spiegelte sich in Diskussion und Experimentieren um den Begriff Gnade. Es ist uns in seiner Polemik ferngerückt. Aber was da, vor dem langsamen Anlaufen der technisch-industriellen Epoche, gedacht und gelitten wurde, ist doch in der Atmosphäre Europas. Seine Ernsthaftigkeit gab eine Basis, einen puritanischen Anstand in die späteren Ausbeutungszeiten der Menschen untereinander und kann im Rückbefragen zu Mut werden. Zwischen Erasmus und Luther ist dieser Mut zu finden, der das neue Ragnarök bestehen half.

Das zweite Ragnarök

Pico della Mirandola hatte mottohaft in einem großen Appell formuliert: Der Mensch ist von der Gottheit freigesetzt in das Weltall zur Entscheidung, was er tun wolle, Gutes oder Vernichtendes, Tier oder Mensch als Geistwesen werden. Thomas Morus und Erasmus hatten das gehört, was aus der Vorlehre des Südens herausklang, was von Eckhart und dem Cusanus formuliert und gelebt worden war. Ein Aufbrechen kirchlicher Formstarre war erreicht mit der „Reformation" um 1525. Nun aber geschieht das flackernde Übergehen der ersten Widar-Epoche ins neue Ragnarök. Die freigesetzten Individuen werden von der Machtsucht gelockt. Es sind die Egoismen der Fürsten, des Kaisers, der Ordensmachtgruppen der Jesuiten, die zum Chaos des Dreißigjährigen Kriegs führten. Ein Ragnarök aller gegen alle scheint auf.

Symptome des Wertezerfalls gab es schon länger. Sie wurden sichtbar wenn man etwa den Ablauf der Konzils von Konstanz genau ansieht. Damals gab es drei Päpste, also drei Menschen die sich mit Hilfe einer sich gewinnversprechenden Gefolgschaft selbst zum Papst proklamierten. Der Kaiser drängte zum Konzil, die Geistlichkeit auch. Man wollte die traditionsgemäße Macht der Konzile über die Päpste einschalten. Angst ging um, die Machtordnung könnte, für alle zum Schaden, ganz zerbrechen. In dem Wirbel weltlicher und geistlicher Personen mit ihrem Gefolge, gedrängt in der kleinen Stadt am Bodensee, zerrte man die Machtfrage jahrelang hin. Der Kaiser Siegmund konnte noch nach Portugal und England reiten, um Anhänger für sein Konzil zu suchen. In den Wirbel hinein wurde *Jan Hus* (1370–1415) aus Böhmen vorgeladen. Er hatte eine erste und edelste Stufe der Reformation erfolgreich eingeleitet, den Zorn von Papst und Kaiser geweckt. Das Christentum vom Papst zu lösen war seine These; aber das stürzte das ganze Gebälk von konkurrierenden, doch sich gegenseitig haltenden Mächten um. Der Kaiser hatte Jan Hus freies Geleit zugesichert, aber die Geistlichen sagten, er könne niemals einen im Kirchenbann Stehenden schützen. Er brach sein Wort. Hus wollte, wie auf alten Konzilien üblich, ein großes sachliches Gespräch über die Thesen; aber man sagte, es gäbe kein Gespräch. Mitten im Trubel des Raufens um die Positionen wurde dieser außerordentliche Mensch und kluge Theologe ohne jedes Gespräch verurteilt. Er wurde ohne besonderes Aufsehen verbrannt. Nur daß er in den heraufsteigenden Flammen noch laut Psalmen betete, das nahmen die zuschauenden Bürger wahr. Man kann noch heute auf der „Paradies"-Wiese in Konstanz die Tafel finden: Hier wurde Jan Hus verbrannt. Das war 1415. Es ging den Männern des Konzils nicht um ein Ringen mit den humanen Grundwerten, sondern um die nun privatisierte Macht. Daß Luther 100 Jahre später mit den von Hus gelernten Thesen auf dem Reichstag in Worms lebendig davonkam, geschah nur, weil jetzt die neuen Machtpositionen fixiert waren und der Kurfürst von Sachsen den Mönch schützte, ihn fluchtartig auf der Wartburg verbarg, weil er die Machtverstärkung erkannte, die ihm aus der Loslösung von Rom zukam.

Die andere Seite reagierte auf ihre Weise, sich verhärtend. Hatte sie Hus ohne jedes Zögern ausgelöscht, war nicht ins Gespräch eingetreten, so fixierte man jetzt erst recht die Einschnürung der Seelen durch Dogmen. Dieser Fluch des „anathema, qui non credit..." wurde erst jetzt ganz hart gesagt, dies „ausgeschlossen (aus der Kirchengemeinde) wird er sein, der nicht glaubt", was wir formulieren. Wer geborgen sein wollte in der rituellen Rhythmik der Sakramente, der Messe, der schönen Hülle der Kirchen, in denen die Bilder des Christus-Lebens den Menschen schützend umgaben, der mußte hinnehmen, was man ihm zu glauben befahl. Kurz nach dem Durchbruch der Reformation des Martin Luther und seiner Fürsten fixierte 1555 der Papst Paul IV. die Lehrformel von der „immerwährenden Jungfräulichkeit der Maria, vor, in und nach der Geburt des Jesus". Diese in solcher Materialität absurde These, die im Neuen Testament keine reale Stütze hat, wurde schon einmal formuliert und als „de fide", als „zu glauben" gegeben auf dem Laterankonzil 649 durch Papst Martin I. in Rom. Damals war Wahrnehmung geistiger Wesen schon schwierig geworden. Man hatte umgeschaltet von der Feier des 6.Januar (Epiphanias, der Jordantaufe) zur Feier der Jesus-Geburt, die man auf die Wintersonnenwende fixierte. Es wurde hier schon erwähnt, aber man muß es sich oft vergegenwärtigen, um das Phänomen „Christus" aus dem Ursprung und für die Zukunft neu erkennen zu können. Aus den Berichten der Evangelien spricht, daß in der Taufe, dem völligen Eintauchen des Menschen Jesus im Jordan, nun in die Leiblichkeit des sich opfernden Jesus sich die Geistwesenheit des Logos hineingab und darin drei Jahre wirkte. Der Mensch Jesus, aus der bis dahin Jungfrau Maria durch den Vater Joseph geboren, wird mit vollem Stammbaum bezeichnet. Es werden, und das führt weiter in ein Befragen, zwei Stammbäume angegeben, bei Lukas und Matthäus.

Man wußte durch das Mittelalter hin von dem Faktum der zwei Jesusknaben, die im Moment der Szene des „zwölfjährigen Jesus im Tempel" sich verbinden. Wir haben etliche Bilder aus dem Mittelalter, die diese beiden Knaben im Kommen und Gehen zeigen (s. Bibl. H. Krause-Zimmer). Es gab eine geistig „hinterfragende" Linie, ja eine breite Spur für die auch die Beziehung zwischen geistigem („pneumatischem") Leib und physischer seeletragender Leiblichkeit Erfahrung war. Diese fragenden Menschen waren Forscher verschiedener Disziplinen, Maler, Architekten, die den Kontinent durchwandernden und durchprägenden Männer der Bauhütten. Sie alle stellten harte Fragen und gaben der Epoche der beginnenden Krise ihren festen Boden. Wir wissen heute, daß jedes Bild des Mittelalters durchzogen war von Symbolik. Jedes Ding im Bild, seine Position, seine Farbe, alles wies auf bestimmte Zusammenhänge der Gesamtaussage. Die Menschen waren seit Beginn der Kulturen eingestellt auf Bildbefragen, Bildsehen. Man kann die Spur des untergründigen Fragens in der Aufschlüsselung der Bilder des Raffael, des Grünewald, des Dürer finden. Dürer gab die genaue Außenweltdarstellung, wie sie seit den Brüdern van Eyk eingeübt wurde, aber in allem war ihm wichtig: das Porträt des individuellen Menschen, die Apokalypse – also das große kosmische und zugleich irdische Ragnarök – und das bewußt aufgenommene Leiden des Christus. Die beobachteten Strukturen des

Dingaufbaues zielten für ihn auf diese personbefragende Aufgabe der Malerei. Dieses fragende Durchwandern des Lebensraums, es hatte eine äußere Praxis in den Pilgerwegen von den Grenzen Europas durch den Kontinent mit vielen Herbergen bis nach Nordspanien zum Lehrort des Apostel Jakobus, in Santiago di Compostela, um die Muscheln von der umstürmten Atlantikküste heimzubringen.

Solche unterschwelligen Wesenshaltungen sind es, die jedes neue Ragnarök überstehen lassen. Es ist die Haltung des „schweigenden Asen Widar". Man sah den Menschen als einen Pilger im Gottesgespräch: die strengen Strukturen der Welt wissen, mit vollziehen, erfragen, so wie Odin schmerzhaft kreisend im Weltbaum Erkennen suchte. Man wußte, es geschah im kreisenden Weltbaum, Weltachse, dem Yggdrasil, „Pferd des Yggr", des schrecklichen IchWollens.

Das *zweite Ragnarök* beginnt mit dem Scheitern der Reformbemühungen in der Kirche. Sie waren langhin versucht worden, mit sanfter Gewalt umsonst gegen Machtlust und die Trägheit des Denkens, das in Dogmatik sich abschirmt. Viele Gespräche hatten gekreist, von Nikolaus von Kues argumentiert, vom Kreis um Vittoria Colonna, zu dem Michelangelo und der englische Königssohn Kardinal Reginald Pole gehörten, leidenschaftlich erörtert. Der Bruch geschah deutlich mit Luthers Thesen, die das aufnahmen, was seit 200 Jahren in den Gemütern schwelte und von Jan Hus (1370–1415) und von Wiclif in England (1320–1384) vorformuliert und durchgekämpft worden war. Aber die Träger und Schützer der nun radikalen „Reformation" hatten Individualitätswillen, aber nicht das Prinzip und die Bedingung der verantwortenden Individualität in sich selbst hineingenommen, das, was Erasmus formulierte als *„die Änderung des einzelnen"*. Die Machtbesitzer, die Luther folgten, und ihr Inspirator waren so von ihrem alleinigen Rechthaben durchdrungen, daß sie dieselbe Art der Ketzerverfolgungen weiterführten, wie es die alte Kirche in ihrer Dekadenzzeit getan hatte.

Und der ungeheuerliche, 1555 von den Fürsten vereinbarte Grundsatz „cuius regio eius religio" („wessen die Herrschaft, dessen die Religionsbestimmung") machte die Vergewaltigung der individuellen Entscheidungsfreiheit in Seele und Geist zum Terrorgesetz. Noch heute ist an den konfessionellen Abgrenzungen mancher Bundesländer Deutschlands der zum Gewohnheitsrecht gewordene Terror mißbrauchter Individualmacht ablesbar.

Auf neuer Stufe geschah es wie einst: Die Schlangen, die im brodelnden Kessel Hwergelmir im Wurzelwerk des Weltbaums nagen, waren nicht mehr gemeistert, ausbalanciert in Leben und Denken. Ofnit, die Bewußtsein Webende, und Svafnir, die Bewußtsein Schläfernde, waren nicht mehr gemeistert vom adlerhauptigen Ich, dem Yggr des Baums. Unordnung entsteht, Selbstüberhebung wütet,

Wolfszeit waltet. Man kann da einen nicht durchdachten Hintergrund der Epoche sehen: Nikolaus Kopernikus (Koppernigk), 1473–1543, zog damals eine Beobachtungskonsequenz aus langher geübten Studien der Jahrhunderte. Er sammelte ein Rundwissen, während er in Italien (damals Universitätszentrum der arabisch tradierten griechischen Wissenschaft) humanistische, mathematische, astronomische, juristische und medizinische Kenntnisse erwarb. Als Domherr und juristischer Verwalter der Güter des Bistums Ermland (nördliche Ostsee) arbeitete er aus, was er 1534 formulierte als „Sechs Bücher über die Umläufe der Himmelskörper" (De revolutionibus orbium coelestium). Hier wird klar das bislang so verfemte Bild gezeichnet: Das geozentrische wird vom heliozentrischen Weltbild abgelöst. Man kann fühlen, daß dadurch eine gewisse Annullierung der geistigen Person und Aufgabe des Menschen als solchem, des „Aufrechtblikkenden" = „anthropos", geschieht. Eine Verstärkung der Bindung an die Erde selbst als eigentliche Zuflucht ist die Folge.

Das bedeutet auch die Verlockung, sich als Einzelner (oder Gruppe Gleichgesinnter) in sich selbst zu verstärken. Der Genuß der Macht, Macht über Menschen, Seelen, Besitz, wächst zu immer neuer Verlockung und Verhärtung. Wir wissen das heute und fühlen uns in einem Spinnennetz der Machtsüchtigen und ihrer Diener. Damals begann das deutlich zu werden im zweiten Ragnarök. So kam es, daß *„der Dreißigjährige Krieg"* über die sich selbst verspielende, sich nicht erfassende Mittezone Europas als Chaos hereinbrach. Von allen Seiten warfen sich die Machtsüchtigen über die selbst machtlüsternen Fürsten Mitteleuropas. Diese Fürsten und Bürger erkannten nicht im Zeitmoment zugleich den Entscheidungsmoment, der ihnen formuliert war zwischen Erasmus und Macchiavelli, die fast im selben Jahr ihre Vorbildziele schrieben. Egoismen lösten das Chaos zwischen 1618 und 1648 aus. Die Träger des Jesuitenordens überredeten den Kaiser in Wien, seine Macht und die des Ordens wieder zu erweitern. Man wollte das seit 200 Jahren religiös individuell freigesetzte – von Jan Hus reformierte – Böhmen zurückzwingen. Die Kettenreaktion der im Für und Wider sich verstrickenden Fürsten und Städte begann. Die personale Hybris der Zeit repräsentiert sich in einem Menschen wie Wallenstein: Er war hussitisch frei erzogen, hatte die Intelligenz und Dynamik eines konstruktiven neuzeitlichen Wirtschaftsorganisators und gab seine Kraft, vom Machtangebot verlockt, zur Restauration einer Dogmenstruktur, die er persönlich gar nicht wollte, die ihm konträr war. Er zahlte endlich Verrat mit dem Leben durch Verrat. Aber er hatte das Kriegschaos vorangetragen.

Lebendige, fruchtbare und formstarke Dörfer und Städte, von deren heiler Ordnung noch eben Montaigne (1533–1592), der wache französische Reisende, staunend berichtet hatte, wurden zerstört, verwüstet. Alle Instinkte von Quälen, Schinden, Zerstören waren in den Menschen aller Nationen angerufen. Deutschland war verwüstet, die Menschen verwirrt, durchängstet.

Wie konnte hier hindurch Widar wirken? Man ertastete ein spirituelles, aber fest erdbezogenes Christentum. So etwas formulierte Jakob Böhme (1575–1624) mit seiner breit ausfächernden Wirkung. Der schwäbische Theologe und Kirchenleiter in schwerer Zeit, Johann Valentin Andreae (1586–1654) veröffentlichte 1605 aus einer ganz selbstfreien Inspiration den Schulungsweg der „chymischen Hochzeit des Christian Rosenkreutz". Um dies Zentrum gab es einen nicht organisierten Kreis von Schülern, die in ihren tüchtigen Berufen eine geistige Sicht der Lebensstrukturen zu leben und auszugeben suchten. Diese Schrift wirkte sich weithin aus. Die großen Pädagogen der Folgezeit, wie Comenius (1592–1670) und Adam von Frankenberg, nahmen sie in ihre Arbeit auf. Es ist ein unterschwelliges Forttönen des Widar-Willens.

Man erkennt: Je mehr das Ich sich selbst autonom erfaßt, nicht mehr in der Götterführung intuitiv dem Ganzen verbunden, desto schärfer tritt die zur Freiheit nötige Versuchbarkeit ins Licht, die Gut-Böse-Spannung der Zerstörungsgefahr. Die erdenlange Aufgabe wird erkennbar in ihrer Unausweichlichkeit: Verwandlung des Ich und des Seins. Die böse Kraft in gute Kraft zu verwandeln. Shakespeare ließ es den *Prospero* im Drama „Der Sturm" scheinbar spielerisch, in der weißen Magie, kraftvoll ernsthaft tun. Es meint den Weg von Sigurd zu Parzival. Wenn man sich intensiv im Realbild die Spannung vorstellt, die im Zeitmoment um 1500 dargelebt wurde, erkennt man das Thema Gut/Böse, von Pico und Lorenzo zu Macchiavelli und dem von ihm gelobten bösen Cesare Borgia oder von Erasmus und Thomas More zu Heinrich VIII. hin. Es gab unter Menschen immer böses Tun und sehr viel Grausamkeit. Aber es läßt sich nun eine Bündelung erkennen, die im 20.Jahrhundert zu einer deutlichen und nuancierten Darstellung des Themas führte. Es ist ja nicht gleichwertig, wo etwas geschieht. In Europa (als ganzer Abendlandsraum gefaßt) wurde das Bild des verantwortenden, in seinen Entscheidungen im Kern, also über seine physisch-psychischen Bedingungen hinaus, freien Menschen erfragt und erarbeitet und schrittweise gedacht und gelebt. Von diesem Kulturraum der sogenannten indoeuropäischen oder indogermanischen Sprachen ging alles aus, was heute in allen Kontinenten unausweichlich wirkt: Technik und Industrialismus, aber auch Philosophie. Es wirkt jetzt wenig Gutes, weil es schon in Europa selbst fast ganz vom Urthema des Menschen abgelöst und in Machtbesessenheit verspielt wurde. Es ist Aufgabe Europas, das Bild des Menschen wieder als möglichen Maßstab alles Handelns und Planens zu gewinnen und im Modell zu zeigen. Dazu gehört Mut, weil man nun überall gegen die Egoismen steht. Tritt man aber mutig in die Besinnung ein, so kann man helfen, nun auch die Fülle der kräftigen

Eigenheiten aller Kontinente zu einem Erdgespräch zusammenklingen zu lassen.

Zu jenem Zeitmoment der Offenlegung der Gut-Böse-Frage kann man so skizzieren: Bis etwa 1400 prägte das deutsche Kaisertum als römisch-christlicher Ton Europa in einer übernationalen Lebendigkeit und Willenswirkung. Seine Zielung zur Weltordnung in göttlicher Bezogenheit wurde bis ins 19. Jahrhundert hinein von allen Menschen noch verstanden. Der Terminus „von Gottes Gnaden" wurde einst so konkret empfunden, daß noch bis ins hohe Mittelalter hinein der keltisch-fränkische, der französische König einmal im Jahr rituell Krankenheilungen vollzog.

Von etwa 1400 ab prägte – zuerst im vollen Hochbewußtsein, später durchflutend im Unterbewußtsein – die These des Humanismus die kulturelle Fragestellung und Praxis. Es kam der alteuropäische Anruf der Griechen ins Gehör, das „Erkenne dich selbst" aus Apollons Delphi, und traf nun in die von Odin vorbereiteten Menschen. Erasmus gab die Antwort, er forderte „die Änderung des einzelnen". Mittendrin tönt der Anruf Johannes des Täufers am Jordan weiter, das „Ändert das Bewußtsein". Das alles blieb offen oder unterbewußt Motto, oft nur als Ärgernis, der Epoche der Egoismen, der Nationalismen, deren bis ins Groteske oder Satanische gehende Gruppenfanatismen wir im 20. Jahrhundert erleben. Aber, daß etwas ins Böse fällt, kann gewandelt werden durch wissensweite Fragegenauigkeit in Wahrheitswillen und vollem Selbsteinsatz. Es ist hart, faszinierend, und auch wenn man es nur als Möglichkeit weiß, ist es wichtig und wirksam in der Atmosphäre. Nimmt man noch einmal das Sigurd-Bild: der „furchtlose einzelne" ist das Motto, er geht durch den Verrat am Geist, er verwandelt sein Sosein im „Tod", in dem er neu die Verbindung mit dem Selbst, mit der Walküre findet (die mit ihrem „Pferd", in aller Kraft des Wissens, mit „auf den Scheiterhaufen springt").

Die Epoche des „Verrats" wird, im Übergang zur „Neuzeit" nach 1500, doch überstanden, weil ein paar Jahrhunderte lang Sein und Handeln und Sprechen des Christus in unzähligen Bildern die Seelen durchtränkt hat. Die intensive Auseinandersetzung in Gefühl und Geist der Malerpersönlichkeiten und der anschauenden Menschen ist aus der Atemluft nicht auszulöschen, es wirkte weiter. Es wirkt als unterschwellig schwebende Frage, Zorn und Verzweiflung in den 200 Jahren eines zweiten Ragnarök von 1500 bis 1700, das im Kampf aller gegen alle des Dreißigjährigen Kriegs den Höhepunkt erreicht. Da Deutschland in der Mitte des Kontinents liegt, bündelt sich die Odinsfrage hier. Es waren die Egoismen von außen, aber entscheidend die Egoismen im Land selbst, zwischen Fürsten und Fürsten, was das Chaos holte. Weil man sich Gewinn versprach, holte man die Nachbarn heran, die auch nur Gewinn wollten. Es war auch noch ein Glaubenskrieg, aber die Machtfrage stand weit voran.

Eine neue, die zweite Widar-Zeit beginnt, ein Beitrag zur Durchseelung Europas: *Die neue Sprache*

Die Technik solcher Rhythmik läßt sich andeuten: Nach dem Durchgang durch das Chaos eines ausbordenden Kampfes der Gut-Böse-Klärung kommen jeweils „die Söhne der Odinszeit" zum Wirken, nun auf neuer Stufe. Der „wandernde Baum", die Polarachse, deren Befragung Odin leitete, führt durch neue Strahlungsbereiche aus dem Kosmos. Man ist für sie reif geworden oder ist es nicht, je nachdem ist der Übergang schlimm. Hier nun sind „die Söhne" der Dichter der ersten Widar-Zeit (der des Walther von der Vogelweide) die Gestalter einer neuen Sprachfähigkeit. Zu diesem Inhalt gaben die Hülle der äußeren Lebensbedingungen „die Söhne" des karolingischen kaiserlichen Reichs des nachantiken Europa. Das sind die individualisierten Fürsten. Sie haben das Chaos im Egoismus bewirkt, aber man kann erkennen, allmählich und sehr unvollkommen, daß die oft fälschlich beklagten vielen kleinen Staaten der Deutschen individualisierte Lebensräume für rechtliche und kulturelle Erfahrungsweisen sind.

Wo wirkt nach dem Dreißigjährigen Krieg *Widar?* In den guten Willen der einzelnen, Wille, anzuschauen, zu erkennen, zu besinnen. Die Kraft und Erfahrung des Leidens wurde basisgebender Gewinn. So sinnlos, sinnwidrig aus dumpfen Machttrieben entfesselt und weitergespielt entstand jener Krieg, wie später die beiden Weltkriege der nächsten Wolfszeit. Aber in den Menschen, die leidend und hellwach überlebten, bereitete sich eine neue Seinsstufe vor. Man kann das fassen in den Aussagen, die man heute als „Barocklyrik" benennt, und in dem ersten großen Prosabericht, Roman des Ausgeliefertseins und doch Selbstfindens des „Abenteuerlichen Simplicissimus Teutsch" des H.J. Chr. von *Grimmelshausen* (1621–1670). Es ist eine willentlich abgerungene Sprache der Erschreckungen und Trostsuche und ein mühsamer, aber eben voranführender Neuansatz nach der ersten Meisterung des Worts – der Odinslehre – in der Zeit des *Walther von der Vogelweide* (1170–1230).

Rückblende in den Beginn der Sprachfähigkeit

Damals, zu Walthers Zeit, war der Ansatz zur freien Selbstaussage in beweglicher Sprache nicht vom Lehrgebot der (durch den „spilman" von Ort zu Ort gebrachten) Epen oder kultischer Ziele begrenzt. Der konstruktive Reichsimpuls der karolingischen Zeit hatte gewirkt, und die daran gereiften Kräfte mußten sich sondern. Formregeln und Maßstäbe, die lange galten und trugen, wurden aufgelöst, soziale Gruppierungen durchbrochen. Freundschaft ist mehr als Sippe, heißt es bei Walther. Die freie Person findet sich auf dieser Stufe. Man hat festgestellt, daß mehr als ein Drittel der Gedichte des Walther mit „ich" oder „meine" anfangen. Prägnant ist die genaue Selbsterfassung in dem Gedicht des Nachdenkenden: „Ich saz ûf eime steine/ und dachte bein mit beine,/ darûf satzt ich den ellenbogen:/ ich hete in mîne hant gesmogen/ das kinne und ein mîn wange." So dachte er darüber nach, wie man leben sollte, und suchte in sich Rat. Aber so in sich gesammelt, konnte auch die Freiheit der einfachen Lebenswahrnehmung ins Wort kommen, in diesem: „Under der linden an der heide,/ da unser zweier bette was/..."

Zwischen diesen Sprachgewinnen wird in den Spannungen des Alltags der letzte, nun trüb gewordene Ausklang einer einst kultisch-sozial rechtens eingefügten Aufgabe durchlebt, der des Skalden (germanisch) oder Barden (keltisch). Zugleich ist es der Aufklang eines gegen Abhängigkeiten aufbegehrenden Ichs im Dichter. Das arbeitet sich nun durch bis in die reifen Thesen des „freien Willens", für den Erasmus kämpft.

Es ist ein Weg gegangen und eine Kraft gewonnen worden. Welch eine Spannung kann man nacherleben von den Versen der frühen Sprache zu denen des Walther von der Vogelweide und von dort weiter in vielen Stimmen zu *Oswald von Wolkenstein* (1377–1455) vor der Schwelle der Reformation. Es ist ein Weg der Bewußtseinswandlung. Sprache ist Bewußtseinswort. Wenn man mit ihr nicht mehr lebendig umgehen kann oder sie der Technik überläßt, stagniert Geist und Seele. Es werden die Entscheidungen von den im Hintergrund immer wachen Machtsüchtigen getroffen. Die so langher erarbeitete Sprache darf nicht ins Ärmliche abgleiten. Sie muß in Gefühl und Intelligenz durchlebtes Instrument des immer weiter entfalteten Bewußtseins sein. Dazu ist nötig, das Frühe und das Spätere nachzuerleben.

Aus dem 9. Jahrhundert, als Karl der Große das neue Europa konzipierte und baute, gibt es einen längeren Text über ein *„muspilli"*, ein „Weltende durch Feuer", einen Weltbrand. Er wird hier als ein Zukünftiges angedeutet, im Kampf zwischen dem Christusvertreter Elias und dem Satanas (=dem „Hinderer"). „So entbrennen die

Berge, kein Baum bleibt stehen/ wo in der Weite die Wasser vertrock-
nen./ Das Moor verschwindet ganz, die Lohe schwält gen Himmel/
Mond fällt nieder, Mittelgard brennt." Die alte Ragnarök-Rhythmik
lebt weiter, Midgard, der mittlere Garten des Menschenseins, ist
wieder einmal betroffen. Die Grundspannung im Werden wird erfahren, wenn der Mensch als Seele den Leib verläßt. So heißt der Anfang
des Gedichts:

Uuanta sar se sih di sela in den sint arhewit
enti si den lihhamun likkan lazzit.
so quimit ein heri fona himizungalon...

Übertragen (von Karl Wolfskehl):
„Denn strack wenn die Seele
in ihre Straße sich aufhebt,
und sie den Leichnam liegen läßt,
da kommt ein Heer von Himmelslichtern..."

So langsam und doch vollgewichtig war die Sprache noch. Dann
vergingen 600 Jahre. In den Klöstern, zwischen Erdenarbeit und
Denkübung, formten die Mönche, Söhne aller Familien des Landes,
die Sprache. Zwischen allen Gutshäusern, Burgen, Höfen und Dörfern
wanderten und ritten die, die es konnten, rezitierten rhythmisch
begleitet, dichteten ihre Wahrnehmungen zu allgemeingültigen Texten. Das gehörte zur Notwendigkeit des Lebens. Alle wollten es hören,
mitsprechen, nachsingen. Nicht nur Spielleute, die Lohn und Nahrung
brauchten, zogen umher, sondern der besitzende Adlige oder Fürst,
später der Bürger, übten und hörten und dichteten. Die allgemein
gepflegte und im freien Atem erfahrene Musikalität trug die Sprache
voran. Die Musikinstrumente, mit denen man sich begleitete, waren
differenziert, Drehleier (die ein tragendes Kontinuum gibt), die Fidel
als Vorform der Geige, die Handtrommel, die Flöte, die kleine Harfe
und das Psalterium, die man auf dem Knie hielt, der Dudelsack. Es gab
eine Fülle von Klängen, die die Gefühle der Texte durchspielten. Wir
wissen, wie viele dieser Möglichkeiten dann um und nach 1400 *Oswald
von Wolkenstein* meisterte. Ein Adliger aus Südtirol, sein Bruder
Statthalter des Herzogs, er selbst in diplomatischer Vermittlung oft
unterwegs, oft auch gebunden an die Verwaltung seines schlichten
ländlichen Besitzes,Burggemäuer in Kälte, von Kindergeschrei ge-
plagt. Er war unterwegs in der ganzen Welt jener Zeit zwischen
Litauen und Jerusalem, der Türkei und Schottland. Wir haben mehr-
stimmige Kompositionen von ihm, die die „neue Musik", der in
Flandern ausgeformten Vielstimmigkeit nutzten. Aber wir erkennen
auch ganz eng an den Textausdruck gebundene Lieder. Und doch ist
das Wichtige, um den Weg der Sprache zu erleben, die freie Dichtung,

das bis ins Äußerste gehende Sprachspiel, um damit die Natur einzufangen und die Menschendialekte zu erhorchen, alles mit genauer Beobachtung der Außenwelt. In den damals üblichen Morgenliedern zweier Liebender werden die wehenden Winde mit allen ihren Namen und den Ländern, aus denen sie wehen, beschrieben, und es werden die Vogelstimmen fast in Raffinesse nachgeahmt.

Sprache ist Instrument geworden, Handwerkszeug. Der Dichter weiß es. Er nennt sich immer als ein Ich: „Ich, der Wolkensteiner." Gerade in diesem Zeitmoment spürt man durch ihn die Krise. Ungerührt kämpft er im Hussitenkrieg mit, ist Teilnehmer im Gefolge des Kaisers am Konzil von Konstanz, durch das Jan Hus verbrannt wurde. Und in aller Nüchternheit der Weltbeobachtung findet sich dann in seinen Haushaltsakten die um Wundenheilung bittenden alten Beschwörungsformeln: Anruf an Gott und das heilende Jordanwasser, dreimal zu sagen, eine mit Quellwasser zu beendende Aktion. Das ist so, wie sich der große *Jakob Fugger,* der geniale Kaufmann und Individualist der sich anmeldenden Neuzeit verhielt. Er ließ kalt kalkulierend den „Ablaßhandel" der Päpste finanzieren und organisieren, der durch Luthers Zorn die Reformation auslöste. Aber dieser Fugger hatte selbst eine Menge dieser Sündenablaßbriefe des geldbedürftigen Papstes in seinem Tresor. Mit einem Teil seiner Seele war ihm noch das Gespräch zwischen Mensch und Gott gegenwärtig. Mit der Macht der Ichheit baute er die neue Handelswelt eiskalt auf. Dieses durch viele Individualitäten, ihre Kraft und Neugier geknüpfte Netz der Wirtschaftsverbindungen hatte seine Notwendigkeit. Es brachte mit differenzierter Intelligenz die Erdteile, Meere und Menschengruppen in Beziehung und den Austausch ihrer Eigenheiten. Es formte die Menschheit zur Erdenmenschheit. Aber es ist immer in Gefahr und Praxis des Mißbrauchs. Man muß dazu das Menschsein genau durchdenken und durcherleben. So fielen auch die Fugger und ihresgleichen auf die andere Seite, die Ragnarök-Seite, nicht durch ihre individuellen Initiativen, sondern durch deren Mißbrauch.

Die neue Sprachstufe

So führte die immanente Gefahr des Egoismus, des Verrats der Verantwortung, in das neue Ragnarök. Nun zeigt sich aber: Nach diesem Ragnarök, nach dem Dreißigjährigen Krieg ist die Sprache, das Sprechen der Menschen anders geworden. Aus dem stark willenshaften, fast kalten Instrument Sprache wird eine verantwortende, sozial bezogene, hochsensible leidfähige Aussage, wie Frage und Antwort zugleich ertastend. Was eingeübt war in seinen Spielarten als Instrument für Außenweltwahrnehmungen wird sensibles Mittel für geistige und seelische Ich-Aussage. Dazu ist das Ich nun selbstverständlich geworden. Man muß es nicht mehr als solches betonen, nicht schildern, daß ich es bin, ein Ich, das auf einem Steine sitzt, Kinn in die Hand gelegt und aufs Knie gestützt nachdenke. Man muß nicht vorweg sagen „Ich Wolkenstein". Das Ich ist Wahrnehmungsorgan geworden und läßt durch sich hin die Welt sich aussprechen.

Nun beginnt das Sprechen des chaosgetauften Menschen ganz neu. Langsam baut sich eine neue Widar-Zeit auf, durch 200 Jahre hin wahrzunehmen. Aus der Erfahrung des Chaos der zerstörerischen Süchte hatte man das Gespräch mit Gott gerettet, als neue Stufe der intensiven Bemühungen um eine „Reformation", eine neue Formung des personal religiösen Lebens. Die Relativierung der Menschenerde durch die These des Kopernikus war von *Kepler* (1571–1630) aufgefangen worden in das erneuerte alte Bild der kosmischen Harmonien. Nachdem er 1609 die Bewegungsgesetze der Planeten formuliert hatte, schrieb er 1619 das umgreifende Weltbild der „harmonici mundi" und sagte dazu, er habe die heiligen Gefäße der Ägypter herübergebracht nach Europa. Die Dynamik der Planeten, bewegt und gehalten durch die von der Sonne ausgehende Kraft, klang wieder in den „Sphärenharmonien", der kosmischen Ordnung, die jedem seinen eigenen Wert gibt.

So gesichert begannen die Deutschen sich aus dem Chaos wieder zu sammeln: im Wort, in der Wachheit des Hier und Jetzt. Es entstanden allerorts *„Sprachgesellschaften",* mit Namen wie Palmengarten oder Pegnetischer Blumenorden (an der Pegnitz in Nürnberg) oder Boberschwan (in Schlesien, das damals ein Zentrum dieser Aktivitäten war). Überall wurde an der Sprache gearbeitet, und damit am individuellen Durchbesinnen des Lebens. Das erfaßte die genaue Bestandsaufnahme der Trümmer, wie sie *Andreas Gryphius* (1616–1664) gab. Er gab sie in äußerer wie innerer Wahrnehmung. Er war seit 1650, also in der schweren Aufbauzeit nach den Zerstörungen der 30 Jahre, Syndikus, Rechtsverwalter und Neuordner der Stände im Fürstentum Glogau (Schlesien). Er gab die Bestandsaufnahme der Trümmer mit den „Tränen des Vaterlandes anno 1636", so: „Wir sind doch nunmehr ganz, ja mehr denn ganz verheeret", dies Sonett, das ausklingt mit der Kernaussage: „Doch schweig ich noch von dem, was ärger als der Tod,/ was grimmer denn die Pest und Glut und Hungersnot,/ – daß auch der Seelenschatz so vielen abgezwungen."

So zwischen Schreck und dem Eigentlichen der Klage ist diese Aussage gespannt:

Tränen des Vaterlandes anno 1636

Wir sind doch nunmehr ganz, ja mehr denn ganz verheeret!
Der frechen Völker Schar, die rasende Posaun,
Das Schwert vom Blute fett, die donnernde Kartaun
Hat allen Schweiß und Fleiß und Vorrat aufgezehret.

Die Türme stehn in Glut, die Kirch ist umgekehret,
Das Rathaus steht im Graus, die Starken sind zerhaun,
Die Jungfern sind geschändt, und wo wir hin nur schaun,
Ist Feuer, Pest und Tod, der Herz und Geist durchfähret.

Hier durch die Schanz und Stadt rinnt allzeit frisches Blut;
Dreimal sind schon sechs Jahr, daß unsrer Ströme Flut,
Von Leichen fast verstopft, sich langsam fortgedrungen.

Doch schweig ich noch von dem, was ärger als der Tod,
was grimmer denn die Pest und Glut und Hungersnot.
Daß auch der Seelen Schatz so vielen abgezwungen.

Es geht um den inneren, den humanen Neuaufbau. Dabei wird das
Instrument der Sprache, des Wortes als geistige Aussage, ganz neu
entfaltet. Gryphius befragt seinen Stand in dieser wirren Welt genau:
„Mein oft bestürmtes Schiff, der grimmen Winde Spiel,/ ...oft, wenn
uns schwarze Nacht im Mittag überfiel, hat der geschwinde Blitz die
Segel schier verbrennet." Das übergreifende, das „letzte Gericht" über
rechtes und unrechtes Sein, ist oft Thema. Aber das ist der Untergrund.
Auf ihm entsteht das ganz persönliche Ertasten der Wahrnehmungen
der Natur und der Gefühle mit der Sprache. (Texte 10 u. 11)
    Das klingt erstmals so dahin: „Ich schwamm in Freude,/ der Liebe
Hand/ spann mir ein Kleid von Seide./ Das Blatt hat sich gewandt,/ ich
geh im Leide,/ ich wein jetzund, daß Lieb und Sonnenschein/ stets
voller Angst und Wolken sein" *(Hoffmann von Hoffmannswaldau* in
Schlesien 1617–1679). Und der Experimentator *Johann Klaj* (1616–
1656) erfühlt den Springbrunnen: „Hellglänzendes Silber, mit welchem sich gatten/ der ästigen Linden weitstreifende Schatten,/ deine
sanft kühlende ruhige Lust/ ist jedem bewußt.// Es lispeln und wispeln
die schlüpfrigen Bronnen,/ von ihnen ist diese Begrünung geronnen,/
sie schauern, betrauern und fürchten bereits/ die schneeige Zeit." Die
Aufmerksamkeit führt weiter, zu Berthold Heinrich *Brockes* (1680–
1747) mit seinem unpathetisch genauen Blick auf die Gestalten der
Natur, der Pflanzen und Bäume, gesammelt unter dem Titel „Irdisches
Vergnügen in Gott".

Die zweite Widar-Zeit tritt in Erscheinung

Alles weist schon auf die Reifezeit hin, die in der Lyrik und religiösen Erfassung zugleich von *Klopstock* (1724–1803) eingeleitet wird. Der Weg ist für uns erkennbar, der gegangen wurde und zur souveränen Erfindungskraft der Sprache *Goethes* (1749–1832) führte. Nun waren die Dinge und Empfindungen so in die Sprache eingegangen, daß man sie unmittelbar aufnimmt in einer Osmose von Sein, Erfühlen, Bewußtsein.

Man muß sich vergegenwärtigen, wie dieser Prozeß aus geistiger Erfassung, Sensibilisierung und genauester Beobachtung (im „sich innigst identisch machen" wie es Goethe in der Naturforschung forderte), der das Instrument der Sprache bildet, gleichzeitig und gesteigert in der *Musik* in Deutschland sich ereignet. Diese von Deutschland aus international gewordene Musik hat ihre Kraft aus der, man kann sagen, unerbittlichen Ernsthaftigkeit der geistig-seelischen Durcharbeitung des Seins. Sie ist nicht Begleitspiel, Rankenwerk, auch nicht nur Affekt, sondern immer aus dem ganzen Ich heraus getan und erhorcht. Im Höchstmöglichen hat Goethe das beim Hören der Musik Johann Sebastian Bachs erfaßt. Dies sei, als ob die ewigen Harmonien sich im Schoß der Gottheit unterhielten. Es ist damit die Ausgangshaltung des horchenden, das Wirkungsgefüge des Yggdrasil-Baums erfragenden „Yggr" benannt.

Die Geburtsdaten der Musiker bezeichnen den gegangenen Weg eines Jahrhunderts. Er begann mit Johann Sebastian Bach und Georg Friedrich *Händel* im Jahr 1685. Es ist das Jahr, in dem in Frankreich in letzter Überspannung des absoluten Selbstgefühls König Ludwig XIV. („roi soleil") das hundert Jahre vorher formulierte und praktizierte Edikt von Nantes, die gleichberechtigte Duldung der Protestanten, der Hugenotten, aufhob und mit Feuer und Folter eine breite aktive Menschengruppe aus dem Lande trieb. Sie flohen nach Osten. In Deutschland gerne aufgenommen, verstärkten sie die keltisch-germanische dynamische Substanz.

Eine Füllung, Tönung des Geschichtsbildes sei beachtet: Friedrich der Große von Preußen, nicht nur gebildeter und intelligenter Organisator und Autor eines klaren „Anti-Macchiavelli", sondern Komponist einiger starker hintergründig melancholischer Musiken, gab Joh. Seb. Bach das unvergeßliche Thema zu jenem Spätwerk des „Musikalischen Opfers", dem dann nur noch die „Kunst der Fuge" folgte, unvollendet hinüberklingend ins Freie. Durch *Bach (1685– 1750)* wurden die Zusammenfassungen der Gespräche von Harmoniegruppen und die nachbarliche Linienführung autonomer, aber sich fügender Stimmen souverän erarbeitet. Durch *Händel* (1685 Halle bis 1759 London) wurde das Oratorium als dramatisches, aber distanziertes Gespräch entfaltet, vorbereitet durch Heinrich Schütz (1585–1622). Durch Christoph von *Gluck* (1714 Oberpfalz bis 1787) wurde die einst aus dem Urbild der ritualen Messe entwickelte Oper zur Musik, in der Affekt und psychologische Genauigkeit sich Maß gaben. Josef *Haydn* (1732–1809) prägte die Organik der Form reiner Musikabläufe in Sonate, Streichquartett und Sinfonie. Ein Ereignis der Mitte geschah durch Wolfgang Amadeus *Mozart* (1756 Salzburg bis 1791 Wien). Hier wurde auch die triebhafte Tragik der Verhaftung („Don Giovanni") und die freie Entscheidung für den souveränen Weg ins Geistige, der Einweihungsweg („Zauberflöte") tönende Sprache. Der humane Erfahrungsweg führt weiter, Ludwig van *Beethoven* (1770 Bonn bis 1827 Wien) ging ihn kompromißlos durch das durchgedachte expressiv aus dem vollen Ich gesagte thematische Entwickeln des Erkannten. *Carl Maria von Weber* (1786 Eutin bis 1826 London) deutete etwas Kommendes an mit der These vom „Gesamtkunstwerk" und mit den sensibilisierten subjektiv erfühlten Opern. 1821 geschah die Erstaufführung des „Freischütz" in dem von Schinkel eben erbauten Schauspielhaus am Gendarmenmarkt in Berlin, mitten im klassisch-romantischen Gespräch der Epoche. Zu dem weitgespannten humanen Weg des Musik-Jahrhunderts fügte Franz *Schubert* (1797–1828) den unmittelbaren Seelenausdruck des gesamtmenschlichen „Liedes", ein Terminus, der dann in den Nachbarländern akzeptiert wurde. In diesen 150 Jahren gibt eine berstende Fülle von Vitalität, geistiger Willenskraft, seelischer Intensität Aussage in Tongestalt ins allgemeine hinein.

Durch die Schritte dieser Musiken, die ja zugleich Bewußtseinsschritte der Hörenden und Spielenden waren und wurden, läßt sich der Durchbruch zur Epoche des ganz von der Tradition gelösten, in freie Entscheidung geworfenen einzelnen erkennen: von Gluck über Bach und Mozart zu Beethoven mit seinem prometheischen Ausbruch ins befragte und zu befragende Ich-Drama. Mozart, als Beethoven ihm vorspielte, sagte erkennend: Das ist die Musik einer anderen Zeit. Die Schwelle war deutlich. Man kam aus einer noch kultisch begründeten Gemeinschaftsordnung. Kaiser Karl IV., der letzte „Eingeweihte" (Rudolf Steiner), benannte in der „Goldnen Bulle" 1356 die seit 1200 üblichen sieben Kurfürsten (die jeweils den ordnunghütenden Kaiser „kürten") als „gleichwie durch sieben in der Einigkeit des siebenfältigen Geistes strahlende Leuchter das heilige Reich erhellt werden soll" (Präambel). Nun aber, das Reich wurde 1806 aufgelöst, mußte jeder einzelne die kosmische Siebenheit in sich wissen.

Beitrag und Kernbildung im Durchdenken des freigesetzten Menschen: die klassisch-romantische Zeit

Durchtönt von diesem Hintergrund her lassen sich die Entfaltungen der neuen „Widar-Zeit" in Mitteleuropa in ihren Dimensionen erkennen. Die Geschmeidigkeit des Instruments Sprache, von der Musik in reine Geistigkeit andeutend gebracht, diese individuelle Wachheit führte zur Auffächerung. Es erscheinen nebeneinander: das individualisierte *Drama,* das den typverwandten Shakespeare ins Sozial-Persönliche auf neuer Ebene weiterführte (und zugleich ihn selbst erst ins allgemeine Bewußtsein bringt), wie das durch Lessing, Schiller, Goethe variiert wurde. Es erscheint die ganzheitliche *Philosophie* in einem plötzlichen Ansprung von Kant zu Fichte, Hegel und Schelling, Schiller darin. Es werden die Ansätze der exakten *Forschung* im psychologischen und bewußtseinsgeschichtlichen, mythologischen und erdgeschichtlichen Gebiet geschaffen. So ereignete sich die Form- und Aussagefülle der klassisch-romantischen Zeit. Sie wurde möglich, gerade weil nicht die bloße Abfolge der Jahrhunderte ablief, sondern der Absturz in ein Ragnarök die Fragen und Erfahrungsweisen von unten her neu aufzubauen zwang. Man erkannte dabei das Grundprinzip der metamorphosischen Dynamik. Der unausweichliche Weg vom Unbewußten zum verantwortenden Bewußtsein in Freiheit, den Schiller (in den „Briefen über die ästhetische Erziehung des Menschen") als positive Antwort auf den begrüßten, aber noch verworrenen Anruf der Französischen Revolution formulierte, wurde von Goethe in der Idee der „Metamorphose aus Polarität und Steigerung" definiert, von Hegel in der strengen Präzision der rhythmischen Dialektik des Seins ausgeleuchtet.

Dieses Hin und Her zwischen unendlichem und endlichem-hiesigen Bewußtsein ist Lebensprozeß. Zwischen Widerstreit und Einigung: „Ich bin der Kampf, denn der Kampf ist eben dieser Widerstreit, der nicht Gleich-Gültigkeit der beiden als verschiedener, sondern das Zusammengebundensein beider ist. Ich bin nicht einer der im Kampf Begriffenen, ich bin beide Kämpfende, *Ich bin der Kampf selbst"* (Hegel, zit. Bloch S.43).

Das führt nicht in Paradies-Illusionen, wie nach 1840 Karl Marx Dialektik umdeutet. Es bleibt im Offenen. Die „goldnen Tafeln im Gras der neuen Erde" auf dem Wirbelfeld, von denen die Edda berichtete, sind nicht paradiesisch gemeint. Es sind geistige und psychologische Neuwege, erarbeitet in einer Zeit, in der in Europa allerlei Krieg und Widerstreit war. Es gab die nach allen Seiten über die

Grenzen greifenden Revolutionsarmeen – wie vordem die Ludwigs XIV., nur nicht mehr im Namen des absoluten Königs, sondern der absoluten Revolution des von Robespierre mordend gelobten „neuen Menschen" –; Napoleons Eroberungszüge (die doch auch neue Gespräche auslösten); Kompromisse des Retardierens auf dem Wiener Kongreß 1814, Verengung der freien Meinung allerorts.

Man muß die nachbarlichen Wege im Blick behalten, um die speziell mitteleuropäische Gabe zu erkennen. England hatte die Inselfunktion ergriffen. Die englische Ostindische Handelskompanie wurde 1600 gegründet, individuell private Initiative auswirkend, entfaltend, was die Entdeckung Amerikas im deutsch-europäischen Reich der Habsburger vorbereitet hatte. Der Weltreisende James Cook (1728–1779) entdeckte nun Australien. Zu Hause auf der Insel war die staatliche Lebensordnung in ein haltbares Gleichgewicht gebracht worden. In demselben 17. Jahrhundert hatte man in Frankreich neben der Dekadenz eine breite Diskussion der menschlichen Haltung geführt. Corneille (1606–1684) führte seine Dramen im stoischen römischen Sinn den Mitbürgern vor, und Racine (1639–1699) im antiken Sinn der Schicksalsmacht, nun christlich im Sinn des Niederländers Jansen in das Leben bürgerlichen Widerstands gegeben. Die Explosion der Spannungen geschah erst in der Revolution von 1789: kurz, intensiv, weitwirkend, aber beantwortet in der Kernfrage an das verantwortende Menschsein nur von den Deutschen der klassisch-romantischen Zeit. Dem allen sahen und hörten aufmerksam die Russen zu, die der Zar Peter der Große (1672–1725) nun wieder, gemäß dem alten von den schwedischen Warägern gegründeten Rurik-Reich, weit dem Westen geöffnet hatte.

In diesem gesamteuropäischen Gespräch waren die Deutschen zur Antwort fähig, weil sie durch das Chaos durchgegangen waren. Und man hörte ihnen ringsher darum auch zu. Dabei wird deutlich, daß die oft gerügte „Kleinstaaterei" gerade ihre Kraft ist, ihre Eigenform der Individualisierungsmöglichkeit. Nicht der bürokratisierte Einheitsstaat entspricht ihnen. Er verführt sofort zu Großmachtsüchten und Verbeamtung. Er ist die Urgefahr der Deutschen, weil er den Rausch des Ich als Totalmacht hervorruft. Das mittelalterliche „Reich" der Deutschen war eine schwebende Institution, kein Einheitsstaat. Was nach 1848–1914 aus der Verlockung der technischen Möglichkeiten der Industrialisierung als „Reich" mit Weltmachttendenz fixiert wird, ist das nächste Ragnarök, ein Absturz in die neue Versuchung. Vorher aber steht die klare Darstellung der eigenen souveränen geistigen Person-Fähigkeit.

Die das Ganze in den Blick fassende, nicht in Einzelaspekte spekulierende Philosophie, die in Deutschland damals die Grundlegung durch Kant und Hegel bekam, ist im Für und Wider der Meinungen und Verarbeitungen für die Welt ein nicht umgehbarer

Maßstab der Gedankenführung geworden. Mit der harten These, mit der *Fichte* das „Ich" als zentrales Phänomen des Seins, als Wesen des Urseins, dem der Mensch entspricht, hinzustellen versuchte, ist eine Grundfrage unausweichlich gegeben. Mit der weitest gespannten Methode, den Erd-Welt-Prozeß als Ausfaltung eines Urseins in dialektischer Rhythmik auszutasten, blieb *Hegel* im Gespräch mit dem befreundeten *Goethe,* der die Gestalten – Pflanze, Tier – in ihren Metamorphosen, Formentfaltungen beobachtete im „innigst identisch machen" mit allem Sosein. Goethe blieb auch im Gespräch mit der damals entstehenden „Gesellschaft der Naturforscher", speziell mit dem Geographen und Geologen Alexander von *Humboldt.* Für alle sprach der Bergbauassessor Freiherr von Hardenberg, genannt *Novalis,* der die vollste, in Entfaltung und Selbstbeobachtung geübte Wachheit des Menschseins forderte, eine Allfähigkeit der Wahrnehmung im souveränen Besitz des Ich.

Aus solcher Sensibilität fand *Schelling,* Natur und Geist zusammen sehend, den Begriff des wirkend durchwirkten „Feld", der dann so weit tragend wurde. Die Naturforschung ringsum genau beobachtend, berichtete er schon 1832 (Goethes Todesjahr) als Leiter der Akademie der Wissenschaften in München über des Chemikers und Elektrochemikers *Faraday* (1791–1867) Fund der Induktionserscheinung (1831), für die der Feld-Begriff nötig war. Die ganze deutsche Philosophie damals ist eine Umwandlung des beobachteten und gefühlten Wahrnehmens im objektiven Gesamtzusammenhang (=Ganzheitssicht). Das aber bedingt eine Wandlung der Affekte in die Kraft einer Art Hellsicht, den Gang durch die „Waberlohe", wie es Svipdagr und Sigurd übten. Darum ist die äußerste Abstraktion des reinen Gedankens auch bei Hegel so durchdrungen von konkreter Gegenständlichkeit und intensivem Gefühl.

Der Weg der Klärung in Daten der Sprechenden zeichnet sich so ab: *Klopstock* (1724–1803), der 1750 die Ode vom Zürichsee begann mit dem Motto: „Schön ist, Mutter Natur, deiner Erfindungen Pracht,/ auf die Fluren verstreut, schöner ein froh Gesicht,/ das den großen Gedanken/ deiner Schöpfung noch einmal denkt." Klopstock löste immer mehr die Sprache aus aller Starre, aber er versuchte zugleich, Aufgabe und „Stand" des Schriftstellers aus überfälligen Abhängigkeiten zu lösen. Die Empfindsamkeit seiner Sprache war zugleich Empfindung der eigenen Person. Er suchte freie Verbände der Autoren zu formen und einen unabhängigen Autorenverlag zu gründen, weil er geistige Freiheit der Individualität sichern wollte. – Im selben Jahr wurde der unerbittlich genaue Denker geboren, *Kant* (1724–1804), der vom nordöstlichen Deutschland, von Königsberg aus über Europa wirkte. Er grenzte die Denkbarkeitsfelder ab, seinen Nachfolgern die Freiheit der Grenzdurchbrechung erhellend. – So trat Gotthold Ephraim *Lessing* (1729--1781) gleich in die Aktion der

Epoche ein, die durchdachte Spannung der Dramatik zeigend. Er holte die Dynamik des Angelsachsen Shakespeare ins allgemeine Bewußtsein herein, abgrenzend gegen die starre retrospektive Klassik der französischen Schauspiele. Es tritt die individuelle Entscheidungstragik der germanischen Mythostradition ins Licht, Tragik nicht mehr als antikes Göttergespräch, sondern ins Ich hineingenommen. Das führte Shakespeare, der die ganze Gedankenwelt und Seelenschulung des Kontinents in sich nachklingen ließ, von den Königsdramen, die wie nordgermanische Sagas Individualkämpfe sind, hinauf zu Hamlet (=Amlethus) und Lear und Prospero, dem Meisterer des Sturms. Es führte Lessing zu Minna von Barnhelm und Nathan und wuchs weiter ins Freie zu Schiller und Goethe. Lessing sprach statt alter Formregeln „das innere Gesetz" an, in dem der griechische Appell an „Mitleid und Furcht" nun ausgetragen werde. Er sah das als eine Aufgabe langen Werdens an, durch ständige Teilnahme am Menschheitswerden in der Folge von Inkarnationen (Gespräch über „Die Erziehung des Menschengeschlechts"). So gab Johann Gottfried *Herder* (1744–1803) die Erweiterung des Blicks auf das Organische, die Lebensgestalt. Er umriß die aufrechte menschliche Gestalt – griechisch – anthropos = der Aufrechtblickende – und das Ganzheitliche des Lebens aus Klima, Typus, Sprache. (1791, „Ideen zur Philosophie der Geschichte der Menschheit").

Nun ist die Gedankenwelt vorbereitet, in die damals Johann Wolfgang *Goethe* (1749–1832) hineingeboren wurde und zehn Jahre später Friedrich *Schiller* (1759–1805). Vom Willen zur wachen Überschau durchzogen sind sie alle. Johann Gottlieb *Fichte* (1762–1814) formulierte es scharf vom Zentralpunkt, vom Ich her. Was man heute vorsichtig „die Subjektabhängigkeit unserer Wirklichkeitskonstruktionen" und es als das eigentlich schöpferische Prinzip nennt (Humberto Maturana), wurde von Fichte nüchtern und flammend zugleich durchdacht. Georg Wilhelm *Hegel* (1770–1831) breitete die Überschau zum Weltpanorama aus, die Freiheit des Menschen als Bedingung und Ziel nennend, mit unverwirrbarem Mut anschauend: „Das erste, was hier gelernt werden muß, ist aufrecht stehen", heißt es in seiner „Phänomenologie des Geistes", dem Sichtbarmachen des Geistes in seiner Erscheinungsvielfalt. Man muß zusammensehen, was gesagt wurde: In der Studienzeit des „Tübinger Stifts" wohnten in einem Zimmer Hegel, Schelling (der später in seinen Ganzheitsblick vor allem die in sich verstrebten Zusammenhänge der Natur faßte) und Hölderlin, und sie tanzten auch gemeinsam um den Freiheitsbaum des revolutionären Impulses. Um die harten Denker kreiste Hölderlin (1776–1843). Mit dem weitgespannten schwebenden Rhythmus einer souverän gewordenen Sprache tastete er Vergangenheit und Zukunft aus, ringend um sein „nah ist und schwer zu fassen der Gott –".

Fühlen und Denken mit dem stärksten Willen zur „magischen", also machtfähigen Meisterschaft, Selbstmeisterung durchdringend, sprach *Novalis* (1772–1801) als eine schwebende, viel geliebte und befragte, nur kurz aufleuchtende, aber weit wirkende Gestalt der Epoche. In seiner intensiven Freundschaft zu dem fühlend-fragenden Kritiker, zu Friedrich Schlegel, ist die Fähigkeit der Zeit zur weiten Spannung faßbar: „Dein Weg ist vielleicht nicht mehr divergierend, sondern diametral entgegengesetzt", schrieb Schlegel im Juli 1794, aber sie waren doch in untrennbaren Gesprächen. Damals versuchte Friedrich Wilhelm *Schelling* (1775–1854), Natur und Geist als zwei Seiten desselben Seins fassend, in die Bewußtseinsgeschichte rückfragend zu erspüren, wie in der Epoche der Mythologien und des frühen Christentums dieselbe Wahrnehmung gemacht worden sei.

In ähnlicher Einheit von objektiver und subjektiver Befragung klingen bei Novalis zu seinen Forschungen die Verse seiner „Geistlichen Lieder" (aus Lied XI, beginnend mit dem Anruf an den Christus: „Wo bleibst du, Trost der ganzen Welt –"). Da heißt es: „In kühlen Strömen send ihn her,/ in Feuerflammen lodre er,/ in Luft und Öl, in Klang und Tau/ durchdring er unserer Erde Bau./ ...Er ist der Stern, er ist die Sonn,/ er ist des ewgen Lebens Bronn,/ aus Kraut und Stein und Meer und Licht/ schimmert sein kindlich Angesicht." Hier ist die kosmische Verbundenheit des Notker von St.Gallen und die urchristliche Erfahrung wieder da, von der im apokryphen Thomasevangelium berichtet wurde: „Jesus sagte: Ich bin das Licht, das über alle ist. Ich bin das All. Das All ist aus mir hervorgegangen, und das All ist zu mir gelangt. Spaltet ein Stück Holz, und ich bin da. Hebt den Stein, und ihr werdet mich dort finden." Für Schelling und Novalis war dies nicht fern.

Neben diesen starken grundsatznennenden einzelnen steht die durchwirkende *Arbeit der Brüderpaare* jener Zeit, die im organischen Zusammenklang der Polaritäten sich ergänzen. Es sind die Brüder *Grimm,* die die Rückfrage nach der historischen Basis im Sprachlichen und der Erzähltradition tun in einer enormen Breite und Exaktheit. Jakob Grimm ist speziell als Begründer der Wissenschaft der Germanistik, der germanischen Philologie, zugleich mutiger Vertreter der persönlichen Freiheit mit den „Göttinger Sieben". Die Brüder *Schlegel,* der eine holt den Nachbar Shakespeare in kongenialen Übersetzungen heran, der andere ertastet die psychologische Struktur der Literatur; die Brüder Humboldt, *Wilhelm von Humboldt* als Gründer und Leiter der neuen Universitätsidee, die „Universität" heißt, weil sie eben „ein Universum im Menschen", im Einzelmenschen als freier Person, erzeugen soll, *Alexander von Humboldt* (1769–1859) erfragt die Basis des Menschen, die Strukturen der Erde in einer ausgreifenden Forscherintensität zwischen Südamerika und Sibirien gespannt, von der Besteigung des Chimborasso (5760 m) bis in die chinesischen Steppen. So schuf er die erste Einrichtung eines uns heute selbstverständlichen, die Erde umgreifenden Netzes meteorologischer und erdmagnetischer Beobachtungsstationen.

Jedes dieser Brüderpaare gründete oder förderte entscheidend eine Wissenschaft: die Grimms die Germanistik, Volkskunde und die Mythologie, an der damals schon Friedrich Creuzer (1771–1858) und Schelling wirkte; die Schlegels die Literaturwissenschaft, sie ins Übersetzerische und Psychologische erweiternd; die Humboldts die Geographie und, mit der Universitätsgründung, alle Wissenschaften voranführend in einer Konzeption des Menschen als „Universum in sich", als Persönlichkeit, die *„Einsamkeit und Freiheit"* zur Bedingung hat. Alexander von Humboldt berichtete ins Breite hinaus von seinen Ergebnissen und ins Neue weisenden Erkenntnissen unter dem für aller Ausgangspunkt kennzeichnenden Titel *„Kosmos"* zwischen 1845 und 1862 in den berühmt gewordenen Bänden.

Die Arbeit der Brüder Grimm gab in diese Weite hinein eine Sicherung des Personseins: Für Jakob Grimm erschlüsselte sich aus den germanischen Sprachen, die er ebenso intuitiv wie exakt durchforschte, zugleich Recht als persönlicher Freiheitsschutz und Religiosität der Sprechenden. Diesen Raum der Personalität sicherten die Grimms ab durch die Herausklärung der straffen Form der Märchen, sie befreiend aus der novellesken Verspielung des 17. und 18. Jahrhunderts und damit den Anstoß gebend für entsprechende Sammlungen in Europa. Die Märchen waren Anruf an den Mut und die Aufmerksamkeit der ins Freie gesetzten Persönlichkeit im gesamten abendländischen Raum, seit das Gespräch mit den Göttern schwierig geworden war. Die konzentrierten Geschichten der Märchen hatten durch die Jahrhunderte gewirkt, schienen verspielt und wurden durch die Grimms in der zweiten „Widar-Zeit" ganz neu als Hilfsmittel der reifenden Persönlichkeit gegeben. Sie wurden zum Sprungbrett für die frei sich selbst verantwortende, sich selbst und ringsum fragende Persönlichkeit. Der alte Bildbestand ist Basisbild des „Menschen". Nun erst wurden jene sogenannten Märchen geschrieben, „Kunstmärchen" genannt, von Brentano, Arnim und Tieck, die psychische Studien in Sonderwege geben. Es war ein Schritt ins Unbekannte zu tun. Das Wirken der Brüderpaare, Freunde und einzelnen der Epoche, alles das blickte zugleich in Erinnerung, Gegenwart und Zukunft.

Damals wurde auch versucht, eine Sicht der Naturwissenschaft zu begründen, in der man Gestaltganzheiten als Ausgangsfrage nahm, ein Phänomen, das heute nach hundert Jahren notwendiger analytischer Ameisensicht wieder erfaßt zu werden beginnt. Goethe erkannte dafür ein Verhalten nötig, das die Dinge sich aussprechen läßt, eine sensibelste Wahrnehmungsbereitschaft, die er langhin in seinen Experimenten durchübte und denen die Gestaltforschung des Arztes Carl Gustav *Carus* (1789–1869) für die menschliche Einheit Leib-Seele entsprach. Aus der Bewußtseins- und Unbewußtseinslehre des Carus, wie aus der Differenzierung der Psyche bei *Novalis,* leitet sich die moderne Psychologie ab. Sie knüpft an die Bücher des Professors und königlichen Leibarztes in Dresden, Carus, über „Psyche" 1846 und 1853 über die „Symbolik der menschlichen Gestalt" an. Hier wurde ein humanes Ganzheitsbild wirksam, das die reichen Einzelaussagen der englischen Psychophilosophie des 18. Jahrhunderts ins Freie voranführte.

In die genaue, lauschende, geistig befragte Wahrnehmung aller Natur gehörten auch die Maler. Während man in Frankreich von der sogenannten Rokokomalerei Watteaus langsam hineinreifte in den Impressionismus des Flairs vordergründigen Zaubers, suchte man hier das Geistige und Schicksalhafte in und hinter der Natur zu erfassen: Caspar David *Friedrich* (Freund des Carus; 1774–1840) und Philipp Otto *Runge* (1777–1810). Runge fragte in den Ablauf von Tag und Nacht hinein, in den Urernst jeglicher Person im Porträt, in das Selbsterkennen der Spiegelung im Wasser, in die Kraftskala der Farben zwischen Himmel und Erde. In diesem Raum zwischen Himmel und Erde, den Goethe voll wahrnahm, gab er die Verbindung zu dem Schwebenden, der ständigen Verwandlungsfähigkeit, jenes aufmerksame Mitleben in dem Wolkensein, das der englische Meteorologe Luke Howard damals erfaßte. Goethe ergriff Howards Weg sofort, in seinen Wolkengedichten lebte er die Dynamik der Wolkentypen, eben das, was der Maler John Constable (1775–1837) und ähnlich William Turner, auch er 1775 geboren, als das Schwebend-Werdende erfaßten. Die Wolkenbilder Constables um 1820 und Shelleys Wolkengedicht von 1820, Goethes Wolkenstudien halten das Individuelle frei im Werden.

In diesem Werde-Erleben verstärkt sich auch das Hineinfragen in die Sprache, in jedes Wortwesen. Ein Beispiel ist der Wandel in Goethes Verhalten zu dem damals neu gefundenen Nibelungenlied. Zuerst im Abstand gehalten, faßte ihn, und alle Freunde, dann diese starke Erlebtheit der Sprache. Dies: „Uns ist in alten maeren/ wunders vil geseit/ von helden lobebaeren/ und grosser arebeit." Dieser in zwei Atemzüge gefaßte Vers, die Worte noch ganz ausgebreitet: Nun begann Goethe, sich Register von Personen und Aufbau des Nibelungenlieds anzulegen, seine Dramatik zu befragen. Das Werden, also die Werdemöglichkeit im Sprachraum wird so erfühlt wie die Wolkenwerdevorgänge des Himmelsraums.

Europa ist geistig ein Zusammenspiel germanisch-keltisch-slawischer Typik, durchtränkt von den Erfahrungen der vorhergehenden Kulturen. Damals, um 1800 n. Chr., war in Frankreich das Startzeichen für die nötige soziale Neuformung gegeben worden, aufgebaut auf den rationalen Formulierungen der „Aufklärung". *Diderot* (1713–1784), mit dem Mut zum durch nichts zu brechenden, offenlassenden Denken, hatte in den Bänden der „Enzyklopädie" allen Europäern ein Arbeitsmaterial gegeben. Seine Schriften, verbrannt oder beschlagnahmt und wieder gedruckt, riefen zur Wahrnehmung einer geistig-leiblichen Einheit auf, die man immer neu zu bedenken habe. Die Revolution, aus humanen Freiheitsimpulsen mehr als aus sozialen Bedrängungen 1789 begonnen, verlor sich in Fanatismen. In den deutschen Denkern wurde sie aber hellwach aufgenommen und von Schiller, Fichte, Hegel, Goethe ins Richtige gedacht. In England hatte sich inzwischen das Thema des nächsten Jahrtausends deutlich vorangezeigt: die Technik und die damit verbundene Industrialisierung als menschlich-soziales Problem. In Deutschland, Exponent der Mittellage in Europa, arbeitete man die Frage nach dem Menschen in voller Breite und Heftigkeit heraus, dem Menschen, der die notwendige neue Sozialität konkret und human tragen könnte. Die Philosophie, die man schlagwortartig „deutschen Idealismus" zu nennen sich gewöhnt hat, ist niemals national eingeengt, nicht zu einer Art Gruppenseele rufend, sondern immer auf den einzelnen, das wollende Ich gezielt. Nationale Töne, die bei Fichte zeitweise klingen und weit wirkten, sind aus der Situation des Augenblickes bedingt, in dem Napoleon Deutschland mit Krieg und Gewalt überzogen hatte. Die Besinnung auf die deutsche Wirkensweise innerhalb der anderen Völker liegt mit Notwendigkeit in der Frage nach dem jeweiligen Ich-Selbst. Gerade diese Begabung des Deutschen für die unbeirrbare Wissenschaft, wie es Schelling formulierte, beschrieb die Selbstbegrenzung innerhalb eines Konzerts von Stimmen und damit die Erkenntnis einer Aufgabe, die sich von anderen Aufgaben unterscheidet und diese achtet.

„Was für eine Philosophie man wähle, hängt sonach davon ab, was man für ein Mensch ist; denn ein philosophisches System ist nicht ein toter Hausrat,... sondern es ist beseelt durch die Seele des Menschen, der es hat" (Fichte, Einleitung zur Wissenschaftslehre). Und zu den Studenten in Jena (im 4. Vortrag): „...damit ich einst... in Ihnen an allen Enden, wo Sie leben werden, Männer wüßte, deren auserwählte Freundin die Wahrheit ist,... die sie öffentlich in Schutz nehmen, wenn sie verleumdet oder verlästert wird." Dies zusammen sagt, daß, wenn man sich dem Prinzip der Wahrheit verpflichtet weiß, man doch zugleich im eigenen Aspekt der Wahrheit, der Philosophie, die man hat und ist, nur einen Aspekt, eine Facette des Ganzen erkannt weiß. So ist auch „die Öffentlichkeit", in der man wirkt, der jeweilige Staat, immer nur ein Übergangszustand. „...wie wichtig es ist, die Gesellschaft überhaupt nicht mit der besonderen empirisch bedingten Art von Gesellschaft, die man Staat nennt, zu verwechseln. Das Leben im Staat gehört nicht unter die absoluten Zwecke des Menschen." (2. Vorlesung über die Bestimmung des Menschen in der Gesellschaft.) In seinen Schriften zur Erläuterung der Notwendigkeit (obgleich Unvollkommenheit) der Französischen Revolution sprach er über die damaligen Bauernunruhen, die Proteste gegen die Grundbesitzer-

Leibeigenschaft: „Ihr wißt es, ...daß ihr selbst Gottes Eigentum nicht seid, sondern daß er euch sein göttliches Siegel, niemandem anzugehören als euch selbst... mit der Freiheit tief in eure Brust eingeprägt hat."

Hier wird der Kern der Philosophie Fichtes klar. Das Ich ist die zentrale Kraft, die schöpferische und verantwortende oder vernichtende Kraft, Ausstrahl- und Erkenntniszentrum. Das Mutvolle dieses Ichseins lebte er selbst dar. Aus armen sächsischen Bandweberhäusern stammte er, in Armut lebte er sich durch Stipendien und Not hin ins Freie, duldete die damals für junge Gelehrte übliche Hauslehrerdienste durch. Als Professor 1794 in Jena berufen, kämpfte er nach allen Seiten gegen die Enge, wurde entlassen, wurde nach Berlin berufen, rief in der Überlagerung Europas durch Napoleon im Risiko der Besatzung die Selbstbesinnung an in den „Reden an die deutsche Nation". Aber wieder war für ihn Nation nicht eine Machtperson, sondern eine Geistperson, eine Individualität unter den anderen Individualitäten der Erde.

Die These vom zentralen Ichsein war seine Facette der Philosophie, aber sie rief das Zentrum des Menschen an, dieses Yggr, den Odins-Ruf aufnehmend (ohne dies zu wissen). Seine Werdedialektik hieß: Ich-Nichtich-Teilhabe. Das Lebendige des Prozesses wird betont, Fragen bleiben offen. Sie führten ihn nicht zu der Möglichkeit, daß auch dieses sein Nicht-Ich Manifestation ichhafter Wesen sein könnte. Das breitete dann Hegel, ohne es Ich zu nennen, sondern neutral „Weltgeist", mit dem großen Atem aus als einen Gesamtprozeß. Er gab es in der genauesten härtesten Übung reiner Denkvorgänge, die den Menschen in diesen Gesamtprozeß als Verantwortungsträger einbeziehen. Für Fichte war in diesem Frageweg speziell nur das Phänomen „Ich" wichtig, schöpferische Ausgangskraft und Träger des Werdens, für den Denken, Wollen und Handeln absolute Einheit sind. Im Kampf gegen das Böse erkannte er den, der einen „einzigen lichten und tatbegründenden Gedanken in der Menschheit einheimisch macht" für wirksamer als jeden, „der 100000 Feinde erschlüge". Die These des „lichten, tatbegründenden Gedanken" aus dem Ich steht so in dieser klassisch-romantischen Epoche als ein bleibender Bezugspunkt für die nun allmählich erarbeitete oder umspielte Psychologie des 19. und 20. Jahrhunderts.

Das lichte, präzis gesagt das genaue und dynamische Denken war damals die zentrale Bedingung aller. So forderte *Hegel* „denken lernen" und *„die Anstrengung des Begriffes auf sich zu nehmen"*. Denn, und das ist Prinzip, „nicht das Eine oder das Andere hat Wahrheit, sondern ihre Bewegung" (Phänomenologie des Geistes). Also der Austausch, das Ringen um das Ganze im Zusammenklang ist gemeint. In dieser Dynamik steht auch Hegels (und Schillers) Staatsbegriff. Weil dies unbequem ist, hat man ihn später bis heute versucht, eingeengt zu mißdeuten. Aber was Hegel schilderte, war nicht das damalige meinungsbeengte Preußen oder Österreich, sondern ein freizügiges Gebilde denkender Bürger. Auch dessen Form schilderte er als eine gerade der rollenden Zeit entsprechende Form der Seinsentfaltung. Was er meinte, benannte er deutlich: „Die *moralische Genialität,* die die innere Stimme ihres unmittelbaren Wesens als göttliche Stimme weiß, und indem sie an diesem Wissen ebenso unmittelbar das Dasein weiß, ist sie die göttliche Schöpferkraft, die in ihrem Begriff die Lebendigkeit hat" (Phänomenologie des Geistes).

Da wirkt „das Gesetz des Herzens". Im Ablauf der Geschichte des sich auffaltenden und sich anschauenden und somit umformenden Geistes der Welt, des Urseins, ist das Gesetz des Herzens als moralische Genialität Ziel und ruhender Pol. In dem so geschauten Weltbild höchster Abstraktion und zugleich intensiv gefühlter Personalität und konkreter Verbundenheit zu allen Erscheinungen, erfaßte Hegel das Phänomen des Christus als immanent notwendig. Die Verbindung differenzierter Urgeist-Wesenheit mit dem herausgesetzten und angeschauten Erdenmenschsein ist eine Stufe vollendeter Selbsterfassung, ein einmaliger in sich konsequenter Prozeß. Christus zum freundlichen Guru zu machen, wie es ausflüchtig so oft versucht wurde, ist nicht nur dem historischen Quellenmaterial gegenüber unmöglich, sondern ließe ein Seinsmoment des Weltseins offen, noch ausstehen. In der intensiven Geistigkeit der klassisch-romantischen Zeit wird jene kosmische Wahrnehmung des Christus auf einer neuen Stufe vorangeführt, die die erste Begegnung der Germanen mit dem frühen Christentum bezeichnete.

Die geistige absolute Wesenheit im Menschen wird von allen angerufen. Hegel fordert dieses „auf die Spitze der Persönlichkeit stellen", Novalis fordert die Meisterschaft des sowohl leiblich als geistig Wesenhaftseins, Schiller (in den „Briefen über die ästhetische Erziehung des Menschen", das heißt über die entfaltete Seinswahrnehmung = aisthesis) sagte: „Jeder individuelle Mensch trägt der Anlage und Bestimmung nach einen reinen idealischen Menschen in sich, mit dessen unveränderlicher Einheit in allen seinen Abwechslungen übereinzustimmen die große Aufgabe seines Daseins ist." Dies alles stand nicht im Luftbereich, sondern war erdbezogen. Schiller schrieb seine „Briefe..." als Antwort auf die offenen Fragen der Französischen Revolution, und weil er die Philosophie aufgerufen fühlte, „sich mit dem vollkommensten aller Kunstwerke, mit dem Bau einer wahren politischen Freiheit zu beschäftigen", also der Struktur einer neuen Sozialität nachzusuchen. Dafür hatte schon 1791 Fichte über „Die Zurückforderung der Denkfreiheit von den Fürsten Europas" geschrieben. Noch vorher, im Dezember 1784 (vor der Revolution von 1789), hatte *Kant* im Aufsatz „Was ist Aufklärung" (in den „Berlinischen Monatsheften") den Mut des einzelnen angerufen. „Aufklärung ist der Ausgang des Menschen aus seiner selbstverschuldeten Unmündigkeit. Unmündigkeit ist das Unvermögen, sich seines Verstands ohne Leitung eines anderen zu bedienen. Selbstverschuldet ist diese Unmündigkeit, wenn die Ursache derselben nicht am Mangel des Verstandes, sondern der Entschließung und des Mutes liegt, sich seiner ohne Leitung eines anderen zu bedienen. Sapere aude! habe Mut, dich deines eigenen Verstandes zu bedienen, ist also der Wahlspruch der Aufklärung." Das meint aber den Mut, sich um Erkenntnis zu bemühen, nicht etwa den eigenen Triebwillen zu bedienen: sapere aude – wage zu wissen. Es geht um den Mut, zu wissen, um den Mut zur eigenen Person in Frage und Tun. Was Hegel forderte: als erstes, „aufrecht stehen".

Das Gewichtige an der Erfahrung jener Zeitstufe ist, daß diese vorangehenden Menschen, die zu Mut und zum Willen, zum Willen zum Wollen, und zur Wahrnehmung der geistigen Innenzeichnungen im Sein aufriefen und das in äußerst komplizierten Sätzen darlegten, volle Hörsäle hatten. Fichte las seine Kollegs morgens um 7 Uhr in Berlin, Hegel las ohne aufzusehen, aber er strahlte Konzentration aus, bei Kants Begräbnis strömten die Menschen zusammen. „Als sich die Nachricht von seinem Tode verbreitete, strömten die Menschen zu seinem Haus. Der Zustrom hielt durch Tage an. Am Tag des Begräbnisses stand aller Verkehr in Königsberg still. Ein unabsehbarer Zug folgte dem Sarg unter dem Geläute aller Glocken der ganzen Stadt. Nie hatten – so berichteten die Zeitgenossen – Königsbergs Einwohner einen solchen Leichenzug gesehen." (Karl Popper referierte es.) Kant hatte zum Denken, zum Mut des Denkens, und zum Frieden des Miteinander aller Völker der Erde aufgerufen. Das hielt so durch vierzig Jahre an. Als Schelling, nach Berlin berufen, 1841 seine erste Vorlesung hielt, stieg man durch die Fenster in den Hörsaal. Doch nicht mehr lange. Das war die Wende. Um 1840 begann das Geld über den Geist zu siegen. Diese 90 Jahre hatten den Geist in höchster Formulierung und höchster menschlicher Personalität dargestellt, man kann darauf zurückgreifen. Man kann darauf hinweisen, wie die Menschen auf Friedrich Schiller hinwiesen, als er 1804 zu einer Aufführung des „Wilhelm Tell" – des Freiheitsaufrufs – nach Leipzig kam und die Väter vor dem Theatereingang im Gedränge ihre Kinder hochhoben und riefen: Das ist er!

Die Gespräche spielten sich nicht im elfenbeinernen Turm ab, sondern laut und von Menschen geführt, die in der Praxis standen als aktive Minister, Professoren, Naturwissenschaftler, Ärzte, Bergbaufachleute. Der Verwaltungsjurist, Lyriker und Erzähler Josef von *Eichendorff* (1788–1857) definierte als klarer sozialwacher Zeitbeobachter: „Die Romantik unternahm eine innere Reformation des Gesamtlebens... Ihre ursprüngliche Intention war, alles Irdische auf ein Höheres, das Diesseits auf ein größeres Jenseits zu beziehen."

Gemeint als eine kosmosweite Strukturerkenntnis, trifft es für Klassik und Romantik zu. Nur für *einen* Aspekt gesehen, ist die These in Gefahr, verspielt zu werden, wie es in der Spätzeit geschah. Eichendorff gewann ihr noch hilfreiche Verzauberung ab, in Versen, in Geschichten wie dem „Taugenichts", dessen Traumwanderungen sich dann doch klar zur Erde wenden, in den Garten, so wie 100 Jahre vorher schon Voltaire seinen „Candide" (=der Unschuldig-Reine) sich dem Garten zuwenden läßt mit seinen Gemüsen. Das Spiel klang aus, aber man fühlte in ihm noch den weiträumigen Atem großer Dimensionen der Epoche nachwirken.

Der andere Aspekt hieß für *Hegel:* „Der wahre Inhalt des Romantischen ist die absolute Innerlichkeit." Auch das trifft in anderer Ausdrucksweise auf die Sprecher der Klassik zu. Sie arbeiteten das bewußte Innere ohne Selbsttäuschung durch, wovon Goethe oft sprach. Sie fügten es aber in eine Form, ins Lebensgesetz „Gestalt". Die „romantischen" Sprecher breiteten es aus, öffneten das Feld des Experiments. Beides ist nötig, beides ergänzt sich. Die Feindschaften, die persönlich in jener Epoche da und dort zwischen den beiden Sprechern ausbrachen, spielen immer über einem Grund von In-eins-wissen und Achtung des anderen. Für die Zuschauer im Umkreis sagte die reisende kluge französische Schweizerin, schweizerische Französin, die Tochter des vorrevolutionären Finanzministers Nekker, *Madame de Staél: „Die Deutschen der neuen (romantischen) Schule dringen mit der Fackel des Genies in das Innerste der Seele."*

Es ist nicht einfach, nicht im Schlagwort zu fassen, in dies Innerste, in den Kern der Arbeit der Klassiker und der Romantiker zu dringen. Da ist Fichte, der beiden Gruppen Fragepol war. In der Zeitschrift der Freunde Schiller/Goethe, in den „Horen", stand 1794 Fichtes Aufsatz *„Über Belebung und Erhöhung des reinen Interesses für Wahrheit."* Das ist hart, aber es ist das Anliegen aller Sprecher jener Epoche. Das macht es schwer, sie im Kern zu verstehen. Es ist ein langher gewonnenes elementares Christentum, das hier den Mut macht. Aber ins Innere des Anliegens zu kommen ist unbequem. Goethe schrieb am 11. 12. 1796 an Schiller, er habe jetzt das Buch der Madame de Staél über Deutschland gelesen und erwäge einen Auszug für die „Horen" vorzuschlagen. „Es ist äußerst interessant zu sehen, wie eine so höchst passionierte Natur durch das grimmige Läuterfeuer einer solchen Revolution, an der sie so viel Anteil nehmen mußte, durchgeht, und, ich möchte sagen, nur das geistreich Menschliche an ihr übrigbleibt." Einige Sätze weiter im Brief sieht er klar: „Es ist lustig zu sehen, was diese Menschenart eigentlich geärgert hat, was sie glauben, daß einen ärgert, wie schal, leer und gemein sie eine fremde Existenz ansehen, wie sie ihre Pfeile gegen das Außenwerk der Erscheinung richten, wie wenig sie auch nur ahnden, *in welcher unzugänglichen Burg der Mensch wohnt, dem es nur immer ernst um sich und um die Sachen* *ist.*" Madame de Staël war eine intelligente und engagierte Politikerin für ein liberales Königtum. Deshalb wurde sie von Napoleon aus Frankreich verbannt und zog sich auf ihren Besitz in der Schweiz zurück. Sie war eine vorzügliche Verwalterin ihrer Güter. In ihrem rasch entworfenen Reisebuch aber gab sie Goethe den Anlaß für eine zentrale Formulierung dessen, was Fichte „das reine Interesse für die Wahrheit" nannte.

So ist es Goethe, und er ist nicht der einzige in seiner Zeit, der an Schiller schrieb, wie er dessen „Briefe über die ästhetische Erziehung des Menschen" aufgenommen habe, diese genaue strenge Aufbaubemühung eines Bildes des verantwortenden Sozialmenschen, der den Aufbruch der Französischen Revolution wirklich weiterführen könnte. Goethe schrieb am 16. 10. 1794 an Schiller: „Das mir übersandte Manuskript habe sogleich mit großem Vergnügen gelesen. Ich schlürfte es auf einen Zug hinunter. Wie uns ein köstlicher, unserer Natur analoger Trank willig hinunter schleicht und auf der Zunge schon durch gute Stimmung des Nervensystems seine heilsame Wirkung zeigt, so waren mir diese Briefe angenehm und wohltätig." Er also konnte es hinunterschlürfen. Für den heutigen Leser ist es strenge Gedankenarbeit, wenn auch immer in vollster Konkretheit ans soziale Sein gebunden, ihm abgehorcht.

Das Denken der Epoche ist streng, das gilt für Novalis, der Bergbau und Mathematik sowie Philosophie studierte, wie für Schiller, der in Jena sein Lehrer war. Es gilt für Goethe so wie für die Humboldts, die Grimms, Friedrich Schlegel und den Juristen-Freund Savigny. Es ist ein Denken im Werdefortgang, in der dialektischen Dynamik lebendig gewußt. So schrieb es Schiller an Goethe am 28. 10. 1794 über den Umgang mit Kant: „...Die Kantsche Philosophie übt in den Hauptpunkten selbst keine Duldung aus und trägt einen viel zu rigoristischen Charakter, als daß eine Akkomodation mit ihr möglich wäre. Aber dies macht ihr in meinen Augen Ehre,... So wie sie ihre Nachbarn behandelt, will sie wieder behandelt sein. Es erschreckt mich gar nicht zu denken, daß das *Gesetz der Veränderungen,* vor welchem kein menschliches und kein göttliches Werk Gnade findet, auch die Form dieser Philosophie wie so vieler anderer zerstören wird. Aber die Fundamente derselben werden dies Schicksal nicht zu fürchten haben."

Das Gesetz der Veränderungen in seinen beiden Aspekten: als Metamorphose einer Grundanlage bis zur höchsten Entfaltung, wie es Goethe in der Idee der „Urpflanze" formulierte, und als Dialektik aus These/Gegenthese/Synthese, die wieder zur These wird und so fort. Dieses Gesetz der Veränderungen war im Mut der Sprecher der Epoche vielfach ausgesagt. Es forderte jeweils „die Burg" des Eigenseins zu schützen. Das machte es flüchtigen Zuschauern schwer, den Kern des Anliegens zu sehen. „Die Mauer, die ich schon um meine Existenz gezogen habe, soll nun noch um ein paar Schuh höher aufgeführt werden", schrieb Goethe am 27. 7. 1799 an Schiller. Da sind die zu trägen Alltagsmenschen nahe bei, da sind die Tagesaufgaben. Das gilt so und so für alle Sprecher damals. Goethe als der verantwortende Minister eines Großherzogtums und umfassend geschulter Jurist hatte vom Bergbau bis zum Straßenbau, der Wasserregulierung und dem Kulturleben alles zu bedenken und mit jedem noch so ungefügigem Partner zu bereden. Schiller als Professor hatte neben seiner Krankheitsnot die Diskussion und Kollegengespräche der Universität zu meistern. Novalis arbeitete als exakter Bergbaufachmann von der kleinsten Landvermessung bis ins geologisch zu Bedenkende ohne Ausflucht. Die Schlegels als Literaturwissenschaftler mußten um ihre Existenz stets kämpfen.

„...Mein Vater (der Vater war Bergwerksleiter) ist zufrieden mit meinem Fleiß, und ich kann nicht über Langeweile bei anderen Beschäftigungen klagen. *Ich fühle in allem immer mehr die erhabenen Glieder eines wunderbaren Ganzen – in das ich hineinwachsen, das zur Fülle meines Ich werden soll* – und muß ich nicht alles gern leiden, da ich liebe, und mehr liebe als die spannenlange Gestalt im Raum, und länger liebe, als die Schwingung der Lebenssaite währt. Spinoza und Zinzendorf haben sie erforscht, die unendliche Idee der Liebe, und geahndet die Methode – sich für sie und sie für sich zu realisieren auf diesem Staubfaden. Schade, daß ich in Fichte noch nichts von dieser Ansicht sehe, nichts von diesem Schöpfungsatem fühle. Aber er ist nahe dran – er muß in ihren Zauberkreis treten – wenn ihm nicht sein früheres Leben den Staub von den Flügeln gewischt hat..." *Novalis* schrieb es am 8. 7. 1796 an *Friedrich Schlegel,* der damals intensiv in Studien über griechische Literatur, Moral und Politik steckte und zugleich in zeitkritischen Literaturanalysen. Über seine philosophischen Studien schrieb Novalis im Februar 1800: „Übungen des Scharfsinns und der Reflexion sind unentbehrlich."

Das „Ich", das die Menschen dieser Epoche umkreisend zu erkennen und praktizieren suchten, zeigte sich ihnen als souveränes Urphänomen, Urgeistsein der Welt unseres Sonnensystems. Die Aspekte zeigen sich: „Alle Erkenntnis soll Moralität bewirken, der moralische Trieb, der Trieb nach Freiheit die Erkenntnis veranlassen. Freisein ist die Tendenz des Ich – das Vermögen frei zu sein ist die produktive Imagination." Das Ich ist also das schöpferische Prinzip. Es fordert die Fähigkeit dessen, was Novalis „Schweben" nennt (siehe Texte Nr. 12 und 13). Das Schweben ist kein Spielwort. Der Mensch zielt zur vollkommenen konkreten Beherrschung von Leib und Seele und Geist. „Kunst, allmächtig zu werden – Kunst, unseren Willen total zu realisieren. Wir müssen den Körper wie die Seele in unsere Gewalt bekommen. Der Körper ist das Werkzeug zur Bildung und Modifikation der Welt. Wir müssen also unseren Körper zum *allfähigen* Organ auszubilden suchen. Modifikation unseres Werkzeugs ist Modifikation der Welt. Was ist die Welt? Wozu machen wir sie aus verschiedenen Gesichtspunkten?" (Novalis, Fragmente und Studien VI) „Auf dieselbe Art, wie wir unser Denkorgan in beliebige Bewegung setzen – seine Bewegung beliebig modifizieren – diese und ihre Produkte beobachten ... auf dieselbe Art, wie wir die Bewegungen des Denkorgans zur Sprache bringen – ... auf eben dieselbe Art müssen wir auch die inneren Organe unseres Körpers bewegen, hemmen, vereinigen und vereinzeln lernen" (Fragmente und Studien VI).

Der Geist ist der Herr im Haus. Dies Zusammenspiel und diese Zukunftsfähigkeit ertastete Novalis in jenen Fragmenten, die er „Blütenstaub" oder die man Studien oder Fragmente nannte. Nicht die (obgleich schönen) Gedichte sind für uns wichtig oder der Romanversuch über Heinrich von Ofterdingen den Minnesänger, dieses unvollendbare Spielen. Sondern die Gedanken gehen uns an. Die Deutschen nach 1840 haben sich darum nicht gekümmert. In Frankreich wurden sie viel befragt. In seiner Zeit wurden sie mitgelebt. Goethe sprach, den frühen Tod des Novalis-Hardenberg bedauernd, von diesem *„Imperator des Geistes",* ein Ausdruck, den er sonst nie für jemanden gebrauchte.

Hier läßt sich das unlösliche Zusammenspiel der klassischen und der romantischen Ansätze fassen, A.W. Schlegel nannte es die „Pole einer magnetischen Linie". Das Ganze ist die Bereitstellung der Mittel, um die humane Zukunft zu schaffen. Was man französische oder englische Romantik nennt, ist etwas anderes, eher ähnlich der Spätzeit der deutschen Romantik, wo die Flucht vor dem Alltag, die Rückwärtswendung in ein verlorenes Paradies überwog. Die frühe und reife klassisch-romantische Menschengruppe in Deutschland gab intensiv durchlebt Gedankenvorrat und Zukunftsskizze für neue Zeit. Daß das so befragte Ich später eine andere Sprache brauchen würde, war von Friedrich Schlegel, Novalis und Goethe erkannt. Was man „romantische Ironie" nennt, war die Erkenntnis, daß das Ich, die volle humane Person, Achtung und Distanz um sich braucht. Die „ironische" Abstandnahme, die „kritische Abgrenzung", Skepsis zu den hybriden Exaltionen, das wurde damals zuerst formuliert also erkannt, gefühlt. Wenn man die souveräne Freiheit des Ich anruft, wie es Novalis tat und Goethe auf seine Weise und Schelling mit der weit wirkenden Schrift „Philosophische Untersuchung über das Wesen der menschlichen Freiheit" (1809), dann ist Aufmerksamkeit nötig. Diese Bereitstellung der Mittel ist dann aber ein Beitrag in die Zukunft, der für alle von außen Zuhörenden gilt. Es geschah damals in einer Atmosphäre unmittelbar menschlicher Übereinstimmungen, wie sie der Skandinavier Henrik Steffens wahrnahm: „So unendlich reich war diese Zeit, daß in ihr eine allseitig bewegte Gegenwart alle bedeutenden Momente der Vergangenheit umfaßt, indem sie zugleich mit der großartigsten Zukunft geschwängert war." Hier war Erinnerung an die vergangenen

Jahrhunderte nicht Flucht, sondern Erkenntnis des eigenen Seins und also auch des menschlichen Bewußtwerdens allgemein.

Natürlich mußte die psychische und soziale Wirklichkeit dieser Programmepoche erst nachkommen. Sie mußte wieder durch den Verrat der Walküre durchgehen. Anders ist Vorankommen in neue Seinsstufe nicht möglich. Das wurde deutlich, als Wilhelm von Humboldt zwar im aktiven Preußen Kulturminister wurde, aber seinen Plan einer freien Bildungspraxis nicht verwirklichen durfte, nämlich die staatsunabhängige, auf einer Landwirtschaft lebende Universität. Nur Ansätze waren möglich, die freizügige deutsche Universität des 19. Jahrhunderts. So konnte die volle Erfahrung frei entfalteter humaner Intelligenz damals nicht gemacht werden. Die Front der Fürsten eines überalterten Sozialsystems hinderte das. Und doch wurden diese selbst bald abgelöst vom Kapitalismus, der von der Technik gestützten reinen Geldwirtschaft. Sie war und ist vorerst inhuman. Aber die Arbeit der klassisch-romantischen Epoche bleibt Wertmaßstab, Denkanstoß, Frage und Antwort zu üben.

Die Strukturanalyse von Seele und Geist des als freies Ich angerufenen Menschen wurde von allen Aspekten her aufgebaut. Es bereitete sich dabei vor, was am Ende des 20. Jahrhunderts zum Selbstzweck isoliert wird, zu jener Selbstqual und Zerfaserung, die schon Hegel in einem Brief an Goethe voraussah. In dieser Endphase wird eine neue Stufe reif. Sie setzt die Fundierung der vorigen Stufe voraus. In dem Briefwechsel der Freunde Novalis und Friedrich Schlegel deutete Novalis die Fähigkeit und Aufgabe Schlegels so an: „Du schaffst eine Kritik. Du bist ein tausendfach feineres Netz, durch das kein Fischchen, und wär's ein Essigälchen, entschlüpfen kann" (8. 7. 1796). Man fand dafür die abtastende kleine Form des Aphorismus, des Blitzlichts, um die Funktion dieses „literarischen Zynismus" fruchtbar zu machen. Es sei „einem kleinen Kunstwerk gleich von der umgebenden Welt ganz abgesondert und in sich selbst vollendet wie ein Igel" (Friedrich Schlegel). Das Instrument geschulter Intelligenz und hoher Sensibilität dieser Aphoristik, mit der Novalis seine „Blütenstaub"-Sammlungen ausgab, war zugleich scharf und genial zukunftsgezielt. Auf diese Weise skizzierte Friedrich Schlegel die Gefahr der Analytik des Ich, wie es sich ringsum in den Novellen der Tieck und Arnim ins Nervöse und Kranke steigerte. Er sah die Hybris der Selbstzerstörung, der Zerstörung des Ich-Selbst durch mangelnden Weltbezug voraus. Er tat das Voraussehen mit dem Recht dessen, der daran mitwirkt.

Novalis ertastete die Schwierigkeit der Balance in einer Auseinandersetzung mit (dem doch so hoch beachteten und geliebten) Fichte, der in seiner Philosphie, in seinem Weltbild die schöpferische Kraft des Weltseins insgesamt als „Ich-Sein" und so auch den Menschen als Ich als letztlich vom Leib unabhängigen Geist definierte. Novalis schrieb an Friedrich Schlegel am 14. 6. 1797: „Fichte ist der gefährlichste unter allen Denkern, die ich kenne. Er zaubert einen in seinen Kreis fest. Keiner wird wie er mißverstanden und gehaßt werden. Aber die Mißverständnisse werden hier erschöpft werden: Du bist erwählt, gegen Fichtes Magie *die aufstrebenden Selbstdenker* zu schützen... Manchen Wink, manchen Fingerzeig, um sich in diesem furchtbaren Gewinde von Abstraktion zurechtzufinden, verdanke ich dir und der mir vorschwebenden Idee *deines freien kritischen Geistes.*" Man kann heute, am Ende des 20. Jahrhunderts, etwas von Komplementarität ahnen. Die Sensibilität und Analytik des Ich, wie es für die sogenannte klassischen wie für die sogenannte romantischen Sprecher gleich stark zutrifft, wirkte durch das Jahrhundert weiter in den Ausbau einer allmählich schematisierten Psychologielehre hinein. In der Beobachtung der die Leiblichkeit der materiellen Welt aufbauenden Kräfte, in der Ertastung der Atomistik in ihrem Zusammenwirken finden sich die Elemente des „literarischen Zynismus" und das Netz kritischer Kraft wieder. Man kann sie finden in den Arbeitsgebietsbezeichnungen der physikalischen Forschung: „Sonderforschungsbereich Struktur und Dynamik von Grenzflächen" oder „Hyperfeine Wechselwirkungen". In der „Submikrotechnologie" der Forschungszentren werden Chips, also Informationsbestandteile mit einer Strukturfeinheit von 1,2 tausendstel Millimeter und mit einer Million Informationseinheiten auf einer Siliziumfläche von 54 qmm Umfang angebracht. Das ist nur Beispiel für vieles andere, das aus kompliziertesten Beobachtungen und Umformungen der Wirkungsweisen entstand. Es ist klar, daß diese Ergebnisse der sensiblen Arbeit mit der Materie die langher aufgebaute Sensibilität im Umgang mit dem Ich voraussetzt. Diese erkennt man in der klassisch-romantischen Epoche kulminieren und Basis geben. Aber ebenso erkennt man, daß die mögliche Steigerung der Genauigkeit und Produktivität der Ich-Wahrnehmung jetzt gestoppt ist, also Kräfte ins Unhumane gleiten. Man ahnt den möglichen neuen Ansatz in der Grundhaltung der Epoche um 1800. Novalis sprach damals davon, daß „Goethe der Liturg der neuen Physik" sein solle.

Liturg? Also ging es um eine Art heiliger Handlung. Man fühlte von der Natur her unmittelbar hinein in die Wirksphäre geistiger Wesenheiten. Es war nichts Schwärmerisches darin, Novalis forderte die Wachheit. „Auch ich kann den Schlaf nicht vermeiden, aber ich freue mich doch des Wachens und wünschte heimlich, *immer zu wachen.*" Das führt dazu, nicht nur die alte Auffassung des Christentums zu sehen, sondern „ein Evangelium der Zukunft" (StudienhefteX). Schlegel an Novalis März 1799: „Ich glaube, daß das Christentum sich ebendeswegen, und weil Tod und Leben eines sind, sich mit dem äußersten Realismus behandeln ließe." Für Novalis gilt, daß die Freisetzung des verantwortlichen Ich, die eine chaotische, aber unum-

168

gängliche Form in der Französischen Revolution darbot, die wahre Möglichkeit des Christentums freisetze.

Es wirkt ein Bemühen um die neue Stufe des Verstehens der so hintergründigen Dimension des Christentums. Nicht gemeint ist eine Rekonstruktion alter kirchlicher Fixierung. Selbst in des Novalis zu kurzatmigen Aufsatz über „Christentum und Europa" ist das nicht gemeint. Im Brief an Schlegel vom 21. 1. 1799 ertastet Novalis Wandlungen: „Deine Meinung von der Negativität der christlichen Religion ist vortrefflich – das Christentum wird dadurch zum Rang der *Grundlage der projektierenden Kraft eines neuen Weltgebäudes und Menschentums* erhoben – einer echten Feste eines *lebendigen moralischen Raumes*. Damit schließt sich dies vortrefflich an meine Ideen von der bisherigen Verkennung von Raum und Zeit an, deren Persönlichkeit und Urkraft mir unbeschreiblich einleuchtend geworden ist. Die Tätigkeit des Raums und der Zeit ist die Schöpfungskraft, und ihre Verhältnisse sind die Angel der Welt." Den Raum des Seins sieht er in der antiken Religion. Die Zeit des Werdens durch Annihilation und Neuwerden sieht er in der christlichen Religion. „Zwei Hauptflügel, beide halten das Universum, als den Körper des Engels in ewigem Schweben" (s. Texte).

Die Forderung des Novalis nach immer erhöhtem Bewußtsein des Menschen weiß immer zugleich die geistige Wesenheit als reales Sein. „Der Mensch vermag in jedem Augenblick ein übersinnliches Wesen zu sein... Die höchste Aufgabe der Bildung ist, sich seines transzendentalen Selbst zu bemächtigen, das Ich seines Ichs zugleich zu sein." Sich mit den Göttern in Wesensgleichheit verbunden zu finden, ist Kraft und Ziel des Weges der Wachheit. Götter waren für die Menschen jener Epoche noch Realitäten, Geistwesen wirkender Art. Ihre bauende Gewalt beobachtete Novalis auch in der Mathematik, in den prägenden Kräften der Zahlen, die Griechen noch als „dynameis" empfanden und die wir heute in den Gewalten der „Konstanten" neu erkennen. „Zahlen sind Götter", sagte Novalis dazu.

Für Goethe waren diese Wirkwesen faßbar in der Gesetzlichkeit der Metamorphose der Pflanzen, in der Dramatik der Kräfte, die wir als Farben wahrnehmen. Novalis starb sehr jung. Goethe wurde alt. Er konnte einen Weg zu Ende gehen und vielfach ausformulieren. Er konnte den Weg der Bewußtseinsgeschichte auch in der Sprache ausformulieren. Er war mit Hegel befreundet. So verschieden ihre Ansätze waren, so ähnlich war ihr Ziel. Beide wehrten die Gefahr des Herumspielens mit dem Erworbenen ab. Sprache war zum ausgemeißelten Instrument geworden. Aber: „Die jungen Herren lernen Verse machen, so wie man Düten macht; wenn sie nur aber auch darin einiges Gewürz überreichten!" (an Schiller 14. 7. 1798). Und später, schärfer, daß „der Welt nur mit dem Außerordentlichen gedient" sei, nicht mit substanzloser Routine. Die äußerste Achtung vorm Sein wird gefordert. Hegel ertastete den Weg der Geschichte der Menschenwelt, in ihm sieht er die Auffaltung des Seins des „Weltgeistes" und seiner wirkenden Geistwesen: Auffaltung; Sichgegenüberstehen; verwandeltes Zurücknehmen. Das aber geschieht zugleich im Menschen, er muß es in „der Anstrengung des Begriffs" erkennen. Im Begriff findet sich die Geistwirksamkeit neu, in der Übung des Begriffs erreicht der Mensch endlich die Fähigkeit der Freiheit. In der Freiheit erkennt er als Angel des Seins die produktive Kraft des Gewissens. Hegel erkannte, langsam beobachtend, wie er alle Dinge der Umwelt aufnahm, den Zeitmoment als den der reifen Freiheitsmöglichkeit. Die Freiheit beweist und exemplifiziert sich in der Gemeinschaft, der Sozialität. Hegel nennt das „Staat", aber da er die absolute Freiheit des Einzelmenschen kennt, ist dieser Staat auch für ihn immer etwas Relatives. „Begriff – Freiheit – Gewissen" sind die drei Säulen.

Dies „austernhaft" durchgefragte Geschichtsgebäude öffnet Hegel, um es durchlebt sein zu lassen von Goethes Licht, den Licht-Lebensvorgängen. „Wenn ich den Gang meiner geistigen Entwicklung übersehe, sehe ich Sie überall darein verflochten und mag mich einen Ihrer Söhne nennen. Mein Inneres hat gegen die Abstraktion Nahrung zur widerhaltenden Stärke von Ihnen erhalten und an Ihren Gebilden wie an Fanalen seinen Lauf zurechtgerichtet" (Hegel an Goethe, Berlin 24. 4. 1825).

Man spürt das komplementäre Miteinander in der Epoche, das weit mehr gilt als das gelegentliche persönliche Gegen- oder Nebeneinander. Ein gemeinsamer Zeitmoment ist reich da. Man kann ihn speziell an der Sprache fassen. Jakob Grimm sagte diese Wahrnehmung deutlich, und eben er begründet in diesem Zeitmoment das bewußte Erleben von Sprache und Sprachen im Menschsein. Sprache des Menschen ist nicht von Göttern geschenkt und nicht wortlos wie Tiere. „Es ist eine menschliche, mit voller Freiheit erworbene;... Sprache ist unsere Geschichte" („Ursprung der Sprache" 1851). In der Ausdruckskraft der Sprache liest sich die Entfaltung des Bewußtseins ab. Und zugleich ist die Freiheit da, um die Nachbarn in ihrer je eigenen Ausdrucksweise zu erkennen und zu achten. Das taten die Zeitgenossen, seit *Herder* (1744–803) in vollem Bewußtsein sammelnd und horchend.

Ein Zwischenspiel des Gedankens gibt ein Blitzlicht auf Versäumnis – und also neues Ragnarök. In Wien fand 1814/15 der Kongreß statt, auf dem die Grenzordnungen nach der Napoleon-Zeit geklärt werden sollten. Mit dem preußischen König waren sein Staatskanzler Freiherr von Hardenberg und der Kultusminister Wilhelm von Humboldt dort und als Berater der Professor Jakob Grimm. Es geschah ein Hin-und-her-Gezerre der Machtansprüche in großer Zeitvergeudung. Grimm indes sprach mit den Serben, die zu Österreich gehörten und nichts zu tun hatten. Grimm schrieb in diesem Jahr in Wien die erste Grammatik der serbischen Sprache, das heißt, er hatte sich so intensiv in das Miterleben des serbischen Menschen eingefühlt, daß seine sprachliche und formale Kraft das Strukturgerüst ihrer Sprache nachzeichnen konnte. Man kann sich denken, daß aus solcher Intensität der Völkerwahrnehmung Gespräche mit den Politikern hätten entstehen können. In dieser Zeit fühlbarer Verwandlung der Persönlichkeitswillen hätten kluge und sensible Politiker die Umwandlung des bürokratisch und fast diktatorisch zentralisierten Kaiserreichs Österreich in einen Bundesstaat einleiten können. Die Zukunft hätte anders ausgesehen. Es wäre nicht nötig gewesen, daß genau 100 Jahre später der Mord des Kronprinzen in Sarajevo durch zornige Serben, die sich unterdrückt sahen, geschah, und so den Ersten Weltkrieg auslöste, eine Kette europäischer Selbstzerstörung und Weltbehinderung. Aber der „Wiener Kongreß" fixierte alte Machtvorstellungen. Nur unterschwellig ahnte man das Brüchige im Verhalten. Wilhelm von Humboldt hatte die neue deutsche Universitätsform geschaffen als Lehrraum, der freie und wissenwollende Menschen voraussetzte. Sein Buch „Über die Grenzen der Wirksamkeit des Staates" hatte das schon früh begründet. Er hatte das Geistleben völlig unabhängig machen wollen sowohl von Fürstenlehrplänen wie von Wirtschaftsmäzenen. Er wollte die Universitäten auf große Landwirtschaftsgebiete so stellen, daß sie autonom leben konnten. Der preußische König gestattete das sowenig wie die anderen Fürsten. Aber sie alle bauten damals in ihre großen Parkanlagen, private oder öffentliche, jene seltsamen künstlichen Ruinen hinein, denen sie meditative Spaziergänge widmeten. Ahnung der Ruinen des nächsten Ragnarök wehte.

Lehrstück Goethe

Indessen war die souveräne Möglichkeit des freien Menschen und seiner Weltwahrnehmung in dieser Widar-Zeit so entfaltet und auch gesichert, daß sie für jede Zukunft als neuer Ausgangspunkt greifbar ist. Man kann das in Raffung am Beispiel Goethes fassen.

Die Umwelt nahm es wahr, aus allen Ländern Europas kamen die aufmerksam fragenden Besucher, nach Weimar, nach Berlin an die Universität. Die russische Intelligenz hörte auf den Westen, Bakunin, der Sozialreformer, studierte Philosophie in Moskau und Berlin, übersetzte Fichtes „Anweisung zum seligen Leben" (das auf dem Johannesevangelium geistig basierte) und Schriften von Hegel. In

Frankreich, England und Skandinavien befragte man die Texte der Klassik und der Romantik (der Frühzeit). Hier war das Gegengewicht zu spüren gegen die leise aufkommende Gefahr des Ich-Verrats, wie sie aus des Engländers Thomas de Quinceys Tagebuch eines Opiumessers wirkte und seinem 1827 erschienenen Buch über „Der Mord als ästhetisches Kunstwerk betrachtet". Der Horrorsog begann. In den Menschen der klassisch-romantischen Zeit ließ sich dagegen eine ganze dreifältig wirkende Mensch-Person wahrnehmen: Denken/Fühlen/Wollen wirken zwar in jedem dort zusammen, aber doch ist in Goethe und Schiller, dem Gesprächspaar, die Kraft des Fühlens eben als Kraft da, in Hegel die Kraft des Denkens (dessen, was war, was ist, was seiner Zielung nach ahnbar ist) und in Novalis die Kraft des Wollens, in Wachheit gewollt.

Man kann aber die souveräne Möglichkeit des freien Menschen am vollsten am Beispiel Goethes fassen. Die Entfaltung und Sensibilisierung der Sprache, die er formte, setzt ja die Formung der Persönlichkeit voraus. Das führt dann zu den ganz verdichteten philosophischen Gedichten, das „Eins und Alles" mit dem Endvers: „Das Ewige regt sich fort in allen: / Denn alles muß in Nichts zerfallen, / wenn es im Sein beharren will." Und es führt zu den Meditationstexten: „Lang und schmal ist der Weg. / Sobald du ihn gehst, / so wird er breiter; / aber du ziehest Schlangegewinde dir nach. / Bist du ans Ende gekommen, / so werde der schreckliche Knoten dir zur Blume, / und du gib sie dem Ganzen dahin." Doch der Gewinn des Instruments, die volle Freiheitsdimension der Sprache ist zu erleben in der Spannung etwa von „Über allen Gipfeln" zu dem Erzengelgesang des Faust-Prologs, zwischen beiden das „Ich ging im Walde so vor mich hin..." Man muß das mit dem ganz lockeren, ganz ruhigen Atem mitvollziehen, nicht lesen wie einen Zeitungstext.

„Über allen Gipfeln
ist Ruh,
in allen Wipfeln
spürest du
kaum einen Hauch;
die Vögelein schweigen im Walde.
Warte nur, balde
ruhest du auch."

Ein fast Nichts, aber was erfaßt es alles, und wie ist es hingeatmet. Dann der ganz andere Lauf mit Macht im Prolog im Himmel, als die drei Erzengel sich das Schauspiel der Schöpfung zurufen, beginnend mit dem Wort des Raphael, Erzengel der harmonisierenden Heilkraft:

„Die Sonne tönt nach alter Weise
in Brudersphären Wettgesang,
und ihre vorgeschriebene Reise
vollendet sie mit Donnergang..."

Es spricht Gabriel, der Verkünder der Generationenfolgen:

„Und schnell und unbegreiflich schnelle
dreht sich umher der Erde Pracht;
es wechselt Paradieseshelle
mit tiefer, schauervoller Nacht...

Es vollendet Michael, Erzengel, „der vorm Antlitz Gottes steht", der
mächtige Drachenbesieger:

„Und Stürme brausen um die Wette,
vom Meer aufs Land, vom Land aufs Meer,
und bilden wütend eine Kette
der tiefsten Wirkung rings umher.
Da flammt ein blitzendes Verheeren
dem Pfade vor des Donnerschlags;
doch deine Boten, Herr, verehren
das sanfte Wandeln deines Tags."

Die extremsten Spannungen des Wollens und Fühlens und äußerste
Sensibilität der Unterscheidungen waren für Goethe so real, ja wegen
der besonderen Kraft seiner Natur realer noch, als sie es für die
Romantiker waren, die Schlegel, Tieck und Arnim. Diese formulier-
ten es nach außen als genau geschilderte Krankheitsgeschichten. Das
mußte einmal geleistet werden. Es war der genaue Blick auf alles
Zerfallende und zum Bösen Gehende. Die Klassiker versuchten und
zeigten den anderen, ebenso wichtigen Weg der Bändigung, der
Gestalt des Menschen, der produktiv die Welt in Zukünfte führen
kann.
   Es ist wie ein Zeichen, daß Goethe seinen Ausbruch aus der Enge
der kleinen Stadt und des kleinen Hofes in die Reise in die antike Welt
und in die Naturerkenntnis gerade tat, als die Französische Revolution
ausbrach. Goethe war 1789 in Rom. In dieser Zeit schrieb er an den
Dramen von Tasso, diesem Gespräch zwischen Politik und Denker-
person, und der Iphigenie, dem Versuch, das Humane dem Diktator
abzugewinnen. Beides wird in der einzelnen freien Person geleistet.
Und in der gleichen Zeit wurde ihm das Grunderlebnis der „Metamorphose", der notwendigen Formenwandlungen, elementar klar, die
Idee der „Urpflanze". Hier sind zwei Ziele positiv und weiterweisend
skizziert. Die Dynamik der Natur wahrzunehmen, und die Dialektik

173

des menschlichen Personwerdens auszutragen in verantwortende Gestalt. Der Prozeß vollzieht sich in der inneren „Burg", nach außen nur in den Ergebnissen sichtbar. Der Prozeß wird dann einmal, später, so formuliert, im Brief an den Arzt und Psychologen Carl Gustav *Carus* am 8. 6. 1828: „...so bleibt doch zuletzt immer höchst wünschenswert: jenes Innige, was in uns lebte, strebte, suchte, oft ohne Bewußtsein nach langem Tasten und Irren das Rechte fand, eben jenes unbegreifliche Wir endlich, in seinem Verlauf, von einem wohlwollenden Geiste günstig abgespiegelt zu sehen." Jenes „unbegreifliche Wir" der inneren dialektischen Dynamik ist eben das, was Novalis „den inneren Plural" nannte, also das, was alle, auch die negativen Figuren der Märchen, zusammenklingen läßt im einen Menschen, in mir, in jedem Ich, das sich aus dem Wir aufbaut. Das ist ein Prozeß. Er muß geleistet werden.

Diesen Aufbau einer in sich differenzierten und leidensfähigen Persönlichkeit skizzierte Goethe im Roman des „Wilhelm Meister", sehr wach in der Zeit der beginnenden Industrialisierung angesetzt. Die Aufgabe, die die Revolution aufgerissen und chaotisiert hatte, da sie den gesuchten „neuen Menschen" mit der brutalen Dummheit der Guillotine herausfiltern wollte, diese Aufgabe zu erkennen, nämlich wie denn der aus überalterten Staatsformen frei werdende sozialtragende Mensch sein könne, wurde von Schiller, Fichte, Hegel vielfach umkreist, von Goethe im besonderen in seinem „Märchen" verklausuliert. Er setzte es an den Schluß der „Unterhaltungen deutscher Ausgewanderter", die, durch die Revolution vertrieben, nun in allerlei genau beobachteten Seelengeschichten den Menschen abtasteten, bis zuletzt jemand das „Märchen" erzählte. Goethe, der Minister, lebte und beobachtete in der Politik der Zeit sowie in der Wirtschaft. Alle die Wirtschaftsdenker der Zeit um Adam Smith wurden sofort von ihm gelesen und durchdacht. Sein nüchternes Klagewort: „Wie die Großen mit den Menschen spielen–", damals die dekadenten Fürsten eines überholten Systems, heute die Manager der Großkonzerne und Funktionäre eines mißbrauchten Kapitalismus meinend, das Wort forderte, das Gegenbild zu umreißen.

Das Märchen erzählt von der Suche des werdenden Ich, des „Jünglings", der jüngsten Kraft im Menschen, die immer jung ist wie das Geistige der Welt. Der Jüngling, er sucht sein höheres Selbst, „die Lilie", die noch jenseits des Stromes wohnt. Die witternde spielende Intelligenz als Pfadfinder, „die Irrlichter" sind da und dort Helfer. Die „grüne Schlange", die die Felsengründe der Erde durchstreift und erforscht, lernt dabei, daß sie sich opfern muß. Sie muß die Erdintelligenz in Dienst geben. Der weise Ratgeber, die Ahnung im Menschen, „der Alte mit der Lampe", vermittelt die Werdeprozesse. Endlich ist es soweit, „die Erde bebt". Aus den Klüften steigt der unterirdisch verborgene Tempel ins Licht mit der Dreikraft der „drei

Könige", die Denken, Fühlen, Wollen lehren. Aber dieser strahlende Neubeginn kann nur geschehen, weil der Jüngling den Sprung wagte. Er ließ die Machtzeichen seiner alten Existenz hinter sich, er tastete sich mit dem Fährmann über den Strom, er stürzte sich in die ungeheure Fremdheit der strengen Gerechtigkeit der schönen Lilie, deren Berührung jeden tötet, der unvorbereitet ist. Der Jüngling wagt den Todessprung ins unbekannte Neue. Die Schlange der nur irdisch denkenden Intelligenz opfert sich, der Alte wacht, die Lilie ist bereit, die Dreikraft spricht. Alles geschieht im inneren Plural, der zur freien Ichheit wird. Von dieser gemeisterten Dreikraft des Ich, die Goethe im Bild gab, hatte Schiller im Denkgebäude der „Briefe..." gesprochen, die Goethe einst so „schlürfte" wie guten Trank.

In dieser Widar-Epoche hatten sich die Deutschen als Einzelkämpfer, als Einherier, als Personalität im höchsten Sinn völliger Selbstmeisterung angerufen und in einem Sternkreis vieler einzelner gezeigt, und sie meinten damit das Ringen um die Welterkenntnis, um die differenzierten Gestalten, um das Zusammenspiel in der Ganzheit. Deutlich läßt sich dahinter das Urbild wieder sehen, der große Lehrer-Erzengel Odin, im Weltbaum Yggdrasil als der Yggr, der stöhnend neun Tage und neun Nächte um die Erkenntnis des Baumgefüges ringend die „Runen", die Formeln der Differenzierungen, findet. Wenn in dieser Epoche um 1810 auch nationalmilitärisch gekämpft wurde, dann nur, um die Überlagerung Europas durch Napoleon zurückzuweisen. Was eigentlich deutsche Wesenheitsaufgabe sei, wurde formuliert als Wissenschaftsforschung im ganzheitlichen Sinn (Schelling sprach darüber), und als aus dieser Zusammensicht „Rat gebend", und zwar: „Wehrlos Rat gebend den Völkern rings." So benannte und forderte es *Hölderlin,* und er meinte nicht eine Gruppe mit Dogmengefahr, sondern die einzelnen, denn dazu rief sein „Empedokles" die Schüler um sich auf. *Goethe* kannte die Gefahr der Deutschen, sich als kleinbürgerliche Gruppe zusammenzuballen und das Ich-Gefühl als Gruppenpsychose machthaft auszuwirken. Er hielt die Deutschen vor allem als einzelne für weltgültig. Aber in diesem Konzert der einzelnen wußte er doch den Sinn: „Es ist nun einmal die Bestimmung der Deutschen, sich zum Repräsentanten der sämtlichen Weltbürger zu erheben", also sich dazu zu wandeln, schrittweise, wie alle Erkenntnis geschieht.

Er wußte durch sich selbst, daß, „wer sich nicht von 3000 Jahren Rechenschaft geben kann" – wir würden heute sagen von 7000 Jahren –, nicht richtig im Leben steht. So war er zeitlich wie räumlich weltbewußt: wahrnehmend alles, was in Europa gedacht und getan wurde. Italienisch und Französisch beherrschte er, Englisch kam in Übersetzungen herein, mit den Russen, die nach Weimar zu Besuch kamen, da die Großherzogin eine Zarentochter war, unterhielt er sich intensiv, im Weltgespräch denkend wach.

Hegel empfand diesen denkenden Mitvollzug des Weltablaufs, faßbar in den Geschichtsrhythmen, ganz speziell als eine deutsche Aufgabe. Die Philosophie war ihm eine Schlüsselkraft. So verglich er diese deutsche Aufgabe des „Bewahrens des heiligen Feuers" mit der Aufgabe der Eumolpiden-Familie zur Wahrung der Mysterien von Eleusis oder der Inselbewohner von Samothrake, „denen die Erhaltung und Pflegung eines höheren Gottesdienstes zuteil geworden war". Philosophie als Aufgabe galt ihm und den Zeitgenossen um ihn nicht als Selbstzweck, sondern als Schlüsselung, wie die Einweihungen von Eleusis voranführten zur Erkenntnis der Naturabläufe und des eigenen Ich. So wuchs die Naturwissenschaft in Europa auf der Denkschulung und der immer weiteren Stufenübung der Philosophie.

Schiller als Historiker, der in seinen Dramen den Überblick über die Volksgruppen Europas durchführte, sagte: „Zur Nation euch zu bilden, ihr hoffet es, Deutsche vergebens; bildet, ihr könnt es, dafür freier zu Menschen euch aus." Ihr könnt es. In einem Gedichtentwurf formulierte Schiller 1801 über das Wesen „deutscher Größe" so: „Das ist nicht des Deutschen Größe / obzusiegen mit dem Schwert; / in das Geisterreich zu dringen, / Vorurteile zu besiegen, / männlich mit dem Wahn zu kriegen, / das ist seines Eifers wert." Auch er fordert, noch pathetisch überhöht gesagt, aber substantiell wie Schelling und Goethe gemeint, daß man im Denkprozeß „die Ernte der ganzen Zeit" einzubringen habe, anstatt Krieg zu führen, „an dem ewgen Bau der Menschenbildung zu arbeiten". Da ist auch der pädagogische Neuansatz der Epoche einbegriffen, der damals von Pestalozzi, dem Schweizer, bis zu Fröbel (1782 Thüringen bis 1852) wirkte und in die weite Welt (so etwa als Fröbels „Kindergarten"-Terminus übernommen) ausstrahlte.

Das war eine breite Strömung. Ein überall beobachtetes Zentrum gab damals der Elsässer *Oberlin* (1740–1826), der aus dem armen Dorf Steintal und einem Umkreis von fünf Pfarreien und Weilern eine blühende, wache Gemeinschaft machte, christlich fühlend, liebend naturbeobachtend in „der Lehre der Dinge", wirtschaftlich und landwirtschaftlich konstruktiv. In seinem Schulinternat arbeitete Goethes Jugendgeliebte Friederike Brion aus Sesenheim intensiv mit. Von seinen „Kinderstrickstuben", die alle diese Aufmerksamkeiten einübten, brachte der Reformer Owen den Antrieb nach England, und von dort wurde er wieder zurückgespiegelt zu Fliedner und Fröbel als „Kindergarten" nach Deutschland. So weit war das Gespräch damals, vom russischen Zaren bis zum englischen Wirtschaftler, allseits horchend. Goethe im Modell seiner „Pädagogischen Provinz" im Wilhelm Meister faßte es vom Kern des dreifachen wahrnehmenden Menschen: zur Erde schauend, in den Umkreis der Menschen, und in die Höhen des Kosmos. Wie fast alle aktiven Menschen der Zeit lebte Oberlin vor einem Hintergrund des Gesprächs geistiger Wesenheiten, wie es der Naturforscher Swedenborg oder Oetinger der Heiler in Schwaben aussprachen.

Emerson, Goethe und der Faust

Eine Voraussetzung für die gedanklichen Klärungsmöglichkeiten im deutschen Bereich ist das Instrument der Sprache, aus der Odins-Lehre heraus entfaltet. Schiller nannte sie „das köstliche Gut, das alles ausdrückt, das tiefste und das flüchtigste, den Geist, die Seele, die voll Sinn ist... Wir können das jugendlich griechische und das modern ideelle ausdrücken". Tatsächlich konnte nur mit diesem Instrument das an Erkenntnis ausdifferenziert und ausgefühlt werden, was Kant und Hegel, was Goethe, Schiller, Novalis und Hölderlin gaben. Die deutsche Sprache ist seit den alten Griechen das sensibelste und genaueste ausdrucksfähige Instrument menschlicher Besinnung. Es besteht neben den individuellen Nuancen aller anderen Sprachen als eine Art philosophisches Intensivsein. Der Kreis Menschen, der es entfaltete und anwendete, war in seiner personalen geistigen Intensität so ausstrahlend, daß man von der Umwelt auf dieses Deutschland – nicht als Staatseinheit, sondern als Wesenseinheit – schaute und hinhörte. Das blieb so bis zum nächsten Selbstverrat um 1870. Am deutlichsten formulierte es Ralph Waldo *Emerson* (1803–1882), der amerikanische Philosoph und Kulturpolitiker, der das kulturelle Amerika auf sich zu stellen begann, ohne den Blick auf Europa zu verlieren. Er reiste durch Europa, und dort waren es Carlyle, Wordworth und Coleridge, die ihn zu Goethe wiesen. Später konnte er seine Erfahrung formulieren. Er wünschte in einem Bild des künftigen Amerikas Natur- und Geisteskultur so vereinbar, wie er es bei Goethe und seinen Zeitgenossen gelernt hatte.

„Eine Erscheinung vornehmlich, die Goethe mit seiner ganzen Nation gemein hat, macht ihn in den Augen des französischen und des englischen Publikums zu einer ausgezeichneten Erscheinung: Daß sich alles bei ihm nur auf die innere Wahrheit basiert... Der deutsche Geist besitzt weder die französische Lebhaftigkeit noch das für das Praktische zugespitzte Verständnis der Engländer, noch endlich die amerikanische Abenteuerlichkeit; allein, was er besitzt, ist eine gewisse Probität, die niemals beim äußeren Schein der Dinge stehenbleibt, sondern immer wieder auf die Hauptfrage zurückkommt: wo will das hin?... Die Engländer sehen nur das Einzelne und wissen die Menschheit nicht nach höheren Gesetzen als ein Ganzes aufzufassen... Die Deutschen denken für Europa... Während die ihres Scharfsinns und ihrer Gelehrsamkeit wegen mit Auszeichnung genannten Engländer und Franzosen ihr Studium und ihren Standpunkt mit einer gewissen Oberflächlichkeit ansehen und ihr persönlicher Charakter mit dem, was sie ergriffen haben, und mit der Art, wie sie sich ausdrükken, in nicht allzu tiefem Zusammenhang steht, spricht Goethe, das Haupt und der Inhalt der deutschen Nation, nicht weil er Talent hat; sondern die Wahrheit konzentriert ihre Strahlen in seiner Seele und leuchtet aus ihr heraus. Er ist weise in höchstem Grade, mag auch seine Weisheit oftmals durch sein Talent verschleiert werden. Wie vortrefflich das ist, was er sagt, er hat etwas im Auge dabei, das noch besser ist... *Er hat jene furchterweckende Unabhängigkeit, welche aus dem Verkehr mit der Wahrheit entspringt.*"

Das war in Emerson ein Reflex, eine Spiegelung der zweiten Widar-Epoche in Mitteleuropa. Es erläutert sich durch Goethes Hinweis, daß Erkenntnis in Wahrheit nur durch Liebe zu gewinnen sei, als die Liebe zu jedem Sein. Dazu sagt „der Alte mit der Lampe" in Goethes „Märchen", als der erwachte Jüngling fragt, ob zu den drei Königen, der Dreikraft aus Denken/Fühlen/Wollen, nun nicht doch die vierte Kraft, die Liebe gehöre: „Die Liebe herrscht nicht, aber sie bildet, und das ist mehr."

Aber wer so genau von dem Gesetz der Dialektik und der Metamorphose berichten kann, sie durchfühlt, ist immer wieder genötigt, durch den Nullpunkt, dies Verschwinden des Selbst in der Verwandlung zur nächsten Stufe, durchzugehen. Doch kann es von Mal zu Mal wacher gesehen, beobachtet werden. Die Hybris des absoluten Wissenwollens kann ins Dunkle der Macht mit hineinreißen. In Goethe war dieses Hybris bewußt, er tastete danach, sie herauszusetzen ins Licht, als ein anschaubares Bild, und schrieb die Texte und Abläufe des *„Faust"*-Dramas stufenweise durch sein Leben hin auf. Er scheute nicht vor der Wahrheitssicht zurück, nicht vor Mühen. Im Spätwinter mit dem Herzog in der Schweiz, ließ er den Fürst im Gasthof zurück und stieg durch den Schnee allein zum Gotthardpaß herauf, geübt durch die einsamen Schneewege im Granitgebirge des Harz, beweglich durch die vielen Stunden der Ritte zwischen allen Städten des Landes durch Wälder und Landwege und jedes Wetter.

Die Sprechenden der klassisch-romantischen Zeit, einer Widar-Epoche, suchten jeder im Seinen auf den *Kern* vorzudringen. Emerson benannte es deutlich. Die *Gefahr* wird benannt von Goethe im „Faust". Faust sucht das Absolute um jeden Preis, das reißt ihn immer wieder über das Lebendige, über das humane Sein hinweg, läßt es ihn übersehen. Im Rundfragen fand er die Stufe, um den Erdgeist in seinem Kräfteweben zu sehen, aber er konnte ihn nicht ertragen. Die Stufen müssen ja durchlebt werden. Faust erlebt Liebe, aber ohne Maß ist das Schuld. Er flieht vor der Schuld – Mord am Bruder der Frau, Kettenablauf des Todes der Mutter, der Frau, des Kindes. Er versucht sich im Hintergrundschauen des dämonalen und elementarischen Netzes zu verstecken. Er hört die Wahrheit, sucht Schuld zu täuschen, aber der Seelenanteil in ihm, sein Gretchen-Aspekt, spaltet sich ab von ihm, will Schuld durchtragen in Sühnung durch das eigene

Leben. Jetzt ist die Frage „Ich in der Welt" ganz hart offen. Die Phase der Machtversuchung, des Machtspiels (am Pseudokaiserhof) wird durchgeübt, dahinter leuchtet auf neuer Ebene wieder das Absolute auf: die reine Seelenkonfiguration des Menschen, in der alten Bildsprache als Helena benannt. Was sagte das alte Bild? Das „Ei", das Zeus mit der „Nemesis" (das heißt der unerbittlichen Hüterin der gerechten Ordnung) erzeugte und zur Erkenntnis den Menschen (der Königin Leda von Sparta) zur Pflege gibt, dies Ei, das Zeus in seiner Gestalt als Wildschwan, Urbild der unsterblichen Geistigkeit der Wesen, und im Nemesis-Wollen formte, enthielt die Dreiheit des Menschseins. Es enthielt Kastor und Pollux und Helena: den sterblichen Wesensleib und den unsterblichen Geist des Menschen und die alles erfühlende und verbindende Seele. In ihrem höheren Aspekt als Selene, als Herrin der Mondsphäre, sah man sie die Inkarnationen des Menschen auf diesem Reifeweg der Seele regeln.

Die Menschen der Zeit um 1800 waren mit der antiken Bildersprache durchtränkt und vertraut, und gerade damals begann man das genaue Erforschen, die Mythologiewissenschaft, aufzubauen, durch *Creuzer* (1771–1855) und *Schelling* fundiert. Indem er das Urbild Helena sucht, ertastet Faust das absolute Seelensein und kann es sich nur heranrufen, indem er in die Sphäre der Urkräfte alles Werdens hineinsteigt, in jenes flutende und gefahrvolle Wirken von Kräften, die Goethe nur „die Mütter" nennt, aber damit das elementar strenge und ihm mit elektrischen Schlägen antwortende Kraftreich meinte. Mit diesem aus der Urkraftzone ausgestalteten Seelensein, Helena-Sein, vollzieht Faust die Vergegenwärtigung der Werdeprozesse des Leiblichen-Seeletragenden aus dem Ungestalten. Er läßt die Flüssigkeitswesen an sich vorbeiziehen und die schrittweise formenden Wesen, die man einst die Kabiren, die „megaloi theoi", die „großen Götter" nannte. Auf der umstürmten Insel Samothrake war ihr Lehr- und Einweihungszentrum. Zur Goethe-Zeit hatte gerade Schelling dem intensiv nachgeforscht und darüber berichtet. In diesen Werdeprozeß der ichtragenden Lebensgestalten stürzt sich nun das Gedankenkind, Homunkulus, hinein und geht leuchtend in die Wasserwogen des Galatea-Wagens ein. Hier ist der Zentralpunkt. Goethe will den Aufbau des Menschen als Person erfaßen. Faust, nach dem ersten Scheitern des jugendlichen maßstablosen Fragewillens ins nun fühlwillige Leben gerissen und also in Schuld gestürzt, stellt nun die Frage nach den Schritten des Menschseins. Er findet die kosmischen Umkreiskräfte als Erbauer des Leibs, die fühlende Seele als Aufzeichner des Seins. Er schaut den „Homunkulus = Menschlein", als Idee zum Kraftkeim geworden, nun ins Sammeln der Leibeskräfte eingehen.

Das erlebend, hat Faust eine umfassendere und eindringendere Erkenntnis gewonnen, als er in seiner pauschalisierenden Zeit der Erdgeistbeschwörung besaß. Doch der Drang zum Absoluten packt

ihn nun erneut auf anderer Stufe und schüttelt ihn. Die Erde über-
fliegend, schaut er das heran- und zurückrollende Meer, das greifende
Element des Wassers, das die Erde, den Boden des Menschseins,
immer bedroht, zu bedrohen scheint. Diese Gewalt, das Meer zu
dämmen, wird sein Wunsch, seine Sucht. Die Hybris zwischen Maß
und Unmaß hat ihn erfaßt. Siedlungsland zu schaffen für die Menschen, die dort ihre Arbeit und ihr Leben ausbreiten können, scheint
ihm gute Tat. Die Macht über Seelen lockt ihn unerkannt. In dem Bild,
daß die nun geschehenden gigantischen Erdarbeiten das stille baum-
umschattete Haus des Paares, Philemon und Baukis, wegreißen und
diese Menschen zerstören, ist verdichtet wie das sogenannte Gute,
wenn es von Machtwillen erfüllt ist, jederzeit über Leichen geht,
mordet, wo und wen auch immer. Faust ist „geblendet", ist nun
blind. Das Ende, über dem Spielfeld der wichtigtuerischen Zerstörungen, kommt. Der Tod Fausts und die Frage, wer gesiegt hat in dem
Wettstreit des Vorspiels zwischen dem leitenden Gott und dem
Versucher: ist Faust „gerettet", im freien Geistraum weiterwerdend?
Ist das Motto von oben, dies „Wer immer strebend sich bemüht, den
können wir erlösen" gültig? Es ist es nur, weil „die Liebe teilgenom-
men hat". Es ist das eigene geistig „von oben" Wirkende. Das vollzog
das „Ewigweibliche" im Menschen Faust, die die Helena-Stufe zur
Vollendung bringende Kraft („Gretchen"), die hellwach Schuld anschaut und durch den Tod, die Überwindung alter Gestalt, sühnt zu
neuer Gestaltmöglichkeit.

Das dritte Ragnarök beginnt

Goethes „Faust-Drama" ist verklausuliert, aber es legt beim näheren
Zusehen offen dar, was Hybris droht. Jener Teil der Machtversuchung
des Faust, er wurde von den Deutschen einige Jahrzehnte später ohne
Rückbesinnung zu praktizieren begonnen. In äußerster Perversion
sprach sich das aus in der Erklärung eines der beiden Mörder
Rathenaus: „Wir kämpfen für den Sieg der Deutschheit über die
Erde." Der Außenminister Walther Rathenau (1867–24. 6. 1922,
wurde am Johannitag erschossen) hatte nach dem Ersten Weltkrieg
Deutschland in ein Europa wieder einzubauen versucht, das die
Egoismen meistert und die geistige Persönlichkeit sich entfalten
läßt. Er dachte tastende Ansätze der Zukunft, die in die kurze Epoche
einer Widar-Zeit zwischen zwei Ragnarök-Zeiten hineingehörten.
Aber die rollenden Meereswogen eindämmen (Faust, 2. Teil, 4.

Akt), die Welt beherrschen durch die eigene Ich-Person in ihrem Glanz, dieser Keim der Hybris, von Goethe gemeistert, in ihrer Meisterungsmöglichkeit in ihrer Würde gezeigt, riß die Deutschen in Totalitätsversuche des Absoluten, in Wolfszeit.

Ehe man sich die kurze, aber intensive Aussage der dritten Widar-Zeit zwischen 1890 und 1930 vergegenwärtigt, muß man die vor, nach und unterschwellig dieser Pausenzeit waltende Wolfszeit genau anschauen, um den Stufengewinn der Pause (doch nur scheinbaren Pause) zu erkennen und darauf weiterbauen zu können.

Das, womit die klassisch-romantische Zeit die Hybris des Faust meisterte, die Lehre von „der anschauenden Urteilskraft", dem Zusammenklang von Anschauung und Idee, wie es die Gespräche zwischen Goethe und Schiller klärten, die gesteigerte Sensibilität des „ein Universum in sich ausbildenden Menschen" (W. von Humboldt), das alles wurde um 1840 vergessen, nicht beachtet. Die Menschen des politisch-staatlichen Freiheitskampfes zwischen 1832 und 1849 waren nicht stark genug, um daraus eine Sozialgestalt zu schaffen. In Goethes Todesjahr, 1832, geschah zugleich das „Hambacher Fest", das im südwestdeutschen Raum Tausende Menschen versammelte, die eine freie Republik freier Menschen forderten. Flucht und Gefängnis waren die Folgen. 1848 geschah trotzdem die „Nationalversammlung" in Frankfurt in der Paulskirche, von mutigen Intellektuellen und Professoren getragen. Aber Denkkraft und Mut des Bürgertums trugen nicht mit. Das eigentliche Ziel, das unterschwellig in dieser Zeit wirkte, war das Macht- und Gewinnstreben der technisierten Wirtschaft, die einen fördernden Einheitsstaat wollte, nicht individualisierte Republiken. Der Rausch der technischen Explosion und der sich damit verbindenden subjektiven Macht wurde zum Sog. 1846 formulierte der Schweizer Schriftsteller Jeremias Gotthelf als Titel einer Erzählung die Zeitfrage: „Geld und Geist". Als 1872 durch Bismarcks Zähigkeit zwei Pseudokaiserreiche entstanden, die letzte Farce vergangener Purpurmäntel vortäuschend, war der Weg ins Chaos vorgezeichnet. Friedrich Nietzsche benannte den Zustand „Exstirpation des deutschen Geistes durch das Deutsche Reich." Austreibung des Geistes durch das wilhelminische Wesen. Daneben krankte ein österreichisches Pseudokaisertum, das nicht zukunftsfähig mit seinen individuellen Minderheiten zu leben verstand, sondern den Anlaß zum Ersten Weltkrieg vorbereitete.

Das preußisch-deutsche „Erbkaisertum", das Bismarck erlistete und erzwang, entstand im totalen Gegensatz zur Bewußtseinsstufe der Epoche. Man kann Bismarck zugute halten, daß er lange zögerte, horchte. Aus den Briefen aus Frankfurt an seine Frau kennt man die langen Nächte, in denen er die Bibel las, und die langen Tage, in denen nichts geschah. Man ahnt, er suchte einen Planungspartner. Der einst ausgelöschte Thronfolger des Großherzogtums Baden wäre jetzt

Partner gewesen: diese so kluge und sensible Persönlichkeit, die als „Kaspar Hauser" noch kurz aufleuchtete, ehe sie endgültig ermordet wurde. Man kann heute aus den Hauser-Akten erkennen, wie das angelsächsische Freimaurertum die europäische differenzierte Geistigkeit ausschalten wollte aus der rationalen Weltmachtkonstruktion. Der zweite evidente Eingriff ist aus den Akten über die Vorbereitung des Mordes von Sarajevo 1914 ebenso zu ersehen. In das Vakuum von Frankfurt setzte Bismarck die unselige Konstruktion eines Erbkaisertums, das in der ersten Erbfolge durch Krankheit scheiterte, in der zweiten durch den labilen Wilhelm II. ins Unheil führte. Ein deutsches Erbkaisertum war das zentrale Verkennen der europäischen Reichsidee Karls des Großen. Bis in die Neuzeit hinein blieb das individuelle Wahlkaisertum produktives Prinzip, eine Persönlichkeitswahl. Bismarck hatte das nicht erkannt. Er wußte genau, daß das Gleichgewichthalten der Völker Europas Lebensbedingung war, aber das Geheimnis der Mitte fühlte er nicht. So trat der „Erbkaiser" Wilhelm II. an die Macht und zerstörte den maßvollen Plan Bismarcks, den Rückversicherungsvertrag mit Rußland. Die Engländer erkannten es sofort, sie zeigten im „Punch" von 1890 den Lotsen, der vom Schiff geht unter dem Hohnblick des Erbkaisers. Dieses Schiff wird sinken, sagte das Bild. Dieser Wilhelm, durch eine kalte Erziehung und einen behinderten Arm zur Geltungshaltung gedrängt, sah die Wirklichkeit nicht. Der sensible Rathenau schilderte ihn einmal: „Ein jugendlicher Mann in bunter Uniform, mit seltsamen Würdezeichen, die weißen Hände voll farbiger Ringe, Armbänder an den Handgelenken, zarte Haut, weiches Haar, kleine weiße Zähne,... Auf den Eindruck bedacht, dauernd mit sich selbst kämpfend, seine Natur bezwingend, um ihr Haltung, Kraft, Beherrschung abzugewinnen. Kaum ein unbewußter Moment, ... Eine ahnungslos gegen sich selbst gerichtete Natur." In diesem im Wesentlichen „ahnungslosen" eifrigen Sichdarstellen in allen Uniformen baute er einen Welt- und Seemachttraum auf, der der Wirklichkeit widersprach. Er unterzeichnete stets als „von Gottes Gnaden", eine alte, einst im Göttergespräch erfühlte, nun längst entleerte Formel wirkte Illusionen. Der christliche Anruf zur Personwerdung war nicht erfaßt, war verspielt worden. Das Ende des Zwischenspiels kam, als Wilhelm II. der Provokation von Sarajevo nachgab, selbst verlockt von Weltmachtsüchten. Am Rand eines Berichtes des Botschafters Fürst Lichnowski aus London 1912 stand Wilhelms Notiz, eine empörte Absurdität: „Im Endkampf gegen das Slawentum stehen die Briten auf der anderen Seite." Warum muß das Slawentum endzeitlich bekämpft werden (wenn auch der „Panslawismus" damals ein Ärgernis war), statt es und ringsherum alle Nachbarschaft zu akzeptieren, Gespräche zu suchen?

Es zeigte sich nun: Ein moralisch getarnter Machtwille übersah die Grenzen seiner eigenen Möglichkeiten. Im Ersten Weltkrieg, im Jahr erster Friedensvorgespräche einiger Denkender, 1917, schrieb Wilhelm II. in einem Brief an den Rassetheoretiker Houston Stewart Chamberlain, daß es keinen Frieden geben könne, sondern nur den Endkampf, denn es sei ja kein üblicher Krieg, sondern „ein Kreuzzug", der Guten gegen die Schlechten, die dem Mammon und der Ländergier hörig seien. Die Selbsttäuschung ist erstaunlich. Seit den „Gründerjahren" von 1870 war man in Deutschland ebenso mammonhörig wie anderswo. Die Regierung gab um 1913 im Landwirtschaftsministerium einem Siedlungsfachmann den Auftrag, eine Broschüre zu schreiben über „Die Besiedlung der Ukraine". Ein altes rein slawisch besiedeltes, aber sehr weiträumiges und fruchtbares Gebiet sollte also in Besitz genommen werden. Das Versprechen, die belgischen Bergwerke zu bekommen, hatte die Regierung Bayerns erst bewogen, mit in den ungeliebten Krieg von 1914 einzutreten. Es waren also Ausgriffe in andere Länder gewollt, wie überall, aber hier in Mittellage gar nicht zu leisten und aus der Lehre der vorhergehenden Generationen zutiefst unmoralisch. Nicht obzusiegen mit dem Schwerte..., hieß es bei Schiller, und alle Zeitgenossen des Kreises der Denkenden meinten es ebenso.

Hier wird ausgebrütet, was Verwirrung des Odin-Anrufs zur starken Individualität ist. Hitlers dämonale Inspiratoren hatten es nur aufzugreifen. Der verhängnisvolle Spuk dauerte etwa 50 Jahre, das ist eine uralther bekannte Epochenzahl für Ablauf und Neubeginn. Im 50. Jahre, nach 7x7 = 49 Jahren baute man im Alt-Amerika der Indios eine neue Tempelgestalt; das 50. Jahr war das Jobel-Jahr der Israeliten, in dem, vom Schofarhorn, dem Widderhorn eingeblasen, alle alten Verhältnisse beendet wurden, wirtschaftlich und sozial, und alles neu begann.

Im Januar 1871 geschah die absurd aufgeblähte und den Widerständen der Fürsten abgerungene Kaiserproklamation im Spiegelsaal von Versailles, das der radikal absolute König Ludwig XIV. gebaut hatte. Damals, ab 1872, kämpften die französischen Maler, Monet, Sisleg, Renoir, Manet, das neue Wahrnehmungserlebnis des „Impressionismus" durch. Im November 1918 dankte der Kaiser ab und ging nach Holland. Im Juni 1919 wurde im selben Spiegelsaal von Versailles der Versailler Vertrag unterzeichnet. Er war dumm und auch böse und trieb den falschen Nationalismus nur hoch; aber er war eine Konsequenz aus einem Irrtum. „Exstirpation des deutschen Geistes durch das Deutsche Reich."

Um 1910 war formulierbar geworden, was ablief. Es wurde berichtet, wie der Dichter Georg Heym in den Straßen Berlins plötzlich das Untragbare des Leerlaufs fühlte: „Das kann nicht bleiben, das muß zugrunde gehen. Irgend etwas Ungeheures muß kommen, ein großer Krieg, eine Revolution oder sonst etwas." Also war es auch möglich, dieses Krieges Ausgang zu wissen. Um 1910 sagte der damalige Reichskanzler Bethman-Hollweg seinem Gärtner, es lohne nicht eine Lindenallee zu pflanzen, denn in einigen Jahren ständen die Russen hier. Und der württembergische Ministerpräsident, Großvater der Brüder Weizsäcker, sagte am 1. August 1914 zur Familie: „Dieser Krieg endet mit einer Revolution." Man konnte das alles wissen, weil es der eigentlichen deutschen Wesenskraft so im Kern widersprach, sie verriet, wie Siegfried die Brynhild verriet.

Um 1850 herum gab es noch vielgebrauchte Kochbücher, in denen es hieß: Den Kuchenteig rühren, bis Schillers „Spaziergang" aufgesagt ist. Es ist das längste Gedicht Schillers, und dieser Spaziergang durch mächtige Landschaften führt zugleich durch die ganze Weltgeschichte. Man nahm das noch auf, aber mit „Rührung" und Ehrfurcht. Man hatte nicht mehr die Klarheit, es auf die Lage im Alltag zu beziehen, wie die Menschen der klassisch-romantischen Epoche das gewollt und versucht hatten. Man verträumte sich, während in Frankreich der programmatische „Naturalismus" der Zola, Balzac u.a. die genaue Tagesanalyse übte und Baudelaire und sein Kreis, „die Blumen des Bösen" wissend, das Böse in Neutralität zu halten versuchten. Das Böse ließ man, unbefragt, in Deutschland langsam und dann schneller aufbrechen. Dieser Bruch, dieses Abgleiten in ungenaue Pathetik wurde nach 1848 ganz deutlich. Der Professor Ludwig Uhland, Mitbegründer der germanistischen Wissenschaft, verzichtete auf seine Staatsstellung, um nach dem Verfolgungsterror, der dem Hambacher Fest von 1832 folgte, als liberaler Abgeordneter im Stuttgarter Landtag zu wirken. Auch die spätere Professur in Tübingen gab er so wieder auf. Im Parlament der Paulskirche in Frankfurt, das die Bürger sich erkämpft hatten, um eine reguläre sprechfähige Verfassung freier Bundesländer zu erringen (auch Adalbert Stifter, der als Schulrat den Kreis Linz vertrat, wirkte dort mit), hielt Uhland die so klugen wie mutigen wie sprachlich souveränen Reden, die selten sind in Parlamenten. Als dies Parlament, dieser Gesprächsraum, von Husaren mit Gewalt geräumt wurde, war Uhland der letzte, der wich. In diesem Moment hätte der allgemeine Mut gehört, daß die ganze Sprecherschaft geschlossen sich den Waffen gegenübergestellt hätte. Es geschah nicht.

Es war auch eine Erkenntnisschwäche. Man sah nicht, daß es jetzt um die freie Persönlichkeit ging in ihrer Möglichkeit, sich auch gegen die Machtsüchte des Bösen aller Art zu behaupten. Es war auch noch nicht die ganze Breite der sozialen Schichtungen aufgerollt, nicht deutlich da. Eben erst 1848 schrieb Karl Marx die Aktionsschrift „Das kommunistische Manifest" im Auftrag der Pariser Kommunegruppen, in denen viele der verfolgten Deutschen wirkten. Ferdinand Lassalle begann erst zu wirken, die Formierung des Arbeitertums mußte erst experimentell geübt werden. Die Formierung des Privatkapitalismus geschah auch erst jetzt klarzuwerden, ein gruppenhaftes

Machtgefüge, zu dem man später sagt „die Bankiersverschwörung". Da es um die nackte Macht geht, fügt sich ins harte Spiel dann auch der Staatskapitalismus ein, den Karl Marx theoretisch fundierte, ohne den humanen Widerspruch in sich selbst zu erkennen.

Dieser Übergang der zweiten Widar-Zeit in das neue Ragnarök ist nicht leicht zu erfassen. Die Dämonen, die beteiligt sind in solchen Kämpfen, tarnen sich. Aber immer deutlicher wird, daß es um je neue Positionen im Erkennen von der Gewalt des Bösen geht. Der Einschnitt ist um das Jahr 1832 bezeichnet: Goethe starb 1832, Beethoven 1827, Pestalozzi (der humane Erzieher zum ganzen leiblich-seelischen Menschsein) 1827, Hegel 1831, Wilhelm von Humboldt 1835, das Hambacher Fest war 1832 und brachte die klaren Fronten zwischen Verfolgern und Verfolgten. 1833 geschah die Ermordung Kaspar Hausers.

Man muß aber hier, um nicht zu vereinfachen, auch die ganz neue Kraft erkennen, die in diesem Zeitmoment ins menschliche Bewußtsein und tägliche Leben eintritt. Sie brachte ebenso ekstatischen Weltmachtrausch wie dämonale unterbewußte Zumutungen. Die „untersinnlichen", im gängig sinnengemäßen Sein nicht faßbaren, aber alles durchwirkenden Kräfte traten in erste Grade menschlicher Handhabung: Elektrizität, Magnetismus, Schwerkraft, Kernkraft. Ganz schlicht spiegelt es sich in der Erinnerung einer Enkelin von Emil Rathenau, der die elektrische Beleuchtung der Städte einführte, Straßenbahnen und Telefon mit seiner Konstruktion der AEG (= Allgemeine Elektrizitäts-Gesellschaft) hervorzauberte. Ursula von Mangoldt berichtet, was ihre Mutter, Tochter von Emil und Schwester von Walther Rathenau, ihr erzählte: welch ungeheures Ereignis es war, als – 1879 – die ersten Glühlampen in ihrer Wohnung angingen und sie erschreckt schrie, es brenne; oder als sie mit zehn Jahren den Telefonhörer abnahm und die Stimme ihres Großvaters hörte. Voller Entsetzen ließ sie ihn wieder fallen mit dem gellenden Schrei: „Hilfe – der Teufel ist da!" Es war nicht der Teufel, aber es wurden nun bisher verborgene Kräfte freigelegt und ohne durchschaut zu werden freigesetzt. Das entsprach dann dem, daß im 20.Jahrhundert auch im Menschen selbst die verborgensten Triebe freigesetzt wurden. Sie wurden sichtbar und werden offen in die Entscheidungsfreiheit des Menschen gegeben.

Im Faust-Weg war abzulesen, wie schwer der Blick für das Maß zu gewinnen und zu realisieren ist, wenn die Machtsucht betäubt. Jakob Burckhardt (1818–1897), der Schweizer Historiker, nannte präzis „les terribles simplificateurs" (=die schrecklichen Vereinfacher), die er als Diktatoren jeder Art kommen sah. Die sensible zeitwache französische Schriftstellerin George Sand (1804–1876) hatte das Ausbrechen der „Horden der Barbaren" vorausgesehen, das einst von Deutschland kommen werde.

Es wäre ungerecht und falsch gewichtend, wenn man nicht auch Frankreich und die Napoleon-Impulse befragte. Man muß die in sich absurden und geltungsbedingten Ausgriffe der Revolutionsarmee (die den königlichen Ludwigs XIV. folgten) befragen, die mit dem Auslöschen Hunderter eigener Bürger durch das Fallbeil einhergingen. Man muß den Gewaltgriff des Revolutionserben Napoleon über Europa und Rußland befragen. Es wurde dabei aber nicht Siedlungsland gesucht, sondern das Geltungsgefühl gespeist, das sich dann in den Mantel des alten europäischen karolingischen Kaisertums hüllte mit der Kaisertochter von Habsburg. Was ihn stürzte, sagte Napoleon später (man muß zuvor sagen: außer den räumlichen Realitäten, den unterschätzten Dimensionen des Ostens), es waren „die deutschen Ideologen". Da sie für die Freiheit des Menschen schlechthin dachten und kämpften, lag nun auch die nationale Freiheit mit darin, da Napoleon sie anrief. Ein seltsames Zwischenspiel lief hier ab zwischen höchst intelligenten Partnern: Napoleon wünschte das Gespräch mit Goethe, es war ein wirkliches Gespräch zwischen zwei Individualitäten. Im Menschenrecht ließ Napoleon den Code Civile formulieren und einsetzen, der gut und weit wirkte.

Wie ein Zug von Kranichen

Es ist immer auch eine ruhig tragende Unterströmung im sozialen Gebäude. Die deutschsprachigen Schriftsteller, die bis 1900 die Zeitspiegelung im Roman zeigten, setzten den sensiblen und verantwortenden Individualismus ihrer Herkunft fort: Adalbert Stifter, Gottfried Keller, Jeremias Gotthelf, Wilhelm Raabe, Theodor Fontane. Aber man spürt an ihnen und ihren Problemstellungen und Sozialzeichnungen die Sorge um den Menschen, um die Gefahr eines substantiellen Leerlaufs. Es ist hier nicht die nüchterne sozialpsychologische Bestandsaufnahme der großen französischen Romane, es ist ein vorsichtiges, melancholisches oder versponnenes Werben um das Menschliche. Es war aber zu eng. Klar fühlte der philosophisch durchgebildete Politiker *Ferdinand Lassalle* (1825–1864), was vor sich ging. Er kannte die Werdedynamik, die er aus Hegel und aus seiner eigenen noch heute wissenschaftlich gültigen Arbeit über Heraklit, den Lehrer der Verwandlungen erlebt hatte. Er erkannte die Zeitlage:
„Und diese absolute geistige Versimpelung des Bürgertums, in dem

Lande Lessings und Kants, Schillers und Goethes, Fichtes, Schellings und Hegels! Sind diese geistigen Heroen wirklich nur wie ein Zug von Kranichen über unseren Häuptern dahingerauscht? Ist von der immensen geistigen Arbeit, die sie vollbracht, nichts, gar nichts auf die Nation gekommen? Welcher Fluch hat das Bürgertum enterbt? Der Bürger feiert unseren Denkern Feste – weil er niemals ihre Werke gelesen. Er würde sie verbrennen, wenn er sie gelesen hätte. Denn diese Schriften sind von der herbsten Verachtung gegen dieses Bürgertum gefüllt." Es ist schon das Biedermaier-Bürgertum da. Die Herrschaft des Spießbürgertums zeigt sich an, die bis heute reicht.

Lassalle wollte eine im Denken geübte, von geistigen Wertbegriffen belebte Arbeiterschaft sammeln. Sie sollte in der aus der technischen Erarbeitung gegebenen neuen Situation – dem Industrialismus – eine neue soziale Gesamtstruktur entwickeln helfen. Dahin zielten die internen nächtelangen Gespräche mit Bismarck, dahin die Formung der Arbeiterverbände. Der kluge Jurist, Hegel-Schüler, dieser ausstrahlende Mensch und faszinierende Redner, wollte eine bruchlose Verwandlung im Sozialen. Er war für Karl Marx (1818–1883) schwer zu ertragen, der den sozialen Kampf, der nötig war, nicht organisch, sondern im Haß führen wollte. Doch Marx brauchte Lassalle, weil der nicht wie er im Studierzimmer und im Britischen Museum Wirtschaftsdaten sammelte, sondern zu den Menschen sprechen konnte, und so sprechen konnte, daß Friedrich Engels nach dem jähen Tod Lassalles klagte, er sei der einzige gewesen, vor dem die Fabrikanten Angst hatten. Sie wußten, daß er im Sozialen recht hatte und ihnen dabei in der Menschlichkeit überlegen war. Lassalle formulierte in einem Brief: „Die Liebe ist die gefühlte Einheit der Individuen in Ergänzung der gedanklichen... Und wer ein Christ sein will, der tue wie Christus und gebe hin seine Einzelheit, sein Ich, Leib und Seele, an die Allgemeinheit... Darum ist der christliche Gott ein so tief sittliches Wesen, weil ihn in der Überfülle seiner Vollkommenheit das Bedürfnis der Sehnsucht ergreift nach einem Wesen, das ihm gleich sei." Lassalle begriff, daß in dem Weg der Entfaltung der Persönlichkeit nun nicht mehr von Stand zu Stand, von Klasse zu Klasse zu gehen sei, sondern die Frage nach dem Menschsein selbst in der ganzen Breite und Intensität offen war. In dieser Zielung gründete er 1863 den „Allgemeinen deutschen Arbeiterverein". Es war die Keimzelle der SPD und gab dieser „sozialdemokratischen" Partei den Unterton mit, daß nun alle Menschen ins Gespräch mit der gesamten deutschen und europäischen Kulturleistung eintreten sollten. Das klang noch bis 1928 nach in jenen „Arbeiterbildungsvereinen" und ihrem Bemühen, etwas von dem heranzuholen, was damals die Volksschulen ihnen vorenthielten. Die Frage nach dem Menschen als solchem war für Lassalle der Kern der akuten Kampfsituation des damals noch ausgebeuteten Industrie-Arbeitertums. Ganz unmittelbar sah er die Frage nach der

„Solidarität in der Freiheit" vor der Epoche stehen. Er formulierte: „Die neue, die jetzige Zeit sucht die Solidarität in der Freiheit... Denn Freiheit ohne Gemeinsamkeit ist Willkür." Lassalle lebte, was er forderte, in souveränem persönlichem Einsatz. Er sah dabei auf das Grundsätzliche, sah den Weg, der gegangen worden war, zusammen mit dem Weg in die Zukunft. Marx war fixiert auf den Moment, den Ausbeutungsmoment, der aus nicht bewältigtem Personalitätsgefühl kam.

An den beiden widersprüchlichen Partnern ist die Zeitposition deutlich abzulesen. Beide waren Schüler Hegels und seiner souveränen Denkarbeit zugetan. Aber Lassalle blieb auf der Basis Hegels auch weiterhin. Er akzeptierte Hegels Meinung, „daß in der Wirklichkeit nichts erscheinen kann, was nicht dem Gedanken entstammt wäre" (in „Fichtes politisches Vermächtnis" Ges. Reden und Schriften Bd. VI). Marx aber stellte, wie er sagte, Hegel auf die Füße. Er meinte, alles, Staats- oder Rechtsformen und Kultur, sei nur in den materiellen Lebensverhältnissen wurzelnd. Daß die geistigen Aktivitäten und Willensrichtungen des Menschen seit Urbeginn die gegebenen Natur-verhältnisse verändert haben und von Generation zu Generation neue Lebensbedingungen selbst schaffen, wurde von Marx nicht wahrge-nommen. Wenn man aber so die geistgeformte Tätigkeit des Menschen von Anfang an wahrnimmt, liegt die Frage nach jenem Geist, der die vorgefundenen Naturumstände entwarf und formte, nahe. Es klärten sich die Positionen heraus: einer stellte die Frage, der andere stellte sie nicht, oder nur verschleiert. So erschienen im selben Jahr, 1859, von Darwin das Buch über die Entwicklung der Arten der Lebewesen, das vom Recht des Stärksten sprach, und von Karl Marx „Zur Kritik der politischen Ökonomie", also die Basisthesen seiner Arbeiten. Man kann sehen: Der graduierte Theologe Darwin läßt am Anfang seiner Entwicklungsreihe Gott noch stehen, also einen geistigen Planer und Zielsetzer, aber er wird nur angedeutet. Karl Marx, Enkel ganzer Rabbinersippen, setzt ans Ende seiner sozialen Kampfentwürfe das staatsfreie Ideal einer Paradiesgemeinschaft. Das sind so menschliche Ungenauigkeiten, die folgenreich waren.

Es mußten einmal scharf die Aspekte formuliert werden, zwischen 1800 und 1900 sichtbar: daß man die Prozesse und Formungen des Vordergründigen für sich faßt und wertet und daß man den Hinter-grund befragt, indem man in sich selbst, im Menschen selbst, im Ich also denselben schöpferischen Keim erfaßt, der am Anfang der Materiebildung steht. Worauf es ankommt, ist, daß man das Tor für beide Fragen offenhält, nicht dem Haß gegen Andersdenkende oder der Verliebtheit in die Materie sich überläßt. Dieses aber war die Krise. Die extreme Wetterfühligkeit von Nietzsche ließ ihn schon 1874 formulieren, was kommen mußte: „Es sind gewisse Kräfte da, unge-heure Kräfte, aber wilde ursprüngliche und ganz und gar unbarmherzige... Seit einem Jahrhundert sind wir auf lauter fundamentale Erschütterungen vorbereitet, und wenn neuerdings versucht wird, diesem... Hang einzustürzen oder zu explodieren, die konstitutive Kraft des sogenannten nationalen Staates entgegenzusetzen, so ist doch auch er nur eine Vermehrung der allgemeinen Unsicherheit und Bedrohlichkeit... Die Revolution ist gar nicht zu vermeiden, und zwar die atomistische; welches sind aber die kleinsten unteilbaren Grundstoffe der menschlichen Gesellschaft?"

Grundstoff ist „der Mensch", Wesen und Struktur des Menschen. Man fragte damals nicht danach, sondern nach dem Genuß der Macht, die die technische Warenproduktion und das Geld geben. Man verbrämte sie mit dem dekorativen Kitsch einer Pseudorenaissance, der der geistige Hintergrund fehlte. Das alles war nicht auf Deutschland beschränkt. Nordamerika, das von den Auswanderern aller germanischen Gruppen besiedelt und von ihnen immer geleitet war, unterlag auch der Verlockung, die Zeitaufgabe der durchdringenden Meisterung der Erde als Machtgenuß zu mißdeuten (s. Texte Nr.14, 15).

Aber es zeichnet sich in Mitteleuropa etwas anderes ab. Jedes Volk hat in irgendeiner Weise die hybride Versuchung, welterlösend berufen zu sein. Das ist eine Mißdeutung des Faktums, daß jedes Wesen seine eigene und einzigartige Aufgabe der Weltdarbietung hat. Die meisten Völker haben natürliche Gegengewichte gegen Totalversuchung. Die Deutschen können unterliegen. Sie haben am längsten den speziell germanischen Anruf Odins zur Individualisierung gehört. Eine Widerstandslosigkeit gegen Gruppenaufblähung als Pseudo-Ich gefährdet sie. Dem unterliegen sie schnell. Da Ichsein schwer ist, besteht Gefahr der Unterwerfung unter ein stärkeres Ich, das machtwillig suggestiv wirken will. Man fühlt sich als Teil dieses starken und in der Gruppe aufgeblähten Ichs selbst zufrieden, als ein scheinbar starkes Ich ohne Mühe. Hitler war der offene Vollzug dieser Gefahr, aber man kann sie in kleinsten Bereichen immer wieder beobachten.

So also waren die Männerbünde, die von 1900 an sich mehrten und den Sog übten, solche Illusionen einer Pseudo-Ichheit. Sie reichten vom Kreis um den Maler Fidus (1868–1948), dem Sonnenanbeter, über viele Sondergruppen des im Prinzip heilen Wandervogels, bis zum Kreis um Stefan George (1868–1933), der mit der pseudoelitären Gruppe mutiger Jünglinge um den göttlich zu verehrenden Fürsten („Heliogabal") das „Neue Reich" gründen wollte. Der Gedichtband „Algabal" (1892) beschwor den römisch-syrischen Kaiser (218–222, Oberpriester eines Sonnengottes, ermordet wegen Mißwirtschaft), der von den Bürgern Niederwerfen und den Fußkuß forderte. Das Motto „der Leib sei der Gott" zog sich durch Georges Wirken, in der Maximin-Vergottung eines schönen Knaben gipfelnd. In den Gedichtbänden vom „Stern des Bundes" 1914 und „Das neue Reich" 1928 klingt es in pathetisch stilisierter Phraseologie. Jenseits des genauen Blicks in die Zeitstufe prägt es diese mit ins Negative. Die Bünde damals umfaßten alle Nuancen, meist um einen suggestiv-magische Kraft ausstrahlenden Zentralführer herum gesammelt. Die Durchschnittsbürger wurden indes genährt von den populären Autoren, die das Hauptkontingent in den Leihbibliotheken stellten und ein bieder zufriedenes nationales Pathos als eine nicht selbst erworbene Ich-Empfindung ausgaben. Daß Adolf Hitler seine Suggestivwirkung auf breite Massen ausüben konnte, war eine Brennpunktbildung aller dieser Bünde.

Die alte Geschichte vom Rattenfänger zu Hameln gibt eine psychologische Grundgefahr der Deutschen an. Das hat zwei Aspekte: einer fängt, der andere läßt sich fangen. Beide ruhen nicht in einem eigenen erarbeiteten und gemeisterten Ich-selbst, sondern füllen sich mit anderem Sein in Selbsttäuschung auf. Die Arbeit am Ich ist unbequem. Man muß die Welt hereinholen, erkennen und im eigenen Ton akzentuieren. Es ist für Schläfrige unbequem. Aber da sie doch zum Lebensbereich, zu dem Typus des Odin-Anrufs gehören, suchen sie das Ich. Sie können nicht anders. Sie ruhen sonst nicht in einem konturierten Sein, wie es Franzosen und Engländer tun, obwohl auch sie beide seit alters her zum Odinsbereich gehören – aber stärker keltisch durchwirkt und nicht so exponiert wie das Mittelgebiet. Man muß das nüchtern erkennen, wie es um und nach 1800 erkannt wurde, und muß sich die nüchterne Basis einer Denkschulung geben, wie es damals selbstverständlich war. Da das Denken das Wollen in sich trägt, ist das Üben und die Freude des genauen Denkens nötig, um das Wollen zu begründen.

Das Angerufensein im Ich, als Ich, wurde in der Epoche der zweiten Widar-Zeit von Lessing bis um 1840 heraufgehoben erlebt im Erkennen. *Novalis* formulierte es so: „Eine unendliche Realisierung des Seins wäre die Bestimmung des Ichs. Sein Streben wäre immer mehr zu *sein*. Vom ‚Ich-bin‘ geht der Gang des Bösen herunter, der Gang des Guten hinauf“ (s. Texte). Dies „immer mehr zu sein“ ist aber nicht als Aufblähung, sondern als Fülle und Verantwortung gemeint. Das bedeutet Miteinander. Den konkreten Ansatz dazu sah Novalis und mit ihm die Zeitgenossen seines Denkens in Europas Zusammenklang: „Es wird so lange Blut über Europa strömen, bis die Nationen ihren fürchterlichen Wahnsinn gewahr werden, der sie im Kreise herumtreibt, und von heiliger Musik getroffen und besänftigt“ werden. Diese Mitte-Bedingungen, für die hier schon viele Texte erwähnt wurden, formulierte August *Wilhelm Schlegel,* der Literaturwissenschaftler und Shakespeare-Übersetzer, in seinen Vorlesungen, in Berlin 1801–1804 vor immer mehreren Hörern gehalten, so: daß es bei den Deutschen „auf nichts Geringeres angelegt sei, als die Vorzüge der verschiedenen Nationalitäten zu vereinigen, sich in alle hineinzudenken und hineinzufühlen und so einen kosmopolitischen Mittelpunkt für den menschlichen Geist zu stiften".

Es ist klar, daß das ein genauer Gegensatz ist zu den „Kreuzzugs"-Thesen des Wilhelminismus. Hier ist eine echte Ich-Bildung gemeint. Während die Rattenfänger-Psychose eine Perversion des Wandlungsprinzips der am historischen Ausgangspunkt stehenden Odins-Lehre ist. Die Statik eines Herrenrasse-Weltreichs widerspricht im tiefsten der Rhythmik aus Ragnarök und neuer Erde. Auch die Kernidee des Karl Marx von der staatsfreien Paradiesgemeinschaft nach dem staatsdiktatorischen Vollzug der „Expropriation der Expropriateure" widersprach der Dialektik, der Metamorphose, der Dynamik des Lebens, deren Prinzip in Europa so genau erarbeitet worden war. Eine Menschengruppe, die in der Mitte eines Kontinents zwischen ganz eigenständigen anderen Menschengruppen wohnt, ist von der Natur her zur Mittlerschaft, zur Übersicht und Maßerkenntnis bestimmt. Sich zur ozeanischen Weltmacht aufzublähen, widersprach jedem Verstand, aber der Wilhelminismus tat es, und anstatt den Weltkrieg zu verhindern – wie es in seiner Macht stand–, streichelte er ihn hoch und griff nach Westen (belgische Kohlengruben) und Osten (Siedlungsland Ukraine) aus. Nichts lernend, griffen danach die nationalistischen Verbände und Parteien wieder in das geträumte Machtgebiet aus. Sie töteten (direkt oder indirekt) nach der von verständigen und maßvollen Arbeitern und Intellektuellen getragenen Revolution von 1918 wieder gerade die Politiker, die maßvoll einordnen wollten, Kurt Eisner wie Rathenau, Ebert und den klugen Stresemann. Sie setzten die kranke Pappfigur Hindenburg ein, um den Mann an die Macht zu bringen, der ihnen für ihre nationalen und wirtschaftlichen Egoismen Gewinn versprach, Hitler. Damit war die kurze intensive Widar-Zwischenzeit jäh und radikal abgebrochen, erstickt in ihrem Ansatz, „das reine Geistige" (Kandinsky) im Menschen und der Weltstruktur zu erfassen. Man muß das jetzt neu befragen. Der Anlauf war damals noch zu kurz genommen, weil die ganze Dimension des Themas – das Böse – noch nicht erkennbar sein konnte.

Zur Innenstruktur eines Ragnarök

Wilhelminismus, es ist die Zeit von 1870 bis 1914, da mancher mittlere Gutsbesitzer sich neben sein schlichtes altes Gutshaus ein Schloß hinsetzte mit Türmen und Zinnen, und jeder Bankier, kaiserlicher

Vermögensverwalter, Großkaufmann oder Erfolgsmaler einen Renaissancepalast um sich wölbte. Das alles war 50 Jahre später Ballast, Altersheim, Hotel, Museum, oder wieder abgerissen. Die letzte Aufblähung waren Hitlers Ausbaupläne für die Hauptstadt Berlin und Himmlers Bauprojekte um die Kultzentrale Wewelsburg. Alles das war Illusionswelt; solide technisch-wirtschaftliche Basis-Arbeit wurde in Phantasiedimensionen vergeudet. Die Gefahr der Maßstablosigkeit ist die immanente Gefahr eines Ich-Gefühls, das nicht nach seiner Substanz, seinem Inhalt fragt, sondern Selbstzufriedenheit wird. Das kann Rechthaberei des Spießbürgertums aller Nuancen sein, kann Selbstüberschätzung und Absturz werden. Da vergißt man, was dem Svipdagr die Groa sagte: Wirf von der Schulter, was schlimm dich dünkt, nämlich hier die Täuschung im Selbst. Die Bildsprachen sagen viel. Der Verrat des Sigurd an seinem höheren Selbst, um sich von der bunten Maske der Macht täuschen zu lassen, ist ein gültiges Bild. Im Gleichgewichtsspiel der Völker, ihrer Politik, verlieren die Deutschen sofort das Maß, wenn sie sich in die absolute Macht träumen. Wer im Kontinent in einer Mitte wohnt, kann nur eine Politik der Mitte, des horchenden Maßes tun. Das ist Üben in geistiger Wesenhaftigkeit, erkennendem Interesse am Sein, und die Anstrengung des Begriffs leisten. Goethe und Hegel lebten es in ihrer Zeit vor.

Der Wilhelminismus mußte notwendig ins Chaos stürzen. Beide Weltkriege waren Demonstrationen des Selbstverrats und zeigen in sachlicher Hinsicht eine fanatische Dummheit. Der zweite, ein Allfrontenkrieg, entstand von vornherein aus dem Wahnsinn des Weltmachtrauschs. Der erste war vermeidbar. Was gingen die Deutschen die „Besiedlung der Ukraine" an, was die Kohlengruben Belgiens, warum mußte ein „Endkampf" gegen die Slawen geschehen (wie es der Kaiser forderte), warum mußte ein Binnenland eine Weltflotte aufblähen? Welch ungeheure Naivität waltete, als man im Januar 1917 einen uneingeschränkten U-Boot-Krieg gegen alle anderen Staaten beschloß und einen Staatssekretär nach Mexiko schickte, um zum Krieg gegen die USA zu locken?

Substanz des Ich ist Geist. Eine „Politik der Mitte" heißt nicht Armut und Entsagung im Wesentlichen, denn jedes Wirtschaften, jede Technikbefragung, jede geldliche Planung ist Geistleistung (gute oder schlechte). Im Jahr 1917 gab Rudolf Steiner seinen Entwurf einer „Dreigliederung des sozialen Organismus" an die Staatsleitungen in Berlin und in Wien. Die drei Initiativräume, Kultur, Recht, Wirtschaft, sollten im freien Zusammenspiel ohne Starre eines Einheitsstaats wirken. Es wurde in England viel beachtet, nicht aber auf dem Kontinent. Es war ein Anruf zur neuen Widar-Zeit eines vollen Neuansatzes. Aber Geltungsberauschte haben das Denken ausgeschaltet und halten fest an ihren Ausgangspositionen. Unterhalb der Widar-Ströme, die von 1880 bis 1930 sichtbar waren, schwelte das Ragnarök weiter, es brach 1933 offen nach außen heraus.

Rudolf Steiner (1861–1925) hatte auf die Jahre hingewiesen, in denen eine intensive Möglichkeit der spirituellen Wahrnehmung des Christus sein würde: 1933, 1935, 1937. Es waren die Jahre der harten Verdunklung. Es wirkte 1933 zusammen eine Fügung: ein furchtsamer psychisch labiler Reichskanzler (Brüning), ein altersschwacher Reichspräsident (Hindenburg), ein dämonal gelenkter Repräsentant des seit 1870 angeschwollenen nationalistischen Rausches (Hitler). Nationalismus galt überall, aber für die Menschen des langher durchdachten Ich-Anrufs war er nun Verrat. Es wirkte das Prinzip „Masse Mensch", das Ernst Toller mit seinen Dramen in den zwanziger Jahren vorausahnte. Die Kreise des Bemühens um neue Konkretisierung des Geistes, des Gesprächs mit den Göttern, wurden zerschlagen. Das Bauhaus zerstäubte: Kandinsky nach Frankreich, Feininger nach den USA, wo die zentralmenschliche Notwendigkeit dieses europäischen Gesprächs nicht wahrgenommen und also nicht weitergeführt werden konnte; Klee in die Schweiz, Schlemmer und Itten in eine Farbenfabrik. Das Arbeitsgespräch verstummte. Es kann nur erinnert und auf ganz neuer Ebene aufgenommen werden.

Dies dritte Ragnarök zeigte, nun als Erkenntnisobjekt, deutlich: den Wahn der Rasse, den Wahn der totalen Weltherrschaft, die in der Menschenverachtung, die in Hitlers Buch „Mein Kampf" sehr genau benannt war, ihr Zeichen hat, und die Entfesselung des Bösen, des Quälens, der Wertzerstörung. Der Mörder von Walter Rathenau sagte im Verhör sein Ziel: „...damit die Deutschheit die Welt beherrsche..." Was ist das? Für ihn war es wohl etwas wie Mut und „ja oder nein". Aber was war der Inhalt? Der Mut zum Mord andersdenkender Menschen ist nicht Inhalt.

Man muß das ganz nüchtern ansehen und wissen und zugleich sehen und wissen, daß damals gleichzeitig alle Ansätze einer neuen, einer künftig auszuführenden Widar-Epoche auch vorhanden waren. Sie sind da, man kann sie ergreifen. Sie übten den freien geistfragenden Menschen.

Die Menschenkreise um die Aktionsfigur Hitler arbeiteten im Willen zur Magie. Zwar aktivierten sie die Massen durch den Geltungswunsch jedes einzelnen in seinem von ihm nun denunziatorisch zu terrorisierenden Umkreis, vom Hauswart bis zum Gauleiter. Im ganzen aber wirkten sie durch eine verhüllte Art Trance, der für gewisse Menschen von Hitler ausging und in dem man einreden konnte, daß die Deutschen die Herrenrasse der Erde seien und die Welt am besten zu beherrschen hätten. Wir kennen heute die Hintergrundgruppen ziemlich gut, die mit suggestiv magischen Methoden kultisch wirkten. Sie reichten vom Thule-Kreis und dem Templerritual auf der Wewelsburg (Westfalen) bis zu den „Ordensburgen" der SS mit ihren Einweihungsritualen und dem Leistungstraining. Wir kennen die Kontakte zu Tibet, von dessen alter Erfahrung in der Fähigkeit, gesteigerte Kräfte als Magie einzusetzen, man zu lernen versuchte. Nicht zufällig wurde der Leiter der deutschen buddhistischen Gemeinde in Berlin, der als Mönch in Tibet mit den neun Brandmalen auf dem Kopf als Eingeweihter bezeichnet war, vom SS-Hauptschulungsamt sorgsam geschützt, um dort die Lehren und Kurse tibetischer Praxis zu geben. Wir kennen die Pläne, die über Rußland durch Asien zielten und weiter über das Meer. Im Verhältnis zur eigenen Lebensbasis gesehen waren es reine Wahnsinnspläne, wie eben auch der Krieg, den Hitler 1938 einleitete, rational Wahnsinn war. Aber die Trance im Volk wirkte.

Es wäre Selbsttäuschung, zu glauben, die Machtpolitik Europas und der USA sei ohne den Einsatz einer gewissen Magie, ohne „okkulte", das heißt verborgene Hintergrundgruppen getan worden und weiter getan. Das ist wieder eine andere Form „schrecklicher Vereinfachung", blindmachend und im eigenen Verhalten lähmend. Wir kennen die Aktenbelege über das Wirken aus Hintergrundgruppen bei der Initiativzündung des Ersten Weltkriegs in Sarajevo. Rudolf Steiner wies darauf hin, daß um 1914 der Bau der Bagdadbahn durch Deutschland fertig war, der den kürzeren Handelsweg nach Indien öffnete, und daß damals die Handelsbilanz von England und Deutschland gleich war. In diesem Moment wurde Sarajevo gestartet in der richtigen Voraussetzung, daß Kaiser Wilhelm II. sich hineinziehen lassen würde und so der Ablauf der Zurückdrängung der deutschen Wirtschaftskonkurrenz begann. Dieselben Argumente des wirtschaftlichen Gleich- oder Übergewichts sprach Churchill zum Zweiten Weltkrieg aus, den Hitler begann. Aber diese Thematik ist nicht entscheidend, sie gehört zum Gerangel der Völker und ihrer Menschen im einzelnen. Der wirtschaftliche Kampf ist zugleich wie jeder Wettstreit ein Ausschreiten der eigenen Grenzen und damit ein Entfalten von Kräften. Es gehört zum Lebensprozeß. Aber seine Meisterung im Humanen ist die eigentliche Ebene, um die es geht. Im Jahr 1911 sprach auf einer großen Kirchentagung in Lourdes der Kardinal-Erzbischof von New York. Er sagte: Der Krieg, der jetzt vorbereitet wird, ist ein Krieg des internationalen Kapitalismus gegen die Dynastien. Das internationale Kapital könne niemand neben sich dulden. Man weiß, dieser Erste Weltkrieg löschte die Dynastien Europas im wesentlichen aus. Es blieben Repräsentativstationen übrig. Aber hinter den alten und überalterten dynastischen Gliederungen lebte ja die individuelle Geistigkeit, das große Gespräch der Individuen Europas. Darum ging es in Wahrheit. Hinter dem Zusammenwirken des internationalen Großkapitals tarnte sich etwas anderes. Es geht um die Spannung zwischen freier humaner Persönlichkeit und einem undifferenzierten Totalitarismus eines genormten Denkens, das als „die neue Weltordnung" im Griff der Satellitenüberwölbung der Erde rotiert. Es ist die totale Bindung der Menschen an die Erde, an die Materie. Für den, der hinhorcht, ist es das Ziel des Ahriman („Angrimanyu") genannten Geistes.

Daß die politischen Manipulationen von Sarajevo eigentlich so gemeint waren, läßt sich auch daran erkennen, daß 100 Jahre vorher schon das Ausschalten des dann Kaspar Hauser genannten Menschen geschah. Das schaltete die Möglichkeit einer fortwirkenden geistigen Gesprächskraft Europas aus. In dem Großherzogtum Baden war damals eine starke geistige und spirituelle Lebendigkeit wirksam, angrenzend an das weit ausstrahlende Wirken des Oberlin im Elsaß. So hätte im Zusammenwirken mit dem Preußen, das um Wilhelm und Alexander von Humboldt und die klassisch-romantische Gruppe entfaltet war, ein deutsches Anregungszentrum in Europa die humane Vielfalt des menschlichen Denkens und Sozialgestaltens weiterbringen können. Man verhinderte es durch das Ausschalten eines Menschen, von dem geschulte Wahrnehmungsfähige wußten, er sei eine reine Kraft des Guten. Der Pflegevater des endlich doch ermordeten Jünglings berichtet von seinen letzten Worten: Der Böse war stärker als ich.

Das sind Szenarien, die man nicht vertuschen darf, sondern sie genau anschauen muß. Es ging und geht um ein in sich zur geistigen Wertfindung gegliedertes Mitteleuropa, letztlich um Europa. Man muß das wissen. Nur so lassen sich die antwortenden Willenskräfte aufrufen. „Die Kräfte des Bösen in Kräfte des Guten umzuwandeln", forderte im 20. Jahrhundert Rudolf Steiner von denen, die mitdenken.

Dazu gehört nun der scharfe Blick der harten Erkenntnis, daß gerade der Machtwahn der „Herrenrasse" durch sein Chaos den Weg für die gesichtslose Massengesellschaft öffnete, die manche Kreise anstreben. Der Wahn der „arischen Rasse", die alle Völker Europas umfaßt, ist nicht speziell deutsch. Er begann mit dem Franzosen Graf *Gobineau* (1816–1883), der aus seiner Sicht der Renaissance „die Moral der Macht" ableitete. Der Wahn wurde von dem Engländer Houston Stewart *Chamberlain* (1855–1927) fortgeführt und ins breite Publikum gebracht. Er war ein Liebling und Berater von Kaiser Wilhelm II., der dieselben wirklichkeitsfeindlichen Exaltationen liebte, wie der oft in Trance arbeitende und dämonenbesuchte Schriftsteller; zum 70. Geburtstag am 2. 9. 1925 nannte der „Völkische Beobachter" sein Buch als „Evangelium der nationalsozialistischen Bewegung". Friedrich *Nietzsche* (1844–1900) mit seiner pathetischen Pseudophilosophie entfachte im psychotischen Machtrausch einer kranken unzureichenden Körperlichkeit den Wahn des „Übermenschen" zu dumpfem Haß der christlichen „Sklavenmoral". Um 1900 schwelgten neben ihren Politikern Schönerer und Lueger die Österreicher Guido von *List* (1865–1919) und *Lanz* von Liebenfels (1872–1954) in „Ariosophie und Ur-Armanentum". Von ihren Zeitschriften („Ostara") und Kreisen wurde Adolf Hitler in Wien mit genauem Arbeitsmaterial versorgt. Rassenzucht, Antisemitismus, Ordensburgen, der totale Krieg in genauer Planung gegen die niederen Menschen und Verderber, „um die heroische Edelrasse der planmäßigen Reinzucht und des Menschenrechts vor der Vernichtung zu bewahren" (Lanz). Und: „Alle militärischen Vorbereitungen müssen in vollständigen Einzelheiten getroffen werden, um diesen unvermeidlichen Krieg zu führen" (List). Das ist in der ersten Ansprache Hitlers vor den Generalen 3. 2. 1933 sofort da, beginnt mit „Eroberung neuen Lebensraums im Osten und dessen rücksichtsloser Germanisierung". Dazu hatten List und Lanz auch den Inhalt gegeben: die „arische Religion", das Hakenkreuz, „hinter welchem das tiefe Mysterium der arischen Sexualreligion ruht", die „auf die Mehrung des Volkes, Besitzes und Glückes wirken sollte" (Guido List, in „Gnosis", 22. 9. 1903, Wien). Hier gründen die Sexualriten der List-Gesellschaften und des Thule-Kreises um Dietrich Eckart in München: Magie wollend und übend für den Volksredner. Von Gobineau, Chamberlain, Nietzsche, List und Lanz ist alles genau vorformuliert, das Material wurde in der machtwollenden Seele Hitlers von der dämonalen Kraft benutzt, die das Ende einer 7000 Jahre lang aufgebauten Kultur zu erreichen versucht. Es heißt nun: „Die Verteilung der Erde ist ein ewig andauernder Kampf" (Hitler, Ansbach, 20. 3. 1927). Und: „Für uns ist die Erde ein Spielball, und wir Nationalsozialisten verzichten keinen Augenblick auf den Einsatz unseres Volkes im Spiel der Kräfte dieser Welt. Wir wollen im Konkurrenzkampf dieser Welt bis an das Ende der Tage das deutsche Volk stets mitten im Kampf sehen." (Hitler 24. 2. 1929 München, Hofbräuhaus). Und: „Der Sieg liegt immer im Angriff" (Mein Kampf, 1924). Es wird das genaue Gegenteil gewollt zu der Aufforderung Schillers, deutsche Aufgabe sei nicht der Sieg mit dem Schwert, sondern das Ringen um den Geist, ihn aus der ganzen Welt zu befragen. Hölderlins Wille, „wehrlos Rat zu geben den Völkern rings", galt als große Aufgabe damals. Nun aber war *der Absturz in den Selbstverrat* noch einmal vollzogen. Man erkennt: Kräfte, die den Menschen entseelen wollen, stehen offen da mit dem Angebot ihrer Machtmittel. Die erkennenden „Kräfte des Guten" sind hart herausgefordert. Goethe sprach im Gedicht davon: „...vergeßt nicht zu üben / die Kräfte des Guten..."

Zum Teufelskreis der Epoche gehört, was C.G. Jung in seinen Erinnerungen berichtete: Es habe 1910 Sigmund Freud (1856–1939) ihn beschworen, nie die Sexualtheorie aufzugeben, also den Sexustrieb als den einzig zentralen Impulsator des Menschen zu lehren. Erstaunt von Jung befragt, warum dies so dringend sei, meinte er, es müsse ein unerschütterliches Bollwerk aufgerichtet werden „gegen die schwarze

Schlammflut des Okkultismus". Freud meinte mit Okkultismus jegliche Frage nach dem übergreifenden Geistprinzip, aber auch jegliches Spiel damit und jede Schwarze Magie, wie sie damals anlief. Indem er in der Dreiheit der Psychologielehren um 1900 nur die eine, nämlich seine, betonte, zerstörte er die Einheit des Menschen. Alfred Adlers Lehre vom Macht- und Geltungstrieb und Jungs Lehre vom unterbewußten Individualisierungsbedürfnis mußten durch die Sexustrieblehre Freuds ergänzt, nicht gelöscht werden. Denn alles, was ablief in der Folgezeit und vorher bereitet war, entstand aus dem Machttrieb. In der Zeit nach 1945, die durch Hitlers Wirken entfesselt wurde, machte man Freuds Lehre zum populären Trancemittel. Das geschah überall, ganz stark in den USA und von da mit den Medien übergeschüttet über Europa. Man schaltet dadurch die sexusverhafteten Menschen aus der sozialen Ganzheit aus. Wer die Macht hat, kann über die Seelen verfügen, wie er will.

Entfesselt war diese Zeitstufe der Entmündigung des Menschen durch die Öffnung der Schleusen des Bösen. Den Quäl- und Zerstörungstrieb gibt es in fast jedem Menschen. Aber die Deutschen, die Denker in Europas Mitte, in der tiefsten Wolfszeit ihrer Geschichte sich selbst verratend, indem sie in kalter Abstraktheit die Konzentrationslager organisierten, zerstörten die Wertordnung als solche, die das Menschsein bedingt.

Man muß die *Funktion der Illusion* im Programm des Bösen genau sehen. Es ist eine Trägheit des Erkennens gegenüber dem eingeborenen Geltungstrieb und der Notwendigkeit der Harmonisierung der starken Ich-Kräfte. Nietzsche, der anfangs, noch nicht von der Krankheit zerstört, die wilhelminische Reichsgründung in ihrer Fehlhaltung erkannte, glitt dann selbst in den Rausch der Phrasen vom „Übermenschen". Der mit seinem pseudo-heroischen Jünglingsdienst Täuschung stiftende Stefan George sah nicht die Wirklichkeit. Für ihn galt nur die (umgedeutete) griechische und römische Welt, Germanen und Slawen waren ihm fern und fremd und eigentlich gottlos. Also sah er die ganze europäische Geschichte überhaupt nicht in ihrer gewaltigen Farbigkeit. Mit dem Traum von seinem „neuen Reich" glitten allzu viele Menschen dem Herrenrassentraum in die Arme. Jener letzte Kaiser einer unzeitgemäßen Erbmonarchie, Wilhelm II., versah alle Berichte seiner Gesandten mit Randbemerkungen, die schnell durch Europa liefen und völlig unkontrollierte und undurchdachte Illusionen der Macht ausstreuten. Der letzte wirkliche Politiker der zwanziger Jahre in Deutschland, Gustav *Stresemann* (1878–1929), sagte dem Kreis junger Studenten um ihn: „Für die Deutschen müßte man die 4. Bitte im Vaterunser ändern in, unsere tägliche Illusion gib uns heute!" Die national-illusionären Parteien jagten den maßvollen Mann in die Krankheit, zum Tod. Mit diesem Jahr 1929 begann der Sieg der zerstörungbringenden Illusionen.

Zwischen dem listig geführten, aber in gewisser Weise vital-naiven Ausdehnungswillen der Russen, der durch die Ideologien europäischer Herkunft gesteigert war, und dem ganz unnaiven, aber von natürlicher Konstitution gestützten Weltherrschaftswillen der USA-Leitenden, setzten sich die Deutschen ins Unrecht, indem sie ihr eigenes Möglichsein mißachteten. Sie verhielten sich, wie es ihnen der sensible Zeit- und Selbstbeobachter, Rainer Maria Rilke, in einem Brief am 2. 2. 1923 gesagt hatte: „Für mich, so wie ich alles sehe, besteht kein Zweifel, daß es Deutschland ist, das, indem es sich nicht erkennt, die Welt aufhält... Deutschland hat versäumt, sein reinstes, bestes, sein auf ältester Grundlage wiederhergestelltes Maß zu geben, es hat sich nicht vom Grunde aus erneuert und umbesonnen, es hat sich nicht jene Würde geschaffen, die die innerste Demut zur Wurzel hat, es war nur auf Rettung bedacht in einem oberflächlichen, raschen, mißtrauischen und gewinnsüchtigen Sinn... Es wollte beharren, statt sich zu ändern." (Briefe an eine junge Frau.) Es wollte nur „hoch- und davonkommen". Dabei verriet es seine eigentlichen Kräfte, die intensiv sind, nicht extensiv. Gerade damit gab es der Welt nicht Antworten auf humane Grundfragen, wie das einst Emerson von den Menschen der Goethe-Zeit sagen konnte. Was nach dem Ersten Weltkrieg galt und die Widar-Kräfte übertönte, die doch da waren, ist nach dem Zweiten Weltkrieg und seiner Entfesselung des Bösen und Egoistischen in radikalem Maß da. Doch bleibt zu folgern: Waren wir die Auslöser, um eine breite Dimension des Bösen der Erkenntnis zu bieten, so müssen wir auch seine Erkenner sein. Es ist dieser Wille, mit dem das Widar-Wirken sein kann.

Die Frage zwischen Baldur und Fenrir

Wie wurde einst, im Anfang der Bewußtseinsgeschichte, der Fenrir-wolf gebändigt, „gefesselt"? Die spätzeitlichen Schreiber der Prosa-Edda fragten, warum töteten die Götter ihn nicht, den sie doch als Lokis Sohn von klein auf nährten? Sie antworteten: Die erdschaffenden Götter durften ihre heiligen Räume, den Erdkreis, nicht mit Blut verunreinigen. Wahr war das immer, auch Apollon mußte für die doch nötige Tötung des Drachen von Delphi Sühne leisten. Aber Snorris Frage steht nicht mehr im Wahrnehmen der Bildsprache, ihrer Sinnaussage, sondern schon im naturalistischen Denken. Das Dreiwesen der Loki-Geschöpfe – Wolf, Hel, Midgardschlange – meint Möglichkeiten und Kräfte, die nötig sind, wenn die Götter ihre Schöpfung Mensch zu Freiheit des Ichseins anleiten wollen, zur Wahl, zur Kraft des Gleichgewichts. Aber es werden Zeichen genannt: Wie kann man das Böse, den Wolf, fesseln, ihn als Erdfundament nisten?

Es wird gesagt, daß nur Tyr, Lehrer des mächtigen Muts, den Wolf zwar füttern kann, aber nicht binden. Dreimal werden starke Bande erdacht, erst aus Eisen und doppelt an Eisen, dann aber aus der Klugheit der Zwerge: Ein seidenfeines Band wurde gefügt aus sechs Dingen, die es nicht gibt. Dieses Band Gleipnir bestand aus dem Lärm des Katzenganges, den Wurzeln des Berges, dem Atem der Fische, dem Bart der Frauen, dem Speichel der Vögel, den Sehnen des Bären. Der Wolf, verführt durch das unspürbare Band, ließ sich doch nur fesseln, wenn die Asen ein Pfand gaben. Es war Tyr, der seine Hand in das Maul des Wolfes steckte und damit opferte. Dann erst konnte man das Bedrohende binden: sein Maul, zwischen Himmel und Erde aufgerissen, sperren, ihn an drei übereinandergelegte Steine binden, die zutiefst ins Innere der Erde versenkt werden.

Die Zeit, in der diese Bändigung hält, wird gesichert durch eine Opferung von übermäßigem Aktivitäts- und Machtwillen, dem Opfer der rechten Hand des Tyr und durch die Möglichkeit, den Baldur wahrzunehmen: Das ist die Wahrnehmung für die geistige Weltordnung, die die Egoismen überhöht. Sie ist gefährdet: Baldur, der geliebte Herr, dessen Rat immer wahr ist und nie befolgt wird, das kann so nur eine Weile halten. Durch verhärtete Sensibilität kommt die überalterte, nicht ins Wandeln eingetretene Kraft zum Zuge, die schmarotzende Mistel tötet Baldur. Man beklagt ihn, aber das bloße Trauern reicht nicht aus, um ihn aus dem Ostreich der Hel freizubitten. Nur wer Baldurs Rat hört und wollend vollzieht, kann ihn und damit die Kontinuität des Werdens heraufholen ins Tageslicht. Der „schweigend horchende", auf „Landwidi" ringsum schauende Widar kann auf neuer Erde Baldur wieder und in neuer Weise befragen. Dazwischen aber vollzieht sich das Ragnarök. In der geistfernen Menschenwelt zerreißt der Wolf die Fesselung, denn sie besteht aus dem, was es nicht materiell gibt, das heißt, aus der Kraft, jenseits materiell fixierter Formen wirkende Geistkräfte wahrzunehmen. Wird die geistige Ordnung nicht mehr gefühlt und gesucht, tritt Chaos ein.

Man kann davon sagen: „Das Böse ist nichts anderes als das nach außen geworfene, im Inneren des Menschen notwendige Chaos. Und in diesem kraftvollen Chaos, in dem, was im Menschen sein muß, aber auch *in* ihm bleiben muß als ein Herd des Bösen, in dem muß das menschliche Ich, die menschliche Egoität erhärtet werden" (Rudolf Steiner, Anthroposophie als Kosmosophie, 1. Vortrag).

Das ist eine zentrale Definition. Aber der Begriff Chaos muß dann genauer bestimmt werden. Es ist ein Gegen- und Nebeneinander von Kräften, ungeformt in der Nichtordnung, wartend auf das Geformtwerden. Als solcher Zustand im Menscheninnern enthält es alle möglichen Triebe und alles ungelichtete Denken. Wenn in diesem Chaos-Ort die persönliche Egoität, die erste Stufe des Menschen-Ichs, sich umtut und strukturierend und bändigend sich übt, „erhärtet" wie Stahl, dann kann es, aus diesem Innenraum heraustretend, im Außen als mit liebend unterscheidenden „Inter-Esse" wirken. Läßt das Ich das innere Chaos ungemeistert und unerkannt ausbersten, so wird es der Herd des Bösen. Es ermöglicht die Lust des Bösen, Lust am Zerstören und Quälen als absurde Selbstaufblähung. Dann ist auch die Machtsucht, die in allen Nuancen Zeichen unserer Zeit des unbewältigten Individualismus ist, wenn sie Terrorisierung und Ausbeutung anderer Menschengruppen begehrt, die nicht bewältigte Gier. Sie ist nicht zur guten Kraft gewandelt, sondern nach außen gelüstig entladenes Chaos. Das aber enthält verborgenes Quälen. Und Quälen ist mehr als nur Chaos, da ist ein absolut Böses, böser Wille wirksam, der gezielt wirkt. Auch dies ist eine Gier der Ich-Überblähung, die doch im eigenen Innern erkannt und gewandelt werden sollte.

Ein Beispiel der immanenten Hybris des Bösen außen und innen steht eingeschrieben ins Gedächtnis derer, die es überlebten, im Verhalten des Kommandeurs von Auschwitz. Hatte ihn die Gier des Quälens überfallen in Form des Prügelns, und war er physisch und psychisch davon erschöpft, so befahl er die KZ-Kapelle, die aus den besten jüdischen Musikern bestand, und sie mußte ihm Bach vorspielen. Man muß das klar durchdenken und nebeneinander fühlen: die böse Gier und die reinen Gespräche „der Harmonien, die sich im Schoße der Gottheit unterhalten", wie es Goethe nannte. Das Phänomen der Wolfszeit ist deutlich da.

Die Frage zwischen Baldur und Fenrirwolf zu sehen und zu hören, sie im Innern auszutragen, ist die unmittelbare Aufgabe, in der wir stehen. Wirft man die Chaoskräfte des So-oder-so-Möglichen nach außen, trägt sie zum Psychiater oder schließt sich blindlings dem jeweils Weltmächtigen an, so werden die eigenständigen Kräfte des deutschen Menschentyps und damit ein Mittegewicht Europas ausgelöscht, Spielball, Nebelfeld. Ergreift man aber die dynamische Metamorphosenaufgabe zwischen Baldur-Widar und Ragnarök, so kann voll bewußte Ausbildung des verantwortenden Ich helfen, Mensch und Erde in eine ebenso interessante wie kühne Übereinstimmung zu bringen. Denn hier liegt „das Interessante", das vielschichtige Fragegebot, nach dem die gelangweilte oder verwirrte Generation nicht ruft, sondern wehleidig jammert, brutal giert oder die Ohren mit Lärm verschließt. In anderem Sinn forderte Rudolf Steiner, „Genies an Interesse zu werden". Man kann wählen.

Die dritte Widar-Zeit: Freisetzung des schöpferischen Geistes im Übungsfeld von Jugendstil / Blauer Reiter / Bauhaus.

Die Kontinuität rhythmischer Dynamik zu ergreifen, den großen Werde-Zusammenhang der Bewußtseinsgeschichte des Menschen und darin die spezifische Note der Deutschen, ergibt sich aus der Rückfrage nach dem bisher letzten Widar-Impuls, wie er zwischen 1880 und 1930 wirkte. Diese Menschen hatten ihrerseits wache Rückfrage zu der ihnen vorangegangenen Widar-Zeit getan, zur klassisch-romantischen Epoche, die um 1832 abschloß. Franz Marc formulierte das 1912 im Katalog des „Blauen Reiters". Man hatte die „anschauende Urteilskraft" gelernt von Goethe; die Kraft, den Willen mit der Idee (der Geiststruktur-Erkenntnis) zu verbinden, durch Schiller, wie es sich in den intensiven Gesprächen zwischen Schiller und Goethe, beginnend im Botanischen Garten von Jena, klärte. Man hatte den Willen zur wachen Meisterung der Leib-Seele-Geist-Einheit durch Novalis gelernt. Alles war durchzogen von der leidenschaftlichen Intensität des erkennenden Denkens von Hegel.

Für uns rückschauend gibt es eine Brücke, die sich zwischen den Fragestellungen vor 1830 und nach 1890 hinzieht. Da wurden von Richard Wagner (1813–1883) die ersten Besinnungsbilder nach der Odins-Lehre ins Bewußtsein herausgeholt. Das fügte sich schicksalsmäßig. Als Schüler und Studierender mußte Wagner Korrekturen für seinen Schwager, den Verleger Brockhaus, lesen, der damals die mittelalterlichen Epen, Nibelungen, Parzival und Tristan, druckte. In den Revolutionsjahren um 1848/49 skizzierte Wagner, selbst verbannter Revolutionär, das Siegfried-Drama im Entwurf. Er rief den „furchtlosen einzelnen" an, dem er in einer „anarchistischen", also individuellen Revolte Freiraum geben wollte. Auf seinen Fluchtwegen begegneten ihm die antiken Tragödien. Die „Orestie" des Aischylos zeigte ihm den Schritt in die Individualität, der getan und weiter zu tun war und dem er mit dem subjektiven Anrufen seiner Musikdramen zu helfen wünschte. Es standen plötzlich vor dem Nacherleben der Zeitgenossen die drei Epen ganz neu, vermittelt in einer völlig neuen Musikdynamik und Musiktechnik. Man muß zeitgeschichtlichen Mißbrauch und Mißdeutung dieser neuen Befragungsweise abstreichen, um das Faktum selbst sprechen zu lassen, daß uns die mitteleuropäische Kontinuität unübersehbar geboten wurde. Das Kuriosum oder Sinnzeichen dabei ist, daß Grundsteinlegung des Festspielhauses in Bayreuth und Gründung des Pseudokaiserreichs des Wilhelminismus beide 1872 geschahen. Nebeneinander standen die Dynamik zwischen Schöpfer und Geschöpf, Wotan/Odin und Sigurd mit aller immanenten

Tragik der Verratsmöglichkeit, und die dekorative Machtfassade von Versailles.

In dieser Gleichzeitigkeit gründet auch, daß Wagner seine Abfolge vom „Ring der Nibelungen" in einer sozialkritischen aktuellen Umdeutung, ja Mißdeutung brachte. Die alte Bildersprache wurde ihres Wesens beraubt und in einem sozialrevolutionären Impuls vordergründig gefaßt. Aber es ist in der Musik doch die Atmosphäre göttlicher Dimensionen und menschlichen Schmerzes des mittelalterlichen Epos in die Erinnerung gerufen. Dem Sigurd-Siegfried antwortet auch hier Parzival. Und man kann wieder Lohengrin-Turketuls Mahnung erinnern: preserve the fire of your zeal.

Der Weg Nibelungen – Tristan – Parzival war von Wagner willentlich durchgeführt, als ein nach außen wirkender Innenweg. Im selben Jahr, 1883, starben Richard Wagner und Karl Marx, der einen äußeren Weg der Lösung des Nachbarschaftsproblems der Menschen verabsolutiert hatte. Um diesen Zeitpunkt herum fanden sich in Mitteleuropa die Menschen zusammen, die über die innere Haltung des verantwortenden Menschen nachdachten als gestaltende Künstler, aber den Betrachter anrufend mit umfassend, um Gemeinschaft künftig überhaupt tragen zu können. Es war sogleich ein Kreis vieler Nationalitäten, die sich in Mitteleuropa mit den Deutschen trafen: Russen, Franzosen, Amerikaner, Schweizer, Schotten. Man fühlt Hölderlins Bitte an die Deutschen anklingen: wehrlos Rat geben rings. Es folgen sich Impuls des „Jugendstil" (die 1896 gegründete Zeitschrift wurde so benannt), Gruppe und Almanach des „Blauen Reiters", Zusammenarbeit im „Bauhaus" Weimar/Dessau bis zur Auslöschung 1933. Dahinein wirkte der durch die Kriegserfahrung ausgelöste und ihr schon vorausgefühlte „Expressionismus", der unmittelbare „Ausdruckswille" der im Menschen erschreckend erlebten Gefühle und Gedanken. Die Auflösung der fixierten Gegenstandsform war kein nur hiesiges Phänomen, in Frankreich lief der geometrisierende Kubismus parallel, dem atmosphärisch verschwimmenden Impressionismus folgend. Aber die bewußte Erfassung des Zeitmoments als Reifemoment des individuellen Gesprächs zwischen Mensch und Geist-Ideenwelt, dieses nach den Urform-Elementen hellwach fragend, wie es Marc und Klee etwa in der geplanten Bildfolge der „Schöpfung", der Genesistexte, suchten, das wurde nur in Mitteleuropa ausgesprochen.

Die flüssige Formentfaltung des Jugenstils erinnert an die allerdings härter konturierte, intellektuellere Ornamentik der keltischen und germanistischen Frühzeit und der Buchmalereien des Mittelalters. Jetzt ist es bewußte Zwiesprache. Als Lehrer an den Kunstschulen und Architekt fordern August *Endell* (1871–1925) und Hermann *Obrist* (1863–1927) das genaue Hinsehen und schrittweise Mitgehen mit den Formen, den Einzelheiten der Natur, wie Baumrinde, Wurzel, Blattnervatur, Wasserkurven am Strand. Sie fordern das bewußte

Wahrnehmen der Wirkung, die Raumformen und Linienbegegnungen auf den Menschen haben. Das Unbewußte muß bewußt werden, um es mitzuvollziehen. „Die bildende Kunst ist berufen, das Leben und den Geist in der Natur uns schärfer und klarer zu zeigen, als wir es im gewöhnlichen bürgerlichen Leben zu sehen vermögen" (Obrist). Endell, der in München als Architekt und Entwerfer wirkte, schrieb 1898: „Wir stehen am Beginn der Entwicklung einer ganz neuen Kunst, der Kunst, mit Formen, die nichts bedeuten, nichts darstellen und an nichts erinnern, unsere Seelen so tief, so stark zu erregen, wie es nur immer die Musik mit Tönen vermag." Es geht darum, „Kräfte sichtbar zu machen" (Obrist). Die Bewegungen und Richtungen sind nachzuvollziehen: Spirale, Wirbel, Sinken, Steigen, Wenden, Drängen, Halten, vorwärts, zurück.

Wirbel, Spirale, das sind die erregenden Themen für Obrist und seine Schüler. Es sind die alten Themen der frühzeitlichen Menschen. Sie entsprechen einst und nun wieder dem Mitleben des „Wirbelfeldes", dem „Idafeld" der kosmischen Bewegung. Franz Marc suchte dies von der Bewegung des Tierwesens her zu erleben. „Ich suche meine Empfindungen für den organischen Rhythmus aller Dinge zu steigern, ich suche mich pantheistisch einzufühlen in das Zittern und Rinnen des Blutes in der Natur, suche das zum Bild zu machen, mit neuen Bewegungen und mit Farben, die unseres alten Staffeleibildes spotten."

Dies Suchen nach der Dynamik des „Idafeldes" wird nun zugleich erfaßt in der Forderung: „Der Ernst fehlt, das tiefste menschliche Interesse an den menschlichen Wesen vor ihm, die leidenschaftliche Vertiefung in die Natur vor ihnen" (Obrist). Es ging um „den ersten Akt des Dramas der Kunst der Zukunft", aber als menschlicher Prozeß des Gesprächs mit den Kräften und Formen. „Kämpfende Formen" nannte Franz Marc 1913 in der wachen Vorahnung des Kriegs ein Bild. Das „Tirol"-Bild 1914 zeigte das Chaos der Zerstörung überm Land ausgebreitet durch den Krieg, in dem er 1915 fiel. Man versuchte, jeder auf seinem Weg, die Kräfte zu meistern, aus dem immer bereiten Chaos Gestaltgesetze zu gewinnen und anzuwenden. Die Auflösung der Gegenständlichkeit, die Kandinsky als erster zeigte, war für ihn nicht absolute, sondern relative Forderung, Durchgang der Erfahrungen. „Die Form, wenn sie auch ganz abstrakt ist und einer geometrischen gleicht, hat einen inneren Klang, ist ein geistiges Wesen mit Eigenschaften, die mit dieser Form identisch sind." Formbegegnungen sind Zündungsvorgänge. Den „inneren Klang" in Dingen und Begegnungen zu hören und zu fühlen war Anliegen dieser Menschen in der Zeitepoche der notwendigen Verantwortungsübernahme der frei gewordenen Individualität.

Daß Kandinsky und Arnold Schönberg sich trafen und befreundeten, ist konsequent. Die experimentell bindungslose neue Musik, die

Schönberg aus Richard Wagners Durchbruch und der Zeitfrage entwickelte, entsprach dem Impuls der Freunde des „Blauen Reiter", um „das Geistige in der Kunst" (Kandinskys Programmschrift) durch die Kunst für das Leben zu suchen. Für Kandinsky war „der Reiter" in seiner galoppierenden Gewalt Zentralerlebnis. Er fand dies in den Bildern vom hl.Ritter Georg dem Drachentöter erhöht zur Zeitaufgabe. Der den süchtigen Drachen der egoistischen Triebe bändigende Erzengel Michael ins Menschliche gespiegelt, vom Sigurd Drachentöter zum Ritter Georg, gab das Motto des Almanachs vom „Blauen Reiter" (Blau war für Franz Marc und Kandinsky tragende geistige Farbe). Das geschah 1912, und Marc formulierte im Almanach: „Auch ist die Stunde zu solcher Betrachtung günstig, da wir glauben, daß wir heute an der Wende zweier Epochen stehen; die Ahnung davon ist nicht neu; man hat den Ruf vor hundert Jahren schon lauter gehört." Das war die Epoche der klassisch-romantischen Denk- und Formentfaltungen. Man betonte den Anruf, indem man auf Skrjabin (1872–1915) breit einging, auf seine „Prometheus"-Musik, einer Musik in der Versammlung aller Sinneswahrnehmungen als „Gesamtkunstwerk" zur Steigerung der Kraft „zum Sehen in höheren Plänen der Natur" (Sabanejew, Almanach S.107). Man referiert die Musik des Prometheus bis zur Szene: „Bei diesen Klängen entsteht die grandiose Idee des ursprünglichen Chaos, in welchem zum erstenmal der Wille des schöpferischen Geistes erklang."

Man weiß und fühlt in dem wachen Geistigen der Epoche seit 1900 und vorher, daß Krieg kommt und das Zerbersten einer leerlaufenden Zeit der bloßen Gewinngier. Man denkt darüber hinaus. Vor und nach diesem ersten Krieg versucht man, Wege der Meisterung ausberstender Kräfte zu ertasten. Der Architekt Hans Poelzig (1869–1936) sagte es 1919, kurz nach dem Ersten Weltkrieg, so: „...daß über Europa, vielleicht über die Welt, Revolten mit ihrem Gefolge von Zerstörung und Auflösung fortziehen werden... Wir sind Dünger für eine neue Zeit, aber wir kommen nicht mehr mit Blüte und Frucht ans Tageslicht." Doch was in den drei „Widar-Zeit"-Jahrzehnten entstand, ist Wurzelwerk, Keimblatt, Richtungsstrahl. Es ist ein ganzes Feld von Erkenntnissen und Studien, hinter das man nicht mehr zurück kann, wenn man nicht ins gesichtslose Herumspielen oder die Lust der „Zerstörungskunst" stürzen will.

Schaut man wach zurück, dann findet man in diesen Jahrzehnten auch ein Arbeitsgefüge, das aus dieser Widar-Zeit durchs Ragnarök unterschwellig besteht bis zur nächsten Widar-Möglichkeit. Damals baute Rudolf Steiner (1861–1925) aus einem dynamisch befreiten Denken und dem Willen, „das Geistige im Menschen mit dem Geistigen der Welt" zu verbinden, das Zusammenwirken von Pädagogik, Medizin, Erdbewirtschaftung und der Sozialgestaltung in der Dreigliederung der Funktionen. Es wurde fundiert in der evolutionären Sicht der kosmisch-irdischen Geschichte, die in die „Philosophie der Freiheit" mündet, also der geistigen Entscheidungsfreiheit, dem schöpferischen Prinzip in der Verantwortung. Das um das Arbeitshaus des „Goetheanum" (Dornach) zentrierte, Goethes „anschauende Urteilskraft" und Metamorphosenwissen voranführende Wirken akzentuierte, was im Umfeld des „Bauhauses" so intensiv gefragt und gestaltet wurde.

Was in diesem Umfeld gefragt wurde, das waren nicht unklar schwebende Gefühle, sondern es steht in einem kräftigen Zusammenhang. Löst sich der Maler von der fixierten Gestalt und fragt nach den wirkenden Kräften, den Gestaltelementen und den Willenskräften im Bildthema, so tat er dasselbe, was die Psychologen seit 100 Jahren ertasteten, und dasselbe, was die Naturforscher damals taten und erfuhren. Das war gewaltig weitergegangen, seit Madame Curie um 1900 die erste Atomauflösung exemplifiziert hatte. Die Erforschung der Grundstrukturen der Materie unseres Seins forderte eine Befreiung von alten Denkgewohnheiten. Was im äußeren politisch-psychologischen Ablauf damals in Europa *nicht* geleistet wurde, sondern reaktionär verhärtet ins Unglück führte, diese Öffnung des Denkens ins Neue geschah in der Naturforschung, in der Kunst und im komplexen Wirken Rudolf Steiners. Das Zusammenspiel der Forscher klärte es. Der Däne Nils *Bohr* (1887–1962) in Kopenhagen, der Engländer Lord *Rutherford* (1871–1937) und schließlich der Deutsche Werner *Heisenberg* (1901–1976) vollzogen die Öffnung im Denken beweglicher dynamischer Vorgänge. Um 1925, als die Freunde im „Bauhaus" in der Fülle des Wirkens waren, formulierte Heisenberg die Unbestimmtheitsformel, die Unschärferelation. Max Planck (Kiel, 1858–1947) hatte ihnen allen das Gesetz des „Wirkungsquantums" gegeben, das rhythmische Springen in der Relativität und Dynamik der Strukturen. Der Durchbruch in ein ganz neues Anschauen und offenes Denken geschah. Albert Einstein (Ulm, 1879–1955 in Princeton) spielte die Erfahrung der Relativität aus der Konsequenz abendländischen Denkens durch. Eine schwebende „Komplementarität in dem Sinne, daß die Kenntnis der einen Eigenschaft die gleichzeitige Kenntnis einer anderen Eigenschaft ausschließen kann" (Heisenberg) eröffnete sich. Es gilt, daß „beim Übergang von einem schon verstandenen Bereich der Wirklichkeit zu einem neuen stets ein völlig neuer Schritt der Erkenntnis vollzogen werden muß" (Heisenberg). Man machte erstmals wirklich ernst mit dem, was Newton in seinen „Principia mathematica" 1687 schon gefühlt hatte, daß er sich vorkam wie ein Kind am Meeresrand spielend, sich dann und wann über schöne Muscheln freuend, „während der große Ozean der Wahrheit unerforscht vor ihm liegt". Er forderte, sich von jeder neuen Erscheinung neu belehren zu lassen. Nun, 250 Jahre später, wurde ein solcher Durchbruch ins neue Freie vollzogen: von den

Naturforschern wie von den Geistigen, den Künstlern. Daß man nun neu nach dem Wirkenden, dem Wirklichen, den Kräften in allen Gestalten suchte, ist allen gemeinsam. Die Programmschrift „Das Geistige in der Kunst" meint nicht einen verschwommenen Allgemeinbegriff. Für Kandinsky, der damals intensiv mit den Lehren und Tätigkeiten Rudolf Steiners umging, war es ein Suchen nach den wirkenden Geistwesen, sie suchte er im Vollzug der Bewußtseinswege hinter den Fixierungen zu erfahren.

So wurde Kunst ein „Ausdruck kosmischer Gesetze", „die ewige Ordnung der Dinge" aufdeckend, und wurde „das Erleben der geheimen Seele der sämtlichen Dinge" mit dem durchdringenden „inneren Blick".

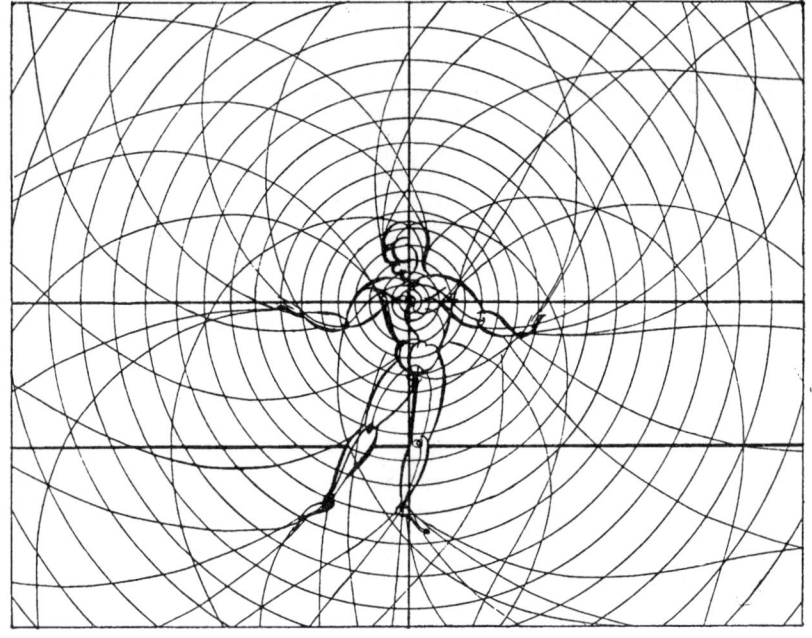

Abb. 19: Oskar Schlemmer (1888–1943): Der Mensch schwingt in den Raumströmungen mit. Er fühlt die Raumlineatur als menschbezogen, als Kosmosmensch. (Ausstellungskatalog Baden-Baden 1965)

Im „*Bauhaus*" sammelten sich die Kräfte, die eine freie Gemeinschaft urbildlich experimentieren wollten in strenger Handwerklichkeit und Sachbezogenheit. Lauter souveräne Individualitäten wirkten zusammen und nebeneinander: Kandinsky, der Russe, der Deutsch-Amerikaner Lyonel Feininger, Oskar Schlemmer, Paul Klee, der Schweizer, Gropius (1883 bis 5. 7. 69). Kandinsky suchte die Dinghintergründe, Feininger die sich überschneidenden Schattenwürfe,

Schlemmer die Bewegung Mensch im Raum, Klee die Innenwahrnehmung, Gropius, der Architekt, die harten Konturen. Im Almanach des „Blauen Reiters" hatte Kandinsky 1912 gesagt (in „Über die Formfrage"), und schon die Initiale des „Z" zuckte wie ein Blitz dahin: „Zur bestimmten Zeit werden die Notwendigkeiten reif. Das heißt, der schaffende Geist (welchen man als den abstrakten Geist bezeichnen kann) findet einen Zugang zur Seele, später zu den Seelen, und verursacht eine Sehnsucht, einen innerlichen Drang... Die Verhüllung des Geistes in der Materie ist oft so dicht, daß es im allgemeinen wenig Menschen gibt, die den Geist hindurch sehen können... Und das ist nur darum möglich, weil wir immer weiter kommen auf dem Weg, die ganze Welt, so wie sie ist, also in keiner verschönenden Interpretation hören zu können,... ohne gegenständliche Interpretation hören zu können. Und hier sind diese abstrahierten oder abstrakten Formen (Linien, Flächen, Flecken usw.) nicht selbst als solche wichtig, sondern nur ihr innerer Klang, ihr Leben."

Worum es geht, ist, die festen Stützen in ihrer Unzulänglichkeit zu zeigen, also „das Zersetzen des seelenlos-materiellen Lebens des 19. Jahrhunderts..., das Aufbauen des seelisch-geistigen Lebens des 20. Jahrhunderts, welches wir miterleben... Nur durch Freiheit kann das Kommende empfangen werden", nämlich „die Epoche des großen Geistigen". Man muß lernen, dies zu erfahren: „Die Welt klingt. Sie ist ein Kosmos der geistig wirkenden Wesen. So ist die tote Materie lebender Geist." Man kann sagen: das Zusammenwirken von Materie und Lebensprozeß gibt die Basis für Seele-Sein als korrespondierendes Wahrnehmen schaffender Geister. Den Hinderer auf diesem Weg nannte Kandinsky im Almanach: „Die Menschen werden verblendet. Eine schwarze Hand legt sich auf ihre Augen. Die schwarze Hand gehört dem Hassenden. Der Hassende versucht durch alle Mittel, die Evolution, die Erhöhung zu bremsen. Das ist das Negative, das Zerstörende. Das ist das Böse. Die schwarze todbringende Hand... Die Werkzeuge dazu sind die Angst vor der freien Bahn, vor der Freiheit und die Taubheit gegen den Geist (stumpfer Materialismus). Deshalb wird jeder neue Wert von den Menschen feindlich betrachtet."

Das Verspielen des Impulses im allgemeinen verhütete man dann durch die Organisation des „Bauhauses", durch die Bindung an Aufgabe, Material, Praxis. Das erschreckte Lebensgefühl nach dem ersten absoluten Krieg wirkte in der Dichtung in der Auflockerung der Sprache, im „O Mensch"-Ruf der expressionistischen Dichtung, im Ertasten und Umspielen der Elemente der Sprache, der Worte (s. Texte Nr. 16/18). Da jeder nun ein gigantisches Weltbild skizzieren wollte, verlief sich zu vieles im Nichts. Außer den zeitkritischen Romanen von Jakob Wassermann und Alfred Döblin blieb als wirkliche Maßsetzung doch nur Rainer Maria *Rilke,* der in absoluter

Kompromißlosigkeit sich selbst als Instrument der Sensibilität, der Wahrnehmung von Umwelt und Psyche machte. Selbst in den Schmerzen der Krankheit lehnte er jede Betäubung ab. In den „Sonetten an Orpheus" ist das zu Meditationstexten geworden: der Ruf zur Wandlung als Prinzip, zur Wahrnehmung des „Im Gebälk der finsteren Glockenstühle laß dich läuten. Das, was an dir zehrt, wird ein Starkes über dieser Nahrung, / geh in der Verwandlung aus und ein, /.../ Und wenn dich das Irdische vergaß / zu der stillen Erde sag: ich rinne / zu dem raschen Wasser sag: ich bin" (Sonette an Orpheus 2, XXIX). Objektivität entsteht im Individuum. Das ist es, worum Paul Klee (1879–1940) rang, dies: „Ich-Kristall" zu sein. In seinen Lehrschriften vom „Bauhaus" steht es so: „Bewegung liegt allem Werden zugrunde. Wenn ein Punkt Bewegung und Linie wird, so erfordert das Zeit..." Werden heißt Zeit, Zeit muß Werden sein. Die Erziehung durchs genaue Wahrnehmen der Formvorgänge der Natur macht uns dafür fähig. „Natur – das ist die Kunst eines anderen, die uns ein erzieherisches Beispiel sein möge... So wie ein Kind im Spiel uns nachahmt, ahmen wir im Spiel den Kräften nach, welche die Welt erschufen und erschaffen." Das Kristallsymbol galt damals viel. Es war durchlässig für alle Vorgänge und Wahrnehmungen ohne die individuelle Gestaltstruktur zu verschwimmen. Der Architekt der Zeit, Peter Behrens (1868–1940), ließ 1901 bei der Eröffnung der Ausstellung in der Darmstädter Modellsiedlung eine Art Priesterin den Kristall hocherhoben in den Händen die Treppe herunterschreiten. Er baute einen Kristall in sein eigenes Haus ein. Für Paul Klee aber war das ganz Innenvorgang des Werdens.

Hier hinein gehörte auch das Lösen des eigenen Leibes in seine individuelle Bewegung. So entstand durch Rudolf von *Laban* und *Mary Wigman* (1886–1973) der „Ausdruckstanz", der sogenannte deutsche Tanz. Er gab in das aus dem 17. Jahrhundert stammende barocke Spielwerk des künstlichen „Spitzentanzes" lösende Impulse. Wigman ließ in ihrer Schule bei Dresden den Menschen sich selbst als sichtbares Instrument erfahren und zur Formsprache gestalten.

Zentral muß die Balance zwischen Individuum und Gemeinschaft gesehen und geübt werden. Das wurde von *Ernst Toller* (1893–1939, Selbstmord in der Emigration, New York) formuliert, 1922 im Gefängnis, nachdem er den Versuch einer freien Sozialform des von Rätegruppen kontrollierten Regierungsteams in München mitgetragen hatte, die mit der Ermordung des klugen und integren Kurt Eisner (1867–1919) durch den fanatischen Nationalisten Graf Arco zerstört wurde. Toller schrieb das Drama mit dem Titel „Masse Mensch". Es war sein Ringen mit der Erfahrung der Schwierigkeit, freie Persönlichkeit in der Versuchung des Masse-Seins zu bleiben. Das Drama wurde damals gehört und bedacht, aber nicht genügend.

Es gibt ein anderes Gespräch bei Toller: „So muß man sich töten und gebären, um seine Wurzeln zu finden. – Dieses Wissen ist nur ein Anfang. – Und wohin weist es? – Zum Menschen." Toller schrieb das schon 1917 „im 3. Jahr des Erdgemetzels" als Soldat. Es wurde 1919 in Berlin uraufgeführt und hieß „Die Wandlung". Wie schwer diese Forderung der ständigen Wandlung, also der Freiheit im Sein, in der Sozialität zu verwirklichen ist, erkannte er am Versagen der Räte-Ansätze, die echt waren, aber nicht genügend freie Menschen fanden. Dafür kämpfte er nun mit Intensität. „Die wichtigste Aufgabe künftiger Schulen ist, die menschliche Phantasie des Kindes, sein Einfühlungsvermögen zu entwickeln, die Trägheit seines Herzens zu bekämpfen und zu überwinden" („Eine Jugend in Deutschland"). Die Trägheit des Herzens. Dazu gehört Goethes: Genauigkeit und Sensibilisierung des Blicks, der sich als „anschauende Urteilskraft" im „innigst identisch machen" mit den Dingen einübt. Damals überhörten zu viele Menschen das. Man überhörte auch die anfangs begeistert aufgenommene Idee einer Auflösung des brutal mißbrauchbaren Einheitsstaats in das freie Gefüge der drei sozialen Funktionen, der Räume für Geist, Recht, Wirtschaft. Diese Konzeption der „Dreigliederung des sozialen Organismus", mit dem die Erde als Ganzes gemeint war, wie sie Rudolf Steiner zwischen 1917 und 1920 ausgab, forderte ungewohntes Denken, Umwandeln des Denkens in freie Beweglichkeit. Man wich dem aus. Trägheit des Herzens wirkte.

„Trägheit des Herzens", es war auch der Titel, den Jakob Wassermann (1873–1934) seinem Roman gab, mit dem er dem Phänomen des Kaspar Hauser nachtastete. 1908 erschien dieses Buch „Caspar Hauser oder die Trägheit des Herzens".

Wärme und Licht, Licht einer brennend kühlen Intellektualität und Wärme des vollen Interesses, „inter esse": beides zusammen ist heute und morgen gefordert. Es bedeutet die volle Gewinnung der Seele als Instrument der Persönlichkeit, bewußte Seele als Träger des frei und verantwortend wirkenden Ich. Solche Werdesicht, ihr zeitweiliges Scheitern, Absturz, Besinnung und Neuansatz war für die Menschen der Goethe-Zeit und um 1910 nicht Illusion, denn sie sahen sich als „ewige Entelechie" (eigene, ihr Ziel in sich tragende Person) von Inkarnation zu Inkarnation durch die Bewußtseinsgeschichte des Menschen mittragend gehen. Lessing, Goethe, Schiller, Novalis und viele andere sprachen es oft klar und nüchtern aus. Überdeckte auch „die schwarze Hand" des Satanas (=der Hinderer) zerstörend den Aufbau und die Sicht, so bleibt doch durch die Kraft der starken Erinnerung die Möglichkeit, die Fragen zu lösen, die Zerstörungsgründe zu erkennen in ihrer Begründung, und auf neuer Stufe weiter zu wirken, Neues zu wirken. Kraft und Übung der Erinnerung ist ja Basis und Bedingung der Persönlichkeit.

Heute und Morgen. Neue Fragen an die Anfänge
Ein Wiederholungskurs

Ein Ragnarök hat die Kräfte des Abgrunds nun fast voll erkennbar gemacht. Wir wissen wach: Wir stehen in Wolfszeit, aber Widar-Kräfte sind immer da, nur müssen wir noch härter, genauer und menschbezogener fragen und handeln wollen. Widar wirkt mit den guten Willenskräften der Menschen. Das bedeutet die Gegenbewegung, „den wendenden Punkt", dessen Funktion Rilke zu lieben fordert, dies „Wolle die Wandlung" (Sonette an Orpheus 2/XII). Es ist Gegenbewegung gegen den Sog des Massentrends und des nur selbstbezogenen Egoismus jeden Grades. Massentrend bedingt Wertezerstörung, Maßstäbe ablehnen, „Heldenzerstörung", jede reichere und stärkere Personalität auf den allgemeinsten Nenner, die Sexusformel, die Klassenformel zu bringen. Wir kennen das seit Jahrzehnten, und es wurde durch das falsch aufgeblähte Heldbild und die daneben geübte Wertzerstörung des Pseudonationalismus zwischen 1870 und 1945 genährt. Jetzt ist es Trendsog. Wir sind Marionetten in allen Aspekten, Marionetten in den Händen einiger Großkonzerne der Welt, die Waffen und Computer herstellen, die Videokassetten, Drogenhandel, Fernsehprogramme kontrollieren. Es ist so, wir sind Marionetten, man muß das wissen. Erst dann kann man die Wandlung von innen heraus tun, wollend sich abgrenzen und das Menschsein befragen, wie es um 1800 und um 1900 von den geistigen Kreisen geschah. Man kann in Mitteleuropa nicht, als Marionette baumelnd und gezogen (wohin?), versuchen, an der „Weltmacht" teilzunehmen. Das führt zum Verlöschen der eigenen Person und zum Ersticken des eigenen Ansatzes. In ihm war nicht äußere Weltmacht gefragt, sondern die Ausrundung des Kerngeschehens, des „purusha", Ymir, des Menschen als verantwortende, horchende, sprechende Person.

Odin horchte schmerzhaft ausgespannt „im wandernden Weltbaum", er lehrte dann die Grundbegriffe des Lebens, er rief an, Einzelperson zu sein und die Worte der Welterkenntnis zu formulieren, sie in sinngefügte Sprache, in rhythmisches Klingen zu heben. Immer ist seine „Sohnkraft", ist Bragi da als Lehrer der sinnhaften Sprache. Bragi ist auch wieder mit Widar auf der erneuerten Erde im Wirbelfeld. Dieser so zum Wort, zur starken wachen Sprache angeleitete Einzelmensch wurde in die Dreiheitswege des Menschseins geleitet. Dem Svipdagr fordert Odin Wissen, Denken und Triebüberwindung ab, um die Lebensbedingung zu meistern. Dem Wölundur gibt die odinsgeleitete Walküre die Kraft zu wollen in der Erdgestaltung und Gewaltüberwindung. Dem Sigurd stellt Odin die Aufgabe, sich in egoismusfreier, vom Feuer nicht mehr zerstörbarer Wachheit der Geistgestalt, der Walküre, zu verbinden, den zum Gewinn des freien Willens notwendigen Verrat zu tun, und zu sühnen. So eingeübt, kann die Lehrstube in die Wolfszeit eingehen.

Nun aber kann sich nichts in gleicher Weise wiederholen. Doch das, was erlebt wurde, muß von der willentlichen Erinnerung bewahrt und auf jeder Stufe der Wandlungen neu befragt werden. Person werden heißt zum Ziel des totalen Weltbewußtseins hingehen. Wer seinen Weg nicht befragt, wird irgend jemandes Marionette oder fällt in Selbstzerstörung. Europas Weg, und das meint die Verfügbarmachung des Denkinstruments, impulsierend durch 5000 oder 6000 Jahre bisher, auf dessen Übung von früh an die experimentelle Wissenschaft aufgebaut wurde, in deren Sog und Krisenfrage heute alle Völker der Erde leben: Europas Weg ist durch das Christentum bestimmt. Als die Lehrstuben der verschiedenen Menschengruppen ausgeschritten waren, im Süden wie im Norden, Osten und Westen, und die Geistwesen dieser Zeiten sich zurückgezogen in andere, verhülltere Bereiche, trat überall die Gestalt des „Christus Jesus" (=der zur nötigen Opferung mit heiligem Öl „Gesalbte" als „Heiler") in den Blick. Sie wurde so elementar akzeptiert, daß man sich einigte, die allgemeine Zeitrechnung mit dem Geburtsjahr des Menschen Jesus, in den sich später der Gott als Christus für drei konzentrierte Jahre begab, anfangen zu lassen. Ob man heute schreibt, statt im Jahr „1 n. Chr.", 1 nach der Zeitwende" oder „1 unserer Zeitrechnung", das alles sind Ausflüchte, die den Tatbestand nicht löschen können. Das Faktum ist, daß ein historisch kaum beachtetes Ereignis in Palästina, in einem Land, das mit dem Jordantal unter den Meeresspiegel tief in die Erde eingesenkt ist, die nächste Zeitstufe prägte.

Dieses Christussein hat keine nationale Bindung. Das Christentum spricht von einem Gott, der seine Verbindung mit der ganzen Erde, seiner Schöpfung, vollzieht und jeden Menschen in seiner Sprache anruft. Das ist die Pfingsterkenntnis. In Europa wurde die Wahrnehmung des Christus Jesus zuerst ausformuliert und intensiv durchfühlt: aber nicht fixiert. Sofort gingen ja die hebräisch-aramäischen Termini der Berichte in die alles übergreifende griechische Sprache über, dann in die lateinische und die germanische Sprache. Man muß das durchfühlen. Es gibt keine andere Religion, die schon im Entstehen und im Wesen übernational ist. Wenn der Vollzieher der Schöpfungsplanung, der Logos, dies Sein nicht allein lassen, sondern mit vollziehen will, so kann dies Verbinden mit einem Körper und der Erfahrung des Sterbens nur an *einem* Punkt der Erde geschehen. Es geht dann nicht um ein da oder dort Berühren der Erde, wie es die Inder mit Vishnu kennen, sondern um einen Mitvollzug des weiteren Weges. Das meint die ganze Erde.

Diesem Christus begegneten die europäischen Gruppen nach der Trauer über das Ragnarök, über das Verschwinden einer alten Lehrzeit. So wie Svipdagr mit Odin ins Gespräch trat, geschah es nun mit dem christós, dem Christus Jesus.

Daß die Skandinavier mit ihrem Fürsten Hakon dem Guten hin und her verhandelten, weil sie ihn liebten und als Fürsten gut fanden und er ihnen nun doch den neuen Gott anbot, dieses Rangeln am Thingtag um das alte Thors-Opferritual: dazu war der Fürst ja (und so auch manche andere gleich ihm) nicht durch Waffengewalt der Missionare veranlaßt worden. Die Missionare kamen einzeln oder zu dritt; sie erzählten und diskutierten. In den Fürsten aber war im Innern die Wahrnehmung der Notwendigkeit, einen Sprung zu tun in eine neue Erlebnisstufe. Es strahlte für sie etwas aus, eine gewisse neue Mächtigkeit hörten sie aus den Worten dieses Gottes, der als der Leiter der sichtbaren Schöpfung sprach, mit einem „Ich bin". So: „Ich bin der Weg, die Wahrheit und das Leben, niemand kommt zum Vatergott als durch mich." Dieser Vatergott ist Geist. „Gott ist Geist, wer ihn sucht, muß ihn im Geist und in der Wahrheit suchen." Was ist Wahrheit? Da ist die Ganzheit des Weltprozesses gemeint, was Odin suchte, als er sich in den ichtragenden Weltbaum, in die raumdurchwandernde Weltachse, in Yggdrasil hineinbegab.

Hier wurde von einem Gott gesprochen. Das war für die Menschen jener Zeiten keine Schwierigkeit. Die Götter in irgendeiner Weise wahrzunehmen, klang in ihnen noch nach. Je mehr aber die Menschen ihre Kräfte zu genauer Außenwahrnehmung übten und entfalteten, desto schwerer wurde es ihnen, geistige Wirkwesen, planend und gestaltverdichtend, zu akzeptieren. In diesem Schnittpunkt stehen wir heute im 20. Jahrhundert ganz scharf umrissen. Es fällt vielen Menschen leicht, anzunehmen, daß die differenzierten intelligenten Strukturen der Körperlichkeiten durch Trudeln und Kombinieren von Ammoniak- und Wasserstoffgasen in Jahrmillionen entstanden seien, von selbst oder in Ausführung eines immanenten Gesetzes. Aber es fällt ihnen schwerer, physisch unsichtbare geistige Kraftwesen zu ertasten, die uns vorangehend Materiewelt planen und schaffen und uns in dieser Gestaltung die Möglichkeit geben, in freiem Willen selbst eben die geistige schöpferische Kraft einst in neuem Sinn zu entfalten. Diese beiden Positionen muß man jetzt nebeneinander stehen lassen; so sehr es dem wachen Denken widerspricht, dieses „von selbst" auch nur für möglich zu halten. Aber hier – und man muß das nüchtern sehen – entsteht die Aufgabe, den Rückblick, die Er-Innerung des eigenen Weges zu leisten, indem man den Bewußtseinswandel des Menschen durch die Zeiten nicht leugnet, also nicht heutige Denkschemata früheren Seelen aufzuprägen versucht. Es verlangt also, daß man das Wirken von Geistwesen und ihre Wahrnehmung durch die Menschen der frühen Kulturzeiten, die unsere gesamte Wissenschaft und Kultur aufbauten, fundierten und mit ihren Formen durchleuchteten, für möglich hält oder offen läßt.

Nur so kann man die eigene Person im Werdensrückblick finden. Die germanischen Gruppen brachten eine Kraft aus dem Eingebettetsein in das Erlebnis der Natur und des Kosmos, dessen Rhythmen sie sich verbunden fühlten. Sie hatten dahinein gesprochen aber auch den Anruf an das Einzel-Ich, an die wach sein wollende muthafte Person gehört, im antwortenden Wort geübt. Nach Baldurs Unsichtbarwerden und dem Trauergefühl der Wolfszeit hörten sie den Anruf an das Ich ganz neu, denn dieser Gott, genannt Christus Jesus, forderte jeden einzelnen zur freien Entscheidung für das Rechte und Gute auch gegen jede Gruppenbindung auf. Das setzte fort, was Odin eingeleitet hatte. Es wurde Mitdenken gefordert. Das stete Fragegespräch, das man Odin folgend gelernt hatte, war also hier auch gewünscht. Denn im Beginn des Johannesevangeliums stand die These: Der Logos, der den Zusammenklang der Kräfte in der Schöpfung der sichtbaren Formen leitende Geist, verband sich mit seiner Schöpfung, damit man sie, ihre Struktur, ihre Zielung, erkenne. Es wurde Erkenntnis gefordert. Und es wurde gesagt: „Ich bin bei euch alle Tage bis an das Ende der Welt" (Matth. 28,20). Das heißt, dieser Gott ging durch das Geopfertwerden, vollzog das Erlebnis des Todes des Menschen und wirkte als geistige „pneumatische" Kraftgestalt, bald näher, bald ferner, endlich („im Wolkensein" bildlich gesagt, Matth. 24,30/31; Apok. 1,7) wieder näher mit den Menschen. Dies alles konnte erkannt werden, da in dem Pfingstfest (Pentecoste, 50 Tage nach der Auferstehung, am 50. Tag nach dem Rhythmus des 7x7) die Fähigkeit geistiger Sinnwahrnehmung in die Menschen gegeben worden war. Sie waren reif geworden, da sie sich 49 Tage meditativ vorbereiteten. Alle diese Aspekte, des kosmischen und des Ich-bin-kräftigen Christus, kamen mit dem frühen Christentum der ersten Begegnung zu den europäischen Gruppen, die im Norden, Westen und Mitteleuropa noch hellhörig-naiv lebten.

So also muß man zurückfragen in den eigenen Weg. Aber es ist klar, daß man damit auch hinter die Entwicklung machthafter dogmatisch eingegrenzter Kirchenlehren zurückfragen und in eine neue Erfahrung vorausfragen muß.

Diese Verengung setzte sehr früh ein, sichtbar im Konzil von Konstantinopel 869. Nach dem 7. Konzil löste sich die Ostkirche ab von Roms Weg. Auf ihm wurde der Geist des Menschen zu „einigen geistigen Eigenschaften der Seele" reduziert. Daß sehr bald die innere Gegenbewegung in Europa einsetzte, wurde bei der Entstehung des Parzival-Epos deutlich. Die Dogmatisierung bekam ihren Höhepunkt, als um 1870, also in einem Zeitpunkt, da die Selbständigkeit geistiger Denkfreiheit allgemein deutlich wurde, das Dogma von der „Unfehlbarkeit des Papstes" in seinem und nur ihm gestatteten Gespräch mit dem Geist fixiert wurde, allerdings gegen massiven Widerstand der Bischöfe des im Vatikan tagenden Konzils. Die Unfehlbarkeit zwar nur, wenn er „ex cathedra" spricht, aber durch die Dogmensetzung von Roms Katheder wurde die Denk- und Entscheidungsfreiheit des Menschen ausgeschaltet, abgeschnürt, diese Kraft des „Beistands, des Geistes der Wahrheit", die jedermann hat, der es will (Joh. 14, 16). Die Unfehlbarkeit war vordem unter gewissen Bedingungen auch dem Konzil gestattet, also einer Gruppe denkender Kleriker. Aber der Geist geht jeden einzelnen an. Auch im Pfingsterlebnis sprachen die Jünger jeder andere Worte, denn „in meines Vaters Haus sind viele Wohnungen" (Joh. 14,1). Das Dogma von 1870, der Zeit der wilhelminischen Reichsgründung, verriet die Freiheit des Menschen und die Aussage der Texte, die dem christlichen und europäischen Kulturweg zugrunde lagen.

Man muß, um auf neuer Stufe die Begegnung mit dem Christus weiterzuführen, die sogenannte historische Quellenkritik der Evangelien und der Genesis ins Fach überholter Experimente tun. Man kann nur alles, was noch aus dem Nachklang des Erlebnisses inspirativ von den Jüngern ausging, in den vier Aspekten der Evangelien, wirken lassen – oder man muß das Ganze als beliebiges Konglomerat wegwerfen. Das aber wäre getan gegen den Beweis der Wirklichkeit der Geschichte, die aus diesen Texten entstand.

Texte und ihre Träger, die so ungeheuer intensiv gewirkt haben wie diese, müssen in sich eine eigene Stimmigkeit haben. Wenn man sie da und dort nicht versteht, so liegt das nicht am Text, sofern er im einfachsten Sinn philologisch gesichert ist, sondern am Leser. Er muß da die Fragehaltung, das Geistgespräch ansetzen. Natürlich muß man auch das bewußtseinsgeschichtliche Faktum der einst üblichen Bildsprache wissen und von daher Bilder wie das von der Jungfrauengeburt, der Verkündigung der Geburt an die Jungfrau, sinnhaft erkennen, als Hinweis auf die Ablösung von der Verabsolutierung der Sippe. Wenn man die Worte genau so nimmt, wie sie da stehen, erkennt man: „Ehe Abraham ward, bin ich" (Joh. 8,57/58). Es spricht ein Gott von sich. In der Fülle der Geistwesen, von denen dann Dionysius Areopagita berichtete, wirkt dieser Logos, leitend. Jede Verhärtung in die Ein-Gott-Lehre, den Monotheismus, den dann der Islam bis zur Absurdität des Terrors und der Nichtwandlung führte, ist ein Taubwerden vor dem Wesensgespräch. Im Logos spricht nicht irgendein Guru, wie das heute manche sagen: denn dann spräche er Lüge und Wahnsinn, sich als Gotteswesen nennend. Einem Lügner nach wäre aber nie jenes intensiv ergriffene Umgehen mit dem Christusweg in den Tausenden Bildern, Plastiken, Texten und Musiken entstanden. Es gäbe nicht diese austastende Übung des Zusammenhang-Erkennens in der mittelalterlichen Philosophie mit genauem Auswägen der Worte, endlich die souveräne Skizze des Seins durch Hegel und seine Zeitgenossen.

Nötig zur Begegnung mit sich selbst als Gewordener und zur

Weiterentwicklung des Gesprächs ins Werden ist es, den Text der Christus-Berichte zu befragen, so wie er die frühen Jahrhunderte durchwirkte. Man muß ihn offenlassen wo Sinnfragen offenbleiben, ihn denkend und ins Bild horchend wahrnehmen. Das Rückfragen fängt an beim Bewußtmachen der griechischen Fassung des Johannesevangeliums. Man kann sich das zum Erlebnis machen. Da heißt es „Im Anfang (en arché) war der Logos", aber die erdig-juristischen Lateiner hatten keinen Terminus für „logos", diesen philosophisch durchfühlten Begriff aussprechbaren Sinnzusammenhangs. Sie fanden also nur den Terminus „verbum", „Wort", das man doch als Wort eines einzelnen wahrnimmt, nicht als Leiter und Durchpulser des Zusammentönens vieler Kräfte, vieler Bewegtheiten, „Reigenführer" im griechisch geschulten Frühchristentum genannt.Man muß also hinter den Begriff „Wort" heute zurücktasten zum Logos, und nun zu dessen irdischem Träger. Hier ist Kenntnis der Namensaussage klärend. Das Wort Christus ist eine Rangbezeichnung, griechisch heißt „christós", daß man mit Öl gesalbt ist, wie die rituellen Opfertiere es wurden. Dieselbe Aussage gibt das Wort Messias im Hebräischen, meint aber dort die Salbung des Königs David, eine Weihe an die göttliche Verpflichtung. So ging das Ritual über in die europäischen Königsweihen. Das Wort Jesus aber, diesen Träger des Logos bezeichnend, heißt hebräisch Jehoschua, der Heiler, der aus Gott Heilende. Dieser Jesus nun, als Mensch, der zum Logosträger wurde und so seiner Mutter Maria in einem Geistgespräch vorverkündet war, lebte in der höchst denkgeschulten hellenistischen Kultur, dem seit Alexander griechisch durchwirkten Vorderen Orient. Er wurde erzogen in einer Essäersiedlung (Nazareth), als Erbe der Davids- und Königslinie.

Die Essäer waren eine Gruppe stärkster Selbstdisziplin und strahlten es in ihren Lehrsiedlungen aus. Die hellenistische Kultur war gedankengeschult, von den Jahrhunderten griechischer Philosophie aufgebaut. In diesen Vorderen Orient hinein wirkte die Lehre des *Buddha* von Indien her: Sie gab die große Aufmerksamkeitsschulung und die Technik der Selbstverwandlung in den Schritten des *„achtfachen Wegs"*. Aufmerksamkeit und Disziplin war auch Grundelement der griechischen Philosophen, aber das geraffte Handwerkszeug, die Methode formulierte der Buddha als erster. Er hatte als Fürst die Verantwortung für die Umwelt gelernt, als Einsiedler die Besinnung auf die psychische Rhythmik geübt und gab als wandernder und ruhender Lehrer die Methode weiter. Das geschah um 500 v.Chr., wie auch die griechischen Philosophen damals das Ihre sagten.

Buddha gab die Übung, um zu helfen, daß man sich aus dem Rad der Leben auf gute Weise lösen kann. Die griechischen Philosophen übten ihre Fragestellungen, um das Leben zu erkennen und zu meistern, hier und jetzt. Aber da der achtfache Weg des Buddha das Leben achtungsvoll anschaut und damit bis ins Genaueste umgeht, ist dieses Handwerkszeug wichtig und gültig. Es gehört in unser Erinnerungserbe hinein und war zur Zeit „um Christi Geburt" dort vertraut. Aber nur die seit Heraklit aufgebaute Logoslehre der Griechen ermöglichte das Verstehen dessen, was nun weiter reichte und sich in die Wandlungsprozesse von Erde und Mensch hinein begeben wollte.

Europa und das strukturelle Geschichtsbild

Dieses Gespräch mit dem Logos, der mit dem Beginn des Johannesevangeliums angesprochen und im Christentum personal aufgenommen wurde, dieses Gespräch mit dem Logos, der sich seiner Schöpfung nun als Kraft und Wesen selbst verbindet, dieses in Norden und Süden verbreitete Gespräch, das ist *Europa*. Man ahnte dieses Wirken eines Wesens, das über der Zeit in die Zeit Gestalt schafft, noch bis um das Jahr 1000. Man ertastete es in den Bildern des alterslosen und bartlosen Christus, wie in den Mosaiken von Ravenna um 600, den Sakramentaren von Echternach um 1000. Erst nach 600 vereinfachte und näherte man sich den Jesus-Mensch als bärtigen Mann. Bis dahin und also ursprünglich sachgerecht fühlte man den alterslosen Apollon oder Baldur in diesem Logos mit, man fühlte den Gott.

Das Gespräch mit dem Logos, der sich seiner Schöpfung als Kraft und Wesen selbst verbindet, ist Europa, seine Typik, seine Wirkbasis, seine Aufgabe. Es ist speziell die Aufgabe Mitteleuropas, ein Auswägen aus Kosmoskraft und Ich-Kraft, eine Übung des Gleichgewichts als ständige Übung. Man kann das als therapeutische, nämlich als rhythmisierende Aufgabe erkennen. Der die Hierarchien der wirkenden Geister leitende Gott (= Logos) gibt kein Dogma, sondern nur den Anruf zum individuellen Mut des Gesprächs mit der im Werden offenen Geistigkeit der Welt. Die Engelwesen verschiedenen Namens der Völker der Erde werden darin in ihren je eigenen Worten erkennbar. Was im Jordantal zuerst hörbar wurde, ist doch davon unabhängiges Sein.

Dieser Christus ist zu befragen, der den Schülern, den Jüngern, andeutete: Ich hätte euch noch vieles zu sagen, aber ihr könnt es jetzt noch nicht ertragen (Joh. 16,12), und der auf die Vorbereitung für die Fähigkeit unmittelbarer geistiger Sinnwahrnehmung wies: auf die Pfingsterfahrung. Wer die exakte Aussage des Prologs des Johannesevangeliums „historisch-kritisch" vertuscht, die Aussagen, daß alles Entstandene, alles auch materiell Faßbare, durch das Logoswirken entstanden sei und daß dies nun durch die Erkenntnis erfaßt werden solle mittels der Wahrnehmung des Jesus als christós, und wer die Aussage der Pfingsterlebnisse individueller Menschen nicht als einen Schritt in die personale Anteiligkeit am Gottesgeistsein erkennt, sondern definiert: „Christentum ist eine abgeschlossene Offenbarungsreligion", wie das die Organisationsleiter der fixierten Kirchen heute tun, der hat sich einen Text zurechtgemacht, der nicht der Wirklichkeit entspricht, sondern dem Bedürfnis der Macht einerseits, Bequemlichkeit andererseits.

Das Wachsen im Sein, „Nichts ist verborgen, was nicht offenbar werde" heißt das (Markus 4,22; Lukas 12,2; Matth. 10,26), also die ständige metamorphosische Wandlung, die dialektischen Schwünge sind gefordert. Durchgang durch die Wandlung ist Urbild des Christus-Seins, es geht durch die Lehraussagen, es ist gerafft im Sein: durch das Erleben des Todes (Verlöschen eines Bewußtseins, Wechsel des Erfahrungsraums), im physischen Schmerz, im seelischen Erleben des Verratenwerden, im geistigen Verdichten der Gestaltkräfte („Auferstehung"). Die Wandlung, Wille und Leisten, ist der Anruf an das Ich.

Das Christentum neu zu befragen, das bedeutet zuerst, das alte Christentum zu finden, von dem man im germanisch-keltischen Europa ergriffen wurde, und es auf neuer Stufe sich zu vergegenwärtigen. So findet man das Element, durch das man nach dem großen Ragnarök, dem Unsichtbarwerden des Odin und seiner Helfer, die stärksten Leistungen entwickeln konnte in Europa. Man erkennt also sich selbst, in seiner Fähigkeit angerufen zu werden von geistigen Gewalten. Man findet Odin, Widar und Christus zusammenwirkend, erkennt sich anrufbar durch die geistige Struktur des Seins in der Kraft der Ichheit. Dies „führe selber dich selbst" des Svipdagr wird gefühlt und gesichert zugleich.

Das strukturelle Geschichtsbild, das die Deutschen im Gespräch aller europäischen Gruppen sieht, läßt die Basis erkennen. Die deutschen Gruppen haben sich stärker als andere in sich selbst freigehalten von zu früher römischer Durchdringung. In den englischen, den angelsächsischen und normannischen Gruppen ist die Durchdringung mit Rom und dem Keltentum viel stärker als in Mitteleuropa. Das Keltentum mit seiner spirituellen Sensibilität durchzieht ganz Europa, aber verschieden stark. In Italien mengen sich im Norden germanische, keltische, etruskische (indogermanische Gruppen des Vorderen Orients) und indogermanisch italische Typik, im Süden griechische und nordafrikanische. In Frankreich halten sich Kelten und Franken die Waage. Also hat im deutschen Bereich die Struktur der germanischen Mythologie, der Frühzeitfragestellung am stärksten gegolten. Das berechtigt, diese Rhythmik hier besonders zu erfassen. Es ist ein Denkaustoß.

Es ist nötig, sich den Prozeß als Ganzes zu vergegenwärtigen, um davon Gewinn zu haben. Die Erkenntnis der Dynamik aus Ragnarök und neuer Konzeption auf dem Idafeld wurde erstmals in der Bewußtseinsstufe der sogenannten Völkerwanderung und dem Gespräch mit dem Christentum deutlich. Es entstand nun daraus eine „erste Widar-Zeit". Ihr gehört das europäische schwebend freie „Römische Reich Deutscher Nation" zu, das die Karolinger als neue Werdehülle Europas bauten. Es entfaltete sich die Zeit des Durchdenkens in den drei Epen und der Sprachfähigkeit der Dichter. – Nun läßt sich das zweite Ragnarök erkennen als Versuchung der sprachfähigen Ichheit durch den Egoismus, wie das durch Reformationszeit, Humanismusdebatte und Bauernkriegsdebatten bis über den Dreißigjährigen Krieg reicht. – Es beginnt in neuer, leidfähiger Sprache die zweite Widar-Zeit, und in Philosophie, Musik, Wissenschaftsgliederung, Reflexion der subtilen psychischen Strukturen wirkt sie aus Mitteleuropa weit hinaus. – Es beginnt das dritte Ragnarök, nach 1835, im Verrat des Geistes an die Machtsucht, die nun durch die immer eigensüchtiger und als Selbstzweck genutzte Technik und ihre Industrialisierung in bisher nicht gekannte Extreme sich zu entwickeln beginnt. Das führt zu den zwei Weltkriegen und damit der offenen Fragestellung nach dem Menschsein und dem Blick auf seine Zerstörungsmöglichkeiten. – Aber es liegt in diesem Prozeß eingebettet die dritte Widar-Zeit, von 1880 bis 1930 zu sehen. In ihr wurde der Wille zum Erkennen des Geistes als Wirkgewalt erstmals in der „Spielkraft", von der Schiller sprach, in schöpferischem Umgang mit den Formen und Kräften erprobt. Es geschieht individuell in freiwilligen Gemeinschaften wie dem „Bauhaus".

Hier zeichnet sich für die Zukunft etwas ab, was aus der bewußten Ichhaftigkeit der Odinslehre und ihrem aktiven Bezug zum Hier und Jetzt sich ergibt. Es gab ein merkwürdiges Wort des französischen Historikers *Jules Michelet* (1798–1874), der die deutsche klassisch-romantische Epoche sehr genau kannte und sehr hoch schätzte. Er sagte: „Wenn Deutschland einmal Deutschland werden wird, dann wird es diesem Russen einen Altar errichten." Er meinte *Michail Bakunin* (1814–1876). In die gleiche, aber nicht so scharf ausgeleuchtete Richtung hatte der Franzose Montesquieu gewiesen, der um 1750 sehr aufmerksam durch die deutschen Fürstentümer reiste, ehe er später seinen Verfassungsentwurf aufschrieb, der gegen die Einheitsdiktatur des Absolutismus ein freieres Gefüge der Gemeinschaft anstrebte. Er erkannte die relative harmonische Ausgewogenheit in den vielen Einzelgebilden, in denen Individualitäten sich darstellten. Aber Michelet zielte weiter. Er hatte die produktive Möglichkeit in dem Individualismus der Deutschen erfühlt. Nun fand er dafür Leben und Denken Bakunins als Wegweiser. Dieser Russe, aus dem weltreisenden Adel zum Philosophiestudium drängend, hatte Schriften von Fichte und Hegel übersetzt, lebte jahrelang in Deutschland, stand 1848 mit Richard Wagner auf den Barrikaden in Dresden, die der Architekt Gottfried Semper gebaut hatte. Bakunin kannte die deutsche Fülle der individuellen Zentren. In Rußland wurde er zu Festung und Sibirien verurteilt, kam auf langen Fluchtwegen endlich in die Schweiz. Er lebte, was er dachte. Mit seiner These: „Die Freiheit ist immer die Freiheit des anderen", wie das später 1919 Rosa Luxemburg wiederholte, widersprach er allen Machtgruppen. Sein Anarchismus brachte den produktiven Individualismus in die Gefahr des formlosen Chaos, aber der kluge Michelet fühlte darin den Appell an die eigentliche Kraft der Deutschen, sich selbst zu denken und ins Maß zu gestalten. Bakunin war Anarchist, also absolut gegen den Einheitsstaat, und entschiedener Gegner von Karl Marx und dem Kommunismus, der die totale Verstaatlichung des Menschseins forderte. Bakunin wollte aus Einzelinitiativen entstehende Arbeitszusammenhänge „von der Basis her" als eine Lebensform für alle schaffen. An Hegel streng geschult, sah er das in ständiger Bewegung, aber nicht in äußeren Revolutionen, denn er sah die Revolution als Innenvorgang, im Menschen und seinem Handeln selber sich vollziehend und nur so rechtens. In den „Assoziationen", die er gründete, galt: „Die Freiheit des Nächsten achten, ist die Pflicht; ihn lieben, ihm dienlich sein, ist Tugend." Und: „Die Assoziationen erkennen an, daß Wahrheit, Gerechtigkeit und Moral die Grundlage ihres Verhaltens allen Menschen gegenüber sein müssen." Etwas Ähnliches strebte Lassalle an mit den Selbstverwaltungsbetrieben der Arbeiter, die er plante und mit Bismarck besprach.

Die Konsequenz solcher Gedanken ist die Auflösung der Zwangsklammer des Einheitsstaates, wie er sich im Ende des Mittelalters vor allem in Frankreich entwickelte. Hier geht den nächsten Schritt des Denkens die Konzeption der „Dreigliederung des sozialen Organismus", wie Rudolf Steiner sie nach 1917 in das Versuchsstadium gab. Denn das ist nun Konsequenz, wenn man vom freien ichhaften Menschen ausgeht. Er ist in sich dreiheitlich wirkend: aus Denken, Fühlen, Wollen. Die Mythologie wußte es von Anfang an zu zeigen. Drei Götter sind es, die die Menschen schaffen und beleben und als geistige Wachheitsperson erwecken. Drei große Lehrwege zeigen die Leitfiguren dieser Lehre: Svipdagr, Wölundur, Sigurd. Drei zentrale Epen formte man in der Widar-Zeit in Europa. Man kann das weiter wahrnehmen, bis zu den drei Psychologien um 1900. So wird die Gemeinschaft der Menschen auf natürliche Weise funktionieren, wenn man die drei Kräfte nicht vertuscht. Läßt man das Denken im gesamten kulturellen und also auch dem Lernbereich sich in sich selbst ausbalancieren, das Fühlen im Rechtsbereich herrschend ordnen, das Wollen im Wirtschaftsbereich in die ganze Weite der Erdfruchtbarkeit sich einbeziehen, und fügt diese Dreikraft in Gesprächsform, „Gerechtigkeit, Moral, Freiheit", wie es Bakunin sagte, hütend, so ist der ganze Mensch in allen drei Bereichen anteilig.

Der kluge Historiker Michelet sah diese Möglichkeit der maßvollen Individualisierung in den Deutschen angelegt und sah nur darin die Möglichkeit, als sie selbst und doch als bedenkenswertes Exempel zu wirken. Das ist nicht statisch, sondern dynamisch in den Verwandlungen alles Werdens und jeweils initiativ auf dem Idafeld möglich. Die Vollzugsformeln wurden um 1800 gegeben: „Verwandlung" im Begriff der Metamorphose, die Goethe erläuterte; ihre Rhythmik im Dialektikbegriff Hegels; die so geschehende menschliche Gemeinschaft im Raum des „Spieltriebs" jener Freiheitskraft, die Schiller definierte.

„Wolle die Wandlung..."

Prinzip der Wandlung, ins Bewußtsein genommen, ist zentrales Thema im Europa der den Ablauf denkenden Menschen. Es ist das klar herausgearbeitete Motto und der Willensimpuls in der deutschen Gedanken- und Gefühlsgeschichte. Man kann das von früh an in die Erinnerung zurückrufen. Erkenntnisringen des Odin, Bereiten der Werdekrise zwischen Ragnarök und „neuer Erde" im kosmischen Wirbelfeld. Es ist Rhythmus im Zusammenklang der drei Epen in der ersten Widar-Zeit, im Wandlungsprozeß von Nibelungen, Tristan, zu Parzival und Lohengrin. Es wird wach in das reine Denken, die kristalline Kraft der Abstraktion heraufgehoben in der zweiten Widar-Zeit der klassisch-romantischen Epoche. Da ist es in dem aus dem griechischen Ansatz heraufentwickelten Begriff der *Dialektik* bei Hegel unerbittlich streng enthalten. Wandlung bedingt ja Dreischritt, Gleichgewichthalten in einer spiralig immer neu heraufgehobenen zeitweisen Erscheinung, Erscheinung zwischen alt und neu, Verhärtung und Hochflug oder Flucht. Zwischen „Ahriman und Luzifer" kann man sagen, die personalen Leitgeister in solchen Tendenzen der Krisen bezeichnend.

Wandlung ist durchdacht und durchlebt im Begriff der *Metamorphose,* der Entfaltung der Gestaltungsmöglichkeiten des jeweiligen Seins. Goethe definierte den Rhythmus seines Begriffs als aus „Polarität und Steigerung" wirkend. Er demonstrierte, was er „anschauend beurteilte", an der Pflanze, im Wirken des Höhentriebs (Stengel), des satten, erdumfassenden Breitetriebs (Blatt) und des Gleichgewichtmoments im gerafften Fruchtwerden. Die Wandlung ist gleichzeitig durchdacht und durchfühlt in Schillers Erarbeitung der im

Menschen selbst wirkenden *drei „Grundtrieben":* Stofftrieb, Form-
trieb, Spieltrieb der absoluten verantwortenden Freiheit. Im verwan-
delnden Erfassen der Stoffverhaftung und der ihr entfliehenden
Formverhaftung kann „spielend" experimentierend die schöpferische Geistkraft des Menschen als souveränes Ich den jeweiligen
Gleichgewichtsmoment des sozialen Gebildes, den „Staat der Freiheit", der „Vernunft" im höchsten Sinn, gestalten. Hier ist das Ich als
geistige Zentralkraft, der Yggr in seinem Wirkraum klar erkannt, und
angerufen.

So die Bewußtseinsgeschichte genau mitvollziehend, erinnernd,
erkennt man ein Urbild, das im Zeitpunkt („als die Zeit gekommen
war") der weit genug geübten Denkkraft und Fühlenskraft, in und
nach der griechischen Zeit in Erscheinung trat, Urbild für den aus den
Kosmoskräften gestalteten und Geistwesen als Ich tragenden wachen
Menschen. Man kann so das in Jahrhunderten oft und viel nuanciert
gemalte und plastizierte Bild des Christus am Kreuz und unter und
neben ihm Johannes und Maria sehen. Das wurde ganz für sich
hingestellt und angeschaut (s. Abb.13). Erhöht über die Erde das
Symbol aus Breite und Höhe, das Kreuz mit dem Herrn der Wandlung
daran, den Blick gewendet zu den beiden Menschen, auf einer Seite die
Maria als die fühlende und im Fühlen auch tragende Kraft der Seele,
auf der anderen Seite Johannes mit dem fragenden intensiven Blick
hinauf, die souveräne Möglichkeit des Menschen als Geist. Der
Christus als der Meister des Gleichgewichts, der Wandlungen, der
Rhythmik, steht in allen diesen Bildern als der aus dem Kosmossein
Wirkende zwischen Sonne und Mond, Sturmwolken und Gebirge im
Himmelsraum, in Zeit und Raum zu Gast als der, aus dem diese
Möglichkeiten der Erscheinungswelt als Ichträger verwirklicht wur-
den. Die Geburtshymne von Notker dem Stammler um 900 formu-
lierte es einst.

Das Prinzip sinnhafter Gestaltwandlung, des Mutes zur eigenen
Verwandlung ins Hellere, zur jeweils neuen Erde im Wirbelfeld, ist die
Leitlinie in der europäischen, ganz speziell der deutschen Bewußt-
seins- und Lebensgeschichte. Sie fährt von der Odinslehre über die
drei Wege, zur Wahrnehmung des Christus-Seins, zur intensivsten
Fragestellung im reinen Denken aus einem Willen zur Wahrheit, das
heißt zur Nichtselbsttäuschung. Das erkannte einst Emerson, es trieb
ihn zum Aussprechen. Die Linie führte zum konkreten gegenständ-
lich-ungegenständlichen Meisternwollen der Formkräfte als geistige
Gewalten, „Zeit des großen Geistigen" fühlend (Kandinsky/Marc).
Zu hoch gegriffen, ehe man die Gewalten der Gegenkräfte ganz
kannte, stürzte der Weg in den Abgrund des Bösen. Auch Nichtwissen
kann böse sein. Aber da jedes Ragnarök der Wolfszeit auch die guten
Kräfte des weit schauenden schweigenden Widar bewahrt, der die
Kräfte des guten Willens sammelt, so kann neue Nachbargestalt

werden: wenn man es durchdenkt, durchfühlt und es will. Aus der voll erkannten und differenziert angewandten Dreiheitskraft, der prinzipiellen Dreigliederung des Menschen als Lebewesen, kann Neuansatz kommen, wenn man es will. Auch in dem von den Hirten in der freien Natur traumhaft gehörten Ruf der Engel zur Geburt des Jesus, der Logosträger werden sollte, hieß es: „Friede den Menschen des guten Willens." Ein Friede, eine Gestaltzeit der Gleichgewichtskraft in der Wandlung.

Das alles steht im europäischen Rahmen, gehört zusammen. Was nahmen die Europäer auf, als man ihnen von Christus berichtete und sie sich mit ihm als dem immer Gegenwärtigen verbanden durch Denken, Fühlen, Handeln? Sie erfuhren es südlich der Alpen zuerst in griechischer differenzierter Gedankenkraft und nördlich der Alpen bis hinübergreifend ins langobardische Norditalien in der hellsichtigen Sensibilität der keltischen, der irischen und schottischen Wanderlehrer. Erst vom 7. Jahrhundert an drängte sich aus römischem Erbe die allzu verengende Machttendenz ins Licht, sie gab die Grundlage der Organisation der folgenden Jahrhunderte. Im ganzen Europa verbanden sich die Impulse zu den Denk-, Kunst- und Wirtschaftsgestalten der nächsten 2000 Jahre. Was war darin das innere Agens, das Fragezentrum?

Es wurde berichtet, daß Gruppen und Ränge von Geistwesen die Materiebildung und -formung leisteten und leisten und daß der dies leitende und belebende Gott, in griechischer Denkerfahrung, ihr „Logos" als „Reigenführer", sich dieser Schöpfung so verband, daß er ihre Gesetze an sich selbst erfuhr und fähig war, sie in neuer Weise zurückzuverwandeln in geistiges Sein. Er verband sich dem Bewußtseinsträger der Schöpfung, dem Menschen. Dieser Mensch Jesus verband in sich auf eigene Weise die priesterliche und die königliche Linie, Weisheit und Liebe, beide aus Davids Repräsentanz alten jüdischen Seins abgeleitet. Die Verbindung des leitenden Gottes mit dem Erdsein geschah eingesenkt im Erdgebiet, das tiefer als der Meeresspiegel liegt, und in einer Menschengruppe, die sich seit Jahrhunderten geübt hatte, das Gespräch mit dem göttlichen Sein der Welt vor allem ganz im Inneren zu führen, den Blick vom Äußeren abgewendet, bildlos. Im leeren dunklen „Allerheiligsten", einmal im Jahr, rief der Oberpriester den Namen, den man göttlich empfand, als „Jaweh", ejeh asher ejeh, „Ich bin der Ich-bin".

Diese Verbindung des Logos mit der differenzierten Schöpfung geschah in einem Zeitmoment, der genügend Reife des Denkens und Fühlens der Menschen mitbrachte. Die langsam aufgebaute wache Denkschulung der Griechen von den Vorsokratikern über Heraklit und Platon hatte zu Aristoteles geführt, der nun auch die wissenschaftliche Sammlung der Umweltbeobachtungen in seiner Akademie zentrierte. Das Forscherteam, das mit seinem Schüler

Alexander rings ums Mittelmeer den Vorderen Orient bis Indien und Ägypten griechisch durchwirkte, sandte alle Berichte zu Aristoteles nach Athen. Dieses griechische Denkelement war der eine Faktor des Zeitmoments. Der andere war die höchste wache Selbstdisziplin, wie sie in denselben Jahrhunderten in Indien der Gautama Buddha durchformte, aussprach und lehrte.

Und in etwa diesen Jahrhunderten vollzog sich im Norden Europas und seiner Mitte die das Ich anrufende erschreckende Erfahrung, daß eine Lehrergruppe der Götter in dem Kampf um eine neue Stufe des Denkens und Fühlens sich dem Blick der Menschen entzog – im „Ragnarök" –. Sie ließ dieses nun sehr starke und hell fühlende Ich der Menschen in der Fragestufe. Man schaute auf „den schweigenden Asen Widar", wie er die goldenen Tafeln im Gras des Idafelds nun fügen würde. Wohin wiesen sie? In jenem Moment berichteten die Wanderer aus den keltischen Nachbarländern von der Verbindung des Logos mit der Materie, diese so zu einer neuen Stufe geistiger Erkennbarkeit in seiner „Auferstehung" als pneumatische Gestalt führend.

Daß der leitende Logos sich der Schöpfung verbindet und die Entfaltung der Menschenkräfte weiter mit zu bewirken versucht („Ich bin bei euch alle Tage bis ans Ende der Welt", Matth. 28,20), mußte nicht die Verdunklung aller der mitwirkenden Menschengruppen und Naturreiche leitenden Götter bedeuten. Das war erst eine Folge der römischen Verhärtung. Eine Organisation der neuen Gemeinden war nötig, aber nicht als Auslöschung der Vergangenheit des Menschseins. Die frühen Christen wußten das noch. Wir müssen es wieder wissen, und es gilt für alle Völker, gleich ob man in Indien den dirigierenden Meister der in der Natur wirkenden Elementarwesen Varuna nennt oder sich in Irland an den Seelenlehrer Lugh, oder in Griechenland an den vorangehenden Erzengel Zeus erinnert. Hier ist keine Gegnerschaft, sondern die Logoi zusammenwirkender Vielheit müssen geachtet werden.

Man kann wahrnehmen, wie in dem „Konzert" der Stimmen rings um die Erde Europa als ein voller eigener Ton klingt und klingen muß. Da ist stets dasselbe gemeint. Das alte Tempelwort von Delphi „Erkenne dich selbst" entspricht dem germanischen Lehrwort an Svipdagr des „Führe selber dich selbst" und dem keltischen Lehrweg des Parzival, der mit dem Lichtglanze des Lugh wirken kann im Gesetz des Kosmos der Sternwege. Die Konturierung des Menschen als übernationaler Weltbürger, im Privatrecht sachlich abgegrenzt, gab das alte Rom hinein, und die schwebende Praxis des mittelalterlichen „Heiligen Römischen Reiches Deutscher Nation", dieses von Wahl zu Wahl freie Kaisertum, breitete die Idee über den Kontinent und den Atlantik nach Amerika aus.

Der Apollon, dieses Engelwesen, das das geistige Zentrum Griechenlands formte, hieß der „phoibos", das heißt der Reinheitsgewaltige, hell flammende, mit den Lichtpfeilen. Man nannte die Kräfte, aus denen und für die er im Menschen wirkte, die „Eltern": phoibe, die unerbittlich flammende Reinheitshelle, und Sphairos, den Kosmos wollend. In Apollons Anruf des „erkenne dich selbst" tönte wach und nüchtern die Innenstruktur: wisse den rechten Moment zum rechten Tun, den kairós, und wisse Maß und Unmaß. In dem Lehrwort der Groa an Svipdagr stand dasselbe verborgen: „Führe selber dich selbst, / wirf von der Schulter, was schlimm dich dünkt." Das meint, als Maß für den Wanderer zu Freyas kosmischer Ordnungserkenntnis, nichts Subjektives, sondern schlimm ist Unrecht, Vorurteil, Verlockung in falsches Handeln. Denn klar ist: der Prüfer am Tor heißt dann Fjölswinn, der Vielwissende, und ist Odin, der neun Tage und Nächte im Raum der kreisenden Gestirne Erkenntnis suchte, erlitt, um sie lehren zu können.

Brachte Griechenland die ganze Erfahrung und den Wissensaufbau der vorhergehenden Kulturen mit, so die Germanen die Wahrnehmung und „innige" (das Wort im Goetheschen Sinn genommen) Verbindung zur Naturgeistigkeit und den ausziselierten Willen zum Ichselbstsein. Die sachliche Umfrage in die tägliche Umwelt übte um 400 v.Chr. Sokrates ein, und man kann hier sehr genau den europäischen Eigenton erkennen. Etwa gleichzeitig wirkten Laotse und Kungfutse in China, beide Wachheit fordernd, der eine, um sich einzuschwingen ins allgemeine Tönen des TAO der Welt, der andere, um sich in ein Gerüst fixierter Strukturen eines hochkultivierten Staates einzubinden. In Europa ist die Sprache anders. Damals sagte Aristoteles:

„*Diesen guten Zustand der Vernunft, in dem das Objekt mit Energie erfaßt wird,* nennen wir göttlich. Er wird uns Sterblichen nur gelegentlich zuteil, und es ist diese Energie, die zu dem Erfreulichsten und Besten gehört. Aber Gott hat sie immer. Sie ist wunderbar in uns, um wie vieles wunderbarer in ihm."

Und zur Praxis des Gemeinschaftslebens heißt es bei Platon, dem Lehrer des Aristoteles, in seiner Staatsschrift erörternd, wer führend sein könne: „So sage mir doch, Kritias, wie wird ein Mann den Herrscher, der über ihn zu herrschen hat, wählen? Wird er nicht *einen wählen, der zuerst in sich selbst die Ordnung hergestellt hat,* da er doch weiß, daß jede Entscheidung, die dem Zorn, dem Stolz oder der Eitelkeit entspringt, sich in ihren Auswirkungen auf die Bürger vertausendfacht."

Dieser Zustand der Vernunft, in dem das Objekt mit Energie erfaßt wird, das klingt klar an in Hegels Forderung zum Umgang mit dem „Begriff", der das Objekt erfassen kann. Er fordert „die Anstrengung des Begriffs" und dazu „das Aufrechtstehen". Und es klingt auf in Goethes Umgang mit der Wahrnehmung der Dinge. Das Gespräch, das Sokrates ringsum einübte, nimmt die Methode auf, mit der Odin die Germanengruppen hervorrief ins fragende Einzelsein. In dieses alles hinein trifft der Anruf des Christus an den einzelnen und an seinen Mut zum Gespräch mit dem Geist. Der Geist aber ist das unerschöpflich Schöpferische der Welt. Ihm entspricht der Mut, Ungewohntes zu denken, zu fühlen, zu wollen. Dazu gehört die Genauigkeit des Denkens, die unsentimentale Intensität des Fühlens, der helle Wille zum Wollen.

Die Wesensaussage des Christentums muß neu befragt werden, wenn man nicht die eigene Vergangenheit verlieren will und dann im Sinnlosen egoisiert, Zerstörung auswirkend. Diese Frage gilt auch für die, die heute Atheisten sind, denn es ist auch *ihre* Vergangenheit. *Eine Metamorphose der ersten Begegnung der Europäer mit dem Christus-Sein und die Frage nach der vorbereitenden Stufe ist die Bedingung eines Neuansatzes,* der irdische Verantwortung und geistige Zukunftsdimension zugleich ist. Das fügt die europäische Stimme wieder ins Gefüge der Stimmen rings um die Erde ein, so daß die intellektuelle Ausstrahlung, die von Europa aus die ganze Erde in Umstülpung gebracht hat, eine geistige und seelische Tingierung bekommt, die heilend wirken kann.

Das fordert eine Öffnung zum lebendigen Geistgespräch, einen individuellen Ansatz, der die verengten Organisationsformen der Kirchen verwandelt und, je nach Kraftsubstanz, überschreitet. Die Organisation „Kirche" muß nach innen gezogen werden auf die Ordnungen von Kultusliturgie, Gemeinde, und Gespräch für diejenigen, die es wollen. Denn das Christentum ist nicht „eine abgeschlossene Offenbarungsreligion". Mitten in dieser „Offenbarung", wie die begleitenden Jünger des Christus Jesus das Leben und die Aussagen des den Menschleib meisternden Gottes uns als Berichte gaben, stehen immer wieder deutlich die Anrufe an den einzelnen. Sie fordern, weiter zu fragen, sich dem „Geist der Wahrheit" zu öffnen, also das Wirken und Sein des Logos immer mehr und in einer neuen Hintergründigkeit zu „erfragen" und zu ertasten. Darin ist die *experimentelle Naturwissenschaft* ebenso angelegt in horchend liebender und abwehrender Erkundung aus meditativer Erweiterung der Wahrnehmungskraft, wie die mit der Sensibilität der genauen *Denkkraft* ertastete Sinnaussage und wie die zum Wahrnehmungsmittel geläuterte *Gefühlsübung.*

Die drei Kräfte des Menschen wirken immer zusammen, sie sind in Europas Kulturen speziell gefährlich gerafft im Denken. Aber in dem gesamteuropäisch geübten genauen Erkennen der Außenwelt, der sie wahrnehmenden Psyche, und in der Möglichkeit, aus dem geistigen Ich heraus in das überlogische schöpferische Sein vorzudringen, liegt die Fähigkeit, die Materie wirklich zu erkennen, weit hinaus über das bisher von der abendländisch europäischen Wissenschaft Erreichte

und an andere Kontinente Weitergegebene. Die Zukunft der Naturwissenschaft als Menschenwissenschaft läßt sich andeuten. Die Erfahrung der im „Pfingstfest" erinnerten Geisterkenntnis ist dann übernational, nicht gruppenhaft, in keine Dogmatik zu fesseln.

Das heißt deutlich so: „Noch vieles hätte ich euch zu sagen, doch ihr
könnt es jetzt noch nicht ertragen. Wenn aber jener Geist der Wahrheit
kommt, wird er euch in alle Wahrheit einführen" (Joh. 16, 12/15). Noch
nicht „ertragen", es werden also keine billigen, bequemen Wahrheiten
sein. Sie sind hart nüchtern und weit hinaus führend zugleich. Übt man
in solcher Weise die Metamorphose der Begegnung mit dem Christentum, so kann man auch eine produktive Nachbarschaft ermöglichen
mit allen den Menschen, denen heute die Wahrnehmung oder das Für-
möglich-Halten des Seins übermaterieller geistiger Wesen nicht
gegenwärtig ist. Nachbarschaft und positives Wissen des eigenen
Weges durch kontinuierliche Jahrtausende wird so für alle zum
Gewinn.

Es läßt sich zusammen wahrnehmen: dieses „der Geist der Wahrheit
wird sich erkennbar machen", in vielen Aspekten, also der geistig-
strukturelle Sinn der Schöpfung des Logos, der zugleich der selbstfrei
Liebende ist („Was ihr dem Geringsten unter euch getan habt, das habt
ihr mir getan", Matth. 25,40/45); und der Anruf der Groa an Svipdagr,
den „Tagförderer": „Wirf von der Schulter, was schlimm dich dünkt, /
führe selber dich selbst." Wohin? Um auf dem Idafeld schwebende
Ordnung heilend zu finden. Denn:

Balancekraft, aus wachem Anschauen, fühlendem Wahrnehmen,
Gutes wollendem Gestalten zusammenwirkend, das ist Widar-Auf-
gabe. Es kann helfen, sich zurechtzufinden im Umgang mit den
„untersinnlichen" Kräften um uns, den innerseelischen Kräften in
uns und ihren neu zu durchdenkenden Wirkweisen. Dazu gehört
Wirken in einem sozialen Organismus, der dreigliedrig frei gefügt
ist, Geistesleben, Wirtschaft und Recht in ein freies Gespräch holt.
Beide, die untersinnlichen und die innerseelischen Kräfte sind zu
meistern. Beides ist zu tun. Noch zittert wieder Yggdrasil der Weltbaum, Welten-Achse der neun Sphären, Skambha, die Weltsäule des
Wirbelfelds. Surts Feuer wüten rings um die Erde, ein „jeder gegen
jeden" läßt sich ahnen, dem aus Mitteleuropa die Wertschranke
gebrochen wurde. Ein schwebendes Gleichgewicht muß wieder einmal gewonnen werden als Tun der Mittehaltung; Aufgabe genug für
das „Inter-Esse" des freien einzelnen, von dem Erasmus von Rotterdam „die Änderung des einzelnen", des Trägers „der Würde des
Menschen", als Meister des freien Willens forderte. Das ist ein
Mensch, der sich im wandernden Weltbaum weiß, liebend, horchend,
das Wahrgenommene aussprechend, ins Schweigen tauchend. Zu
alledem gehört Mut, Tyrs Mut, das Gespräch mit dem Logos zu wollen.

Verzeichnis der Bilder

15. Kaiser mit Erdkugel und Lanze. Evangeliar OttoIII., München, Bayer. Staatsbibl.

16. Dietrich von Bern mit dem Feueratem Wittich verfolgend. Kirche von Floda, Schweden. 14.Jahrhundert. Copyright ATA G.Hallagren, Stockholm. Mit freundlicher Genehmigung des Statens Historiska Museer, Stockholm

17. Pfingstverkündigung durch den Christus. Reichenau, Anf. 1100.

18. Aus dem Maß-Buch zum Menschmodell Albrecht Dürers 1525.

19. Oskar Schlemmer (1888–1943), der Mensch im Kosmos. Aus: „Bild und Bühne" Katalog, Ausstellung Kunsthalle Baden-Baden 30.1.–9.5. 1965.

Bücherliste

Eine Auswahl zur weiteren Orientierung.

I

R.L.M. Deroulez. Götter und Mythen der Germanen (Einsiedeln Zürich 1963)
Simek, Rudolf, Lexikon der germanischen Mythologie (Kröner Stuttgart 1984)
Germanische Götterlehre (hrsg. Ulf Diederichs, Köln Düsseldorf 1984)
Edda Bd.1 u. 2, Sammlung Thule (Diederichs Jena 1928)
Snorris Königsbuch Heimskringla (Jena 1922, Diederichs)
Eigl, Kurt, Deutsche Götter- und Heldensagen (Wien 1953, Buchgemeinschaft Donauland)
H.J. Diener, Die Völkerwanderung (Edition Leipzig 1976)
Eric Graf Oxenstierna, Die Nordgermanen (Stuttgart 1957)
G.de Santillana / H.v. Dechend, Hamlets Mill (Gambit Ins. Boston 1969)
Ernst Uehli, Nordisch-germanische Mythologie als Mysteriengeschichte (Basel Geering 1926); jetzt:J. Ch. Mellinger Verlag, Stuttgart)
Jan de Vries, Kelten und Germanen (Bern/München 1960)
Andreas Volwahsen, Indien (Reihe Baukulturen, Hirmer München 1968)
Rolf Müller, Der Himmel über den Menschen der Steinzeit (Verständliche Wissenschaft Bd.106, Springer Bln./Heidelberg/New York 1970)
Die Germanen, Hrsg. Bruno Krüger 2.Bd.ff (Akademie-Verlag Bln. 1986)
H.W. Haussig, Wörterbuch der Mythologie (Stuttgart Klett, 1.Abt., 5.Lieferung)
Beowulf, übertr. u. hrsg. Martin Lehnert (Insel Leipzig 1986)
Werner Müller, Kreis und Kreuz (Sakralsiedlung bei Germanen und Italikern) Berlin 1938

II

Älteste deutsche Dichtung, Hrsg. Karl Wolfskehl u. F.v.d. Leyen (Insel Leipzig 1920)
Die Lieder Walthers von der Vogelweide (2Bde., hrsg. Fri. Maurer, Altdeutsche Textbibl. Niemeyer Tübingen 1956)
Hella Krause-Zimmer, Bernward von Hildesheim (Stuttgart 1984)
W.v.d. Steinen, Notker der Dichter (Francke München/Bern 1948)
Wolfram von den Steinen, Homo Caelestis (Francke Bern/München 1965)
Das erste Jahrtausend. Tafelband, hrsg. W.H. Elbern (Schwann, Düsseldorf 1962)
Antonio Serrua, Katakomben (Urachhaus Stuttgart 1991)
Ortrud Stumpfe, Die Symbolsprache der Märchen (Münster i.W. Aschendorff, 7. Aufl. 1992)
Ortrud Stumpfe, Die Heroen Griechenlands, Einübung des Denkens von

Theseus bis Odysseus (Aschendorff Münster, 2.Aufl. 1979)
Bhagavadgita (Diederichs Köln 1983)
Hermann Beckh, Buddha und seine Lehre (Stuttgart 1980)
Arno Borst, Lebensformen des Mittelalters (Fr. a.M./Bln. 1973)
Karl der Große (rororo Monographie Nr.187, Reinbek 1972)
Wolfgang Greiner, Gralsgeheimnisse (Dornach 1983)
Paul Kunitzsch, Erneut: der Orient in Wolframs Parzival (Zeitschr. f.
dt.Altertum u. dt.Literatur CXIII Bd. Heft2 1981, 2.Quartal, Wiesbaden)
Wilhelm Kelber, Die Logoslehre (Stuttgart 1958 Urachhaus)
Gerhard Kienle, Die ungeschriebene Philosophie Jesu (Stuttgart 1983)
Jean Markale, Les grands Bardes gallois (Falaize Verlag Paris 1956)
Ekkehart Meffert, Nikolaus von Kues (Stuttgart 1982)
Hella Krause-Zimmer, Die zwei Jesusknaben in der bildenden Kunst (Stuttgart 3.Aufl. 1986, Verl. Fr.Geistesl.)
Erasmus (rororo Monographie Nr.214, Reinbek 1974)
Erasmus von Rotterdam, Vom freien Willen (Göttingen 1979)
Dora Baker, Giovanni Pico della Mirandola (Dornach 1983)
Richard Wagner, Parzival (Hrsg. Kurt Pahlen, Goldmann/Schott, Opern der Welt, München 1981)
Ella Young, Keltische Mythologie (Mellinger Verlag)
Peter Wapnewski, Walther von der Vogelweide (Gedichtauswahl mit Prosaübersetzung (Fr. a. M. 1962–1970)
Dieter Kühn, Ich Wolkenstein (Fr. a.M. Insel 1977)
Dieter Kühn, Herr Niedhart (Fr. a.M. Insel 1971)
Walter Matthes, Corvey und die Externsteine (Stuttgart/Verl. Urachhaus)
Dionysius Areopagita, Die Hierarchien (München 1955, O.W. Barth)
Horst Dallmayr, Die großen vier Konzilien (München Kösel 1963)
Renate Riemeck, Glaube, Dogma, Macht; Geschichte der Konzilien, (Stuttgart 1985, Urachhaus)
Renate Riemeck, Jan Hus (Fr. a.M. 1966)
Martin Werner, Die Entstehung des christlichen Dogmas (Urban-Bücher Kohlhammer Stuttgart 1959)
Peter Blickle, Die Revolution von 1525 (Oldenbourg München/Wien 1981)
Heinrich Bornkamm, Das Jahrhundert der Reformation (Insel Taschenbuch 1983, Fr. a.M.)
Günter Burudio, Der teutsche Krieg (Fischer Fr. a.M. 1988)
Winfried Schulze, Bäuerlicher Widerstand und feudale Herrschaft (Stuttgart 1980, „Neuzeit im Aufbruch" Bd.6)
Barocklyrik, hrsg. Meid/Volker, Sammlung Metztler (Stuttgart)
Deutsche Lyrik vom Barock bis zur Gegenwart (DTV Klassik Nr. 2077)
Thomas von Aquino, Vom Wesen der Engel (lat./dt. übers. W.U. Klüncker, Stuttgart 1989)
W.U. Klüncker, Johannes Scotus Eriugena (Stuttgart 1988)
H.Weisweiler, Das Geheimnis Karls des Großen (Bertelsmann München 1981)
Walter Johannes Stein, Weltgeschichte im Lichte des Gral. 1.Band: Das neunte Jahrhundert (Mellinger Verlag, Stuttgart 1977)
W.J. Stein. The origin of the Lohengrin saga (in The Present Age, Februar 1936)

III

Pierre Gaxotte, Die Französische Revolution (1977 Bergisch-Gladbach Lübbe Bastei Nr.64002)
Novalis, Schriften hrsg. Paul Kluckhohn Bd.2 (Bibliogr. Inst. Leipzig)
Friedrich Schlegel u. Novalis, Briefwechsel hrsg. Max Preitz (Darmstadt 1957)
Der Briefwechsel zw. Schiller und Goethe, hrsg. Emil Staiger (Insel-Taschenbuch Fr. a.M. 1977)
Hans Tümmler, Goethe in Staat und Politik (Böhlau-Verl. Köln/Graz 1964)
Ekkehard Krippendorf, „Wie die Großen mit den Menschen spielen", Versuch über Goethes Politik (Edition Suhrkamp Fr. a.M. 1988)
H.Ch. Binswanger, Geld und Magie (zu Goethes Faust), Edition Weitbrecht Thienemann 1985
Goethe – Hegel, Briefwechsel (Stuttgart 1970, Verl. Fr. Geistesl.)
Hegel, Die Philosophie Platons (Stuttgart 1962, Verl. Fr.Geistesl.)
Hegel (rororo Monograpahie, Reinbek 1965)
G.Fr. Hegel, Phänomenologie des Geistes (Suhrkamp Taschenbuch, Wissenschaft 1977)
Adam von Trott zu Solz, Hegels Staatsphilosophie und das internationale Recht. (Göttingen 1967, Van den Hoek u. Ruprecht)
Ernst Bloch, Subjekt/Objekt, Erläuterungen zu Hegel (Suhrkamp TB 1977)
Fr.W. Schelling, Über das Wesen der menschlichen Freiheit (Suhrkamp Gesamtausgabe, Bd. Nr. 138, 1975)
Fr.W. Schelling, Über das Wesen der deutschen Wissenschaft, Fragment18 (Gesamtausgabe Bd.4, Suhrkamp Fr. a.M.)
Schelling, (rororo Monographie Nr. 308, Reinbek)
Johannes Mayer/P.Tradowsky, Kaspar Hauser, Das Kind von Europa, eine Dokumentation (Stuttgart Urachhaus)
Johannes Mayer, Lord Stanhope, der Gegenspieler Kaspar Hausers (Stuttgart 1988)
Wilhelm von Humboldt, Ideen zu einem Versuch, die Grenzen der Wirksamkeit des Staates zu bestimmen (Stuttgart 1962)
Wilhelm von Humboldt, Über die Verschiedenheit des menschlichen Sprachbaus und ihren Einfluß auf die geistige Entwicklung des Menschengeschlechts, (1836)

IV

G.Ogger, Die Gründerjahre (Droemer/Knaur München 1983)
Francois Delaisi, La Démocratie et les financiers (1910)...
Der Blaue Reiter, Neuausgabe Kl-Lankheit (Piper Paperback 1965)
Sebastian Haffner, 1918/19, Eine deutsche Revolution (rororo 7355, Reinbek 1981)
Ursula von Mangoldt, Gebrochene Lebenslinien (Herderbücherei 650, Freiburg 1981)
Ernst Toller, Eine Jugend in Deutschland (rororo 4178, Reinbek 1963)
John C.G. Röhl, Zwei deutsche Fürsten zur Kriegsschuldfrage. Eine Dokumentation (Droste, Düsseldorf 1971)

Johannes Tautz, Der Eingriff des Widersachers (Freiburg 1976)
Gustav Stresemann, 1878/1978 (Berlin Verlag 1978)
Renate Riemck, Mitteleuropa, Bilanz eines Jahrhunderts (Freiburg 1975)
Christoph Lindenberg, Die Technik des Bösen (Stuttgart 1978)
Ferdinand Lassalle, rororo Monographie (Reinbek, Hamburg 1974, Nr. 212)
Ferdinand Lassalle, Arbeiterprogramm (Reclam)
Ludwig Uhland, Politische Schriften und Reden, Bd.4, Ausgabe Winkler-Verl.
München)
Michael Frh. von Taube, Der großen Katastrophe entgegen (Erinnerungen
des bis 1917 Völkerrechtlers in Petersburg) Münster 1937
Georg Franz – Willing, Erzherzog Franz Ferdinand und die Pläne zur Reform
der Habsburgermonarchie (München Callwey 1943)
Ottokar Graf Czernin, Im Krieg (Erinnerungen des Außenministers), Wien
1919
Erich Feige, Kaiserin Zita, Wirklichkeit und Legende (Wien 1977)
Nicholas Goodrick-Clarke, The occult roots of nazism 1890–1935. The
Aquarian Press, Wellingborough 1985
Peter Orzechowski, Schwarze Magie Braune Macht (Verl. P.Selinka)
Der Nationalsozialismus. Dokumente 1933–1945 (Hrsg. Walter Hofer, Fischer
TB 1280)
Rudolf Steiner:
Die Mission einzelner Volksseelen, Oslo 1918 (GA Nr. 121)
Initiationswissenschaft und Sternenerkenntnis (GA Nr. 228) Stuttgart 1923
Der Orient im Lichte des Okzidents, München 1909 (GA Nr. 113), 5. Vortr.ff
Karma-Vorträge, 6. Band (24. 8. 1924 Torquay, 27. 8. 1924 London, Ga Nr. 240)
Der Mensch in Vergangenheit, Gegenwart u. Zukunft, 14. 9. 1923 Stuttgart
(GA Nr. 228)
Die Verantwortung des Menschen für die Weltentwicklung, 6.1. 1921 Stuttgart
(GA Nr. 213)
Anthroposophie als Kosmosophie I (GA Nr. 207), Dornach 1921
Die Tempellegende und die Goldene Legende, Berlin 1904–1906 (GA Nr. 93)
Esoterik und Weltgeschichte in der griechischen und germanischen Mytho-
logie, Berlin Okt. 1904 (Dornach 1955)
Das Christentum als mystische Tatsache (Taschenbuch 619)
Individuelles Geistwesen und einheitlicher Weltengrund. GA Nr. 178 (Dor-
nach,Nov. 1917; 19. 11. 1917ff.)
Das Johannes-Evangelium, 1908, Seite 103
Das Lukas-Evangelium, 1909, Seite 114
Das Matthäus-Evangelium, 1910, Seite 123
Das Markus-Evangelium, 1912, Seite 139

Verzeichnis der Texte

Texte Anhang

1) Wöluspa = Die Weissagung der Seherin.
Aus der Edda

1

Gehör heisch ich
heilger Sippen,
hoher und niedrer
Heimdallssöhne:
du willst, Walvater,
daß wohl ich künde,
was alter Mären
der Menschen ich weiß.

2

Weiß von Riesen
weiland gebornen,
die einstmals mich
auferzogen;
weiß neun Heime,
neun Weltreiche,
des hehren Weltbaums
Wurzeltiefen.

3

Urzeit war es,
da Ymir hauste:
nicht war Sand noch See
noch Salzwogen,
nicht Erde unten
noch oben Himmel,
Gähnung grundlos,
doch Gras nirgend.

4

Bis Bors Söhne
den Boden hoben,
sie, die Midgard,
den mächtgen, schufen:
von Süden schien Sonne
aufs Saalgestein;
grüne Gräser
im Grund wuchsen.

5

Von Süden die Sonne,
des Monds Gesell,
schlang die Rechte
um den Rand des Himmels:
die Sonne kannte
ihre Säle nicht;
die Sterne kannten
ihre Stätte nicht;
der Mond kannte
seine Macht noch nicht.

6

Zum Richtstuhl gingen
die Rater alle,
heilge Götter,
und hielten Rat:
für Nacht und Neumond
wählten sie Namen,
benannten Morgen
und Mittag auch,
Zwielicht und Abend,
die Zeit zu messen.

7

Die Asen eilten
zum Idafeld,
die Heiligtümer
hoch erbauten;
sie setzten Herde,
hämmerten Erz;
sie schlugen Zangen,
schufen Gerät.

11

Bis drei Asen
aus dieser Schar,
stark und gnädig,
zum Strand kamen:

sie fanden am Land,
ledig der Kraft,
Ask und Embla,
ohne Schicksal.

12
Nicht hatten sie Seele,
nicht hatten sie Sinn,
nicht Lebenswärme
noch lichte Farbe;
Seele gab Odin,
Sinn gab Hönir,
Leben gab Lodur
und lichte Farbe.

13
Eine Esche weiß ich,
sie heißt Yggdrasil,
die hohe, benetzt
mit hellem Naß:
von dort kommt der Tau,
der in Täler fällt;
immergrün steht sie
am Urdbrunnen.

14
Von dort kommen Frauen,
vielwissende,
drei, aus dem Born,
der unterm Baume liegt:
Urd heißt man eine,
die andre Werdandi
sie schnitten ins Scheit,
Skuld die dritte;
Lose lenkten sie,
Leben koren sie
Menschenkindern,
Männergeschick.

21
Ich weiß Heimdalls
Horn verborgen
unterm heilgen
Himmelsbaume;
Flut seh ich fallen

in feuchtem Sturz
aus Walvaters Pfand
wißt ihr noch mehr?

22
Saß einsam draußen,
als der Alte kam,
der furchtbare Ase,
und ins Aug mir sah:
Was fragst du mich?
Was forschst du bei mir?
Ich weiß, Odin,
wo dein Auge du bargst.

23
Ich weiß Odins
Auge verborgen
in Mimirs Quell,
dem märchenreichen;
Met trinkt Mimir
allmorgendlich
aus Walvaters Pfand
wißt ihr noch mehr?

25
Ich sah Balder,
dem blutenden Gott,
Odins Sohne,
Unheil bestimmt:
ob der Ebne
stand aufgewachsen
der Zweig der Mistel,
zart und schön.

26
Ihm ward der Zweig,
der zart erschien,
zum herben Harmpfeil:
Hödur schoß ihn;
und Frigg weinte
in den Fensälen
um Walhalls Weh
wißt ihr noch mehr?

27
Geknebelt sah ich
im Quellenwald
den Leib Lokis,
des listenreichen.
Da sitzt Sigyn,
ihr Gesell bringt ihr
wenig Wonne
wißt ihr noch mehr?

28
Durch Gifttäler
gleitet von Osten
mit Schneiden und Schwer-
tern
der Schreckenstrom.

32
Eine Alte östlich
im Erzwald saß;
die Brut Fenrirs
gebar sie dort.
Von ihnen allen
wird einer dann
des Taglichts Töter,
trollgestaltet.

33
Er füllt sich mit Fleisch
gefallner Männer,
rötet mit Blut
der Rater Sitz.
Schwarz wird die Sonne
die Sommer drauf;
Wetter wüten
wißt ihr noch mehr?

34
Dort saß auf dem Hügel
und schlug die Harfe
der Riesin Hüter,
der heitre Eggdir;
es krähte bei ihm
im Kiefernbusch
der feuerrote Hahn,

der Fjalar heißt.

35
Doch Güldenkamm
bei den Göttern kräht:
er weckt die Helden
bei Heervater;
unter der Erde
ein anderer kräht,
in Hels Halle,
ein braunroter Hahn.

36
Gellend heult Garm
vor Gnipahellir:
es reißt die Fessel,
es rennt der Wolf.
Vieles weiß ich,
Fernes schau ich:
der Rater Schicksal,
der Schlachtgötter Sturz.

37
Brüder kämpfen
und bringen sich Tod,
Brudersöhne
brechen die Sippe;
arg ist die Welt,
Ehbruch furchtbar,
Schwertzeit, Beilzeit,
Schilde bersten,
Windzeit, Wolfzeit,
bis die Welt vergeht
nicht einer will
des andern schonen.

38
Es gärt bei den Riesen;
des Gjallarhorns,
des alten, Klang
kündet das Ende.
Hell bläst Heimdall,
das Horn ragt auf;
Odin murmelt
mit Mimirs Haupt.

39
Yggdrasils Stamm
steht erzitternd,
es rauscht der Baumgreis;
der Riese kommt los.
Alles erbebt
in der Unterwelt,
bis der Bruder Surts
den Baum verschlingt.

40
Was gibt's bei den Asen?
Was gibt's bei den Alben?
Riesenheim rast;
beim Rat sind die Götter.
Vor Steintoren
stöhnen Zwerge,
die Weisen der Felswand
wißt ihr noch mehr?

41
Gellend heult Garm
vor Gnipahellir:
es reißt die Fessel,
es rennt der Wolf.
Vieles weiß ich,
Fernes schau ich:
der Rater Schicksal,
der Schlachtgötter Sturz.

42
Hrym fährt von Osten,
er hebt den Schild;
im Riesenzorn
rast die Schlange.
Sie schlägt die Wellen;
es schreit der Aar,
Leichen reißt er;
los kommt Nagelfar.

43
Der Kiel fährt von Osten:
es kommen Muspells
Leute zum Land;
Loki steuert.

Mit dem Wolfe zieht
die wilde Schar;
Byleipts Bruder
bringen sie mit.

44
Surt zieht von Süden
mit sengender Glut;
von der Götter Schwert
gleißt die Sonne.
Riesinnen fallen,
Felsen brechen;
zur Hel ziehn Männer,
der Himmel birst.

46
Der starke Sohn
Siegvaters kommt,
Widar, zum Kampf
mit dem Waltiere:
es stößt seine Hand
den Stahl ins Herz
dem Riesensohn;
so rächt er Odin.

49
Die Sonne verlischt,
Das Land sinkt ins Meer;
vom Himmel stürzen
die heitern Sterne.
Lohe umtost
den Lebensnährer;
hohe Hitze
steigt himmelan.

50
Gellend heult Garm
vor Gnipahellir:
es reißt die Fessel,
es rennt der Wolf.
Vieles weiß ich,
Fernes schau ich:
der Rater Schicksal,
der Schlachtgötter Sturz.

51
Seh aufsteigen
zum andern Male
Land aus Fluten,
frisch ergrünend:
Fälle schäumen;
es schwebt der Aar,
der auf dem Felsen
Fische weidet.

52
Auf dem Idafeld
die Asen sich finden
und reden dort
vom riesigen Wurm
und denken da
der großen Dinge
und alter Runen
des Raterfürsten.

53
Wieder werden
die wundersamen
goldnen Tafeln
im Gras sich finden,
die vor Urtagen
ihr eigen waren.

54
Unbesät werden
Äcker tragen;
Böses wird besser:
Balder kehrt heim;
Hödur und Balder
hausen im Sieghof,
froh, die Walgötter –
wißt ihr noch mehr?

2) Thors Fahrt an die Grenzen

Nach der Prosa-Edda referiert und zitiert:

Thor ließ seinen Wagen mit den beiden starken Ziegenböcken bei dem Bauern zurück. Er hatte sie am Abend geschlachtet, gegessen, hatte geschlafen und sie am Morgen wieder in ihre Fellgestalt hinein belebt. Weil aber der Sohn des Bauern einen Knochen verletzt hatte, um an das Mark zu kommen, nahm Thor den Wißbegierigen mit, Thjalfi, der ein sehr schneller Läufer war. Sie wanderten ans Meer, Thor und Loki und Thjalfi, der Gehilfe. Sie fuhren übers Meer, ans Land von *Jötunheim,* Riesenheim, und kamen an einen großen Wald. Es wurde Nacht, endlich sahen sie ein Gewölbe, wie ein Haus, gingen hinein und schliefen. Es war aber der Winterhandschuh des Riesen Skrymir. Am Morgen wies er ihnen den Weg zur Burg *„Utgard",* Wohnung außerhalb des Midgard der Menschen.

Gegen Mittag sahen sie die Burg, das große, umgürtete Gehöft. Sie erzwangen sich den Durchweg und fanden die Tür des Hauses offen, sie traten ein und sahen auf dem Hochsitz erhöht über den beiden Bänken um den Tisch den Hausherrn sitzen, *Utgardloki.* Er begrüßte sie, sagte: „Wer so weit herkommt, den fragt man nicht mehr nach Neuigkeiten. Aber habe ich nicht recht mit meiner Vermutung, daß der kleine Bursche der leibhaftige Wagen-Thor ist? Du wirst aber wohl bedeutender sein, als du mir aussiehst. Was für Leistungen sind es, zu denen ihr Fahrtgenossen euch gerüstet fühlt? Es soll nämlich niemand unter uns sein, der nicht irgendeine Kunst oder Fertigkeit versteht und sich dadurch vor den meisten Menschen auszeichnet."

So beginnt der Wettstreit in den Grundfunktionen des Lebens. Wer kann am geschicktesten schnell die Nahrungsmittel aufnehmen, also am meisten essen? Loki meint, er könne das, und Utgardloki gibt ihm als Wettpartner einen, der Logi heißt, also Lohe, Feuerlohe. Dieser nun vertilgt nicht nur das Essen, sondern auch die halbe Schüssel mit. „Daraufhin schien es allen, als hätte Loki das Spiel verloren." Nun fragte der Hausherr den jungen Thjalfi, was er könne, und der meinte, er könne sehr schnell laufen. So gab der Hausherr dem wißbegierigen Schnelläufer einen aus der Tafelrunde zum Gegner, der hieß Hugi. Thjalfi verlor gegen ihn. – Nun fragte Utgardloki den Thor, was er könne und zeigen wolle, und Thor meinte, er wolle mehr trinken können als die anderen. Man gab ihm das große Horn, er trank in riesigen Schlucken, dreimal setzte er an, aber der Wasserspiegel sank nur ganz wenig. Da sagte Utgardloki freundlich gutmütig: „Gut getrunken, wenn auch nicht allzuviel. Hätte mir einer gesagt, der Asen-Thor vermöchte keine größeren Schlucke zu tun, so hätte ich es nicht geglaubt." – „Was nun, Thor? Du wirst bei uns für keinen so großen Mann gelten können wie bei den Asen, wenn du nicht in anderen Wettkämpfen mehr leistest." Es wird die Aufgabe gestellt, die große Katze vom Boden zu heben, und Thor kann nur erreichen, daß sie eine Pfote vom Boden löst. Und die dritte Aufgabe ist der Ringkampf mit der starken alten Frau, die heißt Elli, die Pflegemutter des Riesen: Das geht hin und her, bis doch Thor mit einem Knie einsinkt. Nun wurde es Abend, die Gäste werden bewirtet und zu Bett geleitet, am Morgen werden sie wieder gut bewirtet, danach geleitet Utgard-Loki sie hinaus vor seine Burg und sagte dort: „Nun sollst du die Wahrheit hören."

Thjalfi der Schnelläufer lief um die Wette mit Hugi, das heißt „der Gedanke", den konnte er nicht erreichen. Loki aß um die Wette mit lohendem Feuer, das alles zerstört, nicht Leben nährt. Thor trank, während das Horn im Weltmeer eingesenkt war, und seine Kraft bewirkte ein großes Schwinden, das man nun Ebbe nennt. Die „Katze" aber war die Midgardschlange, die Odin als Umgürtung der Erde gemeistert hatte. Jene alte Frau, mit der Thor rang, war die Elli, das heißt das Alter, man kann es nicht besiegen. Als aber Thor nun, nach Skrymirs Bericht, voll Zorn den Hammer hob, war nichts mehr zu sehen als freies Feld. Das Spiel, das der Utgardloki um ihn gezaubert und zugleich mit der Wirklichkeit verbunden hatte, war getan. Die drei, Thor, Loki und Thjalfi, wanderten heimwärts, zornig, aber nicht gedemütigt.

Kommentar: Skrymir heißt etwa „der Prahler", aber das war hier ein Ausbreiten von Fakten, ein Prüfen. Wie Loki der Lehrzeit der Asen immanent ist als ihr Grenzensetzer, so zeigt der Utgardloki die Grenzen des Thorwirkens. Thor ist Sohn aus Odin, dem Erkenntnisleiter, und Jörd, der Erdgöttin, der Willenskräfte des Erdbereichs. Das bezeichnet sein Wirkgebiet. Er ist stark, aber kann nicht den Rahmen sprengen, den die höheren Götter für die Menschwerdung gesetzt haben. Er ist „angelos" = Bote, Engel, waltend zwischen Göttern und Menschen. Seine steten Erkundungen und Kämpfe im Riesenbereich meinen die Meisterung der gewaltigen Triebkräfte, um sie auf das Maß des Menschseins zu bringen, dort in Atemrhythmus und Blutpuls zu wahren. Auch das Symbol der Ziegenböcke seines Wagens sagt (allgemein so gebraucht) das aus; die Wildziege als unruhig triebhafte, neugierige Natur wird gemeistert als gute Kraft.

3) Odins Runenkunde

Zeit ists, zu raunen auf dem Rednerstuhl,
am Ufer des Urdbrunnens.
Ich schaute und schwieg; ich schaute und sann,
lauscht auf der Waltenden Wort.

Von Runen hört ich reden, sie verrieten die Deutung,
bei der Halle Hars,
in der Halle Hars;
sagen hört ich so:

„Ich weiß, daß ich hing am windigen Baum
neun Nächte lang,
mit dem Ger verwundet, geweiht dem Odin,
ich selbst mir selbst,
an jenem Baum, da jedem fremd,
aus welcher Wurzel er wächst.

Sie spendeten mir nicht Speise noch Trank;
nieder neigt ich mich,
nahm auf die Stäbe, nahm sie stöhnend auf,
dann stürzte ich herab.

Neun Hauptlieder lernt ich vom hehren Bruder
der Bestla, dem Bölthornsohn;
von Odrörir, dem edelsten Met,
tat ich einen Trunk.

Zu wachsen begann ich und wohl zu gedeihn,
weise ward ich da:
Wort mich von Wort zu Wort führte,
Werk mich von Werk zu Werk führte."

Nun sind Hars Reden in seiner Halle gesagt,
gar rätlich Reckensöhnen,
nicht rätlich Riesensöhnen.
Heil, der sie wies! Heil, der sie weiß!
Er wahre sie wohl!
Heil, die sie hörten!

Sie schuf er, sie schnitt er,
sie ersann Siegvater
durch den Trank, der getropft war
aus Heiddraupnirs Haupt

und aus Hoddrosnirs Horn.

Sie wirkt er, sie webt er,
sie alle setzt zusammen er
auf dem Thing, da die Degen ziehn
zu gerechtem Gericht.

„Runen sollst du lernen und rätliche Stäbe,
Stäbe gar stark,
Zeichen zauberkräftig,
wie sie zog der Zauberherr,
wie sie wirkten Weihgötter,
wie sie ritzte der Raterfürst.

So ritzte Thund vor der Tage Beginn;
dort erhob er sich, von wo heim er kam."

Die Odinsnamen im Runenlied: Har = der Graue. Thund = der
Mächtige, in anschwellender Kraft.

4) Aus dem Fjölswinnlied

1
Vorm Wall sah er
einen Wandrer nahen
durch des Riesenvolks Reich.

Fjölswinn:
Feuchte Wege
zieh wieder von hinnen!
Nicht läßt man dich Elenden
ein.

2_Swipdag:
Welch ein Unhold ist das,
der hier außen steht
und ums feindliche Feuer
schweift?

Fjölswinn:
Was suchst du?
Auf welcher Suche bist du?
Was willst du Heilloser hier?

3_Swipdag:
Welch ein Unhold ist das,
der hier außen steht
und dem Fremdling Empfang
versagt?

Fjölswinn:
Ehrendes Wort
hat man dir immer verweigert;
von hinnen heb dich heim!

4
Fjölswinn heiß ich,
ich bin erfahrnes Sinns,
doch bin ich karg mit Kost;
nicht erhältst du Einlaß
zum Innern des Hofs:
zieh, Wolf, deines Wegs!

5_Swipdag:
Zur Augenweide
zieht's immer den Liebenden,
dort, wo schönes er schaut;
es glänzen die Zäune,
dünkt mich, um goldne Säle:
hier fänd ich Zufriedenheit.

11_Swipdag:
Sage mir dies, Fjölswinn,
was ich dich fragen werde
und ich wissen will:
wie heißt die Mauer –
kein Mensch sah je
eine schlimmere Schutzwehr?

12_Fjölswinn:
Gastropnir heißt sie:
aus den Gliedern Leirbrimirs
hab ich die Mauer gemacht;
so hab ich sie gestützt,
daß sie stehen soll
bis zum Weltende wohl.

13_Swipdag:
Sage mir dies, Fjölswinn,
was ich dich fragen werde
und ich wissen will:
wie heißt der Baum,
der da breitet über
die Erde sein Geäst?

14_Fjölswinn:
Mimameid heißt er,
kein Mensch aber weiß,
aus welcher Wurzel er wächst;
niemand kennt,
was ihn niederlegt:
nicht fällt ihn Brand noch Beil.

19_*Swipdag:*
Sage mir dies, Fjölswinn,
was ich dich fragen werde
und ich wissen will:
wie heißen die Hunde,
die hungrig laufen
vor dem Gehöft umher?

20_*Fjölswinn:*
Gifr heißt einer,
Geri der andre,
wenn du's wissen willst,
nimmermüde Wächter,
sie wachen hier,
bis die Götter vergehn.

31_*Swipdag:*
Sage mir dies, Fjölswinn,
was ich dich fragen werde
und ich wissen will:
wie heißt die Halle,
die rings umhüllt
die verwunschene Waberlohe?

32_*Fjölswinn:*
Lyr heißt sie,
doch lange wird sie
beben auf Bergeshöh;
von dem Reichtumshaus
wird Gerücht nur kommen
ewig zum Erdenvolk.

35_*Swipdag:*
Sage mir dies, Fjölswinn,
was ich dich fragen werde
und ich wissen will:
wie heißt der Berg,
auf dessen Höh ich die Maid,
die herrliche, hausen seh?

36_*Fjölswinn:*
Lyfjaberg heißt er,
der lange Trost
Versehrten und Siechen bringt.

41_*Swipdag:*
Sage mir dies, Fjölswinn,
was ich dich fragen werde
und ich wissen will:
gibt's keinen Mann,
der in Menglöds wonnigen
Armen ausruhn darf?

42_*Fjölswinn:*
Keinen Mann gibt's
der in Menglöds wonnigen
Armen ausruhn darf,
außer Swipdag allein:
ihm soll die sonnige Maid
zur Gattin gegeben werden.

43_*Swipdag:*
Stoß das Tor auf!
Die Tür gibt frei!
Hier kannst du Swipdag sehn.
Flugs nun geh,
zu fragen, ob Menglöd
nach meiner Liebe verlangt!

44_*Fjölswinn:*
Höre, Menglöd:
ein Mann ist gekommen;
geh, zu grüßen den Gast!
Die Hunde wedeln,
das Haus tat sich auf:
mich dünkt, daß es Swipdag sei.

46
Woher des Wegs?
Woher bist gewandert du?
Wie heißt man dich daheim?
Namen und Sippe
soll ich nehmen zum Zeichen,
ob ich als Gattin gegeben dir.

47_*Swipdag:*
Swipdag heiß ich,
Solbjart hieß mein Vater,
mich trieb's den windkalten
Weg;

das Wort der Urd
überwindet keiner,
beschied's ihm schweres auch.

48_*Menglöd:*
Froh sei gegrüßt!
Erfüllt ist nun mein Wunsch
komm und küsse mich!
Des Ersehnten Anblick
muß die Sorge bannen
dem, der nach Liebe verlangt.

49
Lange saß ich
auf dem Lyfjaberg,
harrte dein Tag für Tag;
wes ich gewartet,
das ward nun erfüllt,
da du, Held, kamst zur Halle.

5) Auf dem Meere wandeln

(Aus dem Heliand)
Da verliefen sich die Leute über all dem Lande,
Das Volk zerfuhr, da ihr Fürst entwichen war
Hinauf ins Gebirge, der Gebornen Mächtigster,
Der Waltende, nach seinem Willen. An des Wassers Gestad
Sammelten die Gesellen sich, die er selbst sich erkoren,
Die zwölf, ob ihrer Treue. Sie zweifelten nicht:
Im Dienste Gottes wollten sie gerne
Über den See setzen. Sie ließen in schneller Strömung
Das hochgehörnte Schiff die hellen Wogen
Schneiden, die lautre Flut. Das Licht des Tages schied,
Die Sonne ging zum Sedel, und die Seefahrer hüllte
Nacht und Nebel. Ihr Nachen trieb
Vorwärts in der Flut. Die vierte Weile
Der Nacht war genaht. Der Notretter Christ
Sah den Wogenden nach. Der Wind wehte mächtig,
Ein Unwetter erhob sich, die Wogen heulten,
Den Stamm umströmend. Angestrengt steuerten
Wider den Wind die Männer: ihr Herz war bewegt,
Ihre Seele sorgenvoll: sie wähnten selber nicht,
Die starken Steurer, das Gestad zu erreichen
Vor des Wetters Wut. Da sahn sie den waltenden Christ
Selber auf dem See geschritten kommen,
Zu Fuße wandelnd: in die Flut mocht er nicht,
In den See versinken, da seine Kraft ihn,
Die heilige, hielt. Das Herz war in Furchten,
Den Männern der Mut, daß es der mächtige Feind
Sie zu täuschen täte. Da sprach ihnen Trost zu
Der heilige Himmelskönig, daß er ihr Herr wäre,
Ihr mächtiger Meister: „Nun sollt ihr Mut,
Festen, euch fassen, ohne Furcht sei euer Herz,
Gebaret mutig! Gottes Geborner bin ich,
Sein eigener Sohn: wider den See will ich euch,
Den Meerstrom schützen."

Da sprach der Männer einer
Vom Rand des Schiffes, der ruhmwerte Mann,
Petrus, der gute: „Keine Pein soll mir machen
Des Wassers Wut, wenn du der Waltende bist,
Unser Herr, der gute, wie mich im Herzen dünkt.
So heiß mich zu dir gehn über die zürnende Flut,
Trocken über die Tiefe, wenn du der Teure bist,

Der Menschen Mundherr." Da hieß ihn der mächtige Christ
Ihm entgegengehn: und gerne gehorcht' er,
Stieg aus dem Stamme, und stapfend ging er,
Fort zu seinem Fürsten. Die Flut ertrug
Den Mann durch Gottes Macht, bis sein Mut begann,
Die Tiefe zu scheuen, da er treiben sah
Die Wogen mit dem Winde, denn Wellen umwallten ihn
Rings, hohe Strömung. Wie das Herz ihm zweifelte,
Wich das Wasser, und in die Woge
Versank er, in den Seestrom. Da schrie er empor
zu dem Gottessohne und begehrte flehentlich,
Daß er ihm hilfreich nahte, da er in Nöten war,
In harter Bedrängnis. Der Herr der Völker
Empfing und faßt' ihn und fragte sogleich,
Warum er verzweifle. „Du solltest nicht zagen,
Denn wisse in Wahrheit, daß des Wassers Strom
Hier in der See deinem Schritt nicht mochte
Nachgeben, wo du gingest, wenn du Glauben fest
Im Herzen hieltest. Nun will ich dir helfen,
Der Not dich entnehmen." Ihn nahm der Allmächtige,
Der Herr, bei den Händen. Da ward ihm die helle Flut
Wieder fest unter den Füßen, und fort gingen
Sie beide, bis sie über Bord des Schiffes
Aus dem Strome stiegen und am Steuer niedersaß
Der Gebornen Bester. Da war die breite Flut
Und die Strömung gestillt: zum Gestade kamen sie,
Die Seesegler, zusammen ans Land
Trotz des Wassers Wut.

Da dankten sie dem Waltenden,
Verherrlichten den Herrn, den hehren, mit Wort und Tat,
Fielen ihm zu Füßen und sprachen viel
Weislicher Worte. Sie wußten nun,
Er wär es selber, der Sohn des Herrn,
Wahrhaft auf dieser Welt, der Gewalt besitze
Über den Mittelkreis, den Menschen allzumal
Das Leben zu fristen, wie er auf der Flut getan
Wider des Wassers Wut.

6) Eingang des Pilatus

(Straßburger Handschrift)
12._Jahrhundert
Man sagit von dutischer zungen.
siu si unbetwungen.
ze vogene herte.
swer si dicke berte.
si wurde wol zehe.
als dem stale ir geschee.
der mit sinem gezowe
uf dem anehowe
wurde gebouge.
swi ihz gezouge.
ih wil spannin minen sin
zo einer rede. an der ich bin
ane gedhenet uil cranc.
mac sih enthalden min gedanc.
unz ih si geenden.
so weiz ih. daz genenden
me tut dan maze
an sulhen anlaze.
Ih grifen an den uollemunt.
unde sterke minen funt
mit dem eristen sinne.

Ich greife in den Untergrund
Und stärke meinen Fund
Mit dem Allerersten Sinn
Der drunten und drin
Tief verwurzelt ist.
Hab ich Stetigkeit und Frist
So hol ich aus ihm dem Einen
Mit den Grundsteinen
Die Fülle manchen Sinnes herbei
Daß mir Sinn und Geist die zwei
Wacker bleiben beide
Bis ich vom Werke scheide.
Solchen Wesens ist der Erste Sinn
Den ich als Urgrund hin
Unter die andern will legen
Daß mich Schreck faßt weil verwegen
Ich mich neige bis auf diesen Plan.

Er ist aller Sinne Fahn
Ihr Ziel und ihr Zeichen.
Ich kann nicht an ihn reichen
Leg ich ihn auch zur Stund
Hin als Urgrund.
Das kommt daher doch:
Bisweilen ist er mir zu hoch
Bisweilen gleicht er mir eben
So wie ihn der mir gegeben
Der Wunderbar heißet
Und rings umkreiset
Himmel und Erde.
Der ließ den Sinn mir werden.
Dieser selbe Sinn und der ist Sein
Des der ihn gab . jene sind mein
Die ich aus ihm gezogen
Ich bin gebeuget und gebogen
Mehr denn ich je gewesen.
Ich überspannte mein Wesen
Da ich die Sinne zu mir beschieden.
Will mich noch nicht entlassen in Frieden.
Mit meinem Maße will ich ringen
Bis weicheres und gewohnteres Klingen
Meine deutsche Rede hat
Sie ist mir noch viel zu matt.
Du Anbeginn und Ende
Deinen Geist mir sende
Zu meinem Beginnen
Bleib mit mir darinnen
Bis ich heraus mag kommen.

7) Walther von der Vogelweide

1

Ich saz ûf eime steine,
und dahte bein mit beine:
dar ûf satzt ich den ellenbogen:
ich hete in mîne hant gesmogen
daz kinne und ein mîn wange.
dô dâhte ich mir vil ange,

wie man zer welte solte leben:
deheinen rât kond ich gegeben,
wie man driu dinc erwurbe,
der keinez niht verdurbe.
diu zwei sint êre und varnde guot,
daz dicke ein ander schaden tuot:
daz dritte ist gotes hulde,
der zweier übergulde.
die wolte ich gerne in einen schrîn.
jâ leider desn mac niht, gesîn,
daz guot und weltlich êre
und gotes hulde mêre
zesamene in ein herze komen.
stîg unde wege sint in benomen:
untriuwe ist in der sâze,
gewalt vert ûf der strâze:
fride unde reht sint sêre wunt.
diu driu enhabent geleites niht, diu zwei enwerden ê gesunt.

1   Under der linden   an der heide,
da unser zweier bette was,
Da mugt ir vinden   schone beide
gebrochen bluomen unde gras.
Vor dem walde in einem tal,
tandaradei,
schone sanc die nahtegal.
2   Ich kam gegangen   zuo der ouwe,
do was min friedel komen e.
Da wart ich enpfangen,   here frouwe,
daz ich bin saelic iemer me.
Kust er mich? wol tusentstunt,
tandaradei,
seht wie rot mir ist der munt!
3   Do het er g(e)machet   also riche
von bluomen eine bettestat.
Des wirt gelachet   innecliche,
kumt iemen an daz selbe pfat.
Bi den rosen er wol mac,
tandaradei,
merken wa mirs houbet lac.
4   Daz er bi mir laege,   wessez iemen
(nu enwelle got!), so schamt ich mich.
Wes er mit mir pflaege   niemer niemen
bevinde daz wan er unde ich,
Und ein kleinez vogellin,

tandaradei,
daz mac wol getriuwe sin.

34 Owê war sint verswunden alliu mîniu jâr!
ist mir mîn leben getroumet, oder ist ez wâr?
daz ich ie wânde ez wære, was daz allez iht?
dar nâch hân ich geslâfen und enweiz es niht.
nû bin ich erwachet, und ist mir unbekant
daz mir hie vor was kündic als mîn ander hant.
liut unde lant, dar inn ich von kinde bin erzogen,
die sint mir worden frömde reht als ez sî gelogen.
di mîne gespilen wâren, die sint træge unt alt.
bereitet ist daz velt, verhouwen ist der walt:
wan daz daz wazzer fliuzet als ez wîlent flôz,
für wâr mîn ungelücke wânde ich wurde grôz.
mich grüezet maneger trâge, der mich bekande ê wol.
diu welt ist allenthalben ungenâden vol.
als ich gedenke an manegen wünneclîchen tac,
die mir sint enpfallen als in daz mer ein slac,
iemer mêre ouwê.

Owê wie uns mit süezen dingen ist vergeben!
ich sihe die gallen mitten in dem honege sweben:
diu Welt ist ûzen schœne, wîz grüen unde rôt,
und innân swarzer varwe, vinster sam der tôt.
swen si nû habe verleitet, der schouwe sînen trôst:
er wirt mit swacher buoze grôzer sünde erlôst.
dar an gedenkent, ritter: ez ist iuwer dinc.
ir tragent die liehten helme und manegen herten rinc,
dar zuo die vesten schilte und diu gewîhten swert.
wolte got, wan wære ich der segenunge wert!
sô wolte ich nôtic armman verdienen rîchen solt.
joch meine ich niht die huoben noch der hêrren golt:
ich wolte sælden krône êweclîchen tragen:

8) Anonyme Zeitgenossen

Wurze des waldes
und erze des goldes
und elliu apgründe,
diu sint dir, hêrre, künde;
diu stênt in diner hende,
allez himmeleschez her
dazn möht dich niht volloben an ein ende.
Wurzeln des Waldes
Und Erze des Goldes
und jeder tiefe Abgrund
sind dir, Herr, alleine kund.
Alles steht in deinen Händen;
und das ganze Himmelsheer
könnte nie, o Herr, dein Lob vollenden.

Aus dem 12. Jahrhundert kam diese starke, Aussage, vom spilman aus Bayern gen. „der *Spervogel*", dessen Wappen den zielenden Speer zeigte.

Du bist min, ih bin din,
des solt dû gewis sîn,
du bist beslozzen
in mînem herzen;
verlorn ist daz slüzzelin:
du muost immer drinne sîn.
Aus dem 12. Jahrhundert wurde in der Sammlung des Mönches Wernher von Tegernsee (heute in der Bayerischen Staatsbibliothek München) ein lateinischer Brief eines Mädchens an ihren Lehrer berichtet, einen Mönch; am Schluß des Briefes stand dieser deutsche Text.

9) Oswald von Wolkenstein

Taglied

Es braust daher von Orient
ein Wind, den man „levante" nennt;
den Weg durch Indien kennt er gut,

in Syrien, dort ist er schnell,
an Griechenland streicht er vorbei,
und weiter nach Nordafrika,
Granada hat er bald erstürmt,
glüht auf in Spanien, Portugal;
die ganze Welt, von Ost bis West
beherrscht dies edle Element.
Als Boten schickte ihn der Tag,
er folgt ihm nach durchs Firmament,
doch der „ponente" hält ihn auf –
so freuen sich im Occident
die Leute von Narbonne.
Ein Mädchen hörte dies Gebraus;
es lag im Bett, war fest umarmt,
von Liebe ganz umfaßt. Es sprach:
„Ich höre dieses Luftgetümmel!
Das Licht macht schon die Nacht zum Tag.
Wach auf, mein Schatz! Vertrieben sind
die Sterne bald vom Himmelsfeld.
He, Wächter, hast uns hier gestört,
nur Jammer bringst du mir!
So sag, du Kerl, mit welchem Recht
weckst du in mir den Liebesschmerz,
daß mir das Herz vor Leid erstarrt?
Die Reue wäre doch sehr groß,
wenn ihm der Abschied nicht gelänge!
Das ist dein blödes Blasen schuld!"
  Und sie begann zu kosen,
  ihn aus dem Schlaf zu lösen,
  sich fest an ihn zu schmiegen,
  voll Lust an ihn zu pressen,
  daß ihm die Glieder knackten –
  er kam zu sich und gleich
  begann das Liebesspiel!

Der knab erschrak aus lawres wan / sag lieb wie sol ich das verstan / daz
mich dein zartlich umbefan / in grym'rache hie began / erschreckn ser
mit wid'zam / hab ich dich misvalln tan / ach nain dw austerwelt' man /
mich rewt dein sorgleich von mir gan / des bin ich mutes word'n an / hor
zu den voglein wunnesam / den tag ze melden sy nicht lan / ye yedes
vicht sein sundern gan / mit sußer styme auff pames pan.

Ein geistliches Lied, vorgetragen zur selben Melodie wie ein Marien-
lied oder eine Liebesszene.

Der oben schwebt, der unten trägt,
der vorne, hinten, seitlich stützt,
der ewig lebt, der ohne Anfang ist,
der alt und jung, von Anbeginn
dreifältig einbeschlossen in ein Wort,
in Harmonie, in unauflöslicher Verflechtung,
der schmerzhaft starb, nie tot gewesen,
der keusch empfangen, ohne jeden Schmerz
geboren wurde, frisch und stark, von reiner Magd,
der viele Wunder hat vollbracht,
die Hölle aufgesprengt, den Teufel festgesetzt,
der allen Pflanzen Stengel, Saft und Dolden gab –

Rückblick

Nordafrika, Arabien,
Armenien und Persien,
die Krim und dann nach Syrien,
Byzanz, ins Türkenreich,
Georgien –
die Sprünge sind vorbei!
Durch Preußen, Rußland, Estland,
nach Litauen, Livland und zur Nehrung,
nach Schweden, Dänemark, Brabant,
und Flandern, Frankreich, England
ins Schottenland –
so hoch gehts nicht mehr raus!
Durch Aragon, Kastilien,
Granada und Navarra,
von Portugal bis nach Leon,
zum Cabo Finisterre,
Marseille und die Provence –
in Ratzes vor dem Schlern,
da sitz ich fest, im Ehestand,
da mehre ich mein Mißvergnügen
höchst verdrossen,
auf einem Felsklotz, rund und steil,
von dichtem Wald umschlossen.
Ich seh hier zahllos, Tag um Tag:
nur Berge, riesig, Täler tief,
und Felsen, Stauden, Schneestangen.
Und noch etwas bedrückt mich hier:
mir hat das Schreien kleiner Kinder

die Ohren oft betäubt,
nun durchbohrt.

Was mir an Ehrung ward zuteil
durch Fürsten, „manig" Königin
und was ich so an Schönem sah,
das büß ich ab in diesem Bau.
Mein Unheil hier –
es zieht sich lange hin!

10) Abend

Der schnelle Tag ist hin; die Nacht schwingt ihre Fahn
Und führt die Sternen auf. Der Menschen müde Scharen
Verlassen Feld und Werk; wo Tier und Vögel waren,
Traurt jetzt die Einsamkeit. Wie ist die Zeit vertan!

Der Port naht mehr und mehr sich zu der Glieder Kahn.
Gleichwie dies Licht verfiel, so wird in wenig Jahren
Ich, du und was man hat und was man sieht, hinfahren.
Dies Leben kömmt mir vor als eine Renne-Bahn.

Laß, höchster Gott, mich doch nicht auf dem Laufplatz gleiten!
Laß mich nicht, ach, nicht Pracht, nicht Lust, nicht Angst verleiten!

Dein ewig heller Glanz sei vor und neben mir!

Laß, wenn der müde Leib entschläft, die Seele wachen,
Und wenn der letzte Tag wird mit mir Abend machen,
So reiß mich aus dem Tal der Finsternis zu dir!

Andreas Gryphius

11) An eine Linde

Schöne Linde!
Deine Rinde
Nehm den Wunsch von meiner Hand:
Kröne mit den sanften Schatten

Diese saatbegrasten Matten,
Stehe sicher vor dem Brand.
Reißt die graue Zeit hier nieder
Deine Brüder:
Soll der Lenz diese Äst'
Jedes Jahr belauben wieder
Und dich hegen wurzelfest.

An einen Springbrunnen

Hellglänzendes Silber, mit welchem sich gatten
Der ästigen Linden weitstreifende Schatten,
Deine sanft kühlende ruhige Lust
Ist jedem bewußt.

Es lispeln und wispeln die schlüpfrigen Bronnen.
Von ihnen ist diese Begrünung geronnen.
Sie schauern, betrauern und fürchten bereit
Die schneeige Zeit.

Johann Klaj

12) Novalis

Fragmente und Studien V.

Alle Erkenntnis soll Moralität bewirken – der moralische Trieb, der Trieb nach Freiheit die Erkenntnis veranlassen. / Frei sein ist die Tendenz des Ich – das Vermögen frei zu sein ist die produktive Imagination – Harmonie ist die Bedingung ihrer Tätigkeit – des Schwebens, zwischen Entgegengesetzten. Sei einig mit dir selbst ist also Bedingungsgrundsatz des obersten Zwecks – zu sein, aber frei zu sein. Alles Sein, Sein überhaupt ist nichts als Freisein – Schweben zwischen Extremen, die notwendig zu vereinigen und notwendig zu trennen sind. Aus diesem Lichtpunkt des Schwebens strömt alle Realität aus – in ihm ist alles enthalten – Objekt und Subjekt sind durch ihn, nicht er durch sie.
Ichheit oder produktive Imaginationskraft, das Schweben bestimmt,

produziert die Extreme, das wozwischen geschwebt wird. – Dieses ist eine Täuschung, aber nur im Gebiete des gemeinen Verstandes. Sonst ist es etwas durchaus Reales, denn das Schweben, seine Ursache, ist der Quell, die Mater aller Realität, die Realität selbst.

Über die Natur dieses Schwebens.

Die Moralität muß Stern unseres Daseins sein, wenn sie uns sein soll, was sie sein will. Ideal des Seins muß ihr Zweck, ihr Ursprung sein. Eine unendliche Realisierung des Seins wäre die Bestimmung des Ichs. Sein Streben wäre immer mehr zu sein. Vom „Ich bin" geht der Gang des Bösen herunter, der Gang des Guten hinauf. Die höchste Philosophie ist Ethik. Darum fängt alle Philosophie vom „Ich bin" an. Der höchste Satz der Erkenntnis muß Ausdruck der alle Erkenntnis als Mittel begründenden Tatsache sein, die sich auf den Zweck des Ichs, der durch Erkenntnis (im weitesten Sinne als Dasein in der Sinnenwelt) erreicht werden soll oder beabsichtigt wird, nämlich totales Freisein, bezieht, das Ich scheint im Widerspruch zu stehn, wenn man die Natur seiner Wirksamkeit, die Tätigkeit der produktiven Imagination nicht kennt, indem es die Erreichung seines Zwecks gleichsam durch das gewählte Mittel zu vereiteln scheint – aber eben dadurch handelt es mit sich selbst in Übereinstimmung, konsequent möcht' ich sagen, es muß so, vermöge seiner Natur, agieren – nämlich weil es nichts ist als ein Schweben etc. und so gerade allein nur hervorbringt und hervorbringen kann, was es hervorzubringen sucht – es kann ohne so zu verfahren gar nicht hervorbringen –, denn alles Hervorbringen geht aufs Sein, und Sein ist Schweben etc.

(Sein, Ichsein, Freisein und Schweben sind Synonyme – ein Ausdruck bezieht sich auf den andern – es ist nur von einer Tatsache die Rede. – Es sind nur Prädikate des einzigen Begriffs – Begriff und Tatsache sind aber hier eins.

Ich ist unbegreiflich, weil es schon, indem es ist, sein Begriff ist. – Mit seinem Sein ist sein einzig möglicher Begriff gegeben.)

Man denkt sich unter Tatsache, Handlung hier gewöhnlich etwa in der Zeit Vorgehendes oder Vorgegangenes. Die Tatsache, von der hier aber die Rede ist, muß schlechterdings rein geistig gedacht werden – nicht einzeln – nicht zeitmäßig – quasi als Augenblick, der das ewige Universum umfaßt, in sich begreift – worin wir leben, weben und sind – ein unendliches Faktum, was in jedem Augenblick ganz geschieht – identisch ewig wirkendes Genie – Ichsein.

Verhältnisse des Bewußtseins zu diesem geheimnisvollen Sein der Dinge.

(Übergang von diesem Begriff zur wirklichen Welt – Anwendung desselben.)

Kategorien – Zusammenhang des praktischen und theoretischen Ich.

Fragmente und Studien VI.

243. Zwei äußerst wichtige (verschiedne) Arten des Gebrauchs der Sinne und des Gefühls derselben. – Die aktive Art – und die passive Art – direkt tätige – indirekt tätige – indirekt leidende – direkt leidende. (Man sollte alle Sachen, wie man sein Ich ansieht, betrachten – als eigne Tätigkeit. Mit dem Ich geht es nur am leichtesten – das ist der Anfang, das Prinzip dieses Gebrauchs.)

244. Auf dieselbe Art, wie wir unser Denkorgan in beliebige Bewegung setzen – seine Bewegung beliebig modifizieren – dieselbe und ihre Produkte beobachten – und mannigfaltig ausdrücken – auf dieselbe Art, wie wir die Bewegungen des Denkorgans zur Sprache bringen – wie wir sie in Gebärden äußern – in Handlungen ausprägen, wie wir uns überhaupt willkürlich bewegen und aufhalten – unsre Bewegungen vereinigen und vereinzeln –, auf eben dieselbe Art müssen wir auch die innern Organe unseres Körpers bewegen, hemmen, vereinigen und vereinzeln lernen. Unser ganzer Körper ist schlechterdings fähig, vom Geist in beliebige Bewegung gesetzt zu werden. Die Wirkungen der Furcht, des Schreckens – der Traurigkeit, des Zorns – des Neides – der Scham, der Freude, der Phantasie etc. sind Indikationen genug –. Überdem aber hat man genugsam Beispiele von Menschen – die eine willkürliche Herrschaft über einzelne, gewöhnlich der Willkür entzogene Teile ihres Körpers erlangt haben. Dann wird jeder sein eigner Arzt sein – und sich ein vollständiges, sichres und genaues Gefühl seines Körpers erwerben können – dann wird der Mensch erst wahrhaftig unabhängig von der Natur, vielleicht imstande sogar sein, verlorne Glieder zu restaurieren, sich bloß durch seinen Willen zu töten, und dadurch erst wahre Aufschlüsse über Körper – Seele – Welt – Leben – Tod und Geisterwelt zu erlangen. Es wird vielleicht nur von ihm dann abhängen, einen Stoff zu beseelen. – Er wird seine Sinne zwingen, ihm die Gestalt zu produzieren, die er verlangt – und im eigentlichsten Sinn in seiner Welt leben können. Dann wird er vermögend sein, sich von seinem Körper zu trennen – wenn er es für gut findet – er wird sehn, hören – und fühlen – was, wie und in welcher Verbindung er will.

Fichte hat den tätigen Gebrauch des Denkorgans gelehrt – und entdeckt. Hat Fichte etwa die Gesetze des tätigen Gebrauchs der Organe überhaupt entdeckt? Intellektuale Anschauung ist nichts anderes.

245. Was ist die Natur? – Ein enzyklopädischer, systematischer Index oder Plan unseres Geistes. Warum wollen wir uns mit dem bloßen Verzeichnis unsrer Schätze begnügen. – Laßt sie uns selbst besehn – und sie mannigfaltig bearbeiten und benutzen.

Das Fatum, das uns drückt, ist die Trägheit unsers Geistes. Durch Erweiterung und Bildung unsrer Tätigkeit werden wir uns selbst in das Fatum verwandeln.

Alles scheint auf uns hereinzuströmen, weil wir nicht herausströmen. Wir sind negativ, weil wir wollen – je positiver wir werden, desto negativer wird die Welt um uns her – bis am Ende keine Negation mehr sein wird, sondern wir alles in allem sind.

Gott will Götter.

13) Novalis

Geistliches Lied

XI

Wo bleibst du, Trost der ganzen Welt?
Herberg' ist dir schon längst bestellt.
Verlangend sieht ein jedes dich,
Und öffnet deinem Segen sich.

Geuß, Vater, ihn gewaltig aus,
Gib ihn aus deinem Arm heraus:
Nur Unschuld, Lieb' und süße Scham
Hielt ihn, daß er nicht längst schon kam.

Treib ihn von dir in unsern Arm,
Daß er von deinem Hauch noch warm;
In schweren Wolken sammle ihn
Und laß ihn so hernieder ziehn.

In kühlen Strömen send ihn her,
In Feuerflammen lodre er,
In Luft und Öl, in Klang und Tau
Durchdring er unsrer Erde Bau.

Die Augen sehn den Heiland wohl,
Und doch sind sie des Heilands voll,
Von Blumen wird sein Haupt geschmückt,
Aus denen er selbst holdselig blickt.

Er ist der Stern, er ist die Sonn',
Er ist des ewgen Lebens Bronn,

Aus Kraut und Stein und Meer und Licht
Schimmert sein kindlich Angesicht.

In allen Dingen sein kindlich Tun.
Seine heiße Liebe wird nimmer ruhn,
Er schmiegt sich seiner unbewußt
Unendlich fest an jede Brust.

14) Hugo von Hofmannsthal

Was um 1870 in Frankreich der Comte de Lautreamont (=_Isidore Ducasse) vom Alptraum des kommenden Über-Bösen berichtete, verfing sich in der Hybris von Genuß und Flucht im „Fin de siecle". Der Österreicher *Hugo von Hofmannsthal* faßte es 1893 so:

„Heute scheinen zwei Dinge modern zu sein: die Analyse des Lebens und die Flucht aus dem Leben. Gering ist die Freude an Handlung, am Zusammenspiel der äußeren und inneren Lebensmächte ... Man treibt Anatomie des eigenen Seelenlebens, oder man träumt Reflexion oder Phantasie, Spiegelbild oder Traumbild. Modern sind alte Möbel und junge Nervositäten. Modern ist das psychologische Graswachsenhören und das Plätschern in der rein phantastischen Wunderwelt."

Analyse ist nötig (die drei Psychologen um 1900 fundierten es, mit Freud, Adler, Jung), aber die innere Gestaltzielung wurde verspielt dabei. So geschah, was Hofmannsthal 1912 formulierte:

„Wir überschauen vieles, durchblicken manches, und doch ist die eigentliche Seelenkraft des Blickens schwach in uns; vieles ist uns zu Gebote, aber wir sind keine Gebieter: was wir besitzen sollten, das besitzt uns, und was das Mittel aller Mittel ist, das Geld, wird uns in dämonischer Verkehrtheit zum Zweck der Zwecke, ... das Verhältnis zu diesem Dämon ... durchzieht und durchsetzt alle übrigen des Daseins, und es ist erschreckend, bis zu welchem Grade es sie alle bestimmt."

1912 im Aufsatz „Das alte Spiel von Jedermann"

15) Walther Rathenau (1867–1922),

Leiter der von seinem Vater gegründeten AEG, Wirtschaftspolitiker, Minister, Kulturphilosoph. Die wenigen Jahrzehnte, in denen die Juden in das geistige und wirtschaftliche deutsch-mitteleuropäische Geschehen initiativ und als Gesprächspartner integriert waren, müssen erkannt werden in diesem humanen Element jener kurzen Widar-Zeit.

Von ihm berichtete seine Nichte, Ursula von Mangoldt, in „Gebrochene Lebenslinien" Freiburg, 1981, Herderverlag.

„Rathenau forderte soziale Erneuerungen und sah als Zukunftsaufgabe die wirtschaftliche Überwindung des Proletariertums, dieses „unwürdigen Menschheitszustandes". Dazu gehörte, seiner Meinung nach, die Schaffung eines neuen Sittenbegriffes, der Güter- und Machtvererbung verbietet, das Erbrecht beschränkt und Besitz- wie Einkommensteuer als Waffen gegen eine Stapelung von Wirtschaftsgütern einsetzt, die zu einem Mißbrauch wirtschaftlicher Macht führt. Er wollte die Arbeitszeit bis auf die unterste Grenze herabgesetzt wissen unter Beibehaltung und Sicherung eines Einkommens, das dem Arbeiter zugleich einen Ausgleich in der nun größeren, arbeitsfreien Zeit ermöglicht, damit er sich geistig weiterentwickle und Glück, Lebensinhalt wie Menschenwürde vertiefe.

Einige der für ihn charakteristischen, zukunftsweisenden Gedanken möchte ich aus dem Buch „Von kommenden Dingen", das 1917 herauskam, anführen:

„Der wahrhaft königliche Weg ist der Weg der Bewußtheit und des Verzichtes. Mechanisierung als Form des materiellen Lebens wird der Menschheit dienen müssen, darf aber nicht zum Selbstzweck werden. Denn die Mechanisierung produziert unter dem Sinnbild der Submission: ein Minimum an Güte. Die Menge wird vorgeschrieben, der geringste Preis ist recht, und Liebe wird nicht bezahlt ...

Wir wissen, daß alle Güter dieser Erde nichts sind als amorpher Rohstoff, weder gut noch böse, weder wert noch unwert, solange sie nicht zur zweiten Natur wiedergeboren sind. Der Mensch selbst, ungeläutert durch Fall, Bewußtheit und Aufstieg, bleibt im Seelenhaften ungeboren. Die Wiedergeburt durch Bewußtheit und freien Willen zur Pflicht und zum Liebeswerk war dem mechanistischen Wesen noch nicht beschieden. Es muß das Bewußtsein erwachen, daß in gleichem Maße alles materielle Handeln und alles, was ihm dient, ein Bauen am irdischen und überirdischen Leibe der Menschheit bedeutet und daß es kein Unglück und Verbrechen gibt, für das wir nicht alle Rechenschaft schulden, daß kein Recht, keine Pflicht, kein

Glück und keine Macht abseits vom Schicksal aller erworben und vertreten werden kann ... Der Gefühlston der Mechanisierung ist Machtgier – es gibt seltsame Zusammenhänge zwischen Machtgier und schwacher Männlichkeit – mit ihren Ausstrahlungen der Neugier, Wißbegier, Geldgier, Kritiklust, Zweifel- und Verkleinerungssucht ...

Besitz vernichtet, wenn er anderes ist und will als Pflicht und Pflege; Macht verdirbt, wenn sie anderes ist und will als Verantwortung.

Verantwortung ist die einzige Kraft, die Herrschaft fordern und verantworten darf. Jedes Volk schafft sich seine Gegenwart und sein Ideal und ist für beides verantwortlich ...

Alles Schaffen ist edel, das um seiner selbst willen geschieht; alles Schaffen ist gering, das durch den Stachel des Wunsches, durch die Peitsche der Angst erzwungen wird, das nicht sich selbst dient und genügt, sondern dem Zweck. Nur da wird schöpferisches Leben, wo frei von Zweck und Absicht um der Sache willen geleistet und geschaffen wird." Warnend hatte Rathenau schon 1911 in einem Aufsatz „Staat und Judentum" geschrieben: „Ich sehe Schatten aufsteigen, wohin ich mich wende. Ich sehe sie, wenn ich abends durch die gellenden Straßen von Berlin gehe; wenn ich die Insolenz unseres wahnsinnigen Reichtums erblicke; wenn ich die Nichtigkeit kraftstrotzender Worte vernehme." 1919 sieht er mit prophetischer Ahnung voraus, daß die Reihe der Weltkriege erst begonnen hat. „Sie werden in Zwischenräumen von einem Menschenalter andauern."

Es ging ihm allein um Verständigung, um gegenseitiges Vertrauen und Frieden. So schloß er seine große Rede in Genua mit dem Zitat aus Petrarca: „Ich gehe durch die Welt und rufe: Friede, Friede, Friede!"

Dennoch prägte Stinnes während der Konferenz von Spa – 1920 – das haßerfüllte Wort von Rathenaus „fremdartiger Seele". Rathenau war von den Rechtsparteien verfemt, seitdem er 1914 weitblickend vorausgesehen hatte: „Nie wird der Augenblick kommen, wo der Kaiser als Sieger der Welt mit seinen Paladinen auf weißen Rossen durch das Brandenburger Tor zieht. An diesem Tag hätte die Weltgeschichte ihren Sinn verloren."

16) Otto zur Linde

Der schriftstellerische Expressionismus nach 1918 antwortete dem Kriegsschock, aber ebenso der Zeitfrage nach den Elementen der Sprache. *Otto zur Linde* (1873–1936) gab die Zeitschrift „Charon" heraus, also den Fährmann zwischen Diesseits und Geistwelt anrufend, im „Charaon-Kreis" wirkend. Sein Hauptwerk „Die Kugel" (den Kosmos befragend) ist eine Versphilosophie, wie sie damals mehrfach ähnlich erprobt wurde.

1.
Großer Sorgen Traglast
Hängt auf meinem Rücken,
Kopf vorn übergebeugt
Schwank ich Wegemüder
Die Hand am Krückstock···
Ich stocke, steh, geh; so ziehend, Fuß hinter
Fuß, zäh, wie der Schlamm klebt,
Zäh, fest ziehend
Hebt mein Fuß meine Sohle,
Die niederfällt oh so
Plump, schwer, matt!
An der Sonne und dem Mond steht
Schräg nach Westen ab ein
Dicker Balken durch die Welt,
Der
Drückt auf meinen Nacken.
Unterm Göpel gehnd
Trag ich den Mond und die schwere Sonne,
Die zieht, oh zieht
Meinen Kopf nach Abend_–
Ich muß doch zum Pol.

17) J. R. Becher und Herwarth Walden

Das Ertasten und Experimentieren der Strukturen und Grundkräfte zwischen 1900 und 1930 führte auch zu dem, was *Johannes R._Becher* (1891–1958) „Satzlandschaften" nannte, so: „Plötzlich: in Zungen redete ich. Fühlte, schrieb, schrie mich und schmiß: Silben, Silben, nie gekannte Worte. Ende zugleich und Anfang der deutschen Sprache."

Herwarth Walden (1876–1930, verschollen in der UdSSR), der die entscheidende expressionistische Kunstzeitschrift *„Der Sturm"* herausgab seit 1910 und die großen Kunstausstellungen des Fragens veranstaltete wie die des „Blauen Reiter" 1913, schrieb auch Romane mit Titeln wie „Das Buch der Menschenliebe" und „Die Härte der Weltenliebe" und theoretische Essays, so: „..._Jedes Wort hat seine Bewegung in sich. Es wird durch die Bewegung sichtbar. Die einzelnen Wörter werden nur durch ihre Bewegung zueinander, aufeinander, nacheinander gebunden."

18) Arno Holz

Eine wesentliche Übung in diesen expressionistischen Wortspielen und pseudophilosophischem Sinnertasten, das aber existentiell gelebt und gelitten wurde damals, gab *Arno Holz* (1867–1929). Sein Weltbild ist im „*Phantasus*" als episch-lyrische Mischung der Affekte und Gedanken gegeben und wurde breit befragt.

Sieben Billionen Jahre vor meiner Geburt
war ich
eine Schwertlilie.
Meine suchenden Wurzeln
saugten
sich
um einen Stern.
Aus
seinen sich wölbenden
Wassern,
narbenblattgriffelig, goldpfeilfädenstäubig,
traumblau,
in
neue,
wallende, werdende, wogende,
brauende, brodelnde,
kreisende
Weltenringe
wuchs,
stieg, stieß,
steilte, teilte, speilte,
verglühte, zerströmte, versprühte
sich,
Flammenkugelmeteore,
Kometenkaskaden, Planetenbuntkränze
verschwenderisch um sich regnend, verspenderisch um sich
segnend,
vergeuderisch
um sich schwingschleudernd,
meine
dunkel metallische, halkyonisch phallische, klingend kristallische
Riesenblüten-Szepterkrone!